U0717301

本書出版得到國家古籍整理出版專項經費資助

新編諸子集成續編

中論解詁

（魏）徐幹　撰
孫啓治　解詁

中華書局

圖書在版編目(CIP)數據

中論解詁/(魏)徐幹撰;孫啓治解詁.—北京:中華書局,2014.5(2025.4 重印)
(新編諸子集成續編)
ISBN 978-7-101-09584-5

Ⅰ.中… Ⅱ.①徐…②孫… Ⅲ.①政論-中國-東漢時代②《中論》-注釋 Ⅳ.B234.991

中國版本圖書館 CIP 數據核字(2013)第 205671 號

責任編輯:石 玉
封面設計:周 玉
責任印製:陳麗娜

新編諸子集成續編
中 論 解 詁
〔魏〕徐 幹 撰
孫啓治 解詁
*
中 華 書 局 出 版 發 行
(北京市豐臺區太平橋西里 38 號 100073)
http://www.zhbc.com.cn
E-mail:zhbc@zhbc.com.cn
三河市宏盛印務有限公司印刷
*
850×1168 毫米 1/32 · 15½印張 · 2 插頁 · 330 千字
2014 年 5 月第 1 版 2025 年 4 月第 6 次印刷
印數:7201-7700 册 定價:72.00 元

ISBN 978-7-101-09584-5

新編諸子集成續編出版緣起

新編諸子集成叢書，自一九八二年正式啓動以來，在學術界特别是新老作者的大力支持下，已形成規模，成爲學術研究必備的基礎圖書。叢書原擬分兩輯出版，第一輯擬目三十多種，後經過調整，確定爲四十種，今年將全部出齊。第二輯原來只有一個比較籠統的規劃，受各種因素限制，在實施過程中不斷發生變化，有的項目已經列入第一輯出版，因此我們後來不再使用第一輯的提法，而是統名之爲新編諸子集成。

隨着新編諸子集成這個持續了二十多年的叢書劃上圓滿的句號，作爲其延續的新編諸子集成續編，現在正式啓動。它的立意、定位與宗旨同新編諸子集成一脈相承，力圖吸收和反映近幾十年來國學研究與古籍整理領域的新成果，爲學術界和普通讀者提供更多的子書品種和哲學史、思想史資料。

續編堅持穩步推進的原則，積少成多，不設擬目。希望本套書繼續得到海内外學者的支持。

中華書局編輯部

二〇〇九年五月

目録

前言

中論這部書，是寫成於後漢末期的儒學子書；中論的作者徐幹，卻在歷代著録中或署魏人，或署後漢人，或乾脆不署明朝代。據三國志魏書王粲傳，徐幹卒於漢獻帝建安二十二年。但自稱多次與徐幹坐談、與他同時代的無名氏所作中論序，則説他卒於建安二十三年。究竟卒於哪一年暫且不論，徐幹卒於後漢則無可疑。不過，徐幹於建安中分别在曹操、曹丕手下任職。曹魏建國時，徐幹雖已於此前幾年去世，卻是屬於魏太祖（操）、文帝（丕）手下的臣屬，所以陳壽的三國志就把他附帶寫入魏書王粲傳中，隋書經籍志著録中論也署爲魏太子文學徐幹撰。四庫全書總目提要批評説：「幹字偉長，北海劇（按在今山東境内）人。建安中爲司空軍謀祭酒掾屬、五官將文學，事蹟附見魏志王粲傳（按魏志即三國志魏書），故相沿稱爲魏人。然幹殁後三四年魏乃受禪（按謂漢獻帝禪位於曹丕），不得遽以帝統予魏。陳壽作史，託始曹操稱爲太祖，遂併其僚屬均入魏志，非其實也。」提要認爲，陳壽以魏爲「正統」，但魏受禪時徐幹已不在世，不得以君臣關係把徐幹歸屬爲魏人。然而後來范曄的後漢書未有徐幹的記載（范書另有一同名人徐幹，爲章帝時人），先於范書的袁宏後漢紀，以及謝承諸人所撰各種後漢書今所見佚文，也都不提徐幹，難道都遺漏了？其實，歷朝斷代史對人物記載的取捨，以及各史書經籍志、藝文志著録作者所屬之朝代，不僅牽涉到作者的存歿年代，也牽涉到作者的仕宦等生平主要事跡，以及他對所經歷過的朝代有何影響。有的作者由前朝進入後朝，目録署其朝代則或屬前朝，或屬後朝，也不是僅僅根據他的卒年。當然，這其中還受撰史者、著録者的所謂「正統」觀念之限制。所以這個問題比較複雜，往往處理起來還自相矛盾。且看隋書經籍志，集部載有徐幹集五卷、應瑒集一卷、劉楨集四卷、陳琳集三卷。徐、應、劉、陳都屬「建安七子」人物，並且同年去世，隋志將前三人署作魏人，而陳琳則署作漢人。陳與徐、應都在曹操手下任過職務，都卒於後漢，那麽是根據甚麽標準劃分漢、魏的？元代郝經撰續後漢書，「升昭烈（劉備）爲本紀，黜魏、吴爲列傳」，一反陳壽奉魏爲「正統」，而以蜀漢續漢統。郝書在高士傳中收入徐幹，標「漢」；而在文藝傳中收入陳琳、應瑒、劉楨，赫然標「魏」，這豈不自相矛盾？舊唐書經籍志、新唐書藝文志以及宋史藝文志均著録徐幹中論，而不署作者所屬朝代。但二唐志都把中論列於曹丕典論之後，這是傳統目録學暗分明不分的方法，仍把徐幹歸爲魏人。通志藝文略著録中論，署魏徐幹撰；又有徐氏中論，署魏太子文學徐幹撰，這是著録誤重複，但都署魏。遂初堂書目著録中論，也署魏徐幹。郡齋讀書志著録中論，則署後漢徐幹。直齋書録解題著録中論，署漢五官將文學北海徐幹偉長，則把徐幹連同他的官職都歸爲漢。可見自隋志以下，唐宋以來公私目録的著録也不一致，大抵前期署魏而後期署漢。我根據隋書經籍志，將本書署名魏徐幹撰，理由是：第一，我以爲，新編諸子集成及其續編祇是一套按傳統方式整理的子學研究資料叢書，所以對叢書所收各個品種的著録都依照傳統方式，而不是採用現代目録學的方式。第二，傳統著録方式對於作者的劃分是以朝代，而不是以生存年代，儘管二者之間的關係顯然，但不能完全等同，尤其在前後朝交替之際更是如此。而既然以朝代劃分，就牽涉到傳統史學觀念的一些問題，包括歷朝相承關係的「正統」觀念。第三，採用傳統著録方式，應該根據目前能見到的最早著録，就中論來説，是隋書經籍志。至於傳統著録是否合理，那不是整理者主要考慮的，整理者的任務衹是儘量客觀地提供該書著録的歷史面貌，對著録的研究、分析、判斷則是讀者的任務。要言之，就是整理者要儘量遵循史料的原始與客觀，儘管傳統的著録存在不合理的東西，比如所謂的「正統」觀念就是。孟子引書太誓説「天視自我民視，天聽自我民聽」，是説上天的視聽就是來自百姓的視聽，那麽所謂承天命之「正統」，不就在民心之向背麽？但歷代史學幾乎都無例外地把這個「正統」看成是「帝統」的合法依據，而不認爲是「民統」。

三國志魏書王粲傳記載徐幹事，衹有「始文帝爲五官將，及平原侯植皆好文學。粲與北海徐幹字偉長、廣陵陳琳字孔璋、陳留阮瑀字元瑜、汝南應瑒字德璉、東平劉楨字公幹並見友善。幹爲司空軍謀祭酒掾屬、五官將文學」凡七十二字，再有就是「幹、琳、瑒、楨（建安）二十二年卒」一句而已。徐幹初任職「司空軍謀祭酒掾屬」，應該在建安元年之後，建安十三年之前。這個「司空」是指曹操的官職。據三國志魏書武帝紀，曹操於建安元年「拜司空，行車騎將軍事」，至建安十三年，改任丞相。後漢時，司空位居三公之一，但不帶兵打仗，没有軍謀祭酒這類屬下（軍謀祭酒就是主管軍事參謀的官）。但曹操還兼任車騎將軍，這是個專管討伐的高級武職，所以能設置軍謀祭酒，而徐幹就當了軍謀祭酒的掾屬即輔佐官吏。徐幹後任職「五官將文學」，應該不早於建安十六年。五官將即五官中郎將，是指曹丕的官職。據武帝紀，建安十六年，獻帝命曹丕「爲五官中郎將，置官屬，爲丞相副」。五官中郎將原本主管宮廷禁衛，但外加自置官屬之權，爲丞相之副職，權力自然在五官中郎將之上。因建安十三年漢廢除三公，設丞相，由曹操任職，所以建安十六年曹丕得以任副丞相。文學，本漢代的郡及所封王國所置，其職務史書無明文，大抵由文人擔任，掌管學校和教化。曹丕爲五官中郎將，而官屬置文學，是招攬人才之意，以備講學和顧問。隋志稱徐幹爲「太子文學」，那是用後來的稱號，因爲曹操在建安十八年進爵爲魏王，建安二十二年以曹丕爲魏王太子。無名氏中論序說：「會上公撥亂，王路始闢，遂力疾應命，從戍征行，歷載五六，疾稍沉篤，不堪王事，潛身窮巷，頤志保真，淡泊無爲。」所謂「上公撥亂」，指建安元年曹操迎接獻帝都許事。序稱徐幹「遂力疾應命，從戍征行」，是說他極力應從曹操之命，隨軍征伐，即指任軍謀祭酒掾屬事。但從曹之年應該不在建安元年，因爲序又說「歷載五六，疾稍沉篤，不堪王事，潛身窮巷」云云，僅過了五六年，就因病「不堪王事」，去官居家，那麼假定建安元年就任職，是來不及後來又轉任曹丕手下的五官中郎將文學的。總之，徐幹在建安元年至二十二或二十三年去世之間，分別在曹操、曹丕手下任過軍謀祭酒掾屬和文學，但任此二職的具體起訖年代，則無確證考求。至於王粲傳裴松之注引先賢行狀，説徐幹「輕官忽祿，不耽世榮。建安中，太祖特加旌命（按旌命，招聘），以疾休息。後除上艾長（按除，授官。長，縣令），又以疾不行」，那應該是因病去官後的事，所以再次聘用才「以疾休息」、「以疾不行」的。王粲傳載曹丕致元城令吴質書信，稱徐幹「獨懷文抱質，恬淡寡欲，有箕山之志」。所謂「有箕山之志」，是説有隱居不仕之志向。曹丕的信寫於徐幹卒後，「有箕山之志」也是就他後來不想做官説的，並非指他是未做官的隱士。清人何焯義門讀書記卷四十一説：「李善文選注引文章志云『太祖召幹以爲軍謀祭酒，轉太子文學，以道德見稱』（按李善引摯虞文章志見文選與吴質書注，歷官與王粲傳説同），則與文帝『箕山』之云不合，當以先賢行狀爲正。」何氏據先賢行狀，認爲徐幹未做過官，這是不符合事實的。文章志、王粲傳及無名氏中論序都説徐幹做過官，非無根據。藝文類聚五十九引徐幹西征賦有句云：「奉明辟之渥德，與遊軫而西伐」、「伊吾儕之挺劣（按「劣」，當依嚴可均輯全後漢文作「力」），獲載筆而從師。無嘉謀以云補，徒荷禄而蒙私」。他是説承明王之厚德，隨軍西伐，同輩盡力，從軍記事，自己無良謀以助軍，徒受禄而蒙私愛云云，就是指隨軍出征事。至於「西伐」，據武帝紀，建安二十二年以前，曹操先後二次西征，即十六年攻馬超，二十年攻張魯，不知徐幹具體指哪一次。

另一個問題就是徐幹的生卒年。無名氏中論序説：「年四十八，建安二十三年春二月，遭厲疾，大命殞頽。」假如他因傳染病卒於建安二十三年，時年四十八，則當生於靈帝建寧四年（一七一年）。但王粲傳及文選與吴質書李善注引典略都説卒於建安二十二年，那麽假如享年四十八，就是生於建寧三年（一七〇年）。盧弼三國志集解説無名氏中論序的「二十三年」是「二十二年」之梓誤，因爲建安二十二年疫病流行，明見後漢書孝獻帝紀。有人研究，據孝獻帝紀云「（建安二十二年）冬，有星孛於東北。是歲大疫」，又武帝紀裴松之注引魏書載建安二十三年魏王曹操令云「去冬天降疫癘，民有凋傷，軍興於外，墾田損少，吾甚憂之」，認爲鬧疫病是在二十二年冬，則序説「二十三年春二月」就不會是「二十二年春二月」之誤，所以徐幹應該是建安二十二年冬被傳染疫病，而病殁於第二年春。今按孝獻帝紀祇是説建安二十二年冬「有星孛於東北（按星孛即慧孛，就是彗星，俗稱掃帚星）」，至於「是歲大疫」則是另説那年疫病大流行，並没有限定是「冬」。因爲如果是冬季疫病流行，則「是歲大疫」的「是歲」二字不應有，應該寫成「冬，有星孛於東北，大疫」。例如孝獻帝紀建安三年説：「夏五月，蝗。秋九月，漢水溢。是歲饑，江淮間民相食。袁術殺陳王寵。孫策遣使奉貢。」「是歲」以下三事也是説當年發生的，並非指同在秋九月所發生。裴注引魏書曹操令，則確指疫病發生在建安二十二年冬。但孝獻帝紀和續漢書五行志五都祇説建安二十二年發生疫病，没有確指月份或季節。王粲是與徐幹同年得疫病死的，王粲傳説王粲卒於建安二十二年春，則又似疫病發生在當年春季，而不是在冬季。另外，清人錢培名認爲，無名氏序説靈帝末年（中平六年，即一八九年）徐幹「未及弱冠（即年未滿二十）」，則應該是十九歲，到獻帝建安二十三年（二一八年）正好與無名氏説年四十八染疫病而卒相合，參本書附録一錢氏跋。這個説法有道理，但前提是認準無名氏序絶對可信，從而把後漢書、三國志及文選李注引典略等的有關記載全部推翻，包括與徐幹同年去世者的卒年。總之，由於史料記載不一致，尚難確定徐幹卒年。他究竟是卒於建安二十二年還是二十三年，就現有史料所牽涉的事蹟看，一年之差無關大旨，讀者有興趣可以再進一步研究。

由後漢入仕於魏的王昶，最初也在曹丕手下當文學，認識徐幹，三國志魏書王昶傳記載他寫給兒子們的一篇告誡，其中説徐幹「不治名高，不求苟得，澹然自守，惟道是務。其有所是非，則託古人以見其意，當時無所褒貶。吾敬之重之，願兒子師之」。所謂「其有所是非，則託古人以見其意，當時無所褒貶」，是説徐幹有所議論，則依託古人來表達意思，而對現狀無所批評。如拿這話作爲徐幹所著中論的評語，倒很合適。中論現存二十篇，每篇的議論幾乎都引「易曰」、「書曰」、「詩曰」、「孔子曰」、「傳曰」等經傳作爲論據或補充説明，而議論中所援引的許多事例也都是古人往事。二十篇中除譴交等一二篇外，少有議論當前的。所以，中論的議論大多在述古諷今，依託論古以反襯當今。這也可以説明爲甚麽徐幹在仕途上没有甚麽作爲。曹操是個政治家，又善作文吟詩，重視招攬文人爲己用，但他所喜歡的文人，要麽是懂謀略之士，比如郭嘉、荀彧等人，都能根據時勢爲他出謀劃策；要不就是善於文辭，能寫出一篇打動人心的檄文之類的人，比如陳琳；對於那些通曉典籍、談經説理的經學之士，此類理論家曹操並不看重，雖然也招攬了不少人。曹丕也是個政治家，但喜愛文學，能與文人相友。就中論之内容看，徐幹是個談經説理的儒學之士，並不善於揣摩形勢、應時設變地用謀略。他作西征賦，自己也説「無嘉謀以云補，徒荷禄而蒙私」。就中論之文風看，則屬於樸實無華。宋陳仁子文選補遺卷二十二引西山真氏（即真德秀）説「幹中論二十篇，文選以其澹泊無華，皆不之取」，明王世貞讀書後卷二讀徐幹中論説中論「頗樸而近於理」。這樣一個儒學之士，能從宏觀上説明修身治國之道，而不善一時之權變謀略，加上文風樸實而不講究辭令華采，曹操是不會重用的，而曹丕祇可視爲文友。所以，徐幹的仕途不過是在曹操手下當參謀的僚屬，在曹丕手下當文學。

唐太宗説讀過中論復三年喪篇，見貞觀政要卷六；宋李獻民（淑）説中論另一版本有復三年（喪）、制役二篇，見文獻通考卷二百九引晁公武郡齋讀書志，這兩篇都不在今本二十篇中。羣書治要卷四十六節録中論各篇，最後兩篇文字不見今本，前人根據内容，認爲這兩個佚篇應該就是節録自復三年喪和制役。本書收入的，就是今本現存的二十篇，加上羣書治要節録的兩個佚篇。

關於本書整理方面的技術問題，都已在凡例中交待了。

關於本書内容，縱觀書中各篇，可粗略劃分爲兩大類，一是談修身處世之道，二是談治國爲政之方。今本原分二卷，談修身處世之道的各篇幾乎全在上卷，談治國爲政之方的各篇幾乎全在下卷。分二卷是後人編的本子，但各篇次第應該接近原著。禮記大學説「身脩而后家齊，家齊而后國治」，是先有修身，然後才談得上治國。羣書治要雖然衹節録了中論半數篇文，但各篇先後也與今本次序一致。所以，估計中論各篇次第大體上是徐幹自己安排的。各篇内容提要，可參看書後所附中論各篇内容提要。

從内容看，徐幹是個談經説理的儒家學者，中論全書基本都在闡發儒家的義理，同時也表達了自己的個人見解。他生當漢末亂世，但思想並不消極，而是積極入世的。他認爲當時士人輕視富貴，是因爲居位者皆小人的緣故，主張君子應該重視爵禄，積極進取，從而爲世建立功德。他根據儒家先修身而後治國的道理，以治學修道爲君子首務，先從正己做起，提出「凡學者，大義爲先」，讀書是爲「習道」明理，厭惡那些津津於訓詁章句而不明大道正理的「陋儒」，並對他們從心態、行爲及其手段各方面作了辛辣的諷刺，同時也抨擊了當時交遊謀私的風氣。此外，他談到君子修身要注意虚心改錯，如何對待批評，以及甚麽是辯論、怎樣辯論等等，這些都有可取之處。他提倡選取人才要把才智放在德行之前，一反儒家理念，是因爲他看到當時急需人才以解決嚴重的社會問題，這也正反映了他的入世態度。至於他談治國之道，大多是儒家常言。不過，他針對土地兼并問題提出限制奴婢使用，强調賞罰要有信用和施行賞罰要有節度，肯定曆法的準確與掌握户口對治國的重要作用，這些都是值得注意的。

中論的整理，此前已有清儒及今人的校勘訓釋，著者也存有三十多年前所寫的札記舊稿。本書是在舊稿的基礎上，參考清儒及今人校勘成果完成的。本書的謬誤與缺點，懇望讀者諸君指正。這不是著者在説套話，因爲即便七十老朽來日無多，没法進一步提高整理質量，讀者諸君的指點也會對後繼者有所幫助。後漢及魏、晉的子書，除了個别的，基本未經清代以上的學者整理過，近代人整理的也不多，而且許多都已佚失，一部分也衹存輯本，這就給今後的整理工作帶來困難。但雖有困難，也得有人去做，我們不能總是依賴前人的成果不思進取，不盡後死之責。古籍整理的發展，從來都是依靠代代人努力、前赴後繼取得的，一旦無作爲，發展就會終止，那麽，研究工作就衹能寫論文。寫論文非常重要，但必須在古籍整理研究的基礎上進行。如僅限於已有的整理成果，則會隨着論文日益增多而難免話題雷同，且内容大同小異，要不就故意標新立異，終究不會産生大的影響。須知古籍整理研究是源，論文是流，無源之流是死水；認真讀懂書是根，發表體會是枝，無根之枝是枯枝。我希望海内外有志願、有能力者知難而上，繼續整理前人未及的子書，尤其後漢以下的子書，不必怕出錯和疏漏，歡迎批評，改進提高，即便做得不是很好，但如果可爲後來者進一步整理起「墊脚石」作用，那也是值得高興的事，也是功德一件。

孫啓治　二〇一三年五月

凡例

一、書名中論解詁者，詁謂訓其詞語，解謂釋其句文大意也。

二、本書以四部叢刊所收之明嘉靖四十四年青州刻本爲底本，校以漢魏叢書本、四庫全書本、增訂漢魏叢書本、龍谿精舍叢書本。又日人池田秀三作中論校注（見一九八四至一九八六年京都大学文學部研究紀要二十三至二十五號），所校有兩京遺編本、日本宮内廳書陵部藏鈔本羣書治要等，並轉引臺北版梁茂榮徐幹中論校釋所引之藍筆校明弘治十五年黄紋刻本，本書間或引池田説（稱「池田校」）。清錢培名小萬卷樓叢書有中論一種，後附札記二卷，乃據羣書治要、意林、太平御覽校勘，本書間或引之（稱「錢校」）。李天根輯諸子平議補録有中論一種（録自俞樾曲園雜纂），孫詒讓札迻有中論校説數則，本書並擇要採入（稱「俞樾云」、「孫詒讓云」）。又修本篇採吴承仕説一條，吴書著者未見，乃據徐湘霖中論校注（巴蜀書社二〇〇〇年七月)轉述。各本所載及前人書所引中論，除上所舉之外，閒亦見引於宋、元、明人他書。

三、本書所校，凡底本之版刻俗訛字徑改爲通行正體。底本缺誤而據他本或諸書所引改補者皆注明所本，無徵可據者則但於注中正之。凡底本不誤而他本及諸書所引誤者，又或其異文無助於參照、説明者，不逐一出校。

四、中論各篇用經傳典實至夥，本書或具引經傳原文，或轉述而明其出處，多採舊注疏之説，大抵闡明徐幹用典之意輒止。不徵引古今異説繁爲考辯，徒眩讀者之目，而遊於幹書本旨之外。唯於典章、名物之明見於正文者，則不得不注釋略備也。

五、徐幹引經爲説，或不用其本義，但取其詞句説事而已，此亦漢人引經説事之常例。本書於此類亦隨文解釋，不泥於經文本義，讀者察之。

六、今所見中論各本，均爲自治學至民數二十篇。貞觀政要卷六載唐太宗云嘗見中論復三年喪篇，又文獻通考卷二百九引郡齋讀書志稱李獻民謂別本中論有制役篇，皆不見於今本，蓋佚也。羣書治要卷四十六節録中論各篇，末二篇不見於今本，前人考其即爲所佚之復三年喪、制役二篇。今爲解詁，所收即今本之二十篇及治要所録之二佚篇。又中論原分上下二卷，今不分卷，二十篇次第仍舊貫，二佚篇則附其後也。

七、書後附青州刻本之原序跋，題曰「序跋」，是爲附録一。中論自隋至清歷代公私目録皆有著録，間附提要，兹滙而聚之，題曰「目録提要」，是爲附録二。徐幹事蹟附見三國志魏書王粲傳，甚簡略。兹略爲搜採清以上歷代載籍論及幹事跡及中論者，不能周備，題曰「雜録」，是爲附録三。

八、中論一書，以著者所見，清儒僅俞、孫、錢三人有校説，未及通釋全書。今人則先後有梁氏、池田氏、徐氏等諸賢爲之校注訓釋，著者則又步諸賢之後，豈能不受益於先我者之功？書中凡採擇清儒及今賢之校説，不敢不注明所自也。唯是典實出處，若非僻典，則人能知我亦能知，且須搜尋原文，斟酌裁取事實，而後引之、述之，故此類則不必注明有先我而引述者矣。著者三十餘年前嘗讀中論，所作札記舊稿束之高閣久，殆將覆醬瓿云。凡見人有校説而與予之舊稿雷同者，皆以其已發表視爲人説，而不據爲己説也。

治學第一

昔之君子成德立行〔一〕，身没而名不朽〔二〕，其故何哉？學也。學也者，所以疏神達思〔三〕，怡情理性〔四〕，聖人之上務也〔五〕。民之初載，其矇未知〔六〕。譬如寶在於玄室，有所求而不見。白日照焉，則羣物斯辯矣。學者，心之白日也〔七〕。故先王立教官，掌教國子〔八〕，教以六德，曰智仁聖義忠和〔九〕；教以六行，曰孝友睦婣任恤〔一〇〕；教以六藝，曰禮樂射御書數〔一一〕；三教備而人道畢矣〔一二〕。學猶飾也，器不飾則無以爲美觀，人不學則無以有懿德〔一三〕。有懿德，故可以經人倫；爲美觀，故可以供神明〔一四〕。故書曰：「若作梓材，既勤樸斵，惟其塗丹雘〔一五〕。」

〔一〕周禮地官師氏「二曰敏德，以爲行本」，鄭玄注：「在心爲德，施之爲行。」按德、行以內外言，道德之表見於行爲曰「行」，即品行、操行。行，舊讀去聲下庚切。成、立互文。呂氏春秋用民「功名猶可立」，高誘注：「立，成也。」

〔二〕没，音莫勃切，説文作「歾」，後亦作「殁」。本篇後文「終身亹亹，没而後已」，「没」同此。

〔三〕疏、達互文。説文㐬部：「疏，通也。」玉篇辵部：「達，通也。」神、思並舉，神謂神智、心智。黄帝内經素問八正神明論王冰注：「神，神智通悟。」淮南子俶真：「神者，智之淵也。」文選漢書述高紀第一李善注：「以内知外曰神。」

〔四〕論衡本性：「劉子政曰：性，生而然者也，在於身而不發。情，接於物而然者也，形出於外。」性、情亦以内外言，在内之本性曰性，見於外之情感曰情。玉篇心部：「怡，悦也。」「怡」，宋本御覽六百七作「治」，明刻御覽同本書。

〔五〕漢書叙傳上：「取舍者，昔人之上務；著作者，前列之餘事耳（按列同烈。前烈即前賢）。」三國志吴書韋曜傳：「乃君子之上務，當今之先急也。」上務謂首務。以上八句，謂昔日君子之所以成就道德、品行，身亡而名不朽者，何故哉？乃以學也。學也者，所以疏通其心智，暢達其思慮，愉悦其情，調理其性，乃聖人之首務也。

〔六〕初載，即初始。詩周頌載見毛傳、書益稷鄭玄注並云：「載，始也。」説文目部：「矇，一曰不明也。」論衡量知：「人未學問曰矇。」矇即蒙昧。知、智古今字，「未知」即未有智慧。元郝經續後漢書高士列傳引「其蒙未知」作「其蒙未祛」。慧琳一切經音義六十二引考聲云：「祛，除也。」則作「祛」謂蒙昧未除，亦通。

〔七〕廣雅釋器：「玄，黑也。」「玄室」即暗室。經傳釋詞：「斯，猶乃也。」「辯」，四庫本、增訂漢魏叢書本作「辨」，辯通辨。易未濟象辭「君子以慎辨物居方」，集解引虞翻云：「辨，辨别也。」按此謂寶處暗室，有求而不得，白日照之，則羣物乃得分辨，以喻人不學則心矇昧無知，學則心明能知事理，故曰「學者，心之白日也」。又按宋本御覽六百七「譬如寶在於玄室」作「初學則如夜在玄室」，明刻御覽同本書。

〔八〕教官，即師氏、保氏等職。禮記學記：「是故古之王者建國，君民教學爲先。」鄭玄注：「爲內則設師、保以教，使國子學焉。」按鄭注之「師、保」即周禮地官之師氏、保氏。地官師氏：「以三德教國子。」鄭玄注：「國子，公卿大夫之子弟，師氏教之。」又保氏「養國子以道（按禮記文王世子鄭玄注：養者，教也），乃教之六藝。」

〔九〕「六德」及下「六行」、「六藝」並見周禮地官大司徒。「智」，大司徒作「知」，釋文：「音智。」鄭玄注：「知，明於事。仁，愛人以及物。聖，通而先識（按說文訓聖爲通，於事皆通達曰聖）。義，能斷時宜（按義者，合宜也）。忠，言以中心（按中，內也，謂以內心出言。即言發於心，謂之忠實）。和，不剛不柔（按和謂中和）。」

〔一〇〕行，操行。舊讀行去聲。「婣」，大司徒作「姻」。按說文篆作「姻」，籀文作「婣」，一字之異體。鄭玄注：「善於父母爲孝，善於兄弟爲友。睦，親於九族（按九族，自高祖至玄孫九世宗族）。姻，親於外親（按姻即姻親）。任，信於友道（按謂於交友之道見信任）。恤，振憂貧者（按振、賑古今字）。」

〔一一〕鄭玄注：「禮，五禮之義（按義、儀古今字）。樂，六樂之歌舞。射，五射之法。御，五御之節（按御謂駕御車馬，節謂節度、規則）。書，六書之品（按謂造字六式。書，文字。品，式也）。數，九數之計（按數謂算術。計，算也）。」詳本書藝紀篇「一曰五禮，二曰六樂，三曰五射，四曰五御，五曰六書，六曰九數」諸注。

〔二〕易繫辭下「有天道焉，有人道焉」，人道，爲人之道。爾雅釋詁：「畢，盡也。」謂六德、六行、六藝三教皆完備，而爲人之道盡此矣。

〔三〕「無以」，猶無由、無從。以訓由，見經傳釋詞。詩大雅烝民「好是懿德」，毛傳：「懿，美也。」

〔四〕淮南子原道「而有經天下之氣」，高誘注：「經，理也。」「人倫」有二義，一謂人尊卑、親疏之常理，見考僞篇「人倫之中不定」注；一謂人類，荀子富国「人倫竝處，同求而異道」，楊倞注：「倫，類也。」此文「人倫」即人類。禮記表記鄭玄注：「神明，羣神也。」以上五句，謂學如妝飾，器皿不飾則無由爲美觀，人不學則無由有美德。人有美德，故可以治人；祭器爲美觀，故可以奉供神。

〔五〕書梓材文。孔穎達疏：「梓，木名，木之善者。治之宜精，因以爲木之工匠之名。」按梓材，木工所用之良木材，故治木之匠人亦曰梓人。僞孔傳：「爲政之術，如梓人治材爲器，已勞力樸治、斲削，惟其當塗以漆丹以朱而後成，以言教化亦須禮義然後治。」按樸，釋文引馬融云：「未成器也。」治器之木材曰樸，作動字則謂整治其材，故僞孔釋「樸」爲「樸治」。斲，刻削，故僞孔云「斲削」。孔穎達疏：「雘是彩色之名，有青色者，有朱色者。」文謂如治良木之材，既勤於整治刻削，惟當復塗飾丹朱而後成器。此引書，申上文「學猶飾也」云云之意。

夫聽黄鐘之聲然後知擊缶之細〔一〕，視衮龍之文然後知被褐之陋〔二〕，涉庠序之教然後知不學之困〔三〕。故學者如登山焉，動而益高；如寤寐焉，久而愈足〔四〕。顧所由來，則杳然其遠，以其難而懈之，誤且非矣〔五〕。詩云「高山仰止，景行行止」，好學之謂也〔六〕。倚立而思遠，不如速行之必至也〔七〕；矯首而徇飛，不如修翼之必獲也〔八〕；孤居而願智，不如務學之必達也〔九〕。故君子心不苟願，必以求學；身不苟動，必以從師；言不苟出，必以博聞〔一〇〕。是以情性合人，而德音相繼也〔一一〕。孔子曰：「弗學何以行？弗思何以得？小子勉之！」斯可謂師人矣〔一二〕。

〔一〕「黄鐘」與「缶」對舉，實指樂器，非十二律之樂調名。説文金部：「鐘，樂鐘也。」楚辭大招「叩鐘調磬」，王逸注：「金曰鐘（按金謂銅）。」古者鐘以銅爲之，故曰「黄鐘」。文選卜居「黄鐘毁棄」，六臣注引李周翰云：「黄鐘，樂器。」説文缶部：「缶，瓦器，所以盛酒漿；秦人鼓之以節謌（按鼓，擊；節，使有節調；謌同歌）。」漢書楊惲傳「仰天拊缶」，顔師古注引應劭曰：「缶，瓦器也，秦人擊之以節歌。」鐘聲宏亮，故聽之而覺擊缶之聲細小。「鐘」，漢魏叢書本同，四庫本等作「鍾」。依説文樂器之字作「鐘」，酒器之字作「鍾」，古書二字多通用。

〔二〕周禮春官司服「享先王則衮、冕（按謂奉祀先王則服衮、冕）」，鄭玄注引鄭司農曰：「衮，卷龍衣也。」詩豳風九罭釋文：「天子畫升龍於衣上，公但畫降龍。」衮龍即衮衣，天子、三公之禮服，以其上繡卷龍，天子之衣龍首向上，三公之衣龍首向下，故稱「衮龍」，衮即卷也。被，音攀糜切。文選遊天台山賦「被毛褐之森森」，六臣注引吕向云：「被，服也。」謂穿着，後起字作「披」。説文衣部：「褐，一曰粗衣。」孟子滕文公上趙岐注：「褐，枲衣也（按枲，麻）。」急就篇二顔師古注：「褐，織毛衣也。」古以獸毛或麻編織之粗衣曰褐。文、紋古今字。謂視衮衣之紋飾，然後知着粗衣之簡陋。

〔三〕文選赴洛詩六臣注引吕延濟云：「涉，歷也。」又射雉賦引劉良云：「涉，經也。」孟子滕文公上：「夏曰校，殷曰序，周曰庠，學則三代共之。」庠序泛指學校。論語季氏「困而學之」，集解：「孔安國曰：困，謂有所不通。」即困惑。謂經歷學校之教育，然後知不學之困惑。按以上「聽黄鐘」、「視衮龍」二句皆引喻，以起本句。

〔四〕二「焉」字爲狀事之詞，猶言「然」也，見經傳釋詞。詩周南關雎毛傳：「寤，覺；寐，寢也。」按此「寤寐」偏指寢卧。又説文㝱部：「寤，一曰晝見而夜㝱也。」㝱，今「夢」字。以夜夢釋寤，是寤亦有寢義。益、愈互文，皆加甚之詞，見助字辨略。文謂學者如登山然，動而愈益高；又如睡眠然，久而精神愈益足。喻學之久則見識益高、才智愈多也。「動而益高」，明馮琦經濟類編四十九引「動」作「勤」。按字作「動」，義自可通。

〔五〕玉篇頁部：「迴首曰顧。」迴同回。文選甘泉賦李善注：「杳，深遠也。」又寡婦賦六臣注引呂延濟云：「杳杳，遠貌。」「杳然其遠」，明馮琦經濟類編四十九引「其」作「甚」。按「杳然其遠」猶「其遠杳然」，倒言之。此亦喻學，謂學者回顧由始至此，則今昔差之遠矣，若以學爲難而懈怠中止，則既誤且非矣。

〔六〕引詩見小雅車舝。二「止」字爲語助詞。召南草蟲「亦既見止」毛傳：「止，辭也。」「景行行止」，上「行」字釋文讀去聲下孟反，品行也。鄭玄箋：「景，明也。古人有高德者（按此以「高山」喻高尚之德），則慕仰之。有明行者，則而行之（按則，效法。謂有光明之品行，乃效法而行之）。」

〔七〕「倚」，原作「倦」。錢校云：「『倚』，原譌『倦』，據意林改。」按倚如「倚門」、「倚柱」之倚，今據意林五改。謂倚身佇立而思遠方，不如速行而可必至也。

〔八〕楚辭九章惜誦王逸注：「撟，舉也。」按説文手部：「撟，舉手也。」段玉裁注：「引申之，凡舉皆曰撟。古多假『矯』爲之。」「修翼」，原作「循雌」，義不可通，意林五作「修翼」，宋本御覽六百七作「脩翼」（明刻御覽仍同本書），錢校改作「脩翼」，今從意林五作「修翼」。慧琳一切經音義六引尚書孔安國注，又四十五引考聲，並云：「徇，求也。」然言人求飛則不如修翼，殊不可解。今按鳥遨翔曰飛，故鳥亦可謂之飛。文選羽獵賦「轔輕飛」，李善注：「輕飛，輕獸、飛禽也。」是飛謂飛禽。翼借爲弋，翼、弋並職部舌音字，古同音相通。書多士「非我小國敢弋殷命」，釋文引馬融本「弋」作「翼」，孔穎達疏：「鄭玄、王肅本『弋』作『翼』。」是其證。詩鄭風女曰鷄鳴「弋鳧與鴈」，鄭玄箋：「弋，繳射也。」孔穎達疏：「繳射，謂以繩繫矢而射也。」按繫繩於箭矢即矰矢，周禮夏官司弓矢「矰矢」鄭玄注：「結繳於矢謂之矰（按繳，繫矢之絲繩）。」即此。文謂徒舉首而求飛禽，不如修正矰矢而可必獲也。

〔九〕「孤居」，謂獨處無師友。公羊傳定公二年「不務乎公室也」，何休注：「務，勉也。」謂獨處而願有智，不如勉學而可必達於智。上文舉「倚立而思遠」、「蟜首而徇飛」二事，皆喻人當自勉力於學而後有得。

〔一〇〕玉篇艸部：「苟，苟且。」謂隨意而無視可否。三「必以」之「以」猶因也，見助字辨略。謂君子心不隨意立願，必因求學而立願；身不任情行動，必因從師而行動；言不率意出口，必因增廣見聞而出口。「博聞」，龍谿精舍本作「博文」，池田校兩京遺編本同。按此承「言」而言，作「聞」義較長。

〔一一〕此承上君子志向言行皆不苟且言，謂是故君子情性與人和合，而稱譽不絶也。按此「德音」與本書藝紀篇「禮樂之本也者，其德音乎」之「德音」義有別，此謂稱譽、美譽。文選爲曹公作書與孫權六臣注引張銑云：「德音，猶美譽。」

〔一二〕引孔子語未詳出處。俞樾云：「『師人』無義，當作『人師』。謂，古與爲通。可謂人師，即可爲人師。」池田校引梁茂榮云：「『師人』承上文『弗學何以行，弗思何以得』而成義，與『三人行必有我師』之義同。『師人』即從而學也。俞説非。」池田云：「按梁説似是也。」今按「斯可謂」句非引孔子語，乃幹之言。依梁説則「師人」之「師」作動字解，謂師效、效法，「師人」即從人爲師，乃承孔子「弗學何以行，弗思何以得，小子勉之」之語而言，意謂人若勉學勤思，如此則可謂能從人爲師矣。依俞説作「斯可謂（爲）人師矣」，則指孔子其人而言，意謂如孔子者勸人學如此，則可以爲人之師矣。明馮琦經濟類編四十九引正作「斯可謂人師矣」，可爲俞説之證。今姑仍舊文，而兩存其説。

馬雖有逸足，而不閑輿則不爲良駿；人雖有美質，而不習道則不爲君子〔一〕。故學者，求習道也。若有似乎畫采，玄黄之色既著〔二〕，而純皓之體斯亡，敝而不渝，孰知其素歟〔三〕？子夏曰：「日習則學不忘，自勉則身不墮，亟聞天下之大言則志益廣〔四〕。」故君子之於學也，其不懈猶上天之動，猶日月之行，終身亹亹，没而後已〔五〕。故雖有其才，而無其志，亦不能興其功也〔六〕。志者，學之師也；才者，學之徒也〔七〕。學者不患才之不贍〔八〕，而患志之不立。是以爲之者億兆，而成之者無幾。故君子必立其志。易曰：「君子以自强不息〔九〕。」大樂之成非取乎一音，嘉膳之和非取乎一味，聖人之德非取乎一道〔一〇〕。故曰：學者，所以總羣道也。羣道統乎己心，羣言一乎己口，唯所用之〔一一〕。故出則元亨，處則利貞〔一二〕，默則立象，語則成文〔一三〕。述千載之上若共一時，論殊俗之類若與同室〔一四〕，度幽明之故若見其情〔一五〕，原治亂之漸若指已效〔一六〕。故詩曰「學有緝熙于光明」，其此之謂也〔一七〕。

〔一〕謂馬雖善走，不熟習駕車則不爲良馬；人雖有美資質，不學習道義則不爲君子。文選舞賦「良駿逸足」，李善注：「駿，馬也。逸，疾也（按謂疾速）。」「逸足」，謂馬善走。詩秦風駟驖「四馬既閑」，毛傳：「閑，習也。」按習謂習熟。閑通嫺，嫺熟也，説文字作「嫺」。玉篇車部：「輿，車乘也。」「閑輿」，謂熟悉駕車。

〔二〕禮記月令鄭玄注：「采，五色也。」按後起字作「彩」。漢書地理志上顔師古注：「玄，黑色也。」國語晉語四韋昭注：「著，附也。」「玄黄」，本指黑與黄，泛指顔色、彩色。古文苑擣素賦「擇玄黄之妙匹（按妙匹，匹配精妙）」，章樵注：「擇顔色所宜而染之。」

〔三〕小爾雅廣詁：「皓，白也。」莊子天地成玄英疏：「體，質。」經傳釋詞：「斯，猶乃也。」玉篇㡀部：「敝，壞也。」爾雅釋言：「渝，變也。」説文素部：「素，白緻繒也。」素爲密緻之白帛，引申爲白色。以上七句，意謂學者乃求習道，如有似畫彩於帛，既附著顔色，其純白之質地乃亡，至於帛破敗而色不變，誰知其本色之白歟？按上文云「人雖有美質，而不習道則不爲君子」，此正謂習道則可去困惑，而終身爲君子，猶如畫彩，至終色不變也。前文云「顧所由來，則杳然其遠」，亦謂學與不學，其差甚遠。

〔四〕論語學而集解：「孔安國曰：子夏，（孔子）弟子卜商也。」引子夏語未詳出處。載記載子夏之言夥矣，此或亦約舉所言之意。「日習則學不忘」，即論語「學而時習之」之意。又子張：「子夏曰：日知其所亡（孔安國曰：日知其所未聞也），月無忘其所能，可謂好學也已矣。」墮，借爲惰。文選七發李善注引郭璞方言注：「墮，懈墮也。」是讀墮爲惰。亟音去吏切。玉篇二部：「亟，數也。」謂頻數，猶頻頻、屢屢。「大言」，正大之言也。

〔五〕天體日月運行不止，故謂君子於學「其不懈猶上天之動，猶日月之行」。詩大雅文王「亹亹文王」，毛傳：「亹亹，勉也。」

〔六〕國語楚語上韋昭注：「興，猶成也。」此承上君子勉學勤如日月不懈言之，謂故雖有才而無志，則學業亦不能有成。

〔七〕俞樾云：「『志』不得云『學之師』，『師』乃『帥』字之誤。孟子曰：『夫志，氣之帥也。』此語即本孟子。有志然後可學，故志爲學之主帥，而才特其徒役也。非以師徒爲喻。」池田校引梁茂榮云：「師與徒對言，師徒猶主從也。學以志爲主，義自可通，無煩改字。」今按明馮琦經濟類編四十九引正作「志者學之師也」，可爲俞説之證。然依梁説亦自通。此謂有志而後可引其才用之於學也。

〔八〕孟子公孫丑上「力不贍也」，趙岐注：「贍，足也。」

〔九〕易乾：「象曰：天行健，君子以自强不息。」孔穎達疏：「天行健者，謂天體之行晝夜不息，周而復始，無時虧退，故云『天行健』。此謂天之自然之象。『君子以自强不息』，此以人事法天所行，言君子之人用此卦象，自强勉力，不有止息。」按前文云「故君子之於學也，其不懈猶上天之動，猶日月之行」，亦此意。

〔一〇〕「大樂」與「嘉膳」並舉，嘉膳謂美食（禮記玉藻鄭玄注：「膳，美食也」），則大樂謂盛樂，非謂清廟所奏之正樂、雅樂。「非取乎一音」，謂盛樂諧五音而成，非獨奏一音。「非取乎一味」，謂美食調五味而成，非獨用一味。申鑒雜言上：「夫酸鹹甘苦不同，嘉味以濟（按濟，調和），謂之和羹。宫商角徵不同，嘉音以章（按章同彰），謂之和聲。」「非取乎一道」，謂聖人之德兼通衆理。玉篇辵部：「道，理也。」

〔一一〕言「總」、「統」、「一」，皆兼容並包之義。謂學者，所以兼通衆理也。心能存衆理，口能述衆説，唯可而用之。經傳釋詞：「所，猶可也。」

〔一二〕詩鄘風干旄孔穎達疏：「言處者，處家未仕爲官。」「出」謂出仕爲官，與「處」對文。易乾「元亨利貞」，孔穎達疏引子夏易傳云：「元，始也；亨，通也；利，和也；貞，正也。」按元訓始，始者首也，引申爲大。易大有「應乎天而時行，是以元亨」，孔疏：「故大通而元亨也。」利，順也，引申爲和順、安泰。此四字諸家説解不一，今姑依舊注疏。二句謂是以出仕則大通吉利，居家則和順端正。

〔一三〕「立象」，象即法象，謂合乎禮法之容儀，可爲人規摹者。本書法象篇云「夫法象立，所以爲君子。法象者，莫先乎正容貌，慎威儀」，即此「立象」之謂，詳彼篇注。法言君子：「君子言則成文。」文謂有文采。二句謂君子默則有儀表，言則成文章。

〔一四〕謂述千載之前事如共處一時，論異俗之類別如與之同室。按此謂述古往如身歷，論異域如目見。

〔一五〕漢書韓信傳「信度何等已數言上」，顏師古注：「度，計量也。」資治通鑑三十五胡三省注：「度，計料也。」按度音徒落切，謂料度。禮記大學「無情者不得盡其辭」，鄭玄注：「情，猶實也。」「幽明」指人之賢愚。書舜典：「三載考績，三考，黜陟幽明。」僞孔傳：「三年有成，故以考功。九歲則能否、幽明有別，黜退其幽者，升進其明者（按此以升進釋陟字）。」孔穎達疏：「言帝命羣官之後，經三載乃考其功績，經三考則九載。『黜陟幽明』，明者升之，闇者退之。」按幽明，猶言愚暗與賢明。「幽明之故」，賢愚之所以然也。一説「幽明」指事之有形無形。易繫辭上「仰以觀於天文，俯以察於地理，是故知幽明之故」，韓康伯注：「幽明者，有形无形之象。」孔穎達疏：「以用易道仰觀俯察，知无形之幽、有形之明義理事故也。」今按「幽明」與下句「治亂」對舉，分指人與事言，「幽明」當作人之賢愚解。

〔一六〕漢書薛宣傳「原心定罪」，顏師古注：「原，謂尋其本也。」原謂推究。公羊傳隱公元年何休注：「漸者，物事之端先見之辭。」按漸者，事之發端也。爾雅釋言：「指，示也。」淮南子修務高誘注：「效，驗也。」方言：「效，明也。」以上二句，謂料度人物賢愚之所以然，如目睹其實。推究事情治亂之發端，如示人已明驗者。

〔一七〕詩周頌敬之文。鄭玄箋云：「緝熙，光明也。」又云：「且欲學於有光明之光明者，謂賢中之賢也。」孔穎達疏：「且欲學作有光明於彼光明之人，謂選擇賢中之賢，乃從之學。以賢者必有光明之德，故以光明表賢也。」按依鄭箋孔疏，「學有緝熙于光明」謂於有光明之德者中，學其德尤爲光明者，即學於賢中之賢。後人釋「學有緝熙于光明」之義不同，謂學有積漸而廣，以至於光明，參朱熹詩集傳、馬瑞辰毛詩傳箋通釋。然「緝熙」自漢以來已用爲典故，指光明或賢明，今仍依鄭箋舊説。

夫獨思則滯而不通，獨爲則困而不就〔一〕。人心必有明焉，必有悟焉，如火得風而炎熾，如水赴下而流速〔二〕。故太昊觀天地而畫八卦〔三〕，燧人察時令而鑽火〔四〕，帝軒聞鳳鳴而調律〔五〕，倉頡視鳥跡而作書〔六〕，斯大聖之學乎神明而發乎物類也〔七〕。賢者不能學於遠，乃學於近，故以聖人爲師〔八〕。昔顔淵之學聖人也，聞一以知十，子貢聞一以知二，斯皆觸類而長之、篤思而聞之者也〔九〕。非唯賢者學於聖人，聖人亦相因而學也。孔子因於文武，文武因於成湯，成湯因於夏后，夏后因於堯舜〔一〇〕。故六籍者，羣聖相因之書也。其人雖亡，其道猶存〔一一〕。今之學者勤心以取之，亦足以到昭明而成博達矣〔一二〕。凡學者，大義爲先，物名爲後，大義舉而物名從之〔一三〕。然鄙儒之博學也，務於物名〔一四〕，詳於器械，矜於詁訓〔一五〕，摘其章句，而不能統其大義之所極，以獲先王之心〔一六〕。此無異乎女史誦詩、内豎傳令也〔一七〕。故使學者勞思慮而不知道，費日月而無成功。故君子必擇師焉。

〔一〕「獨思」、「獨爲」，皆謂不學而思、不學而爲，謂無所據也。爾雅釋詁：「就，成也。」

〔二〕「人心必有明焉，必有悟焉」，元郝經續後漢書高士列傳引此篇「明焉」作「困焉」，其意蓋謂心必有所困惑，則學而後必有所悟。今按本書之文自可通，二「必」字猶言「必須」。史記商君列傳：「王即不聽用鞅，必殺之，無令出境。」言若不用商鞅，則必須殺之，毋使出境也。二「焉」字爲語末助詞。玉篇烏部：「焉，語已之詞。」云人心必須有明、有悟者，謂當學也。炎通燄，字亦作「焰」。説文火部：「熾，盛也。」炎熾，謂火勢盛。按此以火得風而勢盛，水赴下而流速，喻人爲學而愈明悟。

〔三〕太昊，伏羲也。漢書古今人表：「太昊帝宓羲氏。」顔師古注：「宓，音伏，字本作虙，其音同。」按「昊」亦作「皞」；「宓」亦作「伏」、「虙」、「包」、「炮」，並詳梁玉繩人表考。伏羲傳爲上古三皇之一。白虎通號：「三皇者，何謂也？謂伏羲、神農、燧人也。」按載記所指「三皇」互有異同，然皆以伏羲爲首。易繫辭下：「古者包犧氏之王天下也，仰則觀象於天，俯則觀法於地，觀鳥獸之文與地之宜（按鳥獸之文，指足跡），近取諸身，遠取諸物，於是始作八卦，以通神明之德，以類萬物之情。」孔穎達疏：「云『仰則觀象於天，俯則觀法於地』者，言取象大也（按取象，謂取以仿效之)。『觀鳥獸之文與地之宜』者，言取象細也。大之與細，則無所不包也。『地之宜』者，若周禮五土，動物、植物各有所宜是也。『近取諸身』者，若耳目鼻口之屬是也。『遠取諸物』者，若雷風山澤之類是也。舉遠近，則萬事在其中矣。『於是始作八卦，以通神明之德』者，言萬事云爲皆是神明之德(按云爲，作爲。神明，造化也。德，指化育之功)，若不作八卦，此神明之德閉塞幽隱(按謂造化之功隱而不顯)，既作八卦，則而象之(按謂取則而仿效之)，是通達神明之德也。『以類萬物之情』者，若不作易，物情難知，今作八卦以類象(按類象，比擬仿效)，萬物之情皆可見也。」按「八卦」，易卦之乾、坤、震、巽、坎、離、艮、兑八種卦象，以象天、地、雷、風、水、火、山、澤，見易説卦。

〔四〕燧人，傳爲三皇之一，見上注。韓非子五蠹：「有聖人作，鑽燧取火(按文選演連珠六臣注引呂延濟云：燧，鑽火木也)，以化腥臊(按化，變也，猶言解除)，而民説之(按説，悦古今字)，使王天下，號之曰燧人。」論語陽貨「鑽燧改火」，集解引馬融云：「周書月令有更火之文。春取榆柳之火，夏取棗杏之火，季夏取桑柘之火，秋取柞楢之火，冬取槐檀之火。一年之中，鑽火各異木，故曰改火也。」是鑽火之木隨時令而異，故此云「察時令而鑽火」。

〔五〕帝軒，黄帝也。漢書古今人表：「黄帝軒轅氏。」亦稱帝軒、黄軒，詳梁玉繩人表考。傳爲三皇後五帝之首，見史記五帝本紀。「調律」，調正音律。禮記月令孔穎達疏：「調者，調和音曲。」黄帝命伶倫作律，伶倫乃往阮隃山下，聽鳳凰之鳴，以分十二律，事見呂氏春秋古樂。

〔六〕倉頡，亦作蒼頡，傳爲黄帝之史官。荀子解蔽：「故好書者衆矣，而倉頡獨傳者，一也。」楊倞注：「倉頡，黄帝史官。言古亦有好書者，不如倉頡一於其道，異術不能亂之，故獨傳也。」按尚書序釋文：「書者，文字。」韓非子五蠹：「古者蒼頡之作書也，自環者謂之『私』，背『私』謂之『公』。」按「私」古文作「厶」，象自繞形。「公」从八、从厶，八，背也，見説文。吕氏春秋君守：「蒼頡作書。」高誘注：「蒼頡生而知書，寫倣鳥跡以造文章。」按注「倣」同「仿」，「寫倣」複語。淮南子本經高誘注：「寫，猶放敩也。」放敩同仿效。文章，即文字。

〔七〕廣雅釋詁：「學，效也。」玉篇弓部：「發，行也。」吕氏春秋重言「謀未發」，高誘注：「發，行。」行謂施行。物類，物之羣類，猶言萬物。伏羲、燧人等觀天地、察時令、聞鳳鳴、視鳥跡，而畫八卦、取火、調律、造字。夫天地、時令、鳳鳴、鳥跡，皆神明所主宰，非人力所能爲，故曰「學乎神明」。八卦作，則萬物之情皆可見；火化腥臊，樂和性情，文字記事，皆施行於萬物而得其用，故曰「發乎物類」。言大聖效法於神明，施行於萬物也。

〔八〕「不能學於遠」，謂伏羲等上古大聖已遠，不得從而學之，故曰「乃學於近」。「聖人」，謂孔子，見下文。

〔九〕顔回，魯人，字子淵；端木賜，衛人，字子貢，並孔子弟子，見史記仲尼弟子列傳。論語公冶長：「回也聞一以知十，賜也聞一以知二。」爾雅釋詁：「斯，此也。」易繫辭上「引而伸之，觸類而長之」，孔穎達疏：「謂觸逢事類而增長之。」按謂知一事，則遇同類之事亦可據以識之，從而增長其知識，即舉一反三、觸類旁通之意。爾雅釋詁：「篤，厚也。」「篤思」猶言深思。「篤思而聞之」之「聞」，與上二「聞一」之「聞」義稍别。蓋聞説謂之聞，聞而知之亦謂之聞，故聞亦訓知。戰國策齊策三「吾所未聞者，獨鬼事耳」，高誘注：「聞，知。」謂子淵、子貢之學孔子，或聞一以知十，或聞一以知二，此皆觸類旁通、深思而知之者也。

〔一〇〕因，讀如論語爲政「殷因於夏禮」、「周因於殷禮」之「因」，謂因承、依倣。吕氏春秋盡數「因智而明之」，高誘注：「因，依也。」文武，周文王及子武王，武王滅商建周，見書牧誓。成湯即湯，成，號也（見僞古文書仲虺之誥僞孔傳）。湯伐夏桀立商，見書湯誓。夏后，禹也，受舜禪位而建夏，見史記夏本紀。堯舜相傳皆夏、商、周三代之前上古「五帝」之一，見書堯典。按以上諸人之師承，古書記載互有異同。幹以孔子之學承於周文武，周文武承於商湯，商湯承於夏禹，夏禹承於堯舜，與諸書記載皆不同，實以儒家之學一脈相承爲言，故下文謂六經爲諸人相承之書是也。

〔一一〕六籍，儒家之經典，即六經。文選東都賦「蓋六籍所不能談」，李善注：「六籍，六經也。」漢書武帝紀「卓然罷黜百家，表章六經」，顔師古注：「六經，謂易、詩、書、春秋、禮、樂也。」「相因」，先後相因襲也。「其道猶存」，指儒家之道。

〔一二〕「勤心以取之」，「之」承上「其道猶存」之「道」言。「到昭明」，錢校：「『到』字疑當作『致』或『至』。」按戰國策齊策一「雖隆薛之城到於天」，高誘注：「隆，高也。到，至也。」按「到」訓至，已見説文，漢人用之，不足怪也。詩大雅既醉「介爾昭明」，鄭玄箋：「昭，光也。」「昭明」猶上文「學有緝熙于光明」之「光明」，謂明德。以上六句，謂六經乃自堯舜以至孔子相承之書，人雖亡而其道存。今之學者用心從中受取其道，亦足以至明德，而成博學通達之人也。

〔一三〕「物名」，明馮時可雨航雜録卷上引作「名物」。周禮天官庖人：「掌共六畜、六獸、六禽（按共同供），辨其名物。」賈公彦疏：「此禽獸等皆有名號物色，故云『辨其名物』。」按春官雞人「辨其物」，鄭玄注：「物，謂毛色也。」「名物」即名號物色，本謂牲畜之名稱與毛色。引申之，凡事物之名與所指之實曰「名物」，如考辨官職之所掌、輿服之制度、器械之形制、草木鳥獸蟲魚之容狀是也。「物名」亦即「名物」，倒言之。或釋「物名」爲名望，誤。「大義舉」，猶「舉大義」。禮記雜記下「過而舉君諱，則起」，鄭玄注：「舉，言也。」舉，稱舉、稱言。謂凡學經書者，當以明其大義要旨爲先，考辨事物爲後，能稱説大義，而後考辨事物。

〔一四〕「鄙儒」，鄙陋淺學之儒者。漢書叔孫通傳「若真鄙儒」，顔師古注：「鄙，言不通。」戰國策秦策一「務廣其地」，吴師道注：「務，專力也。」

〔一五〕漢書賈誼傳「故人矜節行」，顔師古注：「矜，尚也。」詩周南關雎孔穎達疏：「詁訓者，通古今之異辭，辨物之形貌。」「詁訓」即解釋古語之文辭。

〔一六〕「摘其章句」，猶言斷章摘句，謂摘取章節辭句以爲己用，而不重義理。玉篇糸部：「統，總也。」又木部：「極，至也。」以上七句，謂鄙陋之儒所謂博學，乃專力於考辨事物，詳究器械形制，崇尚解析字義，摘取章節辭句，而不能總括經書大義要旨之所在，以得先王之心思也。先王，指上文堯舜以下諸聖王。

〔一七〕女史，女官知書者，掌王后禮儀之事；内豎，宫内小臣，掌傳内外之令，並見周禮天官。「女史誦詩」、「内豎傳令」皆比喻鄙儒之學。蓋謂彼輩但知背誦學舌，而不解要旨所在。故下文謂使學者徒勞思慮而不知其道，虚費時日而無能成功。故君子必擇良師也。

法象第二

夫法象立，所以爲君子。法象者，莫先乎正容貌，慎威儀〔一〕。是故先王之制禮也，爲冕服采章以旌之〔二〕，爲珮玉鳴璜以聲之〔三〕，欲其尊也，欲其莊也，焉可懈慢也〔四〕？夫容貌者，人之符表也〔五〕。符表正故情性治，情性治故仁義存，仁義存故盛德著，盛德著故可以爲法象，斯謂之君子矣〔六〕。君子者，無尺土之封而萬民尊之，無刑罰之威而萬民畏之，無羽籥之樂而萬民樂之，無爵禄之賞而萬民懷之〔七〕。其所以致之者，一也〔八〕。故孔子曰：「君子威而不猛，泰而不驕〔九〕。」詩云：「敬爾威儀，維民之則〔一〇〕。」若夫墮其威儀，恍其瞻視，忽其辭令，而望民之則我者，未之有也〔一一〕。莫之則者，則慢之者至矣〔一二〕。小人見慢而致怨乎人，患己之卑而不知其所以然，哀哉〔一三〕。故書曰：「惟聖罔念作狂，惟狂克念作聖〔一四〕。」

〔一〕「法象」即合乎禮法之儀容是也，故云「法象者，莫先乎正容貌，慎威儀」。云「法」者，謂合乎法度，可以規摹。荀子不苟「愚，則端慤而法」，楊倞注：「法，謂守法度也。」云「象」者，形象也。

儀表。

文選舞賦「不可爲象」，李善注：「象，形象也。」「威儀」，謂儀表莊重。禮記祭義孔穎達疏：「威，謂威重。」文謂樹立合乎禮範之儀容，是爲君子。故君子無不先端正其容貌，慎守其莊重儀表。

〔二〕説文冃部：「冕，大夫以上冠也。」按冕，禮服之冠，前後有垂旒（説文「旒」作「瑬」），以絲繩貫五色玉片爲之，其旒數及貫玉之數，自天子至大夫尊卑不等。詳周禮夏官弁師及鄭玄注。冕服爲大夫以上至天子之禮服，其冠冕則同，所服則刺繡之章紋不同，如衮冕，冠冕而衣刺繡卷龍；鷩冕，冠冕而衣刺繡雉；玄冕，冠冕而上衣無文，唯下裳刺繡黻紋而已。「冕服」，其通稱也。詳周禮春官司服及鄭玄注。「采章」，五彩章紋也。采、彩古今字。廣雅釋詁：「旌，表也。」「旌之」，「之」指法象。下句「聲之」之「之」同。

〔三〕璜，形如半環之玉器，可用爲佩飾。説文玉部：「璜，半璧也。」按戰國策宋衛策高誘注：「璧，玉環也。」是半環爲璜。以其相撞鏘鏘鳴，故曰「鳴璜」。國語晉語五「是故伐備鐘鼓，聲其罪也」，韋昭注：「以聲張其罪也。」聲謂聲揚。

〔四〕焉猶豈也，見助字辨略。末「也」字用同「耶」、「乎」，例見經傳釋詞。以上六句，謂先王制禮，用禮服彩紋以表彰法象，用玉璜珮飾以聲揚法象，欲法象尊貴也，莊重也，豈可懈慢乎？

〔五〕謂容貌者，乃人品之表象也。符，本謂符節、符契，如「兵符」是，引申爲驗證、憑信，淮南子本經高誘注：「符，驗也。」「人之符表」，謂表象之可以驗證人者，亦即人品之表象。鬼谷子符言陶弘景注：「發言必驗，有若符契，故曰『符言』。」「符言」謂可以驗證之言，「符」字義與此「符表」之「符」同。

〔六〕「情性」，即本書治學篇「怡情理性」之情、性，在内之本性曰性，見於外之情感曰情，參彼篇注。四「故」字用同「固」，猶必也，例見經傳釋詞。謂符表端正者必其情性治理，情性治理者必其仁義内存，仁義内存者必其盛德明著，盛德明著者必可以爲法象。按由容貌而情性，而仁義，而盛德，就觀其外而推知其内言之。或釋「故」爲「所以」、「因而」，未允。此乃言人有其内必見於外也。「斯謂之君子矣」者，斯，此也，「斯」指上「可以爲法象」。言可以爲法象，則謂之君子矣。本篇開首即云「夫法象立，所以爲君子」。「符表正故情性治」，元郝經續後漢書高士列傳載此篇「符表」作「容貌」，文異而意同。

〔七〕上四句句末四「之」字並指君子。禮記文王世子「秋冬學羽籥」，孔穎達疏云：「羽，翟羽也（按翟，雉）。」又云：「籥，笛也。」周禮春官籥師鄭玄注：「文舞有持羽吹籥者，所謂籥舞也。」羽籥爲持雉羽奏笛之文舞。「無羽籥之樂」，樂音五角切，音樂也。「萬民樂之」，樂音盧各切，喜悦也。「懷之」，説文心部：「懷，思念也。」文謂君子者雖無一尺之封地而萬民尊仰其人，無刑罰之威勢而萬民敬畏其人，無奏樂舞蹈之張設而萬民喜悦其人，無爵禄之賞賜而萬民眷念其人。

〔八〕「之」指上文「無尺土之封而萬民尊之」云云四事。言所以能致此者，其所由皆同也。意謂皆由君子爲法象，有儀容，故雖無封土、刑罰、音樂、賞賜之權勢與施與，而能使民尊之、畏之、樂之、懷之。下文引孔子語及詩，即就儀容言之。

〔九〕論語堯曰：「泰而不驕，威而不猛。」謂安泰而不驕慢，有威嚴而不猛厲，見皇侃、邢昺疏。幹引二句文倒。

〔一〇〕詩大雅抑、魯頌泮水並云「敬慎威儀，維民之則」，與幹引上句作「敬爾威儀」稍異。爾，汝也。鄭玄箋云：「則，法也。」按下文云「而望民之則我者」，云「莫之則者」，是幹以「則」爲動字，謂效法。「維民之則」，即「維民則之」之倒言，猶言維民是則。維，發語詞，見經傳釋詞。謂當敬慎汝之威儀，維民所以效法也。

〔一一〕助字辨略：「若夫，相及而殊上事之辭。」謂因上事而言及他事之詞，猶言「至於」。墮通惰，見本書治學篇「自勉則身不墮」注。恍即恍忽。後漢書馮衍傳「時恍忽而莫貴」，李賢注：「恍忽，猶輕忽也。」惰、恍、忽三字義相類，皆懈怠輕忽之謂。錢校云：「羣書治要『恍』作『慌』。」按慌通恍。論語堯曰「君子正其衣冠，尊其瞻視」，皇侃疏：「云『尊其瞻視』者，瞻視無回邪也（按回邪，謂不正）。」爾雅釋詁：「瞻，視也。」瞻視即目視。尊其瞻視，即禮記玉藻所謂「目容端」、論語泰伯所謂「正顔色」也。此云「恍其瞻視」，即忽略其瞻視，謂目容不端，容貌不正。禮記昏義「教以婦德、婦言」，鄭玄注：「婦言，辭令也。」是辭令即言語。特指言語應對，左傳襄公三十一年「而又善爲辭令」，林堯叟注：「又且長於應對。」以上五句，謂至於懈怠威儀，輕忽容貌、言語，而望民之效法己，則未有其事也。

〔二〕二「之」字並承上文指「我」言。謂民不效法我，則輕慢我者至矣。

〔三〕「小人」對上「君子」言，謂識見淺陋者。「見慢」，原作「皆慢也」，錢校據治要改，今從之。詩小雅雨無正孔穎達疏：「見者，自彼加己之詞。」助字辨略：「見者，加於我之辭。」按見，猶今言「被」。三句謂小人爲人所輕慢而致怨於人，憂己之卑下而不知其所以如此之故，可悲也。「所以然」者，指小人不重儀容，故爲人所輕。

〔四〕引書見多方。爾雅釋言：「罔，無也。」又：「克，能也。」慧琳一切經音義三引玉篇：「狂，愚。」僞孔傳：「惟聖人無念於善，則爲狂人；惟狂人能念於善，則爲聖人。」按幹引書之意，謂君子與小人，在念善與否，念善而重德正容則爲君子，否則爲小人。

人性之所簡也，存乎幽微；人情之所忽也，存乎孤獨〔一〕。夫幽微者，顯之原也；孤獨者，見之端也，胡可簡也？胡可忽也〔二〕？是故君子敬孤獨而慎幽微，雖在隱蔽，鬼神不得見其隙也〔三〕。詩云：「肅肅兔罝，施於中林。」處獨之謂也〔四〕。又有顛沛而不可亂者，則成王、季路其人也〔五〕。昔者成王將崩，體被冕服，然後發顧命之辭〔六〕。季路遭亂，結纓而後死白刃之難〔七〕。夫以彌留之困，白刃之難，猶不忘敬，況於遊宴乎〔八〕？故詩曰：「就其深矣，方之舟之；就其淺矣，泳之游之。」言必濟也〔九〕。君子口無戲謔之言，言必有防。身無戲謔之行，行必有檢〔一〇〕。故雖妻妾不可得而黷也，雖朋友不可得而狎也〔一一〕。是以不愠怒而德行行於閨門，不諫諭而風聲化乎鄉黨〔一二〕。傳稱大人正己而物自正者，蓋此之謂也〔一三〕。以匹夫之居猶然，況得意而行於天下者乎〔一四〕？唐堯之帝允恭克讓而光被四表〔一五〕，成湯不敢怠遑而奄有九域〔一六〕，文王祗畏而造彼區夏〔一七〕。易曰：「觀，盥而不薦，有孚顒若。」言下觀而化也〔一八〕。

〔一〕呂氏春秋處方高誘注：「簡，惰也。」漢書五行志上顏師古注：「簡，慢也。」「簡」與下「忽」字互文，皆謂怠慢輕忽。玉篇子部：「存，在也。」「幽微」謂幽暗隱匿處，與下「孤獨」即獨處義相類。國語晉語四韋昭注：「微，蔽也。」左傳哀公十六年杜預注：「微，匿也。」此言人性之所怠慢者，在於無人見之處；人情之所輕忽者，在於獨處之時。謂人於獨處無人時每易怠慢性情，不修舉止，即不慎獨。

〔二〕見，現古今字。顯、現、原、端，並兩兩互文。謂幽微與孤獨之處，乃顯露之本原與肇端。蓋人之情性舉止，最易於隱匿處見其萌象，以人不知故也。故曰「胡可簡」、「胡可忽」，謂豈可怠慢疏忽耶。詩大雅生民鄭玄箋：「胡之言何也。」禮記中庸：「莫見乎隱，莫顯乎微，故君子慎其獨也。」鄭玄注：「慎獨者，慎其閒居之所爲（按閒、閑古今字。閒居，謂獨處不見人時）。小人於隱者，動作言語自以爲不見睹、不見聞（按謂自以爲不爲人所睹、所聞），則必肆盡其情也。

若有佔聽之者（按佔通覘，窺也。佔聽，謂窺聽察知），是爲顯見甚於衆人之中爲之（按謂其性情舉止之顯現，較之顯現於大庭廣衆之中尤甚）。」

〔三〕隙，本義爲壁縫，引申爲缺陷。孫子謀攻「輔周，則國必强；輔隙，則國必弱」，王晳注：「隙，謂有所缺也。」按「隙」與「周」對，隙謂有缺失，不周備。「敬孤獨而慎幽微」，謂君子當慎獨。「雖在隱蔽，鬼神不得見其隙」，謂雖在隱蔽無人見之處，鬼神亦不見其有缺失。

〔四〕引詩見周南兔罝。毛傳：「肅肅，敬也。兔罝，兔罟也（按罟，網）。」又：「中林，林中。」按幹以置林中之兔網肅静以待捕兔，喻人在隱蔽處亦自敬慎。此與毛序説本詩之義不同，乃用三家詩義。文選薦譙元彦表六臣注引劉良云：「罝，兔網也。詩云『肅肅兔罝』，喻殷紂之賢人退處山林，網獸而食之。」以兔罝喻賢人，用韓詩説，與幹説略同。説詳王先謙詩三家義集疏。

〔五〕説文足部：「跋，顛也。」段玉裁注：「跋，經傳多叚借沛字爲之。」顛沛即顛跋，傾倒也。引申之，謂死亡。文選責躬詩「常懼顛沛」，六臣注引張銑云：「顛沛，死亡也。」又後漢書孝安帝紀「豈意卒然顛沛，天年不遂」，顛沛亦謂死亡。此謂又有於危亡之際而不能亂其儀容者，則成王、季路其人是也。成王，周成王，見書顧命。季路，孔子弟子仲由，字子路，一字季路，見史記仲尼弟子列傳。下文即舉二人之事。

〔六〕事見書顧命。被，披古今字，著衣也，見本書治學篇「視衮龍之文然後知被褐之陋」注。冕服，禮服也，見前文「爲冕服采章以旌之」注。顧命僞孔傳：「臨終之命曰顧命。」「顧命之辭」即遺詔。此謂成王臨終發遺詔，猶身服禮服，不失儀容。

〔七〕説文糸部：「纓，冠系也。」纓爲系冠之帶。季路事衛大夫孔悝，衛太子蒯聵謀國，劫悝，季路往救，太子蒯聵使人以戈擊季路，斷纓，季路自謂君子死不脱其冠，遂結冠纓而死。事見左傳哀公十五年。此謂季路臨難猶戴冠而死，不失儀容。續後漢書高士列傳載此篇，「結纓」上有「正冠」二字。

〔八〕「彌留」二字原作墨丁，漢魏叢書本作空格，四庫本作「倉卒」，池田校廣漢魏叢書本等作「崩亡」，龍谿精舍本作「彌留」。龍谿精舍本據元本翻刻，且「彌留」與「困」義相因，今據補。爾雅釋言：「彌，終也。」「彌留」，謂將終而延留之際，即臨終之時。淮南子主術高誘注：「困，猶危也。」廣韻去聲二十六慁：「困，病之甚也。」「彌留之困」指成王言，「白刃之難」指季路言。謂人於臨終之危時、遭白刃之難阸，猶不忘敬慎儀容，况於平日遊樂宴飲之時乎？

〔九〕引詩見邶風谷風。鄭玄箋：「方，泭也。潛行爲泳。」楚辭九章惜往日王逸注：「編竹木曰泭。」泭即木筏、竹筏。慧琳一切經音義四十一引顧野王云：「游，浮於水上而進也。」浮水曰游，潛水曰泳。爾雅釋言：「濟，渡也。」詩謂就其水深處，則乘舟乘筏以渡之；就其水淺處，則浮游潛泳以渡之。孔穎達疏云：「隨水深淺，期於必渡。」按此喻事無難易，必爲之。幹引詩，則喻君子處境無論險易吉凶，必重儀容。

〔一〇〕説文言部：「謔，戲也。」「戲謔」複語，戲弄也。資治通鑑八十三「居上者難以檢其下」，胡三省

注：「檢，束也。」謂君子言行皆無戲弄，故言必有禁防，行必有檢束。上文云「若夫墮其威儀，恍其瞻視，忽其辭令，而望民之則我者，未之有也」，故君子謹言慎行，無戲弄。

〔一一〕黷、狎互文，皆輕佻、戲弄之意。廣雅釋言：「黷，狎也。」又釋詁：「狎，輕也。」荀子正論楊倞注：「狎，戲也。」論語公冶長「夫子之言性與天道，不可得而聞也已矣」，孟子離婁上「居下位而不獲於上，民不可得而治也」，「得而」猶得以，「不可得而」即不可以。

〔一二〕說文心部：「愠，怒也。」「愠怒」複語。左傳文公六年「樹之風聲」，僞古文書畢命襲其文，僞孔傳：「立其善風，揚其善聲。」按風，風尚；聲，聲譽。周制，地方建制，五百家爲黨，萬二千五百家爲鄉，見周禮地官大司徒。「鄉黨」連文，泛指邑里、家鄉。孟子萬章上「鄉黨自好者不爲」，趙岐注：「鄉黨邑里自喜好名者，尚不肯爲也。」是鄉黨即邑里也。荀子不苟楊倞注：「化，遷善也。」「不愠怒而德行行於閨門」，承上「雖妻妾不可得而黷也」言，謂雖室中妻妾亦不可與之輕佻，故己雖不怒責而德行自能行於閨門中。「不諫諭而風聲化乎鄉黨」，承上「雖朋友不可得而狎」言，謂雖鄉里朋友亦不可與之戲弄，故己雖不規諫勸諭而風尚聲譽自使鄉里遷善。

〔一三〕傳，讀去聲，知戀切。孟子盡心上：「有大人者，正己而物正者也。」趙岐注：「大人，大丈夫。」按「物」對己而言，指自身以外之他人，言大丈夫正己而人自正。「蓋此之謂」，「此」指上「不愠怒而德行行於閨門，不諫諭而風聲化乎鄉黨」言。又此引孟子而稱「傳」者，僞孔安國書序孔穎達疏：「凡書非經，則謂之傳。」按漢立易、書、詩、禮、春秋爲五經，見白虎通五經。漢時孟子非經，故稱「傳」。

〔一四〕匹夫，即庶民。白虎通爵：「庶人稱『匹夫』者，匹，偶也，與其妻爲偶。」詩大雅板孔穎達疏：「庶人無妾媵，唯夫婦相匹，故稱匹也。」文選補亡詩「彼居之子」，李善注：「居，謂未仕者，言在家之子。」按「匹夫之居」與下「得意而行於天下者」對舉，謂庶民居家不出仕者。「得意而行於天下者」，續後漢書高士列傳載此篇，「得意」作「得志」。按「得意」即「得志」。「行於天下」謂行其道於天下。孟子盡心上「達可行於天下」，孫奭疏：「既達而在位，可以行其道於天下。」是「得意而行於天下者」，謂得志而行其道於天下之人，即下文所舉堯、湯、文王是也。「猶然」，「然」承上指「正己」言。謂以平民之未仕者猶如此，況乎彼得志而行其道於天下者乎？謂尤不可不正己也。

〔一五〕論語泰伯下集解：「孔安國曰：唐者，堯號。」書堯典「允恭克讓，光被四表」，僞孔傳：「允，信。克，能。光，充。信恭能讓，故其名聞充溢四外。」謂堯誠信恭慎，又能謙讓，而其名譽充溢於四方。

〔一六〕詩商頌殷武稱湯「不敢怠遑」，召南殷其雷毛傳：「遑，暇。」「怠遑」謂怠慢逸暇。又商頌玄鳥稱湯「奄有九有」，毛傳：「九有，九州也。」鄭玄箋：「湯有是德，故覆有九州，爲之王也。」按鄭訓奄爲覆，猶言遍也，盡也。文選册魏公九錫文李善注引韓詩「九有」作「九域」，云：「薛君（章句)曰：九域，九州也。」王先謙詩三家義集疏謂域、有一聲之轉，幹引詩與韓詩同。按有、域並匣紐字，之、職對轉相通。此句謂湯不敢怠慢逸暇，而盡有天下九州之地。

〔一七〕此本書康誥。康誥稱文王「庸庸、祇祇、威威，顯民，用肇造我區夏」，僞孔傳：「用可用（按此釋庸爲用）、敬可敬、刑可刑，明此道以示民。用此明德慎罰之道，始爲政於我區域諸夏。」此「祇畏」即「祇祇、威威」，畏、威古音相通。然若依僞孔以威爲刑威，謂「敬可敬、刑可刑」（實本左傳宣公十五年杜預注），則約言之爲「祇畏」，殊不詞矣，是幹解書蓋不同僞孔。今按廣雅釋訓：「祇祇、畏畏，敬也。」「祇畏」謂謹慎敬畏。書金縢「罔不祇畏」，「祇畏」亦即祇祇畏畏。「區夏」，僞孔釋爲「我區域諸夏」。按夏即華夏，「我區域諸夏」謂周疆域内所封各華夏諸侯國。泛言之，「區夏」即華夏。此句謂文王謹慎敬畏，而創建彼華夏。

〔一八〕易觀文。象辭曰：「『觀，盥而不薦，有孚顒若』，下觀而化也。」集解引馬融云：「盥者，進爵灌地，以降神也（按進爵，敬酒也。謂以酒灌地請神）。此是祭祀盛時，及神降薦牲（按薦牲，獻牲），其禮簡略，不足觀也。國之大事，唯祀與戎。王道可觀，在於祭祀。祭祀之盛，莫過初盥降神。故孔子曰：『禘自既灌而往者（按禘，祭祀。往，後），吾不欲觀之矣。』此言及薦簡略，則不足觀也。以下觀上，見其至盛之禮，萬民信敬，故云『有孚顒若』。孚，信。顒，敬也。」按盥通灌，灌酒於地以請神也。薦，謂請神後之祭祀獻牲。集解引虞翻云：「薦，羞牲也（按羞，進獻）。」古凡祭祀，請神以誠，故最初之盥事於禮最盛。盥而請神後，獻牲諸儀式則簡略不足觀。

故馬注引論語八佾云：「子曰：禘自既灌而往者，吾不欲觀之矣。」云「觀，盥而不薦」者，謂祭祀可觀其盥事之盛，而不觀其後之薦事也。民觀盥事之盛，則起信敬焉，故曰「有孚顒若」。若者，狀事之詞。經傳釋詞：「若，猶然也。」夫民觀盥而有信敬之貌，是下觀上而爲其誠感化也，故曰「下觀而化」。按幹引此，意謂上誠敬，則下自感化而隨之。

禍敗之由也，則有媟慢以爲階，可無慎乎〔一〕？昔宋敏碎首於棊局〔二〕，陳靈被禍於戲言〔三〕，閻、邴造逆於相詬〔四〕，子公生弑於嘗黿〔五〕。是故君子居身也謙，在敵也讓，臨下也莊，奉上也敬，四者備而怨咎不作，福禄從之〔六〕。詩云：「靖恭爾位，正直是與，神之聽之，式穀以汝〔七〕。」故君子之交人也，歡而不媟，和而不同〔八〕，好而不佞詐〔九〕，學而不虛行，易親而難媚，多怨而寡非〔一〇〕，故無絶交，無畔朋〔一一〕。書曰：「慎始而敬終，終以不困〔一二〕。」

〔一〕玉篇女部：「媟，慢也。」慢，説文作「嫚」，云：「侮易也。」新書道術：「接遇慎容謂之恭，反恭爲媟。」「媟慢」複語，謂輕侮不恭。易繫辭上：「亂之所生也，則言語以爲階。」謂言語乃導致生亂之階梯。此文謂禍敗之來由，則有輕侮不恭爲之導引，可不慎乎？俞樾云：「按『有』字衍文也。『禍敗之由也，則媟慢以爲階』，猶繫辭傳曰『亂之所生也，則言語以爲階』。」按有「有」字亦通，此不必與繫辭文法一律。

〔二〕「敏」，四庫本作「閔」。梁玉繩人表考謂宋閔公始見於春秋莊公二十年經、傳，史記宋世家「閔」作「湣」，中論作「敏」。今按敏、愍同聲。楚辭九章懷沙「離愍而不遷兮」，考異：「愍，史記作湣，一作閔。」是諸字相通，四庫本依春秋改也。閔公十年，宋伐魯，魯獲宋南宮萬，其後魯歸萬於宋。明年，閔公與萬博戲，爭行棋，閔公怒，語萬曰「汝魯虜」，萬遂以棋局殺閔公。事見史記宋世家。公羊傳莊公十二年、韓詩外傳八、春秋繁露王道、新序義勇亦載其事，文與史記有異。此云「碎首於棊局」，與史記所載合。棊同棋。説文口部：「局，一曰博所以行棊。」棊局，棋盤也。

〔三〕陳靈公與陳大夫孔寧、儀行父並私通於大夫御叔之妻夏姬，靈公與孔寧、儀行父飲酒於夏姬家，靈公謂行父曰：「徵舒（按夏姬子）似汝。」行父對曰：「亦似君。」靈公出，徵舒自其馬廄射殺公。見左傳宣公十年。杜預注：「蓋以夏姬淫放，故謂其子多似以爲戲。」事亦載史記陳杞世家。

〔四〕齊懿公爲公子時，與邴歜之父爭田獵，不能勝。及懿公即位，掘邴歜父墓，斷屍足，而使邴歜爲己之御者。又閻職之妻美，懿公納之，而使閻職爲己之陪乘。懿公游於申池，閻、邴浴於池，互以奪妻、斷父足詬辱，二人遂共謀，殺懿公。事見左傳文公十八年、史記齊太公世家、説苑復恩。史記「邴歜」作「丙戎」，「閻職」作「庸職」（説苑「職」作「織」）。「造逆」，謂起事叛逆懿公。

〔五〕「生弑」與上「造逆」同義，謂作弑君之事。公羊傳桓公八年「生事也」，何休注：「生，猶造也。」説文黽部：「黿，大鼈也。」鼈即甲魚。楚人獻黿於鄭靈公，適鄭卿子公與子家將見靈公，子公食指動，謂子家曰：「往日如此，必嘗異味。」及入，果見宰夫將治黿，二人相視而笑。靈公問其故，子家以實告。及靈公召衆臣食黿，獨不予子公食。子公怒，自蘸指於鼎，嘗黿羹而出。靈公亦怒，欲殺子公，子公與子家謀，遂弑靈公。事見左傳宣公四年、史記鄭世家、説苑復恩。

〔六〕云「在敵也讓」者，國語周語下「言讓必及敵」，韋昭注：「雖在匹敵，猶以禮讓。」匹敵謂對等、同等。「在」與上句「居」互文，猶處也。「在敵也讓」，言君子與同等地位者相處則遜讓。「怨咎不作」，説文人部：「作，起也。」以上六句，謂君子處身則謙虚，處同等之位則遜讓，對下則莊重，事上則恭敬，四者具備，不起怨忿咎責，則福禄從己矣。

〔七〕引詩見小雅小明，「恭」作「共」，「汝」作「女」。禮記表記引小明此文，釋文：「共音恭，女音汝。」表記鄭玄注：「靖，治也。爾，女也。式，用也。穀，禄也。言敬治女位之職事，正直之人乃與爲倫友，神聽女之所爲，用禄與女。」孔穎達疏：「治理恭敬女之職位，若見正直善人，於是與之爲朋友，如此則神明聽聆女之所爲。穀，禄也。用此福禄以與女也（按與同予）。」按「正直是與」，「與」即黨與之「與」，交好也。依鄭注孔疏，謂汝君子於己事當恭敬，交友正直之人，神聞知汝所爲，用福禄予汝也。按上文謂謙、讓、恭、敬四者備，則福禄從之，幹引詩即申其意。

〔八〕方言：「媟，狎也。」媟謂狎昵而失莊重。論語子路「君子和而不同」，集解：「君子心和，然其所見各異，故曰不同。」不同，謂不曲意附和。

〔九〕好，讀如詩衛風木瓜「永以爲好也」之「好」，親好也。國語晉語三韋昭注：「僞善爲佞。」「佞詐」複語。

〔一〇〕「恕」，原作「怨」。池田校兩京遺編本作「恕」，引梁茂榮云：「兩京本是也。多恕，故寡非。作『怨』形誤。」按梁説是，龍谿精舍本亦作「恕」，今據改。「寡非」，非謂非斥、斥責。

〔一一〕畔通叛。以上九句，謂君子之與人交，歡好而不失莊重，和睦而不曲意迎合，親善而不虛僞，好學而實行，易相親而難媚諛，多寬恕而少斥責，故人無絶交，友不叛己。

〔一二〕原本「慎始而敬終，終以不困」脱下「終」字。俞樾云：「謹按『終』下當更有『終』字。左傳（襄公二十五年）太叔文子引書曰『慎始而敬終，終以不困』，是其證也。僞古文尚書（蔡仲之命）襲其語曰『慎厥初，惟其終，終以不困』，亦有兩『終』字。」按此引書爲逸書。俞説是，元郝經續後漢書高士列傳載此篇正作「終以不困」，各本脱一「終」字，今據補。「終以不困」，言終於不困窘也。以猶於也，見經詞衍釋。

夫禮也者，人之急也，可終身蹈而不可須臾離也〔一〕。須臾離則慆慢之行臻焉，須臾忘則慆慢之心生焉，況無禮而可以終始乎〔二〕？夫禮也者，敬之經也；敬也者，禮之情也。無敬無以行禮，無禮無以節敬，道不偏廢，相須而行〔三〕。是故能盡敬以從禮者，謂之成人。過則生亂，亂則災及其身〔四〕。昔晉惠公以慢瑞而無嗣〔五〕，文公以肅命而興國〔六〕；郤犨以傲享徵亡〔七〕，冀缺以敬妻受服〔八〕；子圍以大明昭亂〔九〕，薳罷以既醉保禄〔一〇〕；良霄以鶉奔喪家，子展以草蟲昌族〔一一〕。君子感凶德之如彼，見吉德之如此〔一二〕，故立必磬折，坐必抱鼓〔一三〕，周旋中規，折旋中矩〔一四〕，視不離乎結襘之間〔一五〕，言不越乎表著之位〔一六〕，聲氣可範，精神可愛〔一七〕，俯仰可宗，揖讓可貴〔一八〕，述作有方，動静有常〔一九〕，帥禮不荒，故爲萬夫之望也〔二〇〕。

〔一〕吕氏春秋情欲高誘注：「急，猶先。」文選應詔觀北湖田收李善注：「急，要也。」穀梁傳隱公元年釋文：「蹈，履行之名也。」文選北征賦李善注：「須臾，少時也。」謂禮者乃爲人之首要，可終身履行而不可片刻背離。

〔二〕玉篇心部：「慆，慢也。」「慆慢」複語，謂懈慢、怠惰。説文至部：「臻，至也。」「終始」即始終，由始至終，於此文則指終其身。上文云禮「可終身蹈而不可須臾離也」，此云「況無禮而可以終始乎」，終始即終身也。左傳昭公三年：「君子曰：禮，其人之急也乎？伯石（按即公孫段）之汰也（杜預注：汰，驕也），一爲禮於晉，猶荷其禄（按荷，承受），況以禮終始乎？」謂伯石一旦行禮於晉，猶受晉國之禄，況終身行禮乎？以上三句，謂片刻背離禮，則懈慢之行爲至；片刻忘卻禮，則懈慢之心念生，況無禮而可以終此生乎？

〔三〕「夫禮也者，敬之經也」，貫下「無禮無以節敬」言，漢書司馬遷傳顏師古注：「經，謂常法也。」

「敬也者，禮之情也」，貫下「無敬無以行禮」言，禮記大學鄭玄注：「情，猶實也。」左傳哀公八年「魯有名無情」，謂有名無實。「道不偏廢」，道指禮敬之道。「相須」，謂相待，猶互依也。漢書宣元六王傳「須以成事」，顏師古注：「須，待也。」以上八句，謂禮者乃致敬之法，敬者乃行禮之實。無敬之實則無以施行其禮，無禮之法則無以節制其敬，此二者之道不可偏廢，相依而行也。

〔四〕論語憲問「子路問成人」，邢昺疏：「問於夫子，行何德行，謂之成人。」荀子勸學「是之謂成人」，楊倞注：「乃爲成就之人也。」成人謂成就德行之人。「過則生亂」，據下文以晉惠公、文公等事對比，「過」謂過失，非失度之義，謂於禮敬有過失則生亂。

〔五〕「瑞」，原作「端」。俞樾云：「謹按『端』乃『瑞』字之誤。僖十一年左傳：『天王使召武公、內史過賜晉侯命，受玉惰。過歸，告王曰：晉侯其無後乎！王賜之命，而惰於受瑞，先自棄也已，其何繼之有？』『慢瑞』即惰於受瑞也。」按俞説是。宋陳仁子文選補遺二十二、元郝經續後漢書高士列傳、明唐順之文編二十三均全文載本篇，字並作「瑞」，今據改。事亦見國語周語上。據周語上，天王即周襄王，晉侯即晉惠公也。按天子賜諸侯玉圭及爵位之服謂之「命」，故賜爵服謂之「命服」，賜玉圭謂之「命圭」。「命圭」又謂之「瑞」，左傳僖公十一年杜預注：「天子賜之命圭爲『瑞』。」「慢瑞」者，謂惠公受天子所賜命圭怠慢失禮也。周語上謂惠公「執玉卑，拜不稽首」，謂執玉手低不至胸，拜而首不至地，言其失禮。「無嗣」，無後嗣。僖公十一年內史過稱惠公「何繼之有」，謂其失禮，無後嗣也。

〔六〕「命而」原作雙行小字，據漢魏叢書本、四庫本等改大字。「肅」與上句「慢」相對。尚書大傳二「貌之不恭是謂不肅」，鄭玄注：「肅，敬也。」儀禮喪服鄭玄注：「命者，加爵服之名。」公羊傳文公元年：「天王使毛伯來錫公命。錫者何？賜也。命者何？加我服也。」「肅命」，謂敬受天子賜服。周襄王使太宰文公及內史興賜晉文公命服，晉文公使晉上卿迎於國境，親出國都至近郊慰勞，舍使者於宗廟，待以上公之禮，及受命服之期，三辭而後受。內史興歸告襄王，謂晉文公敬王奉禮，諸侯必歸之，晉必霸。事見國語周語上。

〔七〕享通饗，饗宴也。「傲享」，謂宴飲時傲慢。徵，讀如左傳昭公三十二年「無徵怨于百姓」之「徵」，杜預注：「徵，召也。」召同招。「徵亡」，謂招至身亡。衛侯設宴饗晉卿苦成叔（即郤犨），苦成叔傲慢，寧惠子以爲苦成叔將亡，謂古之饗食，乃觀其儀容以察禍福，今苦成叔宴飲而傲，是取禍之道也。事見左傳成公十四年。按郤犨即晉之强臣三郤之一，後爲長魚矯所殺，見左傳成公十七年。

〔八〕「受服」，受任爲官也。廣雅釋詁：「服，任也。」詩大雅蕩「曾是在服」，毛傳：「服，服政事也。」晉臼季出使，過冀地，見冀缺鋤田草，其妻送食至田，夫婦相敬如賓。臼季遂與冀缺歸，言於晉文公曰：「能敬必有德，德以治民，君其用之！」於是文公使冀缺爲下軍大夫。見左傳僖公三十三年，事亦載國語晉語五。

〔九〕「圍」，原作「圉」。孫詒讓云：「『圉』當作『圍』。」左傳昭元年載楚公子圍享趙孟，賦大明之首章，叔向知其不終，即其事也。」按孫説是，文選補遺二十二載此篇，字正作「圍」，今據改。「昭」，文選補遺二十二、文編二十三均作「招」。按字作「昭」亦通，爾雅釋詁：「昭，見也。」言子圍以賦詩大明而將見其有亂也。左傳昭公元年，楚令尹公子圍設宴饗晉趙孟，子圍賦詩大明之首章。宴後，趙孟語大夫叔向，謂令尹子圍自以爲王，叔向謂楚王弱而令尹强，以强克弱而心安之，則不義，不義而强，其斃必速。按詩大雅大明首章曰「明明在下，赫赫在上」，謂文王之德明照於下，顯赫於天，杜預注謂令尹公子圍賦此首章「以自光大」。按同年冬，子圍絞殺楚王郟敖，即位爲靈王。靈王十二年，楚亂而靈王卒，詳本書亡國篇「楚有伍舉」云云注。

〔一〇〕「保禄」，安保禄位也。楚薳罷至晉盟會，晉侯宴饗之，薳罷將退而賦詩大雅既醉。晉大夫叔向謂薳罷事君有敏才，必能養民，將執楚國之政。見左傳襄公二十八年。杜預注：「既醉，詩大雅。曰：『既醉以酒，既飽以德，君子萬年，介爾景福（按詩頌成王太平。介，助；景，大。謂既足於酒，又足於恩德，君子壽萬年，天佑助大福）。』以美晉侯，比之太平君子也。」

〔一一〕鄭伯宴饗晉趙孟，鄭大夫子展、伯有等七人陪從，趙孟請七人各賦詩以明志，子展賦召南草蟲，伯有賦鄘風鶉之賁賁。宴後，趙孟語大夫叔向，謂伯有將被誅戮，其餘諸人將世傳其大夫之家，而子展世傳其家當最久。事見左傳襄公二十七年。杜預注謂草蟲云「我心則降」，故趙孟以爲子展在上位而不忘自抑制。又謂鶉之賁賁云「人之無良，我以爲君」，故趙孟以爲伯有誣其君也。按伯有即鄭行人良霄。傳云鶉之賁賁，今詩作鶉之奔奔。此云「鶉奔」者，略語。

〔一二〕左傳文公十八年：「孝敬、忠信爲吉德；盜賊、藏姦爲凶德。」孝經聖治章「不在於善，而皆在於凶德」，唐玄宗注：「善，謂身行愛敬也；凶，謂悖其德禮也。」按德謂德行。「凶德」，德行惡；「吉德」，德行善。感人之凶德如彼，謂晉惠公、郤犨、子圍、良霄；見人之吉德如此，謂晉文公、冀缺、蘧罷、子展也。

〔一三〕後漢書馬援傳「磬折而入」，李賢注：「磬折者，屈身如磬之曲折，敬也。」按石磬之形曲折，故僂身折腰謂之磬折。「磬」或假「罄」爲之。春秋繁露五行相生云「立而罄折，拱則抱鼓」，韓詩外傳一、説苑修文亦云「立則磬折，拱則抱鼓」，「抱鼓」謂拱手如抱鼓。此云「坐必抱鼓」，則坐時亦拱手歟？未詳。

〔一四〕禮記玉藻「周還中規，折還中矩」，鄭玄注：「（周還）反行也，宜圜。（折還）曲行也，宜方。」釋文：「還音旋，本亦作旋。圜音圓。」按「周旋」，回轉也，如從北反而向南，其回轉之步趨宜圓，故曰「中規」。「折旋」，轉向也，如從東折而向南，其轉折之步趨宜方，故曰「中矩」。二句謂進退之步趨，其回旋、转折皆中規中矩。

〔一五〕左傳昭公十一年「衣有襘，帶有結」，又云「視不過結襘之中」，杜預注：「襘，領會。結，帶結也。」按襘，衣領交會處，古者衣領交疊於胸。結，束腰大帶之紐結也。「視不離乎結襘之間」，言視人不離胸腹之間，謂目視不得過上過下。

〔一六〕左傳昭公十一年「朝有著定，會有表」，杜預注：「著定，朝内列位常處，謂之表著。野會設表以爲位。」孔穎達疏：「著定，謂佇立定處，故謂『朝内列位常處』也。禮，諸侯建旂，設旂以爲表也。」按「朝有著定」，謂立於朝廷，尊卑之列位皆有定處。「會有表」，會，謂天子或諸侯之盟主會諸侯於郊野。各按尊卑立旂以表所當在之位，謂之表。此云「表著之位」，泛指在朝或聚會所處之位。「言不越乎表著之位」，即不越位而言也。

〔一七〕聲氣，語氣也。精神，神態也。範通笵，説文竹部：「笵，法也。」玉篇竹部：「笵，楷式也。」謂其語氣可作楷模，其神態悦人意也。「聲氣可範」，文選補遺二十二、續後漢書高士列傳、文編二十三「可範」均作「可聽」，則謂聽之悦耳。

〔一八〕俯仰，或前俯或後仰；揖讓，拱揖退讓，皆指禮節儀式。詩大雅公劉「君之宗之」，鄭玄箋：「宗，尊也。」宗、貴互文，謂其禮節可崇尚。

〔一九〕論語述而「子曰：述而不作」，皇侃疏：「述者，傳於舊章也。作者，新制作禮樂也。」按「述」謂循舊，「作」爲立新。「述作有方」，謂循舊立新皆得法也。然此言君子儀容循禮，下文所謂「帥禮不荒」是。於禮言述而循舊則可，言作而立新似不可。文選補遺二十二、續後漢書高士列傳、文編二十三「述作」並作「作事」。「作事有方」與「動静有常」義相因，謂處事得法，舉止有常也。作「作事」義長。

〔二〇〕禮記王制「不帥教者」，鄭玄注：「帥，循也。」書盤庚中「無荒失朕命」，僞孔傳：「荒，廢。」易繫辭下「萬夫之望」，孔穎達疏：「爲萬夫所瞻望也。」「萬夫之望」，猶言爲萬民所瞻仰。

修本第三

人心莫不有理道，至乎用之則異矣〔一〕。或用乎己，或用乎人。用乎己者謂之務本，用乎人者謂之近末〔二〕。君子之理也，先務其本，故德建而怨寡；小人之理也，先近其末，故功廢而讐多〔三〕。孔子之制春秋也，詳內而略外，急己而寬人，故於魯也小惡必書，於衆國也大惡始筆〔四〕。夫見人而不自見者謂之矇，聞人而不自聞者謂之瞶，慮人而不自慮者謂之瞀〔五〕。故明莫大乎自見，聰莫大乎自聞，睿莫大乎自慮〔六〕。此三者舉之甚輕，行之甚邇，而人莫之知也〔七〕。故知者舉甚輕之事以任天下之重，行甚邇之路以窮天下之遠〔八〕。故德彌高而基彌固，勝彌衆而愛彌廣〔九〕。易曰：「復亨，出入無疾，朋來無咎。」其斯之謂歟〔一〇〕？君子之於己也，無事而不懼焉。我之有善，懼人之未吾好也；我之有不善，懼人之未吾惡也〔一一〕。見人之善，懼我之不能脩也；見人之不善，懼我之必若彼也〔一二〕。故其嚮道〔一三〕，止則隅坐，行則驂乘〔一四〕，上懸乎冠緌，下繫乎帶珮〔一五〕，晝也與之遊，夜也與之息〔一六〕，此盤銘之謂「日新」，易曰「日新之謂盛德」〔一七〕。孔子曰：「弟子勉之！汝毋自舍，人猶舍汝，況自舍乎？人違汝其遠矣〔一八〕。」故君子不恤年之將衰，而憂志之有倦〔一九〕。

〔一〕治要「人」作「民」，「理」作「治」，錢氏小萬卷樓本據改。錢校云：「原本『民』作『人』，『治』作『理』，蓋本唐避諱字。今治要作『民』、作『治』，又經後人改正矣。」池田校云：「按錢校未允。此論人皆生而有知理之心，不必限於民心。蓋後人因知唐人諱『民』、『治』字，遂以爲『人』、『理』字都是『民』、『治』之代字，而改不當改，今依舊。」今按池田校是也，治要乃後人轉改之失。「理道」即理，此複語，道亦謂理也。道者，人所由之路；事之所當行亦曰道，故事理亦謂道。大戴禮記保傅「則德智長而理道得矣」，鄭玄起廢疾「（何休曰）今穀梁以苞人民爲輕（按苞通俘），斬樹木、壞宮室爲重，是理道之不通也」，三國志吴書陸抗傳「小人不明理道，所見既淺」，「理道」並謂事理，猶言道理。此謂人心莫不有理，至於用之則異矣。

〔二〕「近末」，治要作「追末」。池田校云：「梁氏（茂榮）云：『追，逐也。於義爲長。』按梁説是也，今據治要改，下同。」今按慧琳一切經音義二十二引慧苑音義云：「近，就也。」荀子解蔽楊倞注：「近，謂所好也。」近有趨就、愛好之義，作「近」義自可通，不必改。「用乎己」謂正己以理，「用乎人」謂正人以理。必先正己而後能正人，故以正己爲本，正人爲末。本、末猶主、次。

〔三〕二「之理」之「之」用並同「於」，之訓於，例見經傳釋詞。小爾雅廣詁：「功，事也。」讐即雔，同仇。君子於理，先務本正己以理，故立德而少招怨；小人於理，先從末正人以理，故廢事而多樹敵。

〔四〕孔子作春秋，見孟子滕文公下，蓋戰國時有此說。漢人多稱孔子修春秋。漢藝文志考證一引春秋緯春秋演孔圖云「孔子修春秋，九月而成」，論衡説日亦謂孔子修春秋，皆漢人説。孟子離婁下「晉之乘，楚之檮杌，魯之春秋」，趙岐注：「此三大國史記之名異。」春秋爲魯國史記。「詳内而略外」，内謂魯國，外謂其餘華夏諸侯國。公羊傳隱公十年：「春秋録内而略外，於外大惡書，小惡不書；於内大惡諱，小惡書。」何休注：「於内大惡諱，於外大惡書者，明王者起，當先自正，内無大惡，然後乃可治諸夏大惡，因見臣子之義，當先爲君父諱大惡也。内小惡書，外小惡不書者，内有小惡適可治諸夏大惡，未可治諸夏小惡，明當先自正然後正人。」按據公羊説，春秋於本國魯書小惡而諱大惡者，謂惡雖小必書，以嚴於正己，以防大惡，若果有大惡，則當爲君諱而不書；於他國書大惡而不書小惡者，謂於他國當寬宥其小惡不計，至有大惡則書。幹但截取公羊於魯小惡必載、於他國則大惡始載之説，而略去於魯諱大惡，乃申其君子「急己而寬人」之説，即何休注所謂「明當先自正然後正人」之意也。「急」與「寬」對，謂嚴急。「書」、「筆」互文，並謂記載。釋名釋書契：「筆，述也，述事而書也。」

〔五〕吕氏春秋達鬱高誘注：「目不見曰矇。」説文耳部：「聵，聾也。」荀子非十二子「瞀儒」楊倞注：「瞀，闇也。」瞀謂愚暗不明。衹見人如何而不自見，衹聞人如何而不聞人言己，衹慮人而不自省，是如目盲、耳聾、心愚，無自知之明者也。

〔六〕慧琳一切經音義五引考聲云：「聰，耳聽明審也。」玉篇目部：「睿，智也。」

〔七〕「而人莫之知也」，原無「人」字，錢校據治要補，今從之。戰國策趙策一「國之舉此」，鮑彪注：「舉，猶行也。」「舉」與下句「行」互文。説文辵部：「邇，近也。」「三者」，承上指自見、自聞、自慮，亦即修身之意。謂此三者行之甚輕易、甚近便，而人不知之也。

〔八〕知同智。人修身自正，而後能正人治事。禮記大學：「古之欲明明德於天下者，先治其國；欲治其國者，先齊其家（按齊，整也。謂整治）；欲齊其家者，先脩其身（按脩通修）。」是由修身而及家，而及國，而及天下，由己而及物，由近而及遠，此所謂「舉甚輕之事以任天下之重，行甚邇之路以窮天下之遠」也。淮南子修務高誘注：「窮，盡也。」

〔九〕小爾雅廣詁：「彌，益也。」説文力部：「勝，任也。」「愛」，治要作「受」。池田引日本宫内廳書陵部藏鈔本治要仍作「愛」，旁校「受」字。按若作「受」，則當讀爲易咸象辭「君子以虚受人」之「受」，玉篇叉部：「受，容納也。」二句承上「以任天下之重」、「以窮天下之遠」言，謂其德益高而根基益固，其任益重而惠愛益廣。

〔一〇〕引易見復卦辭。孔穎達疏：「『復亨』者，陽氣反復而得亨通，故云『復亨』也。『出入無疾』者，出則剛長，入則陽反，理會其時，故無疾病也。『朋來無咎』者，朋謂陽也，反復衆陽，朋聚而來，則無咎也。」按幹引卦辭與易理無涉，但借取其辭以言君子隨處亨通，而無疾病、咎害。又幹引經書，或不用其本義，但取其詞句足以説事而已，此亦用漢人引經喻事之常例也。

〔二〕「懼人之未吾惡也」，治要「未」作「必」，錢校據改。池田校引梁茂榮云：「尋繹文理，治要非。懼人之必吾惡，則非君子。」按梁説是。又「吾好」、「吾惡」均倒文。君子於己之有善，必好而勉行之，而又懼人之不好己者，懼人之不好善也。君子於己之不善，必自惡而改之，而又懼人之未惡己者，懼人之未惡不善也。故曰「我之有善，懼人之未吾好也；我之有不善，懼人之未吾惡也」。

〔三〕「脩」通「修」。國語晉語五「而不修天罰」，韋昭注：「修，行也。」若，如也。

〔三〕「嚮」爲「向」之後起字。「嚮道」，嚮往道也。

〔四〕禮記檀弓上「童子隅坐而執燭」，鄭玄注：「隅坐，不與成人並。」按玉篇阜部：「隅，角也。」「隅坐」，坐於角隅，猶言側坐，不敢與尊者並坐也。左傳文公十八年「而使職驂乘」，杜預注：「驂乘，陪乘。」二句承上「嚮道」言，謂君子之於道，止則側坐其旁，行則陪乘其旁，以喻君子行止不離道也。此與下文「上懸乎冠緌，下繫乎帶珮，晝也與之遊，夜也與之息」皆譬喻之言，以喻君子夙興夜寐，一舉一動不離道。或以「隅坐」、「驂乘」實説，則下文「上懸乎」、「下繫乎」、「與之遊」、「與之息」又作何解耶？何懸，何繫，何與乎？

〔五〕禮記内則「冠緌纓」，孔穎達疏：「結纓頷下以固冠（按頷，今言下巴），結之餘者，散而下垂，謂之緌。」按以帶結於頷下以固冠，結帶之餘而下垂者謂之緌。「帶珮」即佩帶，衣帶之佩飾。懸、繫互文。經傳釋詞：「乎，於也。」按云道懸繫於冠、帶者，喻君子儀容不離道也。

〔一六〕「與之」之「之」亦承上指「嚮道」之「道」，謂君子晝夜不離道。君子無時違道，行止必有道，儀容必有道，晝夜不離也。不違道則人自能日新，故下文引湯之盤銘及易繫辭文。

〔一七〕禮記大學：「湯之盤銘曰：苟日新，日日新，又日新。」鄭玄注：「盤銘，刻戒於盤也。」孔穎達疏：「『湯之盤銘』者，湯沐浴之盤而刻銘爲戒。必於沐浴之盤者，戒之甚也。『苟日新』者，此盤銘辭也。非唯洗沐自新，苟，誠也，誠使道德日益新也。『日日新』者，言非唯一日之新，當使日日益新。『又日新』者，言非唯日日益新，又須恒常日新。皆是丁寧之辭也。」易繫辭上：「日新之謂盛德。」孔穎達疏：「其德日日增新，是德之盛極，故謂之盛德。」

〔一八〕引孔子語未詳出處。舍、捨古今字。說文辵部：「違，離也。」經傳釋詞：「其，狀事之詞也。」按「其」用以狀事，猶云「然」，唯置於狀詞之前。「違汝其遠」即違汝遠然。孔子謂弟子當自勉勵，汝不自捨棄，人猶將棄汝，況汝自棄乎？則人將離汝遠矣。

〔一九〕恤、憂互文。說文心部：「恤，憂也。」

不寢道焉，不宿義焉。言而不行，斯寢道矣；行而不時，斯宿義矣〔一〕。夫行異乎言，言之錯也？無周於智。言異乎行，行之錯也？有傷於仁。是故君子務以行前言也〔二〕。人之過，在於哀死而不愛生，悔往而不慎來〔三〕，喜語乎已然，好争乎遂事，墮於今日而懈於後旬，如斯以及於老〔四〕。故野人之事不勝其悔，君子之悔不勝其事〔五〕。孔子謂子張曰：「師，吾欲聞彼，將以改此也〔六〕。」聞彼而不改此，雖聞何益？故書舉穆公之誓，善變也〔七〕；春秋書衛北宮括伐秦，善攝也〔八〕。夫珠之含礫，瑾之挾瑕，斯其性與〔九〕？良工爲之，以純其性，若夫素然〔一〇〕。故觀二物之既純，而知仁德之可粹也。優者取多焉，劣者取少焉，在人而已，孰禁我哉〔一一〕。乘扁舟而濟者，其身也安；粹大道而動者，其業也美〔一二〕。故詩曰：「追琢其章，金玉其相。勉勉我王，綱紀四方〔一三〕。」

〔一〕自「不宿義焉」之「焉」字至「斯宿義矣」之「義」字凡十六字，原脱，錢校據治要補，今據補。大戴禮記曾子制言上盧辯注：「寢，止也。」廣雅釋言：「宿，留也。」「不時」謂不及時、失時也。經傳釋詞：「斯，猶則也。」以上六句，謂不止息於行道，不滯留於行義。言而不行，則止息行道矣；行而失時，則滯留行義矣。

〔二〕俞樾云：「謹按『周』當作『害』，篆書相似而誤。此謂行異於言則可，言異於行則不可，故一則曰『無害於智』，一則曰『有傷於仁』，而承之曰『君子務以行前言也』，即『先行其言』之意（按「先行其言」，謂未言之前先行之，語出論語爲政）。」池田校引梁茂榮云：「『行異乎言』，則言在先，行在後；『言異乎行』，則行在先，言在後也。下文承之曰『是故君子務以行前言也』，此乃言行一致之意。俞氏謂行異於言則可，言異於行則不可，於理則乖謬，故『周』作『害』非是。『周』字不誤。周，全也。『無周於智』，謂於智不周全也。『無周』、『有害』，文義相同。」今按俞謂「行異於言則可，言異於行則不可」，固有乖於理。梁釋「行異乎言」謂言在先，而其後之行異於言；釋「言異乎行」謂行在先，而其後之言異於行。然則同爲言行不一致，何以言在先則爲「言之錯」，行在先則爲「行之錯」乎？言與行前後不符，二者孰錯孰無錯，豈決於何者在先耶？是梁説似亦未允。愚謂「行異乎言」即「言異乎行」，二句變文爲之，皆謂言行不相符。唯二「錯也」之「也」字用與「乎」、「耶」同（例詳經傳釋詞），皆設問之句。錯，古亦可訓錯誤。慧琳一切經音義六十五引考聲云：「錯，誤也。」三國志吴書孫策傳「（袁術曰）前錯用陳紀，每恨本意不遂」，資治通鑑六十一載此文，胡三省注：「錯，誤也。」此文之意，謂言行不一，其誤在言耶？則言不當乃其智不周備耳；言行不一，其誤在行耶？則行不當而有傷於仁矣。上文云「言而不行，斯寢道矣；行而不時，斯宿義矣」，是道義止息與否，在行而不在言。然則君子當重行於言，故曰「是故君子務以行前言也」。「以行前言」，謂君子以其行先於言。禮記中庸鄭玄注：「前，亦先也。」大戴禮記曾子制言上：「君子執仁立志，先行後言。」即此意。

〔三〕論語微子：「往者不可諫（按諫，止也），來者猶可追。」哀痛已死而不愛惜猶生，是但痛已死之既逝而不顧猶生之將來也。悔悵往事而不慎戒來日，是嘆恨已成之前事而不思救止於後也。「在於哀死而不愛生，悔往而不慎來」，原作「在於哀死，而不在於愛生；在於悔往，而不在於懷來」，錢校據治要改。按哀死、悔往未可謂之過。唯哀死而不愛生，悔往而不慎來，斯爲過矣。治要於文爲順，今據改。又治要「人之過」作「民之過」，按此泛論人，不當拘限於民，「民」字蓋後人轉改之失。

〔四〕論語八佾：「成事不説，遂事不諫。」集解引包咸曰：「事已遂，不可復諫止。」「已然」，成事也。楚辭天問「遂古之初」王逸注、廣雅釋詁並云：「遂，往也。」墮借爲惰，見本書治學「自勉則身不墮」注。文選魏都賦「量寸旬」劉淵林（逵）注（按據李善説，實張載注）：「司馬法曰：『明不寶咫尺之玉，而愛寸陰之旬。』旬，時也。」「後旬」，後時、來日。爾雅釋詁：「斯，此也。」四句謂喜談説已然之事，好爭執以往之事，惰慢於今日而懈怠於後來，如此以至於老。按此承上文「哀死而不愛生，悔往而不慎來」言。

〔五〕説文里部：「野，郊外也。」野謂都邑外之田野。廣韻上聲八語：「野，田野。」孟子滕文公上「無君子莫治野人，無野人莫養君子」，「野人」與「君子」對，謂庶民務農者，泛指村夫俗子。「野人之事不勝其悔」，謂俗人不知慎後，故每事輒悔，其事悔不勝悔也。「君子之悔不勝其事」，謂君子自强不息，篤行於事而不倦，故其悔在力不勝任其事也。

〔六〕引孔子語未詳出處。「謂子張」，治要作「撫其心」，三字與本書迥異。錢校云：「『孔子』上當有脱文。」按「聞彼」，彼謂師也；「改此」，此謂我也。意謂所謂師者，欲聞於彼而改我之過。

〔七〕秦穆公不聽蹇叔諫，遣孟明視等三帥伐鄭，因鄭人有備，還師，爲晉襄公敗於崤，穆公悔過，作誓辭。事見左傳僖公三十二年、三十三年，其誓辭見書秦誓。左傳襄公二十七年釋文引沈云（名文阿，見梁書本傳，釋文序録誤作「文何」）：「舉，謂紀録之也。」「善變」，善爲動字，謂褒美也；變，改也。漢書霍光傳「善善及後世」，上「善」爲動字，顔師古注：「善善者，謂褒寵善人也。」此句謂書載録穆公之誓辭，乃贊美其能改過。下文「善攝也」，「善」亦謂褒美。

〔八〕晉侯率諸侯各國伐秦，至涇水，諸侯之師不肯渡。鄭子蟜見衛北宫括，謂與人盟而心意不定，最爲人所惡，取惡於晉，國家將奈之何？北宫括悦其言，二人遂勸諸侯之師渡涇水。事見左傳襄公十四年。襄公十四年春秋經載諸國從晉伐秦之事，於齊、宋、曹、莒等國皆但書「人」不書其名，於北宫括則書其名，傳謂書名者以北宫括「攝也」，杜預注：「能自攝整，從鄭子蟜俱濟涇。」按儀禮士冠禮鄭玄注：「攝，猶整也。」攝謂整飭、節制。此句謂春秋經書北宫括伐秦，乃贊許其能自行克制，謂能從善言而聽鄭子蟜之勸戒也。

〔九〕慧琳一切經音義二十七引切韻：「礫，沙也。」文選登樓賦李善注：「挾，猶帶也。」爾雅序釋文：「瑕，玉翳也。」瑕即玷翳，玉之斑痕。與同歟。謂珠之含沙，玉之帶斑，此其性歟？按下文云「良工爲之，以純其性」，是珠含沙、玉帶斑乃其性不純，非本性如此也。

〔一〇〕此「若夫」猶言如彼，夫訓彼，見經傳釋詞。謂使良匠治之，去其沙、斑，以純珠、玉之性，則觀之如彼本然之貌也。廣雅釋詁：「素，本也。」按上文舉秦穆公、北宫括事，皆善其能改前非。此又以珠玉去沙、斑復本性爲喻，故下文云「故觀二物之既純，而知仁德之可粹也」。

〔一〕謂觀珠玉二物既可純其性，則知人之仁德亦可使之純也。智者多取純焉，愚者少取純焉，在人自爲之而已，誰能禁我哉。廣雅釋言：「粹，純也。」優、劣，於此指智、愚。爾雅釋詁：「孰，誰也。」焉，語助。

〔二〕扁音芳連切，廣韻平聲二仙：「扁，小舟。」爾雅釋言：「濟，渡也。」「大道」，承上指仁德。荀子正名楊倞注：「動，謂作爲也。」謂乘舟而渡水，則其身安；純其仁德而作爲，則事業美。俞樾云：「漢書貨殖傳『范蠡乃乘扁舟，浮江湖』，注引孟康曰：『特舟也（按特，單也）。』特舟則不可以爲安，且與上文『優者取多焉』之旨不合矣。疑古稱『扁舟』者有二義。范蠡扁舟，當讀爲偏，後漢書隗囂傳『乘偏舟於五湖』，字正作『偏』是也。此文『扁舟』則當讀爲編，言編列衆舟以濟，若『諸侯維舟（按維舟謂維繫四舟，見爾雅釋水）』、『大夫方舟（按方舟謂并二舟，亦見爾雅釋水）』之類。」按俞説牽强，不可從。此文之意，以憑舟而渡可安其身，喻純其德仁則可成就其業，無所謂單舟、并舟也。且載籍亦未見有讀「扁舟」爲編舟者。

〔三〕引詩見大雅棫樸。毛傳：「追，彫也。金曰彫，玉曰琢。相，質也。」鄭玄箋：「我王，謂文王也。以網罟喻爲政，張之爲綱，理之爲紀。」孔穎達疏云：「言治寶物爲器，所以可彫琢其體以爲文章者（按文章，花紋），以金玉本有其質性故也。以喻文王所以可脩飾其道以爲聖教者，由本心性有睿聖故也。」又云：「言勉勉然勤行善道不倦之我王，以此聖德綱紀我四方之民，善其能在民上治理天下。」按幹引詩意在「追琢其章，金玉其相」，謂君子當純粹其仁德以成業，猶金玉雖有其質，須雕琢以成文章也。

先民有言，明出乎幽，著生乎微〔一〕。故宋井之霜以基昇正之寒，黄蘆之萌以兆大中之暑，事亦如之〔二〕。故君子修德，始乎笄丱，終乎鮐背，創乎夷原，成乎喬嶽〔三〕。易曰：「升，元亨。用見大人，勿恤。南征吉。」積小致大之謂也〔四〕。小人朝爲而夕求其成，坐施而立望其反，行一日之善而求終身之譽，譽不至，則曰「善無益矣」，遂疑聖人之言，背先王之教，存其舊術，順其常好，是以身辱名賤，而不免爲人役也〔五〕。孔子曰：「小人何以壽爲？一日之不能善矣。久惡，惡之甚也〔六〕。」蓋人有大惑而不能自知者，舍有而思無也，舍易而求難也〔七〕。身之與家，我之有也，治之誠易，而不肯爲也；人之與國，我所無也，治之誠難，而願之也。雖曰「吾有術，吾有術」，誰信之歟〔八〕？故懷疾者，人不使爲醫；行穢者，人不使畫法，以無驗也〔九〕。子思曰：「能勝其心，於勝人乎何有？不能勝其心，如勝人何〔一〇〕？」故一尺之錦足以見其巧，一仞之身足以見其治，是以君子慎其寡也〔一一〕。道之於人也，甚簡且易耳。其修之也，非若採金攻玉之涉歷艱難也，非若求盈司利之競逐囂煩也〔一二〕。不要而遘，不徵而盛〔一三〕，四時嘿而成，不言而信〔一四〕，德配乎天地，功侔乎四時，名參乎日月，此虞舜、大禹之所以由匹夫登帝位，解布衣被文采者也〔一五〕。故古語曰：「至德之貴，何往不遂；至德之榮，何往不成〔一六〕。」後之君子雖不及，行亦將至之云耳〔一七〕。

〔一〕文選箜篌引六臣注引劉良云：「先民，古人也。」後漢書竇融傳李賢注：「著，見也。」見、現古今字，顯現也。明、著，幽、微，並兩兩互文。明出於幽暗，顯生於微隱，謂其有所由，積漸而然。

〔二〕「宋井」，未詳。説文木部：「宋，居也。」小徐繫傳：「室居也。」則此「宋」或非國名，「宋井」蓋謂家用之井歟？所未詳也。爾雅釋詁：「基，始也。」玉篇艸部：「蘆，葦未秀者爲蘆。」即蘆葦。徐湘霖中論校注引吳承仕説，云：「『昇正』當作『昴正』，『大中』當作『火中』。按書堯典『日永，星火，以正仲夏』，『日短，星昴，以正仲冬』，此言『昴正』、『火中』，正用舊義。中、正互文也。」今按吳校是。堯典僞孔傳：「永，長也，謂夏至之日。火，蒼龍之中星，舉中則七星見可知。以正仲夏之氣節，季、孟亦可知。日短，冬至之日。昴，白虎之中星，亦以七星並見。以正冬之三節。」按日永，謂晝長夜短；日短，謂晝短夜長。火，火星，此兼指二十八宿之蒼龍七星；昴，昴星，此兼指二十八宿之白虎七星。「星火」、「星昴」，星謂「中星」。夏、冬昏時，火、昴分別見於天南，謂之「中星」，詳本書曆數篇「原星辰之迭中」注。故「星火」指夏暑，「星昴」指冬寒。此云「火中」、「昴正」，正亦中，即「中星」，此約言堯典之文也。謂井見霜乃冬寒之始，枯蘆吐芽預兆夏暑將至。「事亦如之」，謂凡事皆如此，有其始而積漸以成也。

〔三〕說文竹部：「笄，簪也。」笄謂固髮結之簪。丱即總角，兒童束髮如兩角也。字彙丨部：「丱，束髮如兩角貌。」詩齊風甫田毛傳：「丱，幼穉也（穉同稚）。」「笄丱」，謂童子。爾雅釋詁：「鮐背，壽也。」釋名釋長幼：「九十曰鮐背，背有鮐文也。」按老人背斑如鮐魚之文，故曰「鮐背」。爾雅釋詁：「創，始也。」說文大部：「夷，平也。」詩大雅緜鄭玄箋：「廣平曰原。」「夷原」即平陸。詩周頌時邁「及河喬嶽」，毛傳：「喬，高也。高嶽，岱宗也（按岱宗，泰山）。」引申之，高山亦曰喬嶽。以上五句，意謂君子之修德，始於童年，終於老耄，其德之創立，始也如平陸，終則如山丘。始「夷原」終「喬嶽」，喻積小成大。

〔四〕引易升卦文。孔穎達疏：「升者，登上之義。升而得大通（按此以大通釋元亨），故曰『升，元亨也』。」集解引鄭玄云：「升，進益之象矣。」又引虞翻云：「『用见大人，勿恤』，有慶也。『南征吉』，志行也。」按易序卦云「聚而上者謂之升」，「聚而上」，積漸而日上也，故升之象爲大通，用以見大人則有慶無憂恤，南征則吉而得行其志。幹引升，其意衹在申說「積小致大」。

〔五〕「立望其反」，治要「反」作「及」。按反、返古今字，謂報答。「而不免爲人役也」，治要「不免」作一「永」字。「存其舊術」，謂守其舊行徑。廣雅釋宮：「術，道也。」術爲道路，故人行爲之所由亦謂之術。此一段乃言小人不明「積小致大」，衹求速成，朝爲之，而求夕有成；坐而行之，起即望有報；但行一日之善，而求終身之譽。及至譽終不至，則謂行善無益，遂疑聖人之言不實，於是背離先王之教，持其舊日行徑，順其往常所好，是以身卑辱而名低賤，終不免爲人所役使。

〔六〕引孔子語未詳出處。書召誥孔穎達疏：「壽，謂長命。」「何以壽爲」，以，猶用也；爲，語助，並見經傳釋詞。此爲問語，謂小人何用長命哉？彼雖一日亦不能爲善矣。爲惡之久，乃惡之尤惡者也。

〔七〕舍，捨古今字。人有大愚惑而不能自知者，乃捨己之已有而思己之所無，捨其易爲而求難行者也。

〔八〕「我之有也」，與下文「我所無也」之、所互文，之亦猶所也，例見經詞衍釋。己所有而易治之身與家尚不肯爲，己所無而難治之人與國乃願爲，雖自謂「我有治之之術」，其誰信汝耶？

〔九〕玉篇書部：「畫，計也，策也。」按畫謂籌畫，字亦作「劃」。行讀去聲。抱病者，人不使之爲醫；品行污穢者，人不使之籌畫法令。蓋身有疾而不能醫，尚可使醫人之疾乎？品行污穢而不能自正，尚可使出令正人乎？以其人無可驗信也。

〔一〇〕子思，孔子孫伋之字，作中庸（在今禮記中），見史記孔子世家。此引子思語未詳出處。爾雅釋詁：「勝，克也。」「勝其心」，克己自正也；「勝人」，制人使正也。論語里仁：「能以禮讓爲國乎？何有？」集解：「何有者，言不難。」「如勝人何」，猶言如何勝人。

〔一一〕儀禮鄉射禮鄭玄注：「七尺曰仞。」説文宀部：「寡，少也。」見一尺錦之綺紋足以知其織工之巧，見七尺身之舉止足以知其人之修治，是以君子謹小慎微。按上文謂「積小致大」，不慎小則無以致大。

〔一二〕「甚簡」，「甚」原作「其」，錢校據意林五及御覽四百三改。按龍谿精舍本及池田校兩京遺編本並作「甚」，今據改。「採金攻玉」，採、攻互文足義，皆謂開山採伐。漢書貢禹傳「攻山取銅鐵」，攻山即開山。「攻玉」，開山採玉也。「司利」，司、伺同聲相通，窺伺。「囂煩」謂嘈雜煩亂。左傳成公十六年杜預注：「囂，喧嘩也。」謂道之於人甚簡易，修道非如開山採金玉之涉險歷難也，又非如求盈餘、窺贏利之争逐嘈雜也。

〔一三〕要、徵互文，求也。孟子告子上趙岐注：「要，求也。」呂氏春秋達鬱高誘注：「徵，求也。」「遘」，於文不當訓遇。遘、構同聲相通，成也。文選百辟勸進今上牋「不習孫吴，遘兹神武」，李善注：「遘與構古字通也。」六臣注引劉良云：「遘，成也。」是讀遘爲構。按自「不要而遘」云云至下「名參乎日月」，皆承上文指修道言。二句謂修道則不求而自成、自興。

〔一四〕俞樾云：「『四時嘿而成』句文義不倫，疑當作『不行而成』。『行』誤爲『時』，涉下文而誤『不』爲『四』，乃又加『嘿』字以成義耳。」今按上下文皆以「不」字起首之四字句，此作「四時嘿而成」，洵如俞所言殊爲不類，當有訛誤竄改。然俞謂「不行」訛爲「四時嘿」，説亦甚牽强。此當闕疑，不可强説。成，於文當讀爲誠，同聲相通。誠、信互文。二句大意，蓋謂修道則静默不言而誠信自立。

〔一五〕配、侔、參互文，皆謂並列、齊等。説文人部：「侔，齊等也。」莊子在宥「吾與日月參光」，成玄英疏：「參，同也。」論語泰伯集解引孔安國曰：「虞者，舜號。」匹夫，即庶民，見白虎通爵。披，着衣也；文采，文章、五彩也，此指天子所服之衮龍衣，並詳本書治學篇「視衮龍之文然後知被褐之陋」注。以上五句，謂修道則其德與天地匹配，其功與四時齊等，其名與日月同列，此舜、禹所以由庶民而登帝位、脱布衣而着衮龍之服者也。謂舜、禹修道而能如此。

〔一六〕玉篇至部：「至，大也。」淮南子精神「何往而不遂」，高誘注：「遂，通也。」謂君子有盛德之榮貴，故行無不通，事無不成。此韻語，貴、遂並屬物部，榮、成並屬耕部。

〔一七〕「行」字屬下讀。或屬上爲句，未是。「行亦將至之云耳」，「云耳」同「云爾」，語末助詞。孟子公孫丑下趙岐注：「云爾，絶語之辭也。」謂後之君子雖不及舜、禹，然行之亦將有所至。此勉勵之語。

琴瑟鳴，不爲無聽而失其調；仁義行，不爲無人而滅其道。故絃絶而宫商亡，身死而仁義廢〔一〕。曾子曰：「士任重而道遠，仁以爲己任，不亦重乎？死而後已，不亦遠乎〔二〕？」夫路不險則無以知馬之良，任不重則無以知人之德。君子日强其所重以取福，小人日安其所輕以取禍〔三〕。或曰：「斯道豈信哉〔四〕？」曰：「何爲其不信也？世之治也，行善者獲福，爲惡者得禍。及其亂也，行善者不獲福，爲惡者不得禍，變數也。知者不以變數疑常道，故循福之所自來，防禍之所由至也〔五〕。遇不遇，非我也，其時也。夫施吉報凶謂之命，施凶報吉謂之幸，守其所志而已矣〔六〕。易曰：『君子以致命遂志〔七〕。』然行善而不獲福猶多，爲惡而不得禍猶少，緫夫二者，豈可舍多而從少也〔八〕？曾子曰：『人而好善，福雖未至，禍其遠矣；人而不好善，禍雖未至，福其遠矣〔九〕。』故詩曰：『習習谷風，惟山崔巍，何木不死，何草不萎。』言盛陽布德之月，草木猶有枯落而與時謬者，況人事之應報乎〔一〇〕？故以歲之有凶穰而荒其稼穡者，非良農也〔一一〕；以利之有盈縮而棄其資貨者，非良賈也〔一二〕；以行之有禍福而改其善道者，非良士也〔一三〕。詩云：『顒顒卬卬，如珪如璋，令聞令望。愷悌君子，四方爲綱。』舉珪璋以喻其德，貴不變也〔一四〕。」

〔一〕二「不爲」之「爲」讀去聲。助字辨略：「爲，猶因也。」孟子離婁上趙岐注：「五音，宮、商、角、徵、羽。」按此舉宮商，泛指五音。鳴琴瑟，不因無聽者而失其音調；行仁義，不因無人見而其道止。故絃斷絕而五音之調始亡，身喪亡而仁義之道始止。謂君子行仁義由己不因人，至死方休。

〔二〕論語泰伯：「曾子曰：士不可以不弘毅，任重而道遠。仁以爲己任，不亦重乎？死而後已，不亦遠乎？」集解：「包咸曰：『弘，大也。毅，强而能決斷也。士弘毅，然後能負重任、致遠路。』

孔安國曰：『以仁爲己任，重莫重焉。死而後已，遠莫遠焉也。』」

〔三〕「君子日强其所重以取福」，「日」原作「自」。錢校云：「『君子自强其所重以取福』，以下『小人』句推之，『自』當作『日』。」池田云：「錢校似是，然以無明據，今姑依舊。」今按明徐元太喻林八十一引正作「君子日强其所重以取福」，今據錢校及喻林改。各本「日」作「自」者，二字形近，又涉易乾「君子以自强不息」之成辭而誤也。强，音巨兩切。爾雅釋詁：「强，勤也。」能負重任始知其人有德，猶能行險路始知其馬有良足也。故君子日勉其所任之重以獲福，小人日安其所倚之輕以取禍。

〔四〕此承上君子勉重以取福、小人安輕以取禍之説而問，謂此理豈實而不欺乎？玉篇辵部：「道，理也。」論語學而皇侃疏：「信，不欺也。」

〔五〕「變數」與「常道」對，謂不合常理。管子法法尹知章注：「數，理也。」知、智古今字。「知者不以變數疑常道」云云，謂智者不因亂世之非常理而疑治世之常理，故遵循致福之道，禁防啓禍之端。

〔六〕行善或得福，或不得福，福之遇與不遇，乃因時世之治亂而定，非我所能決也，故曰「遇不遇，非我也，其時也」。其猶乃也，見經傳釋詞。論語爲政集解引包咸云：「施，行也。」行吉反得凶報，行吉則非我之過，得凶乃時運如此，故曰「謂之命」；行凶反得吉報，行凶則我之過，得吉乃僥幸，故曰「謂之幸」。君子不求僥幸，守其行善之志，但求己無過，故曰「守其所志而已矣」。

〔七〕易困象辭文。孔穎達疏：「君子之人守道而死，雖遭困厄之世，期於致命喪身，必當遂其高志，不屈橈而移改也。」按文選與山巨源絶交書「可謂能遂其志者也」，李善注：「遂，從也。」「以致命遂志」，謂捨身以從其志。論語子張「士見危致命」，集解：「孔安國曰：致命，不愛其身也。」

〔八〕俞樾云：「謹按『行善』句衍『不』字。蓋謂世之亂也，行善者不獲福，爲惡者不得禍。然究而言之，則行善獲福者猶多，爲惡不得禍者猶少，故不可舍多而從少也。涉下句而誤衍『不』字，義不可通。」按俞説是，各本皆衍此「不」字。舍、捨古今字。總，「緫」之俗字。玉篇糸部：「緫，合也。」「總夫二者」，謂合此二者觀之。經傳釋詞：「夫，猶此也。」

〔九〕引曾子語未詳出處。經傳釋詞：「其，猶將也。」

〔一〇〕詩小雅谷風：「習習谷風，維山崔嵬，無草不死，無木不萎。」毛傳：「崔嵬，山巔也。雖盛夏萬物茂壯，草木無有不死而萎枝者。」鄭玄箋：「習習，和調之貌。東風謂之谷風。此言東風生長之風也，山巔之上草木猶及之，然而盛夏養萬物之時，草木枝葉猶有萎槁者。」此引詩「維」作「惟」，「嵬」作「巍」，二「無」字作「何」，又「草」、「木」互乙，王先謙詩三家義集疏謂蓋用魯詩，而「草」、「木」轉寫誤倒。文選非有先生論「謬於心而便於身」，六臣注引張銑云：「謬，反也。」按幹引詩説事，謂於陽氣盛旺、長育布德之夏月，草木猶有枯落而與時反者，況人事之禍福報應，寧無有變數乎？上文云：「知者不以變數疑常道。」

〔一一〕因年成之有豐亦有歉，遂荒廢其耕種者，非良農。助字辨略：「以，猶因也。」左傳哀公十六年杜預注：「歲，年穀也。」周禮春官大宗伯賈公彦疏：「凶，謂年穀不熟。」史記天官書正義：「穰，豐熟也。」周禮地官遂大夫鄭玄注：「稼穡，耕耨也。」按書洪範僞孔傳：「種曰稼，斂曰穡。」析言之稼、穡有别，通言之穡亦耕作。

〔二〕因利入之有贏亦有虧，而捨棄其經商者，非良賈也。文選東京賦「不縮不盈」，薛綜注：「縮，短也。盈，長也。」「資貨」，財物，此指經商。

〔三〕因行善之報或爲福或爲禍，而改其爲善之道者，非良士也。行讀平聲，爲也。

〔四〕引詩見大雅卷阿，「愷悌」作「豈弟」，字同。毛傳：「顒顒，温貌。卬卬，盛貌。」鄭玄箋：「令，善也。人聞之則有善聲譽，人望之則有善威儀。綱者，能張衆目。」按禮記禮器孔穎達疏：「圭璋，玉中之貴也。」左傳僖公十二年杜預注：「愷，樂也；悌，易也（按易謂平和）。」「四方爲綱」，猶言爲四方之綱紀，謂爲四方視爲法則。詩意謂君子温恭軒昂，潔身如玉，聲譽儀容美好。此和樂之君子，爲四方所效法。按禮記聘義：「君子比德於玉。」玉之爲物，潔浄而質堅不變，故以喻君子之德無瑕而有恒，即幹所謂「舉珪璋以喻其德，貴不變也」。

虛道第四

人之爲德，其猶虛器歟？器虛則物注，滿則止焉〔一〕。故君子常虛其心志，恭其容貌，不以逸羣之才加乎衆人之上，視彼猶賢，自視猶不足也，故人願告之而不厭，誨之而不倦〔二〕。易曰：「君子以虛受人〔三〕。」詩曰：「彼姝者子，何以告之〔四〕？」君子之於善道也，大則大識之，小則小識之，善無大小，咸載於心，然後舉而行之〔五〕。我之所有既不可奪，而我之所無又取於人，是以功常前人，而人後之也〔六〕。故夫才敏過人，未足貴也；博辯過人，未足貴也；勇決過人，未足貴也。君子之所貴者，遷善懼其不及，改惡恐其有餘〔七〕。故孔子曰：「顏氏之子其殆庶幾乎？有不善未嘗不知，知之未嘗復行〔八〕。」夫惡猶疾也，攻之則益悛，不攻則日甚〔九〕。故君子之相求也，非特興善也，將以攻惡也〔一〇〕。惡不廢則善不興，自然之道也。易曰：「否之匪人，不利君子貞，大往小來。」陰長陽消之謂也〔一一〕。

〔一〕「爲德」，猶言修德，謂修治德行。「虛器」，治要引無「虛」字，錢校據治要刪。按「虛器」，中空之器。此謂人之修德，如器之中空，器虛則物注入，滿則止。以喻謙虛則納善而進德，自滿則止矣。所謂「滿招損，謙受益」也。作「虛器」自可通。

〔二〕「故人願告之而不厭，誨之而不倦」，原作「故人願告之而不倦」，錢校據治要補「告之」下「而不厭誨之」五字，今據補。「心志」，心念也。儀禮聘禮鄭玄注：「志，猶念也。」文選答盧諶詩李善注：「逸，謂過於衆類。」論語公治長「我不欲人之加諸我也」，集解引馬融云：「加，陵也。」陵亦作淩。廣韻平聲十八尤：「猶，似也。」「不厭」、「不倦」，厭、倦互文。以上七句，謂君子常心念謙虛，容貌恭敬，不以出衆之才淩駕衆人之上，視人似賢於己，視己似不及於人，故人於己皆樂於告喻，教誨不厭倦也。按「視彼猶賢」，謂知人之長；「自視猶不足也」，謂知己之短。

〔三〕引易見咸象辭。王弼注：「以虛受人，物乃感應。」孔穎達疏：「能空虛其懷，不自有實，受納於物，无所棄遺。以此感人，莫不皆應。」

〔四〕引詩見鄘風干旄。玉篇子部：「子，男子之通稱也。」按干旄上文云：「彼姝者子，何以畀之？」毛傳：「姝，順貌。畀，予也。」孔穎達疏：「彼姝然忠順之子，好善如是，我有何善道以予之？言心誠愛之，情無所悋（按悋同吝，言心無所吝嗇）。」則此云「何以告之」亦謂如何告之以善道。幹引易、詩，意謂人謙虛恭順，則人皆感應而樂告良言。

〔五〕識、載義同，記也。玉篇言部：「識，記也。」文選爲賈謐作贈陸機「猶載厥聲」，六臣注引張銑云：「載，記也。」「舉而」，猶言盡然。管子牧民尹知章注：「舉，盡也。」經傳釋詞：「而，猶然也。」謂君子於善道，大者則記其大處，小者則記其小處，不論小大皆記於心，然後盡遵行之也。

〔六〕「所有」、「所無」，承上文「君子之於善道也」云云言，指爲善之道。「功常前人」，謂功業常先於人；「人後之」，「之」指我，謂人後於我。前、後皆作動字解。

〔七〕才智敏捷、博聞善辯、勇毅果決，三者過人，未足貴。君子所貴者，在遷移於善而猶懼不及善，更改其過而猶恐有餘過。

〔八〕引孔子語見繫辭下。顏氏之子，孔子弟子顏淵字回者，見史記仲尼弟子列傳。助字辨略：「殆，將也。」文選答東阿王書「非鄙人之所庶幾也」，六臣注引李周翰云：「庶幾，近也。」「殆庶幾」謂將近、將及，猶今言「差不多」。凡云「庶幾」，其下每有省略，其義須視上下文而定，大抵皆指於某事有所贊許或有所冀望。此云「顏氏之子其殆庶幾乎」者，因下文「有不善未嘗不知，知之未嘗復行」而言，則意謂顏淵其人近乎能見善則遷、知過能改者。

〔九〕周禮天官瘍醫鄭玄注：「攻，治也。」說文心部：「悛，止也。」淮南子脩務高誘注：「甚，重也。」治要「益」上有「日」字。按「益悛」、「日甚」，益、日互文足義，言「益」即日益，言「日」亦謂日益，不必補「日」字。

〔一〇〕「相求」上原無「之」字，錢校據治要補。按有「之」字文較順，今據補。呂氏春秋適音高誘注：「特，但也。」君子之互求者，非但爲助長己之美德而已，亦將有以救治己之劣行。

〔一〕「否之匪人」，「否」原作「比」，據四庫本改，與易否卦合。孔穎達疏：「『否之匪人』者，言否閉之世（按否，閉塞也），非是人道交通之時，故云『匪人』（按匪同非）。『不利君子貞』者，由小人道長，君子道消，故不利君子爲正也（按此釋貞爲正。爲正，謂行正道）。陽氣往而陰氣來，故云『大往小來』。陽主生息，故稱大；陰主消耗，故稱小。」集解引虞翻亦云：「陰來滅陽，君子道消，故『不利君子貞』。陰信陽詘（按信、詘同伸、屈），故『大往小來』。」按上文云「惡不廢則善不興」，幹引易否，謂善惡此消彼長，惡長則善消，所謂「陰長陽消之謂也」。

先民有言，人之所難者二，樂攻其惡者難，以惡告人者難〔一〕。夫惟君子，然後能爲己之所難能，致人之所難致〔二〕。既能其所難也，猶恐舉人惡之輕，而舍己惡之重〔三〕。君子患其如此也，故反之復之，鑽之核之，然後彼之所懷者竭，始盡知己惡之重矣〔四〕。既知己惡之重者，而不能取彼，又將舍己，況拒之者乎〔五〕？夫酒食，人之所愛者也，而人相見莫不進焉，不吝於所愛者，以彼之嗜之也。使嗜忠言甚於酒食，人豈愛之？故忠言之不出，以未有嗜之者也〔六〕。詩云：「匪言不能，胡斯畏忌〔七〕。」

〔一〕文選箜篌引六臣注引劉良云：「先民，古人也。」「攻其惡」，「其」謂己。「以惡告人」，告人有惡也。能樂於自正己之惡固難，能指人之惡使彼自正亦難。或釋「以惡告人者難」爲以己之惡告知於人難，然觀下文所云，此解未是。

〔二〕「然後能爲己之所難能，致人之所難致」，「致人」之「致」字原作「到」。治要作「然後能爲己之所難，能致人之所難也」。按本書文自通，唯「致人」之「致」誤爲「到」，今據治要改。「能爲己之所難能」，承上「樂攻其惡者難」言，謂能自正己之惡。「致人之所難致」，承上「以惡告人者難」言，謂能使人正其惡也。上「致」字訓使之至，資治通鑑三胡三省注：「致者，使之至也。」下「致」字訓至、訓及。玉篇攵部：「致，至也。」蓋我自正己之惡，則己能爲己之所難；人能自正彼之惡，則彼亦能爲彼之所難。使人至其所難至者，謂指人之惡使彼能自正也。

〔三〕舍、捨古今字。指人有惡恐所舉猶輕，正己之惡恐忽其重者，謂於人於己，舉惡、正惡皆不避重就輕也。

〔四〕鑽，鑽研。論語子罕「鑽之彌堅」，邢昺疏：「鑽研求之則益堅。」「反之復之，鑽之核之」，四「之」字皆語詞，無實義，猶言反復、鑽核，謂再三思量、鑽研審核也。竭，當讀爲揭，同聲相通。莊子胠篋「脣竭則齒寒」，戰國策韓策二「竭」作「揭」，是其例。詩大雅蕩毛傳：「揭，見根貌。」引申爲露見。此承上「猶恐舉人惡之輕」言之，謂君子患其如此，故指人之惡必再三思量、鑽研審核，然後彼之心念所懷者皆顯露，乃始知己惡之重也。荀子不苟：「正義直指，舉人之過，非毁疵也。」夫直指人之惡，則不避重就輕，故「猶恐舉人惡之輕」；然直指必如實，不誣人，故「反之復之，鑽之核之」也。

〔五〕「取彼」，「取」謂取悦、取信。戰國策楚策二「公出地以取齊」，鮑彪注：「取，猶悦。」荀子王制「未及取民」，楊倞注：「取民，謂得民心。」此文之意，謂我忠告彼，彼既知己惡之重者，然我不能取信於彼，則彼又將捨我之言，況更有拒而不聽我之忠告者乎？按此即上文「以惡告人者難」之謂，下文更就此申述之。

〔六〕「使嗜忠言甚於酒食」，原作「使嗜者甚於酒食」，錢校據治要改，今從之。不吝惜己所愛之酒肉，見客而獻之，以彼亦嗜酒肉，故我不吝惜也。假使彼嗜忠言過於嗜酒肉，則人豈愛吝其忠言不獻彼乎？故我不出忠言，非吝惜言也，以未有嗜忠言者也。

〔七〕詩大雅桑柔文。鄭玄箋：「胡之言何也。賢者見此事之是非，非不能分别皂白，言之於王也。然不言之，何也？此畏懼犯顔得罪罰。」按匪同非，「匪言不能」即非不能言。胡，何；斯，此，並見經傳釋詞。非不能言，何此畏忌耶？謂懼以言獲罪。引詩以申上文「故忠言之不出，以未有嗜之者也」之意。

目也者，能遠察天際，而不能近見其眥，心亦如之〔一〕。君子誠知心之似目也，是以務鑒於人以觀得失。故視不過垣牆之裏，而見邦國之表；聽不過閾槷之內，而聞千里之外，因人也〔二〕。人之耳目盡爲我用，則我之聰明無敵於天下矣。是謂人一之，我萬之；人塞之，我通之〔三〕。故知其高不可爲員，其廣不可爲方〔四〕。

〔一〕「能遠察天際，而不能近見其眥，心亦如之」，原作「能遠察而不能近見，其心亦如之」，原本注云：「一本作『能遠察天際，而不能近見其背，心亦如之』。」治要作「遠察天際，而不能近見其眦，心亦如之」。錢校云：「『背』即『眥』字之誤。」按錢説是，治要「眦」即「眥」之别體。今改從一本，並據治要改「背」爲「眥」。説文目部：「眥，目匡也。」匡同眶，即眼眶。天際，猶天邊，際謂天地交際處。「心亦如之」，謂心難自知，如目之能見遠而不能自見。

〔二〕吕氏春秋士節高誘注：「務，勉也。」説文土部：「垣，牆也。」按析言之垣謂短牆，通言之垣亦牆。慧琳一切經音義二十六引三蒼云：「表，外也。」「閾槷」，原本注云：「門南旁木也。」文當有誤。按禮記曲禮上鄭玄注：「閾，門限也。」即門檻。儀禮士喪禮鄭玄注：「古文闑作槷。」曲禮上鄭玄注：「闑，門橛也。」槷同闑，止門之木橛。「不過閾槷之内」，謂不出門外也。以上七句，謂君子誠知心似目，是以勉力借鑒於人，以觀是非得失。故目視雖不越牆内，而能照見邦國之外；耳聽雖不出門内，而能聞知千里之外，蓋因人之耳目爲己用也。

〔三〕四「之」字並承上指耳目。人有一耳目，我有萬耳目；人塞耳目，我通耳目。

〔四〕説文員部：「員，物數也。」漢書尹翁歸傳顔師古注：「員，數也。」「不可爲員」，謂其人學識之高不可計量。戰國策趙策三「齊韓相方」，鮑彪注：「方，猶比，猶敵（按敵，匹敵）。」「不可爲方」，謂其人見聞之廣不可匹比。

先王之禮，左史記事，右史記言〔一〕，師、瞽誦詩，庶僚箴誨〔二〕，器用載銘，筵席書戒〔三〕，月考其爲，歲會其行，所以自供正也〔四〕。昔衛武公年過九十，猶夙夜不怠，思聞訓道，命其羣臣曰：「無謂我老耄而舍我，必朝夕交戒。」又作抑詩以自儆也〔五〕。衛人誦其德，爲賦淇澳，且曰「睿聖」〔六〕。凡興國之君，未有不然者也〔七〕。故易曰：「君子以恐懼修省〔八〕。」下愚反此道也，以爲己既仁矣，智矣，神矣，明矣，兼此四者，何求乎衆人？是以辜罪昭著，腥德發聞，百姓傷心，鬼神怨痛。曾不自聞，愈休如也〔九〕。若有告之者，則曰：「斯事也，徒生乎子心，出乎子口！」於是刑焉，戮焉，辱焉，禍焉〔一〇〕。不能免，則曰：「與我異德故也，未達我道故也，又安足責〔一一〕？」是己之非，遂初之繆〔一二〕，至於身危國亡，可痛矣夫。詩曰：「誨爾諄諄，聽之藐藐，匪用爲教，覆用爲虐〔一三〕。」

〔一〕禮記玉藻：「（天子）動則左史書之，言則右史書之。」鄭玄注：「其書春秋、尚書具存者。」按有舉動則左史書之，是「左史記事」也。有言則右史書之，是「右史記言」也。春秋爲編年記事之書，故鄭注舉春秋爲「左史記事」之例。書之典謨、訓誥、誓命之文，皆記言也，故鄭注舉尚書爲「右史記言」之例。

〔二〕「師、瞽」，太師、瞽人，皆樂官。史記周本紀「師箴」正義：「師，樂太師也。」國語魯語下韋昭

注：「太師，樂官之長，掌教詩、樂。」按此太師爲樂官，非「三公」之太師。詩周頌有瞽鄭玄箋：「瞽，矇也。以爲樂官者，目無所見，於聲音審也。」按瞽爲盲人，以目不見則心專能審音，故以瞽者爲樂官。「誦詩」，背誦詩以諷諫，謂不直言，以誦詩婉轉諫之。國語楚語上「宴居有師、工之誦（按宴居同燕居，退朝閑居也）」，韋昭注：「師，樂師也；工，瞽矇也。誦，謂箴諫時世也。」即此所謂「師、瞽誦詩」。玉篇人部：「僚，官也。」「庶僚箴誨」，謂百官箴戒勸誨之。

〔三〕說文竹部：「筵，席也。」按析言之，鋪於地者謂之筵，筵上復鋪一重則謂之席。周禮春官司几筵賈公彦疏：「凡敷席之法，初在地者一重，即謂筵，重在上者即謂席。」通言之，筵亦即席也。云「器用載銘」者，如禮記大學載湯銘刻沐浴之盤「苟日新，日日新，又日新」以自戒是也，見本書修本篇「此盤銘之謂『日新』」云云注。云「筵席書戒」者，大戴禮記武王踐阼「（武王聞師尚父道丹書之言）退而爲戒書，於席之四端爲銘焉」是也。

〔四〕會，音古外切。玉篇曰部：「會，歲計也。」一歲之總計曰會。供讀爲恭，並從「共」聲。莊子天地釋文：「供，本亦作恭。」以上言天子有左右史以記其言行，師、瞽誦詩以諫，百官箴戒勸誨，器用刻銘以自戒，月則考察其所爲，歲終則總計其所行，所以使己恭慎嚴正也。

〔五〕「思聞訓道」，道同導，謂思聞人之訓導己也。漢書刑法志「故夫訓道不純而愚民陷焉」，顔師古注：「道讀曰導。」國語楚語上：「昔衛武公年數九十有五矣（韋昭注：武公，衛僖公之子、共伯之弟武公和也），猶箴儆於國（韋昭注：儆，戒也），曰：『自卿以下，至于師長、士（韋昭注：師長，大夫。士，衆士也），苟在朝者，無謂我老耄而舍我（韋昭注：「舍，謂不諫戒也。」按舍同捨），必恭恪於朝（按恭恪，敬慎），朝夕以交戒我（按交戒，更相告戒）。』」又詩大雅抑序：「衛武公刺厲王，亦以自警也。」抑爲衛武公所作，用以自警戒者。

〔六〕詩衛風淇奥序：「美武公之德也，有文章（按謂有文才），又能聽其規諫，以禮自防。」武公歿，謚曰「叡聖武公」，見國語楚語上，韋昭注：「叡，明也。」睿、叡同。

〔七〕凡興國之君，未有不與武公之修身自戒同者。

〔八〕易震象辭：「洊雷震，君子以恐懼脩省（按脩同修）。」孔穎達疏：「『洊雷震』者，洊者，重也，因仍也。雷相因仍，乃爲威震也。『君子以恐懼脩省』者，君子恒自戰戰兢兢，不敢懈惰，今見天之怒，畏雷之威，彌自修身省察己過（按彌，益也），故曰『君子以恐懼脩省』也。」按洊同荐，再三也，爾雅釋言：「荐，再也。」幹引易，取君子修身反省以避禍之義。

〔九〕論語陽貨：「唯上智與下愚不移。」下愚，極愚昧。「辜罪」複語。說文辛部：「辜，辠也（按辠、罪古今字）。」「腥德」，腥謂腥臭，德謂德行，腥德猶言德行污穢。經傳釋詞：「曾，乃也。」「休如」，猶言休休然，喜悦貌。廣雅釋詁：「休，喜也。」「如」爲狀事之詞，見經傳釋詞。以上十句，謂下愚之人君則反此而行，以爲己既已仁智神明矣，兼具此四者，於衆人何求乎？是以罪惡昭著，污行彰聞，民心傷悲，鬼神怨痛。乃不自聞知其惡，愈自喜悦也。

〔一〇〕謂有忠告者，則曰：「此事但由汝心生之，乃出於汝之口！」於是刑戮其人，辱其身而加禍焉。

「徒生乎子心」，謂其事虛妄，特由汝心無中生有耳。

〔一一〕「不能免」，指己不能免責。「與我異德」，此「異德」猶言異心。韓非子解老：「德者，内也。」詩小雅車舝孔穎達疏：「德者，在内未見之言。」詩衛風氓「異心異德」，書泰誓中「同心同德」，心、德並用，德亦心念之謂。謂既罰彼忠告者，己不能免責，則又曰：「彼與我異心故也，背我之道故也，又何足責我？」

〔一二〕國語周語下韋昭注：「遂，順也。」禮記仲尼燕居「於禮繆」，鄭玄注：「繆，誤也。」按繆通謬。謂以己之非爲是，順己先前之誤。

〔一三〕引詩見大雅抑。鄭玄箋：「我告教王，口語諄諄然，王聽聆之藐藐然忽略，不用我所言爲政令，反謂之有妨害於事，不受忠言。」按慧琳一切經音義六十五引玄應音義云：「諄諄，誠懇皃（按皃同貌）。」廣雅釋詁：「藐，小也，」引申爲小視、輕忽，故鄭箋云「藐藐然忽略」。匪同非，用猶以也，並見經傳釋詞。「匪用爲教」，言王不以我言爲教訓。釋言：「覆，反也。」淮南子覽冥高誘注：「虐，害也。」「覆用爲虐」，謂反以我言爲有害也。

蓋聞舜之在鄉黨也，非家饋而户贈之也，人莫不稱善焉；象之在鄉黨也，非家奪而户掠之也，人莫不稱惡焉。由此觀之，人無賢愚，見善則譽之，見惡則謗之。此人情也，未必有私愛也，未必有私憎也〔一〕。今夫立身不爲人之所譽，而爲人之所謗者，未盡爲善之理也〔二〕。盡爲善之理，將若舜焉，人雖與舜不同，其敢謗之乎〔三〕？故語稱「救寒莫如重裘，止謗莫如修身，療暑莫如親氷」，信矣哉〔四〕。

〔一〕「鄉黨」指邑里、家鄉。孟子萬章上「鄉黨自好者不爲」，趙岐注：「鄉黨邑里自喜好名者，尚不肯爲也。」是鄉黨即邑里也。饋、贈互文。周禮天官玉府鄭玄注：「古者致物於人，尊之則曰獻，通行曰饋。」「非家饋而户贈之」，謂非挨户饋贈。象，舜弟，傲慢不敬兄，與父母謀，欲殺舜，見書堯典、孟子萬章上。「人無賢愚」，謂人無論賢愚。「此人情也」，謂此人情之固然。「有私愛」、「有私憎」，謂私情有所偏愛、偏憎。

〔二〕「立身」，謂處身於世。處世不做爲人所稱譽之事，而做爲人所非議之事，是未能盡遵爲善之理。

〔三〕「不同」，即論語子路「君子和而不同」之「不同」，謂所見不同。盡遵爲善之理，則將如舜之所行，人即便與舜異見，敢謗舜之行乎？

〔四〕「救寒莫如重裘，止謗莫如修身，療暑莫如親氷」，意林五（四庫本、武英殿聚珍版本）並作「療暑莫如親水，救寒莫如重裘，止謗莫如修身」，學津討原本意林同，唯「親水」作「清水」。明徐元太喻林八十一引同本書，唯「氷」作「冰」，字同。錢校據學津討原本改「親氷」爲「清水」，云：「意林此（「療暑」）句在『救寒』上，於文義次序爲合。今姑從原本。」按此以「療暑」、「救寒」二句起下文「止謗」句，意林文序是也。唯「親氷」作「親水」則未必是，作「清水」尤非。詩豳風七月「二之日鑿冰沖沖，三之日納於凌陰」，毛傳：「凌陰，冰室也。」是古於寒冬有冰室藏冰，備夏暑。周禮天官有凌人掌冰，云「夏頒冰」，鄭玄注：「暑氣盛，王以冰頒賜。」是其證也。「療暑」，暑謂暑暍，中暑也。三國志魏書王昶傳「諺曰救寒莫如重裘」，資治通鑑七十三胡三省注：「（重裘）重，直龍翻。」讀重平聲，是重謂重襲。「重裘」，謂裘上披裘也。「信矣哉」，猶言誠哉是言。

貴驗第五

事莫貴乎有驗，言莫棄乎無徵。言之未有益也，不言未有損也〔一〕。水之寒也，火之熱也，金石之堅剛也，此數物未嘗有言，而人莫不知其然者，信著乎其體也〔二〕。使吾所行之信若彼數物，而誰其疑我哉。今不信吾所行，而怨人之不信己，猶教人執鬼縛魅，而怨人之不得也，惑亦甚矣〔三〕。孔子曰：「欲人之信己也，則微言而篤行之。」篤行之則用日久，用日久則事著明，事著明則有目者莫不見也，有耳者莫不聞也，其可誣哉！故根深而枝葉茂，行久而名譽遠〔四〕。易曰：「恒，亨，無咎，利貞。」言久於其道也〔五〕。伊尹放太甲〔六〕，展季覆寒女〔七〕，商魯之民不稱淫、篡焉〔八〕。何則？積之於素也〔九〕。故染不積則人不觀其色，行不積則人不信其事〔一〇〕。子思曰：「同言而信，信在言前也；同令而化，化在令外也〔一一〕。」

〔一〕左傳昭公二十九年杜預注：「棄，廢也。」驗、徵互文。漢書董仲舒傳「善言天者，必有徵於人」，顏師古注：「徵，證。」「言之未有益也」，「也」用同「者」，例詳經傳釋詞。事之可貴，莫可貴於有驗者；言之可廢，莫可廢於無證者。言之無益者，不言亦未有損也。

〔二〕水、火、金石未曾有言，而人無不知水之寒、火之熱、金石之堅，以其寒、熱、堅之信驗顯現於其體也。後漢書竇融傳「皆近事暴著」，李賢注：「著，見也。」見、現古今字。

〔三〕「而怨人之不信己」，「己」原作「也」，池田據治要改作「己」，今從之。「而誰其疑我哉」，治要無「而」字。按此「而」猶「則」也，「其」爲語助詞，例並見經傳釋詞。「今不信吾所行」，此「信」爲動字，謂使所行有信。「教人」之「教」讀平聲，古肴切。淮南子主術高誘注：「教，令也。」文謂使我所行之有信，如彼水、火、金石之有信，則誰疑我哉？今不使我之所行有信，而怨人之不信己，此猶如令人執縛鬼魅，而怨人不能得之，愚惑亦深矣。

〔四〕引孔子語未詳出處。禮記祭義鄭玄注：「微，猶少也。」「微言」，少言也。爾雅釋詁：「篤，固也。」篤訓堅固，引申有專一之義。「篤行」，專心實行也。大戴禮記曾子立事「（君子）微言而篤行之」，盧辯注：「君子欲訥於言而敏於行（按訥於言，謂慎言）。」「用日久」，謂歷時日持久。集韻平聲七之：「其，豈也。」「其」用同「豈」，例見助字辨略。以上十一句，謂孔子曰：「欲人信己，則少言而專心實行。」專心實行則歷時日持久，歷時日持久則事功昭著，事功昭著則人有耳目無不聞見，豈可誣我哉。故行之久則名譽遠揚，猶根深則枝葉自茂盛也。

〔五〕引易見恒卦，「無」作「无」，古「無」字。王弼注：「恒通无咎，乃利正也（按注乃釋亨爲通，釋貞爲正）。」集解引鄭玄云：「恒，久也。」按說文人部：「咎，災也。」「利貞」，和順端正，參本書治學篇「處則利貞」注。幹引此卦辭而云「言久於其道也」者，乃承上文「篤行之則用日久」、「行久而名譽遠」言之，故釋卦辭之「恒」爲久行其道。謂能久行其道，則自亨通無災患，而能和順端正也。

〔六〕商帝太甲，湯之嫡孫，即位三年，暴虐亂德，大臣伊尹流放太甲於桐宮，自行攝政。太甲居桐宮三年，悔過改善，於是伊尹迎太甲而歸其政。事見史記殷本紀。孟子盡心上：「伊尹曰：予不狎于不順（按狎，近也。謂我不親近不順義理者），放太甲于桐，民大悦。」

〔七〕展季，即柳下惠。孟子公孫丑上趙岐注：「柳下惠，魯公族大夫也。姓展，名禽，字季，柳下是其號也。」詩小雅巷伯毛傳：「魯人有男子獨處于室，鄰之釐婦亦獨處于室（按釐通嫠，寡婦），夜暴風雨至而室壞，婦人趨而託之，男子閉户而不納，婦人自牖與之言曰（按牖，窗）：『子何爲不納我乎？』男子曰：『吾聞之也，男子不六十不閒居（按閒、間古今字。謂不至六十，不與婦人間雜相居）。今子幼，吾亦幼（按幼謂年少，非幼小義），不可以納子。』婦人曰：『子何不若柳下惠然？嫗不逮門之女，國人不稱其亂。』」按傳「嫗不逮門之女」，不逮門即不及門，謂無宿處，參段玉裁毛詩故訓傳。嫗讀上聲，委羽切。慧琳一切經音義九十六引顧野王云：「嫗，謂俛伏使温也（按俛同俯）。」「展季覆寒女」，覆亦猶嫗，謂身覆寒女，以體相温也。

〔八〕商民不稱流放太甲之伊尹爲篡政，魯民不稱身覆寒女之展季爲淫，蓋一則爲國之公而無私心，一則救寒之急而無邪念也。

〔九〕「何則」，又作「何者」，即「何也」、「何耶」，皆先設問而後自答之辭，例見助字辨略。素，謂平素、素常。文選答臨淄侯牋「素所蓄也」，六臣注引李周翰云：「素，常也。」戰國策齊策五「素用强兵而弱之」，鮑彪注：「素，猶常也。」商魯之民不疑伊、展二人者，何耶？蓋以其人素常之行有信，累積而然也。按伊、展皆古賢。孟子萬章下：「伊尹，聖之任者也；柳下惠，聖之和者也。」孔穎達疏：「伊尹之行，爲聖人之任者也，是其樂於自爲，而以天下之重自任也。柳下惠之行，是爲聖人之和者也，是其不以己異於物（按己、物對言，指我與人），而無有所擇也。」四庫本「積之於素」作「稽之於素」，與各本異。廣雅釋言：「稽，考也。」按下文「行不積則人不信其事」，即承此「積之於素」而言，作「積」是。

〔一〇〕行事積久則有信，行不積則事不顯、人不信也。猶之染色積漸而成，染不積則色不純、人不觀也。上文云「篤行之則用日久，用日久則事著明，事著明則有目者莫不見也，有耳者莫不聞也」。

〔一一〕子思，孔子孫，見本書修本篇「子思曰」云云注。呂氏春秋大樂「皆化從上」，高誘注：「化，隨也。」又淮南子主術高誘注：「化，從。」按下從上之教，謂之「化」。謂彼此出言同，而人信彼不信此，蓋於言之前人已信彼矣；彼此出令同，而人從彼不從此，蓋人之所以從彼者在令之外，謂信其誠也，即上文所謂「積之於素」是也。錢校云：「後漢書宣秉王良傳論曰：『同言而信，則信在言前；同令而行，則誠在令外。』章懷注：『此皆子思子累德篇之言。』意林及御覽三百九十四又四百三十引子思子與中論同，並無二『也』字（治按意林引又無二「同」字）。今子思子已逸，未知孰是。」按文子精誠、淮南子繆稱亦有此語，文皆大同小異。

謗言也，皆緣類而作，倚事而興，加其似者也〔一〕。誰謂華岱之不高，江漢之不長與？君子修德，亦高而長之，將何患矣〔二〕。故求己而不求諸人，非自强也，見其所存之富耳〔三〕。子思曰：「事自名也，聲自呼也，貌自眩也，物自處也，人自官也，無非自己者〔四〕。」故怨人之謂壅，怨己之謂通。通也知所悔，壅也遂所誤〔五〕。遂所誤也，親戚離之；知所悔也，疏遠附之。疏遠附也常安樂，親戚離也常危懼。自生民以來，未有不然者也〔六〕。殷紂爲天子而稱「獨夫」，仲尼爲匹夫而稱「素王」，盡此類也〔七〕。故善釣者不易淵而殉魚，君子不降席而追道〔八〕。治乎八尺之中，而德化光矣〔九〕。古之人謌曰：「相彼玄鳥，止於陵阪。仁道在近，求之無遠〔一〇〕。」

〔一〕謗，讀如國語周語上「厲王虐，國人謗王」之「謗」。論語憲問釋文引鄭玄注：「謗，謂言人之過。」玉篇言部：「謗，對他人道其惡也。」謗即非議，與誣巇義別。「謗言也」，「也」用同「者」，例見經傳釋詞。俞樾讀「謗言也皆」爲句，云「『皆』字乃『者』字之誤」，非是。上文云「言之未有益也」，下文云「通也知所悔，壅也遂所誤」、「遂所誤也，親戚離之」、「知所悔也，疏遠附之」、「疏遠附也常安樂，親戚離也常危懼」、「人情也，莫不惡謗」，「也」並用同「者」。幹書於「者」字每用「也」，亦見他篇。「皆緣類而作，倚事而興」，緣、倚、類、事，作、興，並兩兩互文。「加其似者也」，承上「皆緣類而作，倚事而興」言。謂非議者，皆隨其類而起，依其事而生，加於與之相似之實。意即非議皆因相應之事類而起。如人有惡行，則謗之曰「不良」、「無德」；器皿不精良，則謗之曰「苦窳」、「粗劣」是也。按此言非議所起，皆緣於自身有疵。

〔二〕說文山部：「岱，太山也。」即泰山。古稱長江曰「江」。說文水部：「江，水。出蜀湔氐徼外崏山（按徼外謂界外。崏山即書禹貢「岷山導江」之岷山），入海。」與同歟。夫華山、泰山自高，長江、漢水自長，誰謂之不高、不長歟？蓋其實如此，謗言無所加也。君子修德而日進不已，則亦如山之高、水之長，將何患謗言加於己哉。

〔三〕論語衛靈公「小人求諸人」，邢昺疏：「諸，於也。」「自强」，此「强」字作剛愎解。荀子宥坐「强足以反是獨立」，楊倞注：「强，剛愎也。反是，以非爲是也。獨立，人不能傾之也。」見，音胡甸切。漢書東方朔傳「蓋懷能而不見」，顏師古注：「見，顯也。」以上三句，意謂求己而不求於人者，非剛愎自用，正顯其所積存之才德富厚耳。謂平日篤行，素有所積，無須求人。

〔四〕俞樾云：「『眩』當作『炫』，乃炫耀之謂，非眩惑之義，方與上下句一律。」按淮南子繆稱：「聲自召也，貌自示也，名自命也，文自官也，無非己者。」與此引子思語相類。何寧淮南子集釋（中華書局新編諸子集成本）引黄以周説，謂中論貴驗「貌自眩」之「眩」當作「眎」，繆稱「文自官」當依中論作「人自官」。今按眩、炫同聲相通，唯此但云「貌」，未指容貌之妍醜，不得言「炫耀」，仍以黃以周説爲是。説文「視」，古文作「眡」、「眎」二形。此蓋由「眡」訛爲「眩」，六朝唐人俗書「氏」、「玄」形似，每相混也。視、示古通用，詩小雅鹿鳴鄭玄箋：「視，古示字也。」漢書刑法志「用相誇視」，顔師古注：「視讀爲示。」「貌自眡」即「貌自視」，亦即繆稱之「貌自示」。官即「管理」字，儀禮聘禮鄭玄注：「古文管作官。」禮記王制孔穎達疏：「官者，管也。」事自得其名，聲自爲其喧，貌自示其容，物自居其處，人自理其身，此皆由於己，故曰「無非自己者」。玉篇自部：「自，由也。」

〔五〕國語周語下韋昭注：「遂，順也。」怨人而不自責，順己之所誤，是謂自壅蔽。怨己則知所悔而改過，是謂自通。「通也」、「壅也」、「也」並用同「者」。

〔六〕「遂所誤也」、「知所悔也」、「疏遠附也常安樂，親戚離也常危懼」，四「也」字用同「者」，見前文注。「親戚離之」、「疏遠附之」，「親戚」與「疏遠」互文足義。言「親戚離之」，則知疏遠者離之更無論矣；言「疏遠附之」，則知親戚附之更無論矣。孟子公孫丑上「自有生民以來，未有孔子也」，「生民」泛指人類。「未有不然者」，承上「遂所誤也，親戚離之」云云以下而言，謂自有生人以來，未有不如此者。

〔七〕獨夫，謂暴君失民心者。荀子議兵：「誅桀、紂若誅獨夫，故泰誓曰『獨夫紂』，此之謂也。」僞古文書泰誓下「獨夫受（按受同紂）」，僞孔傳：「言獨夫，失君道也。」廣雅釋詁：「素，空也。」素王，有君王之道而無王位者。莊子天道：「以此處下，玄聖、素王之道也。」郭象注：「有其道爲天下所歸，而無其爵者，所謂素王自貴也。」按義府上：「素有白義。白者，空有質而無色。故事之有其名而無其實，與有其實而無其名者，皆曰素。如素餐、素王、素封，皆此義也。」漢書董仲舒傳：「孔子作春秋，先正王而繫萬事，見素王之文焉。」論衡定賢：「孔子不王，素王之業在春秋。」按稱孔子爲「素王」，乃漢人説。「盡此類也」，錢校謂「盡」疑當作「蓋」。按助字辨略：「盡，皆也，悉也。」原文自通。

〔八〕「故善釣者不易淵而殉魚」，俞樾云：「『易』字無義，疑『叟』字之誤。説文又部：『叟，入水有所取也。』學者罕見『叟』，故改爲『易』。」池田校云：「御覽八三四作『善釣者不坻淵而得魚』（治按御覽宋刻作「坻」，明刻作「抵」）。」又引梁茂榮云：「易，改也，換也。御覽引作『得魚』，是也。『得』、『殉』形似致誤。意謂善釣者不必改易淵潭，亦可得魚也。俞説非。」今按梁説「易」字是。「殉」字不誤，不必依御覽改。殉者，求也。「殉」與下句「追」互文，追亦求也。慧琳一切經音義三十四引蒼頡篇：「殉，求也。」按殉、徇同聲相通。史記伯夷列傳「貪夫徇財」，正義：「徇，求也。」爾雅釋言：「降，下也。」降席，猶下席，離席。不離席而追道，即下文引古謡「仁道在近，求之無遠」之意。

〔九〕荀子勸學「曷足以美七尺之軀哉」，此云「八尺」，謂八尺之軀。光通廣，廣從「黄」得聲，黄從「光」得聲，古書二字相通。國語周語中「叔父若能光裕大德」，韋昭注：「光，廣也。」吕氏春秋士容高誘注：「化，教也。」言修治一身，而德教廣矣。按此謂君子修身，可以治世。

〔一〇〕謌，「歌」之或體，見説文。按此以「相彼玄鳥，止於陵阪」二句，興喻「仁道在近，求之無遠」二句。爾雅釋詁：「相，視也。」詩商頌玄鳥鄭玄箋：「玄鳥，鳦也。」即燕子。「陵阪」，山坡。戰國策楚策四鮑彪注：「阪，坡也。」謂視彼燕子，止於山坡，以喻仁道即近在眼下。此韻語，阪、遠合韻，古音並屬元部。

人情也，莫不惡謗，而卒不免乎謗，其故何也？非愛智力而不已之也，已之之術反也〔一〕。謗之爲名也，逃之而愈至，距之而愈來，訟之而愈多。明乎此，則君子不足爲也；闇乎此，則小人不足得也〔二〕。帝舜屢省，禹拜昌言，明乎此者也〔三〕；厲王蒙戮，吴起刺之，闇乎此者也〔四〕。夫人也，皆書名前策，著形列圖，或爲世法，或爲世戒，可不慎之〔五〕？曾子曰：「或言予之善，予惟恐其聞。或言予之不善，惟恐過而見予之鄙色焉〔六〕。」故君子服過也，非徒飾其辭而已，誠發乎中心，形乎容貌，其愛之也深，其更之也速，如追兔，惟恐不逮，故有進業無退功〔七〕。詩曰：「相彼脊令，載飛載鳴。我日斯邁，而月斯征。」遷善不懈之謂也〔八〕。夫聞過而不改，謂之喪心；思過而不改，謂之失體。失體喪心之人，禍亂之所及也，君子舍旃〔九〕！

〔一〕「人情也」，「也」用同「者」，見前文注。卒，終也，竟也，見助字辨略。「非愛智力而不已之也」，「智力」原作「致力」。按治要作「智力」，於文較順，今據改。愛，謂吝嗇。孟子梁惠王上「百姓皆以王爲愛也」，趙岐注：「愛，嗇也。」國語魯語上「妾不衣帛，馬不食粟，人其以子爲愛」，韋昭注：「愛，吝也。」又楚語上「吾欲已子張之諫」，韋昭注：「已，止也。」文謂人之情無不惡謗，而終不免謗，其故何耶？非吝嗇其智與力而不止謗也，乃止謗之術適得其反耳。

〔二〕「謗之爲名也」，猶言謗之爲謗，謂其所以謂之謗也。「距」，治要作「拒」。按「抵拒」、「拒絶」字本亦祇作「距」，「拒」爲後起區别字。説文言部：「訟，争也。」謂争辯。「闇」與「明」義相對，愚惑不明也。小爾雅廣詁：「闇，冥也。」引申爲愚冥，字亦通作「暗」。「君子不足爲」，此「不足」猶不值，承上「逃之」、「距之」、「訟之」言，謂君子不屑爲此也。「小人不足得也」，此「不足」謂力不能，「得」謂止謗。此文之意，謂謗之所以爲謗者，乃以逃避之而愈至，抵距之而愈來，争辯之而愈多。明於此理，則君子於謗不屑爲逃之、拒之、争之也；惑於此理，則小人力不能止謗也。

〔三〕書益稷（按漢時今本益稷篇在臯陶謨篇中，未分出）載舜臣臯陶對舜語，有「屢省乃成」之言，僞孔傳：「屢，數也。當數顧省汝成功。」按僞孔釋「省」爲顧念，「乃」爲汝，「成」爲已成之事功，謂當屢屢顧省汝所成之事功。幹引此，乃解「省」爲「反省」之省，猶言屢自反省，事乃有成，與僞孔異。又臯陶謨載臯陶對禹語，謂當「慎厥身修」云云，稱「禹拜昌言，曰：『俞』（按俞，然、是）」，僞孔傳：「（禹）以臯陶言爲當，故拜受而然之。」邢昺疏：「昌者，言當也。」按爾雅釋詁：

「昌，當也。」言而當於理，謂之「昌言」。「明乎此者」，謂明於止謗之理，指舜、禹能自省與納良言。

〔四〕「蒙戮」，蒙辱也。廣雅釋詁：「戮，辱也。」周厲王暴虐，國人謗王，王怒，不聽卿士邵公之諫，使人監察謗者，有敢謗者則殺之，後國人叛，乃流放厲王於晉之彘。事見國語周語上。吴起，衛人，魯用起爲將，魯人有惡起而謗之者，起遂殺謗己者三十餘人。後起事楚悼王爲楚相，悼王卒，楚宗室大臣作亂而攻起，遂刺殺起。事見史記孫子吴起列傳。「闇乎此者」，謂不明止謗之理，故厲王蒙辱、吴起遭刺。按吴起之死，實因廢楚之貴戚公族，故後爲貴戚所害，與其初在魯殺謗己者之事無涉，幹爲申己意，遂牽連二事，非其實也。

〔五〕「夫人也」三字原無，錢校據治要補，今從之。夫猶彼也，也猶者也，並見經傳釋詞。彼人者，指舜、禹、厲王、吴起。儀禮聘禮「百名以上書於策」，鄭玄注：「策，簡也。」即簡策、載籍。漢書陸賈傳顔師古注：「著，明也。」謂明示之。謂彼四人者，皆書其名於前代載記，示其形於歷代圖象，或爲世效法，或爲世警戒，可不慎之乎？

〔六〕經傳釋詞：「或，猶有也。」「予惟恐其聞」，「其」承上指「予之善」言。廣韻平聲八戈：「過，經也。」公羊傳莊公三十一年徐彦疏：「凡言過者，謂道所經過之稱。」按此文「過」謂道經而遇之。廣雅釋詁：「鄙，恥也。」文謂曾子曰：「有言我之善者，我唯恐善爲人所聞；有言我之不善者，我唯恐人遇我而見我羞恥之容。」按善則恐人所聞者，有善不自矜也；過則恐人見我之羞容者，有過自恥也。

〔七〕論衡禍虛：「所罰服罪，人君赦之；子夏服過，拜以自悔。」服罪，認罪也；服過，認過也。「中心」，中亦心也。淮南子原道「則中不平也」，高誘注：「中，心也。」廣雅釋詁：「形，見也。」謂顯現。「愛之」、「改之」，「之」並承上指「過」言。「愛之」之「愛」於義難通，當讀爲哀。廣雅釋詁：「哀，痛也。」愛、哀並喉音字，於韻物、微對轉相通。禮記樂記鄭玄注：「愛，或爲哀。」呂氏春秋報更「人主胡可以不務哀士」，説苑復恩「哀士」作「愛士」，並其證。又一解，「愛」或當作「憂」，形似而誤。業、功互文。文謂君子之認過，非徒虛飾其辭而已，其誠意出於心，顯於容貌，其哀痛己之過也深，其改過也速，如追兔然，唯恐不及也，故其功業有進無退。

〔八〕引詩見小雅小宛，今毛本「相」作「題」，毛傳：「題，視也。」鄭玄箋讀題爲睇，視也，與「相」義同。爾雅翼：「脊令，水鳥。大如鷃雀（按鷃雀，鵪鶉），長腳長尾，尖喙。背上青灰色，腹下白。」鄭玄箋：「『載』之言『則』也。則飛則鳴，翼也、口也不有止息。我，我王也。邁、征，皆行也。王日此行，謂日視朝也；而月此行，謂月視朝也。先王制此禮，使君與羣臣議政事，日有所決，月有所行，亦無時止息。」按詩以脊令且飛且鳴，翼與口不止息，興喻王日月進行政事，勤而不懈。幹引此則喻君子勤於修德，日月進於善，故曰「遷善不懈之謂也」。

〔九〕「失體」，「得體」之反，謂行爲無體統規矩也。舍、捨古今字。經傳釋詞：「旃，之也。」按「旃」爲「之焉」之合音，承上指「失體喪心之人」言。聞己過而不改，是喪失心智也，故謂之「喪心」；思省己過而不改，則舉止必無體統規矩也，故謂之「失體」。失體喪心之人，禍亂將及之，故君子捨之，不與交也。

周書有言：「人毋鑒於水，鑒於人也。」鑒也者可以察形，言也者可以知德〔一〕。小人恥其面之不及子都也，君子恥其行之不如舜禹也〔二〕。故小人尚明鑒，君子尚至言。至言也，非賢友則無取之，故君子必求賢友也〔三〕。詩曰：「伐木丁丁，鳥鳴嚶嚶，出自幽谷，遷于喬木。」言朋友之義務在切直，以升於善道者也〔四〕。故君子不友不如己者，非羞彼而大我也。不如己者，須己而植者也。然則扶人不暇，將誰相我哉。吾之憒也，亦無日矣〔五〕。故墳庳則水縱，友邪則己僻也，是以君子慎取友也〔六〕。孔子曰：「居而得賢友，福之次也〔七〕。」夫賢者，言足聽，貌足象，行足法，加乎善獎人之美，而好攝人之過，其不隱也如影，其不諱也如響，故我之憚之，若嚴君在堂，而神明處室矣。雖欲爲不善，其敢乎〔八〕？故求益者之居遊也，必近所畏，而遠所易〔九〕。詩云：「無棄爾輔，員于爾輻，屢顧爾僕，不輸爾載。」親賢求助之謂也〔一〇〕。

〔一〕「鑒」，「鑑」之或體，字亦作「監」。説文金部：「鑑，大盆也。一曰鑑諸，可以取明水於月（按明水，潔淨之露水）。」鑑爲大盆，用以盛水，或用於月下取露水。亦用以盛冰，見周禮天官凌人。上古時，人亦用鑑盛水以照形，則用同鏡，故鏡亦稱鑑。莊子德充符「鑑明，則塵垢不止（按謂不留塵垢）」，淮南子主術「保明於鑑，以照之」，成玄英疏、高誘注並云：「鑑，鏡也。」鑑所以照形，作動字則訓照，訓察視。廣雅釋詁：「鑑，照也。」呂氏春秋適音高誘注：「鑒，察也。」此文「鑒於水」、「鑒於人」之「鑒」訓照；「鑒也者」之「鑒」訓鏡。書周書酒誥：「古人有言曰：人無於水監，當於民監。」僞孔傳：「視水見己形，視民行事見吉凶。」按監同鑑，國語吳語韋昭注引酒誥「監」作「鑑」。「人無於水監，當於民監」，即人無鑑於水，當鑑於民，倒言之耳。「言也者可以知德」，謂聞言可知德，如照鏡可知形也。

〔二〕「君子恥其行之不如舜禹也」，「舜禹」原作「堯舜」。錢校：「『堯舜』，御覽八十一作『舜禹』。」按意林五亦作「舜禹」，是也，今據改。此承上文「帝舜屢省，禹拜昌言」言之，謂君子恥其行不如舜之能自省、禹之能納忠言。今本作「堯舜」者，蓋後人多見「堯舜」並稱，少見「舜禹」並稱，臆改爲「堯舜」耳。孟子告子上：「至於子都，天下莫不知其姣也。不知子都之姣者，無目者也。」趙岐注：「子都，古之姣好者也。」按文選七啓六臣注引劉良注：「姣，美也。」此謂小人重貌，君子重德。

〔三〕國語晉語八韋昭注：「尚，好也。」「明鑒」，明鏡也。「至言」，實言也。史記商君列傳：「至言，實也。」按説文通訓定聲：「至，假爲質。」至、質、實並隸質部舌上音字，古音相通，故至可訓實。

「至言也」，「也」用同「者」，上文屢見。「非賢友則無取之」，「之」指至言。

〔四〕引詩見小雅伐木。毛序云：「燕朋友故舊也（按燕，宴享）。」是伐木詩爲宴享友人時所賦。毛傳：「興也（按興讀去聲，謂託物以言事）。丁丁，伐木聲也。」又云：「幽，深也。喬，高也。」鄭玄箋：「丁丁、嚶嚶，相切直也（按切直，切磋匡直）。言昔日未居位在農之時，與友生於山巖伐木爲勤苦之事，猶以道德相切正也。嚶嚶，兩鳥聲也。其鳴之志，似於有友道然，故連言之。」又云：「遷，徙也。謂鄉時之鳥出從深谷，今移處高木。」按爾雅釋訓：「丁丁、嚶嚶，相切直也。」郭璞注：「丁丁，砍木聲。嚶嚶，兩鳥鳴。以喻朋友切磋相正。」郭注正用詩義。又王先謙詩三家義集疏引中論此文，云：「徐用魯詩，以『遷于喬木』喻聞友朋直切之言則升於善道。」是幹引伐木，以前二句喻朋友相切磋匡直，以後二句喻升於善道。

〔五〕禮記表記「是故君子不自大其事」，孔穎達疏：「大，謂誇大。」漢書食貨志上「詔書且須後」，顔師古注：「須，待也。」植、扶互文，漢書賈誼傳「方正倒植」，顔師古注：「植，立也。」説文日部：「暇，閑也。」「不暇」，忙而無閑暇，謂不及爲它也。「將誰」云云，經傳釋詞：「將，抑也。」按此「將」爲語氣轉折之詞，於文猶云「然而」。相，讀去聲。書吕刑「今天相民」，釋文引馬融云：「相，助也。」禮記大學「此謂一言僨事」，鄭玄注：「僨，猶覆敗也。」「無日」，謂無日數可計，即爲時不久。詩小雅頍弁「死喪無日」，鄭玄箋：「死亡無有日數。」即死亡將至也。文謂君子不與不如己者相友，非恥彼而誇己也，蓋不如己者，待我而扶立者也。然則我扶立彼猶且不及，而誰助我哉。是我身之敗也，不待時日矣。

〔六〕「故墳庳則水縱」，原作「故儥■則縱多」，漢魏叢書本墨丁作空格，四庫本「儥」下注「缺」字，龍谿精舍本及池田校兩京遺編本作「故儥則縱多」，又校廣漢魏叢書本等墨丁作「極」字。按各本有脱誤，或又經後人臆補，文皆不可通，錢校據治要改，今從之。墳，讀如詩周南汝墳「遵彼汝墳」之「墳」，毛傳：「墳，大防也。」爾雅釋丘釋同，郭璞注：「謂隄。」慧琳一切經音義三十五引顧野王云：「庳，卑下也。」按原本玉篇「庳」下云：「野王案：庳猶卑也。」邪、僻互文，淮南子精神「而行不僻矣」，高誘注：「僻，邪也。」此以隄卑則水縱溢，喻友邪則己亦不正，故曰「是以君子慎取友也」。

〔七〕引孔子語未詳出處。僞古文書泰誓中「王次于河朔」，僞孔傳：「次，止也。」止猶至。謂居家而得交賢友，乃福之至也。

〔八〕聽、象、法，三字義相類，皆遵從、效法之謂。吕氏春秋不二「聽羣衆議以治國」，高誘注：「聽，從也。」廣雅釋詁：「象，效也。」後漢書銚期傳「攝幘（按幘，扎髮髻之頭巾），復戰」，李賢注：「攝，正也。」廣雅釋詁：「諱，避也。」易家人：「家人有嚴君焉，父母之謂也。」禮記表記鄭玄注：「神明，羣神也。」「故我之憚之」，上「之」字爲語助，下「之」字指彼賢者。詩大雅雲漢鄭玄注：「憚，畏也。」「其敢」，其猶豈也，見集韻平聲七之。文謂彼賢人者，其言足可依從，其儀容足可仿效，其行爲足可取法，加之又善獎勵人之美，而好正人之過，其不隱人之美，如影之隨之乎？

形，不避人之過，如響之應聲，故我之敬畏彼也，如父母在堂，神祇在室，雖欲爲不善，豈敢爲

〔九〕「所畏」，謂賢者。上文云「故我之憚之，若嚴君在堂，而神明處室矣」，指賢者不隱我之美而獎之，不避我之過而正之，可敬畏也，故親近之。「易」者「畏」之反，輕視也。國語晉語七「貴貨而易土」，韋昭注：「易，輕也。」「所易」，謂不賢之人。上文云「友邪則己僻也」，故輕其人而疏遠之。文謂求有益於己之人，其居家、出遊必親近己所敬畏之賢者，而疏遠己所輕視之不賢者。

〔一〇〕引詩見小雅正月。毛傳：「員，益也。」鄭玄箋：「僕，將車者也（按將車，駕御車）。顧，猶視也，念也。輪，墮也（按鄭釋「輪」見正月詩前文，今移此）。」毛、鄭皆未釋「輔」字，孔穎達疏云：「此云『乃棄爾輔』（按此引正月上文之句），則輔是可解脱之物，蓋如今人縛杖於輻。」依孔説，則「輔」蓋謂於輪外旁縛夾車轂之二直木，以固輪輻者，故下句云「員于爾輻」，謂助益汝之車輻也。詩謂當無棄汝車之輔，助益汝車之輪輻，又屢屢顧念汝之御車者，不傾墮汝車之載。鄭箋云：「以商事喻治國（按商，商賈）。」是此以商賈之車爲喻也。孔疏謂喻王之治天下，當無棄賢佐。幹引此亦云「親賢求助之謂也」。

貴言第六

君子必貴其言，貴其言則尊其身，尊其身則重其道，重其道所以立其教〔一〕。言費則身賤，身賤則道輕，道輕則教廢〔二〕。故君子非其人則弗與之言，若與之言，必以其方。農夫則以稼穡，百工則以技巧，商賈則以貴賤，府、史則以官守，大夫及士則以法制，儒生則以學業〔三〕。故易曰：「艮其輔，言有序。」不失事中之謂也〔四〕。若夫父慈子孝，姑愛婦順〔五〕，兄友弟恭〔六〕，夫敬妻聽〔七〕，朋友必信，師長必教，有司日月慮知乎州閭矣〔八〕，雖庸人，則亦循循然與之言此可也，過此而往則不可也〔九〕。故君子之與人言也，使辭足以達其知慮之所至，事足以合其性情之所安〔一〇〕，弗過其任而强牽制也〔一一〕。苟過其任而强牽制，則將昏瞀委滯，而遂疑君子以爲欺我也，不則曰：「無聞知矣〔一二〕。」非故也，明偏而示之以幽，弗能照也；聽寡而告之以微，弗能察也〔一三〕。斯所資於造化者也，雖曰無訟，其如之何〔一四〕？故孔子曰：「可與言而不與之言，失人；不可與言而與之言，失言。知者不失人，亦不失言〔一五〕。」

〔一〕國語晉語七韋昭注：「貴，重也。」云「貴其言」者，論語學而「敏於事而慎於言」，又憲問「夫子時然後言（按時，適時）」，人不厭其言」、「君子恥其言而過其行（按而，猶之）」，又衛靈公「不可與言而與之言，失言」，是君子重其言，不輕易出言也。助字辨略：「所以，猶云『故』也。」廣雅釋詁：「立，成也。」君子必重其言，重其言則人尊其身矣，尊其身則人重其道矣，人重其道，故其教化可成。

〔二〕禮記表記「恥費輕實」，鄭玄注：「恥費，不爲辭費出空言也。」孔穎達疏：「費，辭費也。言而不行，謂之辭費也。」按「言費」猶「辭費」，凡於己於人，言之而不能行，是空言而徒耗費其辭也。謂空言則人輕賤其身矣，身輕賤則其道輕矣，道輕則教化亦廢而不行。

〔三〕「非其人」，非當與之言之人也。廣雅釋詁：「方，類也。」「必以其方」，謂若與人言則必因其類而言，下文謂與農夫則言之以稼穡栽種，與百工則言之以工藝技巧，與商賈則言之以貨利貴賤，與官府之小吏則言之以公務職守，與朝廷之命官則言之以國家法度，與儒士則言之以學問習業。周禮天官序官宰夫之屬吏有府、史，鄭玄注：「府，治藏（按藏，庫藏）；史，掌書者（按書，文書）。凡府、史，皆其官長所自辟除（按辟除，招聘任用）。」孫詒讓周禮正義云：「云『凡府、史，皆其官長所自辟除』者，明府、史皆庶人在官者，不命於王也。」是府、史乃管庫藏文書之小吏，不經天子朝廷任命，主事之官可自行招聘也。故鄭玄注儀禮士冠禮云：「府、史以下，今時卒吏及假吏是也（按卒吏，差役；假吏，臨時雇用者）。」「官守」，職守。國語晉語八韋昭注：「官，猶職也。」「大夫及士」，泛稱即「士大夫」，受天子朝廷任命爲官者。周禮考工記序「作而行之，謂之士大夫」，鄭玄注：「親受其職，居其官也。」

〔四〕艮，止也。易艮象辭云：「艮，止也。時止則止，時行則行，動静不失其時。」艮六五：「艮其輔，言有序，悔亡。」孔穎達疏：「輔，頰車也。能止於輔頰也。以處其中（按謂動止適中），故口無擇言也（按擇通殬，敗壞。擇言謂背理之言），言有倫序（按倫序，猶條理），能亡其悔（按亡同無）。」按孔釋「輔」爲頰車，頰車亦曰牙車，牙牀骨也，見釋名釋形體。易咸上六孔穎達疏引馬融云：「輔頰舌者，言語之具。」「輔頰舌」，猶口舌。「艮其輔」，猶言止其口也。口能止而不漫言，則或語或默皆得其中，故言有條理，無自悔也。幹引艮而云「不失事中之謂」者，「事中」即爲中、執中，謂語默適中。艮六五象辭曰：「艮其輔，以中正也（按以，用也）。」王弼注：「能用中正，故言有序也。」

〔五〕「若夫」猶言至於，見本書法象篇「若夫墮其威儀」云云注。説文女部：「姑，夫母也。」姑、婦，即婆、媳。

〔六〕友，謂善待兄弟。詩大雅皇矣毛傳：「善兄弟曰友。」

〔七〕夫端肅，婦順從。廣雅釋詁：「聽，從也。」

〔八〕廣雅釋詁：「有司，臣也。」按春秋序孔穎達疏：「掌事曰司。」有司，有職掌者，即官吏。「日月」，日日月月，謂無曠時。周制，地方行政以二十五家爲閭，二千五百家爲州，見周禮地官大司徒。「州閭」合言，泛指地方。「慮知」，俞樾云：「『知』衍字。慮讀爲攄。司馬相如封禪文『攄之無窮』，此『攄』字義與彼同。言上文所陳父慈、子孝諸事，則有司固已攄之州閭矣。周官周長諸職所謂『屬民讀灋』即此事也。後人不知慮爲攄之假字，不得其解，因下文有『達其知慮』句，妄加『知』字，殊失之矣。」今按玉篇思部：「慮，謀也。」此常訓。知者，告之使知也。此動字之使動用法，猶自悦曰悦，使之悦亦曰悦；自明曰明，使之明亦曰明是也。公羊傳宣公六年「趙盾知之」，何休注：「由人，曰知之；自己知，曰覺。」「由人」，謂由人告知，是知有告知之訓也。「有司日月慮知乎州閭矣」，謂以上自「父慈子孝」至「師長必教」關乎人倫常理諸事，官吏則無時不謀慮告知地方之民也。原文自通，不必如俞説删改。

〔九〕論語子罕「夫子循循然善誘人（按誘，導引）」，集解：「循循，次序貌也。」「循循然與之言」，謂與之言而有次序條理也。蓋以上「父慈子孝」云云諸事，官吏既無時不告知於民，故雖庸常之人亦可與之循循有序而言，過此而往則不可與之言也。「過此而往」，謂外此更深之理。

〔一〇〕「使辭足以達其知慮之所至」，達、至義同，知同智。「事足以合其性情之所安」，安，猶悦也。戰國策楚策一「士卒安難樂死」，安、樂互文，安亦樂悦。論語爲政「察其所安」，皇侃疏：「安，謂意氣歸向之也。」按此「意氣」即「意氣相投」之意氣，謂志趣歸向之曰「安」，是安即樂意也。文謂君子與人言，所用之辭足以達彼智慮之所能至（即言辭足以使其人明瞭），所言之事足以合彼性情之所悦（即説事足以使其人樂聞）。

〔一一〕莊子秋水「任士之所勞」，釋文引李頤云：「任，能也。」强讀去聲，「强牽制」猶强制。謂所言毋超乎彼之所能知而强使彼知之。

〔一二〕昏瞀、委滯，並複語。文選九辯「中瞀亂兮迷惑」，六臣注引張銑云：「瞀，昏也。」廣雅釋詁：「委，積也。」「委滯」謂智慮滯塞，即不能通曉也。公羊傳桓公八年：「遂，繼事之辭也。」謂因前事而言此事之辭，猶言由是、於是。「不則」即否則，不、否通，見經傳釋詞。謂所言若超乎彼之所能知而强使知之，則彼將迷惑不解，而由是反疑君子欺蒙我，不然則答曰：「此我所未聞矣。」

〔一三〕助字辨略：「有心爲『故』。」故，猶言故意、存心。「非故也」，承上彼疑君子欺蒙及答以「無聞知矣」而言，謂彼非存心如此。爾雅釋言：「幽，深也。」照、察互文，均謂明察。謂彼非存心如此也，蓋其能明曉者僅一偏，而示彼以幽深之理，則不能明察也；其所聽聞者寡，而示彼以精微之理，則亦不能明察也。

〔一四〕爾雅釋詁：「斯，此也。」此，承上指其人不能明理。史記留侯世家集解引晉灼云：「資，藉也。」謂憑藉、依賴。淮南子原道高誘注云：「造化，天地也。」又注云：「造化，道也。」二義相因。造化，指天地自然之道。「資於造化者」，指天賦之禀性。説文言部：「訟，争也。」「無訟」，指彼不與我争辯。公羊傳昭公十二年「如爾所不知何」，何休注：「如，猶奈也。」「如之何」猶言奈其何。謂彼之禀性如此，雖云不與我争矣，又奈彼何。蓋資質如此，彼即不争，我於其無知亦無可奈何也。

〔一五〕引孔子語見論語衛靈公。「知者」，知、智古今字。邢昺疏：「若中人以上可以語上，是可與言而不與言，是失於彼人也。若中人以下不可以語上，而己與之言，是失於己言也。惟知者明於事，二者俱不失。」按失人，當與之言而不言，謂失其所宜言之人；失言，不當與之言而言，謂言失其所宜也。

夫君子之於言也，所致貴也，雖有夏后之璜，商湯之駟，弗與易也〔一〕。今以施諸俗士，以爲志誣而弗貴聽也，不亦辱己而傷道乎〔二〕？是以君子將與人語大本之源，而談性義之極者〔三〕，必先度其心志，本其器量〔四〕，視其鋭氣，察其墮衰〔五〕，然後唱焉以觀其和，導焉以觀其隨〔六〕。隨和之徵發乎音聲，形乎視聽，著乎顔色，動乎身體〔七〕，然後可以發邇而步遠，功察而治微〔八〕。於是乎闓張以致之，因來以進之〔九〕，審諭以明之，雜稱以廣之，立準以正之，疏煩以理之〔一〇〕；疾而勿迫，徐而勿失，雜而勿結，放而勿逸；欲其自得之也〔一一〕。故大禹善治水，而君子善導人。導人必因其性，治水必因其勢，是以功無敗而言無弃也〔一二〕。荀卿曰：「禮恭，然後可與言道之方；辭順，然後可與言道之理；色從，然後可與言道之致。有争氣者，勿與辨也〔一三〕。」孔子曰：「惟君子然後能貴其言、貴其色，小人能乎哉？」仲尼、荀卿先後知之〔一四〕。

〔一一〕荀子儒效「致好之者」，楊倞注：「致，極也。」按致通至，故訓極。璜，玉佩，形如半環，見本書法象篇「爲珮玉鳴璜以聲之」注。左傳定公四年「夏后氏之璜」，杜預注：「璜，美玉名。」孔穎達疏：「夏后氏所寶，歷代傳之。」夏后氏即禹，見史記夏本紀。論語顔淵皇侃疏：「駟，四馬也。古用四馬共牽一車，故呼四馬爲駟也。」按商湯之駟與夏后之璜並舉，當亦寶物，然未詳出處。慧琳一切經音義四十三引顧野王云：「易，交换也。」

〔一二〕禮記禮器「施則行」，孔穎達疏：「施，用也。」廣雅釋言：「諸，於也。」「志誣」，志爲動字，猶陳述也，述説也。志、誌古今字，字亦作「識」。荀子臣道「必謹志之」，楊倞注：「志，記也。」此常訓。心所記曰「志」，引申之，陳述所記亦曰「志」。荀子堯問：「周公謂伯禽之傅曰（按傅，師傅）：『汝將行，盍志而子美德乎（按盍，何不。而通爾，汝也）？』」楊倞注：「將行，何不志記汝所傅之子美德以言我？」是志者，謂述説所記之事也。莊子逍遥遊「齊諧者，志怪者也。諧之言曰」云云，上云「志」，下即承之云「言」，是志即述説也（注莊子者皆訓「志」爲記載，故或以「齊諧」爲書名，而不察「志」字乃貫下句「言」字爲義，謂述説也。蔣錫昌逍遥遊校釋訓志爲知，蓋有鑒於志、言義不相貫應，不知此「志」字當訓述，正與「言」義相應）。禮記曾子問鄭玄注：「誣，妄也。」文選三都賦序六臣注引張銑云：「誣，虚也。」經傳釋詞：「凡言『不亦』者，皆以『亦』爲語助。」按「不亦」即「不」，與句末「乎」字並用，乃反詰之辭，猶言豈非、豈不。以上八句，謂君子之於言，乃己所極珍重者，雖有實如禹之璜、湯之駟，不與之换也。今以其言施用於庸俗之士，彼將以爲我所述爲虚妄，不珍重而聽之，豈不有辱於己而損道義乎？

〔三〕荀子彊國「此君人者之大本也」，禮記中庸「中也者，天下之大本也」，淮南子人間「義者，人之大本也」，又要略「故德形於内，治之大本」，春秋繁露重政「義出於經，經傳，大本也」，漢書文帝紀「農，天下之大本也」，本書慎所從「王者之取天下也有大本，有仁智之謂也」，大本均謂根本、根基。唯彼諸文言「大本」皆各有所指，或指君臨人，或指中庸，或指義，或指德，或指經傳，或指農耕，或指仁智，此但云「大本」而無所指。今按此以「大本」與「性義」並舉，互文足義，「大本」蓋謂爲人之本，即人道，亦即「性義」是也。義本爲「禮儀」字，「義理」字本作「誼」，經傳通作「義」。説文言部：「誼，人所宜也。」人所宜者，常理之當然也。故誼又訓理，玉篇言部「誼，理也，人所宜也」是也。新書道德説：「義者，理也。」此「義」即「誼」。「性義」，人性常然之理，即人道也，亦即上句「大本」所指。吕氏春秋制樂「焉知其極」，高誘注：「極，終也。」楚辭七諫謬諫「又何路之能極」，王逸注：「極，竟也。」終極、窮竟與本源義相類，源、極亦互文也。二句實指一事，意謂君子將與人談説人道常理之源本。

〔四〕度、本義相類。度音徒落切，衡量也。慧琳一切經音義十一：「度，度量也。」吕氏春秋無義高誘注：「本，原也。」本訓本原，作動字解，引申爲推原、推究。管子正世「本治亂之所生，知得失之所在」，本即謂推究。禮記王制「各以其器食之」，鄭玄注：「器，能也。」又文選辨亡論六臣注引吕向云：「器，才器也。」按人之有才學涵養，如器之可用，故謂之「器」。器量，即才量，亦即才識也。二句謂必先衡量其心志，推究其才識。

〔五〕「鋭氣」，鋭進之生氣。此與「墮衰」對舉，猶言進取之心。墮通惰，見本書治學「自勉則身不墮」注。「墮衰」即衰惰，衰倦怠惰也。二句謂視其進取之心，察其怠惰之情。

〔六〕廣韻去聲四十一漾：「唱，發歌。」又三十九過：「和，聲相應。」先發歌曰「唱」，引申爲倡導；後以聲相應曰「和」，引申爲附和。唱、導，和、隨，並兩兩互文。二句指一事，意謂引之以言，而觀其應和。

〔七〕慧琳一切經音義一引説文云：「徵，象也。」左傳昭公十七年杜預注：「徵，始有形象而微也。」凡事物有形象可驗者曰「徵」。形、著義同，謂顯現。廣雅釋詁：「形，見也。」後漢書竇融傳李賢注：「著，見也。」見、現古今字，顯現也。四句謂彼隨和我之兆象，發之於聲音，顯之於目視耳聽，現之於容顔，動之於身體舉止。意謂聽其言之語氣，觀其耳目所專注，察其面容之表情，見其舉止之動作，知彼應合我也。

〔八〕「然後可以發邇而步遠」，「邇」原作墨丁，漢魏叢書本作空格，四庫本、龍谿精舍本及池田校兩京遺編本作「邇」，增訂漢魏叢書本及池田校廣漢魏叢書本作「幽」。按作「邇」是，今據兩京遺編本等補。後漢書馮衍傳「開歲發春」，李賢注：「開、發，皆始也。」說文辵部：「邇，近也。」又步部：「步，行也。」「發邇而步遠」，即由近及遠，謂導之以淺而使入於深。禮記中庸鄭玄注：「察，猶著也。」即顯著。淮南子原道高誘注：「治，爲也。」「功察而治微」，謂功效顯著而爲力甚少。此承上指誘導人言，猶言事半功倍。

〔九〕說文門部：「闓，開也。」「闓張」爲複語。漢書公孫弘傳「致利除害」，顏師古注：「致，謂引而至也。」「進之」之「進」，謂使之進入。開啓而招引之，因其來而使之入，謂因勢利導也。

〔一〇〕廣韻上聲四十七寑：「審，詳審也。」說文言部：「諭，告也。」「審諭」謂詳悉告知，本指太子之師導諭太子，見禮記文王世子，此泛指開導人。國語晉語八韋昭注：「稱，述也。」說文㐬部：「疏，通也。」廣雅釋詁：「理，順也。」漢書司馬相如傳「垂統理順」，王念孫讀書雜志云：「理亦順也。」以上四句，謂詳爲告知以啓悟彼心，雜述各說以廣彼見聞，建立準則以正彼心志，疏通煩縟以理順彼思慮。

〔一一〕「疾而勿迫」云云四句，指君子與人言，故結句云「欲其自得之也」。論語鄉黨「不疾言」，邢昺疏：「疾，急也。」孫子行軍「徐與人言者」，張預注：「徐，緩也。」失、佚古通用。說文人部：「佚，一曰忽也。」「疾而勿迫，徐而勿失」者，蓋急激言之則近於逼迫，故云「勿迫」；徐緩言之則似不經心，易於忽略，故曰「勿失」。慧琳一切經音義二引考聲云：「雜，參也。」漢書谷永傳「雜焉同會」，顏師古注：「雜，相參也。」雜即參雜、參互。荀子成相「心如結」，楊倞注：「結，言堅固不解也。」結謂固而不解，引申有滯結、拘束之義。釋名釋姿容：「結，束也。」「雜而勿結」者，謂參雜言之，而不拘泥於一端。上文云「雜稱以廣之」，不拘一端則可以廣聞也。「放而勿逸」者，放猶暢言，暢言之則易流於恣逸縱情，失其中也，故曰「勿逸」。凡君子與人言宜如此者，蓋急而不逼，緩而不略，多端稱舉，暢而不失其中，皆欲其人自行體會通曉，故曰「欲其自得之」。禮記樂記鄭玄注：「得，謂曉其義。」「之」，即上文所謂「大本之源」、「性義之極」是也。

〔一二〕禹治水導川，見書禹貢、史記夏本紀。「弃」，古文「棄」，見説文。「功無敗」，指因其勢以導水，則功可成；「言無弃」，指因其性以導人，則人樂聞其言。

〔一三〕荀子名匡，人尊之而稱「卿」，戰國時趙人，著荀子，見史記孟子荀卿列傳。一説匡字卿，見劉向荀子叙録。引語見荀子勸學。勸學原文「然後」並作「而後」，又「有争氣者，勿與辨也」文在前，「辨」作「辯」。按辨通辯。戰國策齊策三「言其方」，鮑彪注：「方，大略也。」色，謂人面顏色也，見玉篇色部。致、至通。儀禮聘禮鄭玄注：「至，極也。」引申爲精深。國語晉語一韋昭注：「至，深也。」謂其人執禮恭敬，然後可與之言道之大略；言辭和順，然後可與之言道之理；容色順從，然後可與之言道之深。有意氣相争者，不與之辯也。

〔一四〕引孔子語未詳出處。「貴其色」，即本書法象篇所謂「正容貌」也。

問者曰：「或有周乎上哲之至論，通乎大聖之洪業，而好與俗士辨者，何也？」

曰：「以俗士爲必能識之故也〔一〕。」「何以驗之〔二〕？」「使彼有金石絲竹之樂，則不奏乎聾者之側〔三〕；有山龍華蟲之文，則不陳乎瞽者之前〔四〕。知聾者之不聞也，知瞽者之不見也。於己之心，分數明白〔五〕。至與俗士而獨不然者，知分數者不明也〔六〕。」「不明之故何也〔七〕？」「夫俗士之牽達人也，猶鶉鳥之欺孺子也〔八〕。鶉鳥之性善近人，飛不峻也，不速也，蹲蹲然似若將可獲也，卒至乎不可獲〔九〕，是孺子之所以蹞膝踠足而不以爲弊也〔一〇〕。俗士之與達人言也，受之雖不肎，拒之則無說，然而有贊焉，有和焉，若將可寤，卒至乎不可寤，是達人之所以乾脣竭聲而不舍也〔一一〕。斯人也，固達之蔽者也，非達之達者也，雖能言之，猶夫俗士而已矣〔一二〕。」

〔一〕廣雅釋詁：「或，有也。」「或有」複語，有人也。周，通義相類。廣雅釋詁：「周，徧也。」鬼谷子符言「人主不可不周」，陶弘景注：「周，謂徧知物理。」「上哲」與「大聖」義亦相類。爾雅釋言：「哲，智也。」上智亦即聖人。至，精深也，見前「然後可與言道之致」注。爾雅釋詁：「洪，大也。」此以下乃幹自設問答。問者謂有人遍知上智精深之論，通曉聖人宏大之業，而好與世俗之士辨析事理者，何耶？答者謂彼以爲世俗之士必能識理故也。

〔二〕此問者語。玉篇馬部：「驗，證也。」謂何以證彼以爲俗士必識理。

〔三〕書舜典「遏密八音」，僞孔傳：「遏，絶。密，静也。八音，金石絲竹、匏土革木。」釋文：「金，鐘也。石，磬也。絲，琴瑟也。竹，篪笛也（按篪亦竹制樂器，似笛）。」

〔四〕書益稷「日月星辰、山、龍、華蟲，作會（按會同繪）」，僞孔傳：「日月星爲三辰。華，象草華。蟲，雉也（按華、花古今字。雉羽有彩，故曰華）。畫三辰、山、龍、華蟲於衣服、旌旗。」廣雅釋詁：「陳，列也。」又：「瞽，盲也。」

〔五〕分讀去聲，俗作「份」。物各有其分，即本分、天分。呂氏春秋壅塞：「其寡不勝衆，數也。」管子法法：「國無常經（按經，法），民力必竭，數也。」尹知章注：「數，理也。」按數訓理，謂理之必然者，故與「分」連文。分數，本然之理，天數自然所限也。「分數明白」，猶「明白分數」，倒言之。金石絲竹之音樂不奏於聾者之旁，山龍華蟲之文采不列於盲人之前，知彼不能聞不能見也。在己之心，則明白彼聾瞽不能聞見者乃天數所限。

〔六〕「知分數者不明也」，猶言「不明於知分數也」。言至於與俗士辨析則獨不然，乃己之心不明於知天數。謂不知彼俗士之不能明理，亦猶聾者之不能聞、盲人之不能見。上文云「明偏而示之以幽，弗能照也；聽寡而告之以微，弗能察也。斯所資於造化者也」，「所資於造化者」亦即此「分數」之謂。

〔七〕此亦問者之語。問不明分數之故謂何耶。

〔八〕牽，猶拖累也。牽本訓牽引，引申爲拘繫。呂氏春秋離俗高誘注：「牽，拘也。」文選西京賦薛綜注：「牽，繫也。」左傳昭公七年孔穎達疏：「（達人）謂知能通達之人（按知同智）。」詩鄘風鶉之奔奔釋文：「鶉音純，鶕鶉鳥。」鶕鶉即鵪鶉。漢書張良傳「孺子下取履」，顔師古注：「孺，幼也。」説文欠部：「欺，詐欺也。」謂俗士之累及達者，猶如鵪鶉之欺詐幼童。

〔九〕荀子解蔽楊倞注：「善，猶喜也。」「飛不峻也，不速也」，宋刻御覽九二四引作「飛不迅，行不速」，明刻作「飛不遠，行不速」。按「峻」爲説文「陖」之或體，云：「高也。」此謂鵪鶉飛之不高、不速。「不速」承上「飛」字爲義，「不速」上不必補「行」字。明徐元太喻林五十三引亦同今本。蹲音七倫切。詩小雅伐木毛傳：「蹲蹲，舞貌。」按此形容鳥輕飛貌，猶言翩翩。詩小雅節南山鄭玄箋：「卒，終也。」謂鵪鶉性喜近人，飛之不高不速，翩翩然看似能得，畢竟不能獲也。「蹲蹲然似若將可獲也，卒至乎不可獲」，御覽九二四引作「似將可獲，故孺子逐之不已」，當是約文。

〔一〇〕「⿰𧾷囷膝」，「⿰𧾷囷」原作「⿰𧾷困」，四庫本作「⿰𧾷囷」，从「囷」。按説文足部大徐本作「⿰𧾷困」，段玉裁注謂當从「囷」作「⿰𧾷囷」。桂馥説文解字義證、朱駿聲説文通訓定聲並謂「⿰𧾷囷」即後之「皸」字。按段、桂、朱説並是，困、軍二聲同隸文部牙音，今從四庫本改「⿰𧾷囷」。玉篇皮部：「皸，足坼裂也。」「⿰𧾷囷膝」，膝破裂也。後漢書方術傳「馬踠足」，李賢注：「踠，屈損也。」按踠音烏卧切，同踒，扭傷也。集韻去聲三十九過：「踒，一曰折也，或作踠。」戰國策西周策「兵弊於周」，高誘注：「弊，罷也。」罷同疲。此承上「蹲蹲然似若將可獲也」言之，謂此乃童子之所以追之至於裂膝扭足而不以爲疲倦也。

〔二〕「肎」即肯，見說文。楚辭離騷「哲王又不寤」，王逸注：「寤，覺也。」按寤通悟。舍、捨古今字。俗士之與達人言，雖不肯聽受達人之言，欲拒絶其言則無可説，然而時又贊可附和，似若將能悟也，終至於不能悟，此達人之所以焦乾其脣、竭盡其聲而不捨也。按此亦猶孺子之逐鶵，雖至裂膝扭足而不倦，終無所獲。

〔三〕慧琳一切經音義四引顧野王云：「蔽，暗不明也。」云「蔽」者，言昧於知分數，上文所謂「知分數者不明」是也，故曰「非達之達者」，謂非真明達之達者。蓋彼雖亦能言之，然既不明於知人，則與俗士無異，故曰「猶夫俗士而已」。經傳釋詞：「夫，猶彼也。」

非惟言也，行亦如之。得其所則尊榮，失其所則賤辱〔一〕。昔倉梧丙娶妻美，而以與其兄，欲以爲讓也，則不如無讓焉〔二〕。尾生與婦人期於水邊，水暴至，不去而死，欲以爲信也，則不如無信焉〔三〕。葉公之黨，其父攘羊而子證之，欲以爲直也，則不如無直焉〔四〕。陳仲子不食母兄之食，出居於陵，欲以爲潔也，則不如無潔焉〔五〕。宗魯受齊豹之謀，死孟縶之難，欲以爲義也，則不如無義焉〔六〕。故凡道，蹈之既難，錯之益不易，是以君子慎諸己，以爲往鑒焉〔七〕。

〔一〕非惟言有不當言而言者，行亦有不當行而行者。行得其宜則身榮顯，不得其宜則身卑辱。玉篇斤部：「所，處所也。」「得其所」謂得其所當處之地，亦即得其所宜。

〔二〕錢校：「（倉梧丙）淮南子氾論訓作『倉梧繞』（按氾論倉作蒼），家語作『嬈』（按家語六本篇作倉梧嬈），説苑建本論（按論，疑錢氏誤衍）但云『蒼梧之弟』。此云『倉梧丙』，未知何據。」孫詒讓云：「案：丙與繞、嬈形聲並遠，疑當作『丙』。一切經音義三云：『丙，猥也，從市、從人。作閙，俗。』蓋嬈、丙古今字。集韻三十六效閙、嬈同紐。説文無丙、閙二字，『閙』見新附，疑古止作『嬈』。徐書本作『嬈』，傳寫或作『丙』，又譌作『丙』耳。」今按慧琳一切經音義二十八：「丙，奴効反。集訓：『人多擾擾也。』考聲：『人多諠也。』古今正字：『不静也。』從『市』從『人』，會意字也。經作『閙』，俗字。」又三十一：「丙，經文作『丙』，誤也。」此亦可作孫校之據。然孫疑「丙」、「閙」古祇作「嬈」，尚乏明證。各本及喻林五十引並作「丙」，今姑依舊而闕疑。淮南子氾論：「昔蒼吾繞娶妻而美，以讓兄，此所謂忠愛而不可行者也。」高誘注：「蒼吾繞，孔子時人。以妻美好，推與其兄。於兄則愛矣，而違親迎曲顧之誼（按謂己不娶而讓與兄娶，雖愛其兄，然違背壻當至女家親迎之禮），故曰不可也。」按倉梧丙欲行謙讓，乃以己迎娶之美婦推與兄娶之，既違親迎之禮，亦非兄弟情誼所宜，是其爲讓失所宜，故曰「不如無讓焉」。

〔三〕説文月部：「期，會也。」謂約會。莊子盜跖：「尾生與女子期於梁下（按梁，橋也），女子不來，水至不去，抱梁柱而死。」淮南子説山：「信有非禮而失禮（按王念孫謂當作「信有非而禮有失」），尾生死其梁柱之下，此信之非也。」高誘注：「尾生，魯人。與婦人私期橋梁之下，故尊其誓（按故尊，讀爲固遵，謂堅守誓約），水至不去，没溺而死，故曰『信之非』也。」按尾生欲行守信，與婦人約會橋下，婦人未至而水突至，抱橋柱終不離去，遂溺死，此大非人情之常理，是其爲信失所宜，故曰「不如無信焉」。

〔四〕葉，楚葉縣也；葉公即葉公子高，見淮南子氾論高誘注。戰國策齊策六「歸於何黨矣」，鮑彪注：「黨，猶鄉也。」説文言部：「證，告也。」論語子路：「葉公語孔子曰：『吾黨有直躬者，其父攘羊而子證之。』孔子曰：『吾黨之直者異於是。父爲子隱，子爲父隱，直在其中矣。』」釋文：「（躬）鄭（玄）本作『弓』，云：直人名弓。」集解引周生烈云：「有因而盜曰『攘』。」邢昺疏云：「有因而盜曰『攘』，言因羊來入己家，父即取之。而子言於失羊之主，證父之盜。」又云：「子苟有過，父爲隱之，則慈也；父苟有過，子爲隱之，則孝也。孝慈則忠，忠則直也，故曰『直在其中矣』。」淮南子氾論：「直躬其父攘羊，而子證之；尾生與婦人期，而死之。直而證父，信而溺死，雖有直、信，孰能貴之？」按直躬欲行正直，父盜人羊，不先勸諫而徑自告發其父，有違人倫之常理，是其爲直失所宜，故曰「不如無直焉」。

〔五〕陳仲子，亦作田仲，陳、田古音近通用。韓非子外儲説左上：「齊有居士田仲者（按居士，隱居不仕者），宋人屈穀見之，曰：『穀聞先生之義，不恃仰人而食（按恃仰，依賴）。今穀有樹瓠之道（按樹，種植；瓠，葫蘆），堅如石，厚而無竅，獻之。』仲曰：『夫瓠所貴者，謂其可以盛也。今厚而無竅，則不可剖以盛物；而任重堅如石，則不可以剖而以斟，吾無以瓠爲也（按謂葫蘆内堅而皮厚，不可剖以盛物，舀水，我無所用）。』曰：『然，穀將棄之。』今田仲不恃仰人而食，亦無益人之國，亦堅瓠之類也（按謂田仲亦無益於人，如堅瓠之無用）。」淮南子氾論亦云：「季襄、陳仲子，立節抗行（按抗行，抗通亢，高尚其行），不入洿君之朝（按洿，污穢），不食亂世之食，遂餓而死。」高誘注：「陳仲子，齊人，孟子弟子，居於陵（按高注謂孟子弟子，與孟子説異）。」孟子滕文公下稱，陳仲子兄食祿甚豐厚，仲子以爲其兄食不義之祿，避母離兄，出居於陵，織屨爲生。其母殺鵝與仲子食，適與兄遇，仲子知鵝爲人贈其兄者，遂嘔吐所食。孟子謂「充仲子之操（按充，充廣、發揚），則蚓而後可者也」，謂如發揚仲子之操行，則當爲食黃壤之蚯蚓，而後可以不食人之食。按陳仲子欲行廉潔，乃至避而不食母兄之食，失親親之和，不足爲法，是其爲潔失所宜，故曰「不如無潔焉」。

〔六〕宗魯事見左傳昭公二十年。衛靈公兄公孟縶輕慢司寇齊豹，奪其官及封邑。齊豹欲殺公孟縶，告知公孟縶乘車之陪乘宗魯，謂公孟縶不善，將殺之，戒勿與同乘。宗魯以爲己侍奉公孟縶，乃由齊豹所薦，而公孟縶與己親，故不能去；且雖知其人不善，今聞其有難則背之，是亦使齊豹薦己之言不實也。乃謂齊豹可自行其謀，而己將死公孟縶之難。後齊豹遂襲殺公孟縶，宗魯亦死。琴張欲弔唁宗魯，孔子曰：「齊豹之盜，孟縶之賊，女何弔焉（杜預注：「言齊豹所以爲盜，孟縶所以見賊，皆由宗魯。」按盜，盜殺；賊，賊害。言齊豹之殺人、孟縶之被害皆由宗魯之故，汝何故弔彼）？」按宗魯以公孟縶親信己，故雖知其不善而不肯背之；齊豹欲殺公孟縶，宗魯以己若逃去，則又使齊豹薦己於公孟縶之言不實，是陷齊豹於失信也，故既不去，亦不阻齊豹，而己死其難。是宗魯欲爲義而失所宜，故曰「不如無義焉」。以上所舉諸人之行，或泥於小節而忽大義，或不知權時，皆失其所宜，故爲幹所譏。

〔七〕穀梁傳隱公元年「蹈道則未也」，釋文：「蹈，履行之名也。」書禹貢僞孔傳：「治玉石曰錯。」錯爲磨石，作動字引申爲研磨、切磋。經傳釋詞：「諸，猶於也。」往鑒，往事之前鑒。爲，於文當訓取。廣雅釋詁：「取，爲也。」是爲亦猶取也。謂凡道，行之既難，研討其理愈不易，是以君子慎於己身，取往事之前鑒爲戒也。

藝紀第七

藝之興也，其由民心之有智乎〔一〕？造藝者，將以有理乎民〔二〕。生而心知物，知物而欲作，欲作而事繁，事繁而莫之能理也〔三〕。故聖人因智以造藝，因藝以立事〔四〕，二者近在乎身，而遠在乎物〔五〕。藝者，所以旌智飾能、統事御羣也，聖人之所不能已也〔六〕。藝者，所以事成德者也；德者，以道率身者也〔七〕。藝者，德之枝葉也；德者，人之根幹也〔八〕。斯二物者，不偏行，不獨立〔九〕。木無枝葉則不能豐其根幹，故謂之瘣；人無藝則不能成其德，故謂之野。若欲爲夫君子，必兼之乎〔一〇〕。

〔一〕藝，才藝也。論語雍也「求也藝」，集解引孔安國云：「藝，謂才藝。」特指「六藝」，論語述而「游於藝」，集解：「藝，六藝也。」周禮地官大司徒：「三曰六藝：禮、樂、射、御、書、數。」鄭玄注：「禮，五禮之義（按義、儀古今字）。樂，六樂之歌舞。射，五射之法。御，五御之節（按御謂駕御車馬，節謂節度、法則）。書，六書之品（按謂造字六式。書，文字。品，式也）。數，九數之計（按數謂算術。計，算也）。」詳後文注。此篇論藝，以「六藝」爲主，而及周禮地官保氏之「六儀」

與春官大胥之「合舞」，蓋皆屬才藝也。「其由民心之有智乎」，經傳釋詞：「其，猶殆也。」按此「其」義與今言「大概」同。謂藝之起也，蓋由民心之生智。

〔二〕「將以有理乎民」六字爲句，「民」字不屬下讀。呂氏春秋貴信高誘注：「乎，猶於也。」廣雅釋詁：「理，治也。」下文云「故聖人因智以造藝」，是「造藝者」即聖人也。言聖人造藝，將以有治於民也。

〔三〕說文人部：「作，起也。」「莫之能理」即「莫能理之」，倒文。謂人生而心能識知外物，識知外物則欲念起，欲念起則生事繁多，事多則莫能理之也。

〔四〕上文云「藝之興也，其由民心之有智乎」，故云「聖人因智以造藝」，謂聖人因民心有智而造藝。「因藝以立事」，立讀爲莅，字亦作「蒞」、「涖」。史記范雎蔡澤列傳「臣聞明主立政」，索隱：「戰國策『立』作『莅』也。」後漢書荀淑傳「出補朗陵侯相，莅事明理」，莅事即治事也。上文云「造藝者，將以有理乎民」，是聖人造藝將以治民，故曰「因藝以立事」。

〔五〕二者，承上指「智」與「藝」言。近、遠，猶內、外。謂心智與藝能內則存之於身，外則能治人理事。按「物」與「身」對言，「物」指自身外之他人。下文云「藝者，所以旌智飾能、統事御羣也」，「統事御羣」，即「遠在乎物」之謂。

〔六〕旌、飾，統、御，並兩兩互文。廣雅釋詁：「旌，表也。」玉篇巾部：「飾，表章也（按章同彰）。」又彳部：「御，治也。」「聖人之所不能已也」，原本及漢魏叢書本等句下有舊注云：「一本作『聖人無所不能也』。」按一本非是。池田校：「已，棄也（孟子盡心注）。藝者所以旌智飾能、統事御羣，故聖人身必有藝，以爲決不可無。若一本則與上文乖。」按池田説是。此謂藝者所以表彰智能，統事治衆，即聖人亦不能棄之。意謂君子尤不可不學也。

〔七〕「所以」句，池田據錢培名校删「所」字，與下句一律。按「所」字不當有，各本均衍。下文云「人無藝則不能成其德」，故曰「藝者，以事成德者也」，言藝者，以其事成就人之德者也。事，指藝所習之事。文選責躬詩李善注：「率，導也。」慧琳一切經音義五十九云：「率，導引也。」「德者，以道率身者也」，謂德者，以道導引其身行。

〔八〕此承上「藝者，所以事成德者也」云云言之。「德之枝葉」，謂德之輔，蓋藝者成就人之德者也。「人之根幹」，謂人之本，蓋德者身行之本也。

〔九〕二物，指藝與德。謂藝、德相依並存，藝不離德而偏行，德不離藝而獨成。

〔一〇〕説文疒部：「瘣，病也。」廣韻上聲十四賄：「瘣，木病無枝。」論語雍也集解引包咸曰：「野，如野人（按謂郊野之人），鄙略也。」按野謂粗鄙。「兼之」，謂兼有藝、德。

先王之欲人之爲君子也，故立保氏掌教六藝〔一〕，一曰五禮〔二〕，二曰六樂〔三〕，三曰五射〔四〕，四曰五御〔五〕，五曰六書〔六〕，六曰九數〔七〕。教六儀〔八〕，一曰祭祀之容〔九〕，二曰賓客之容〔一〇〕，三曰朝廷之容〔一一〕，四曰喪紀之容〔一二〕，五曰軍旅之容〔一三〕，六曰車馬之容〔一四〕。大胥掌學士之版〔一五〕，春入學，舍采，合萬舞〔一六〕，秋班學，合聲〔一七〕，諷誦講習，不解於時〔一八〕。故詩曰：「菁菁者莪，在彼中阿，既見君子，樂且有儀。」美育人材，其猶人之於藝乎〔一九〕？既脩其質，且加其文，文質著然後體全〔二〇〕，體全然後可登乎清廟，而可羞乎王公〔二一〕。故君子非仁不立，非義不行，非藝不治，非容不莊，四者無愆，而聖賢之器就矣〔二二〕。易曰：「富有之謂大業。」其斯之謂歟〔二三〕？君子者，表裹稱而本末度者也〔二四〕。故言貌稱乎心志，藝能度乎德行，美在其中，而暢於四支，純粹内實，光輝外著〔二五〕。孔子曰：「君子恥有其服而無其容，恥有其容而無其辭，恥有其辭而無其行〔二六〕。」故寶玉之山土木必潤，盛德之士文藝必衆。昔在周公，嘗猶豫於斯矣〔二七〕。

〔一〕「氏」，原作「民」，據四庫本、龍谿精舍本改。保氏，參本書治學篇「故先王立教官，掌教國子」注。按此以下至「六曰車馬之容」，文見周禮地官保氏。

〔二〕保氏鄭玄注：「五禮，吉、凶、賓、軍、嘉也。」按周禮春官大宗伯「以吉禮事邦國之鬼神示（按示通祇，地神）」云云，吉禮，祭祀所用。又曰「以凶禮哀邦國之憂」云云，凶禮，服喪哀弔及逢荒歲減用度諸事所用。又曰「以賓禮親邦國」云云，賓禮，朝聘所用。又曰「以嘉禮親萬民」云云，嘉禮，饗宴、婚禮、成人加冠禮諸事所用。又凡田獵習兵、定封疆、徵賦諸事，統屬軍禮，亦見大宗伯。

〔三〕樂，讀五角切，音樂。保氏鄭玄注：「六樂，雲門、大咸、大韶、大夏、大濩、大武也。」按雲門，黃帝之樂。大咸，堯之樂。大夏，禹之樂。大濩，湯之樂。大武，武王之樂。並見周禮春官大司樂及鄭玄注。「大韶」，大司樂作「大磬」，鄭玄注：「舜樂也。」莊子天下：「舜有大韶。」

〔四〕保氏鄭玄注引鄭司農云：「五射，白矢、參連、剡注、襄尺、井儀也。」賈公彥疏：「云『白矢』者，矢在侯而貫侯過，見其鏃白。」按白，顯也。侯，靶也。謂箭矢穿靶，顯露箭鏃。又云：「云『參連』者，前放一矢，後三矢連續而去也。」按參，三也。謂後發三矢，連續隨前矢而去，蓋如連珠箭法。又云：「云『剡注』者，謂羽頭高鏃低而去，剡剡然。」按剡者，鋭利也。注者，瀉注而下也。謂箭羽高而箭鏃低，疾射而去，鋭利無阻。又云：「云『襄尺』者，臣與君射，不與君並立，襄君一尺而退（按襄通讓）。」又云：「云『井儀』者，四矢貫侯，如井之容儀也（按謂其形如「井」字）。」古之射侯，張布或皮革爲之，立兩柱，上下維繫以繩，其形如「井」字。此言四矢貫侯而形如井，未詳其法。鄭司農（衆）注以「白矢」等五法爲「五射」，其説於經傳亦無徵，賈疏蓋亦以意釋之。

〔五〕「御」，保氏作「馭」，「馭」爲説文「御」之古文。保氏鄭玄注引鄭司農（衆）云：「五馭，鳴和鸞、逐水曲、過君表、舞交衢、逐禽左。」賈公彥疏：「云『鳴和鸞』者，和在式（按式同軾，車箱前之横木），鸞在衡（按衡，車轅前端之横木）。案韓詩云：『升車則馬動，馬動則鸞鳴，鸞鳴則和應。』

先鄭依此而言（按先鄭即衆）。」按和、鑾皆鈴，在車軾者曰和，在車衡者曰鑾。蓋駕車得法，馬行有節奏，則和、鸞鳴聲調諧。又云：「云『逐水曲』者，無正文。先鄭以意而言，謂御車隨逐水勢之屈曲，而不墜水也。」按逐者，猶從也，隨也。蓋謂於水曲之側駕車，曲折中規，不誤墜於水。又云：「云『過君表』者，謂若毛傳云：『褐纏旃以爲門（按褐，粗布。旃，旌旗，此指旗杆），裘纏質以爲槸（按質，木芯。槸，門橛），間容握（按握，量詞，四寸。謂車過門，所餘之空間僅容一握），驅而入，擊（按同轚，挂礙）則不得入。』」按賈疏蓋讀君爲軍，故釋「君表」爲軍中牙門，即軍營立兩旗竿，纏以粗褐布，以爲門之兩旁，又以裘纏木爲門橛。門窄，車過門，軸端距門僅一握即四寸，不善駕御者，車挂礙不得過門。又孫詒讓周禮正義謂「君表」猶言君位。古者會師田獵，君所在必立表（按立表，謂立旌旗以表君所在之位，參本書法象篇「言不越乎表著之位」注），車過君位，當有致敬之儀。説與賈疏異。又云：「云『舞交衢』者，衢，道也。謂御車在交道，車旋應於舞節。」按謂車行於縱横交道處，左右旋轉自如，如人起舞，步有節奏也。又云：「云『逐禽左』者，謂御驅逆之車（按驅逆，驅逐、遮攔禽獸。逆，遮攔），逆驅禽獸使左，當人君以射之（按當，當其前），人君自左射。」按「逐禽」，禽爲走獸之總名。此謂御車趕逐、遮攔走獸，使入獵圍，集於人君所乘車之左，使人君射之。古者乘車，人君位於御者之左，故驅獸至左。

〔六〕僞孔尚書序釋文：「書者，文字。」此指字形。保氏鄭玄注引鄭司農云：「六書，象形、會意、轉注、處事、假借、諧聲也。」賈公彦疏：「云六書象形之等，皆依許氏説文。云『象形』者，『日』、

「月」之類是也，象日月形體而爲之。云『會意』者，『武』、『信』之類是也，人、言爲『信』，止、戈爲『武』，會合人意，故云會意也。云『轉注』者，『考』、『老』之類是也，建類一首，文意相受，左右相注，故名轉注。云『處事』者，『上』、『下』之類是也，人在一上爲『上』，人在一下爲『下』，各有其處，事得其宜，故名處事也。云『假借』者，『令』、『長』之類是也，一字兩用，故名假借也。云『諧聲』者，即形聲，一也，『江』、『河』之類是也，皆以『水』爲形，以『工』、『可』爲聲。」按六書，通謂造字之六式，實函括文字之體與用。象形，許慎説文解字叙云「畫成其物，隨體詰詘（按猶言隨形曲折）」，即象形字，如「日」、「月」字古文即作日、月形是。會意，許叙云「比類合誼（按誼、義古今字），以見指撝（按指撝猶旨意）」，謂其字乃合二字以上見義。如合「人」、「言」爲「信」，以見誠信之義。合「日」、「月」成「明」，以見光明之義。處事，許叙作「指事」，云「視而可識，察而見意」，蓋以無意義之點畫指示字義。如「上」字古文爲長短兩横，作「二」，短横在長横之上，示意爲上。又如「本」字義爲樹木之根，其字從「木」下添一短横，示意樹根所在。諧聲，許叙作「形聲」，以表義之形符與表音之聲符合體，即形聲字。如「江」字，左從義符「水」，表其義關乎水也；右從聲符「工」，表其字之音讀也。唯古今音變，形聲字今之讀音多與聲符不合矣。假借，許叙云「本無其字，依聲託事」，謂本無其字，借同音之字以表其義。段玉裁注謂縣長之「長」本無其字，借「長」字爲之，「長」本義爲久遠也。今按又如難易之「難」，本無其字，借「難」爲之，「難」從「隹」，本爲鳥名。再如虚字之「之」、「也」、「乎」、「其」諸字，原皆各有本義，假借爲虚字也。此皆本無其字之假借。後又有本有其字而借他字爲之者，如「功績」字本作「功」，而「女功」或作「女紅」（今俗所謂針線活），借同聲之「紅」字爲之是也。此類本有其字之假借，後稱通假，非假借之初義。轉注，許叙云「建類一首，同意相受」，段玉裁注云「建類一首，分立其義之類，而一其首」，謂其義相類同之字以類聚之，而以一字爲首，總括其義。又云「同意相受，謂無慮諸字意恉略同，義可互受相灌注而歸於一首」，謂類聚諸字大抵意義略同，其義可歸於首字而互爲訓釋也；如爾雅第一條以「初」、「基」、「肇」、「祖」、「元」、「胎」等字建類聚之，而歸一於「始」字以總釋之。初者，裁衣之始也；基者，壘牆之始奠基也；肇通肁，始開門也；祖者，先祖廟也；元者，人首也；胎者，婦孕始也。諸字之義或相近或相遠，大抵皆含初始之義，可互爲訓釋，而總歸於「始」字。按此實以互訓説轉注，如説文「老」訓「考」，「考」訓「老」，謂之轉注，即互訓也。唯許叙、賈疏説之過簡，後人釋轉注異説紛紛，有義轉、形轉、聲轉之别，今姑從段注許叙説，餘不具列。段注引戴震説，謂象形、會意、指事、形聲爲字之體，假借、轉注爲字之用。按象形等四事，義見於形體，故曰「字之體」。假借、轉注義不見於形體，其義乃用同聲或義近之字表之，故曰「字之用」也。

〔七〕數讀去聲。莊子天運成玄英疏：「數，算術也。」保氏鄭玄注引司農云：「九數，方田、粟米、差分、少廣、商功、均輸、方程、贏不足、旁要。」賈公彦疏：「云『九數』者，『方田』以下皆依九章算術而言。」按九章算術一云：「方田，以御田疇界域。」按玉篇彳部：「御，治也。」此「御」指運算，謂以「方田」之術運算田畝界域之大小。又云：「方田術曰：廣、從步數相乘，得積步。」按從通縱，廣、縱即寬與長。秦制，一步爲六尺。謂以田畝之廣、縱步數相乘，得積之步數，即面積之平方數也。九章算術二云：「粟米，以御交質變易。」按交質，以物換物。變易，貿易。謂以「粟米」之術運算交換貿易之比率。李籍音義云：「粟者，禾之未舂。米者，穀實之無殼。粟者，米之率也。諸米不等，以粟爲率，故曰粟米。」按即以粟爲準，定各等級之米兑換比率。「差分」，九章算術三作「衰分」，云：「以御貴賤稟、稅。」李籍音義云：「衰，差也。以差而平分，故曰衰分。供穀曰稟。」按衰音楚危切，即等差，以次遞減之等級也。謂以「衰分」之術運算按等級供穀及徵稅。孫詒讓正義謂「差分」即「衰分」，古今異名。九章算術四云：「少廣，以御積冪方、圓。」按積冪，面積之數也。謂以「少廣」之術運算積冪之方圓，即已知面積而求方之邊與圓之周。李淳風注：「按一畝之田，廣一步，長二百四十步，今欲截取其從（按從同縱，即長），少以益其廣（按少同稍，廣即寬），故曰少廣。」按一畝之田寬一步，長二百四十步，面積爲定數，今稍增益其寬，面積不變，求一畝之長當幾何，此即「少廣」術所治。九章算術五云：「商功，以御功程積實。」李籍音義：「商，度也。」按積實，所積之實體，即體積。謂以「商功」之術運算工程所成之體積。九章算術六云：「均輸，以御遠近勞費。」李籍音義：「均，平也。輸，委也。以均平其輸委，故曰均輸。」按古者徵稅，因地之廣狹、户口衆寡、道路遠近不等，而運費及物價有差，故運算之，以求遠近之勞費均等，即「均輸」之術所治。九章算術八云：「方程，以御錯糅正負。」劉徽注：「程，課程也。羣物總雜，各列有數，總言其實，令每行爲率。二物者再程，三物者三程，皆如物數程之。並列爲行，故謂之方程。」按方者，矩形也。漢書東方朔傳顔師古注：「程者，謂計量之也。」諸物參雜，比量不同，令各記其數與量，横列之，并合各列而成矩形，以每一縱行爲率，計算各物數量間之比率關係，謂之「方程」。云「錯糅」者，謂衆物總雜。以各物數與量爲横列，并合各列爲矩形，即「方」也。所謂「正負」者，以縱行爲率，計量增减，即「程」也。今人謂此即數學所謂「矩陣」。「贏不足」，九章算術七作「盈不足」，李籍音義：「盈者，滿也。不足者，虚也。滿虚相推，以求其適，故曰盈不足。」按贏、盈義同，與「不足」對言，謂有餘。或有餘，或不足，以二者之數互相推算，求其適當之數，謂之「贏不足」。九章算術七云：「今有共買物，人出八，盈三；人出七，不足四，問人數、物價各幾何？」即此術所治。「旁要」，九章算術九作「句股（句，俗作勾）」，賈公彦疏：「今九章以『句股』替『旁要』，則旁要，句股之類也。」劉徽注：「短面曰句，長面曰股，相與結角曰弦。」李籍音義：「句，短面也。股，長面也。短長相推，以求其弦，故曰句股。」按三邊直角形（今稱直角三角形）直角之兩邊，短曰句，長曰股。其斜邊曰弦。「句股」即運算三邊直角形諸邊長短之術。

〔八〕儀謂禮節儀容。文選三月三日曲水詩李善注引尚書大傳鄭玄注：「儀，禮儀也。」

〔九〕保氏鄭玄注：「祭祀之容，齊齊皇皇。」按禮記玉藻鄭玄注：「齊齊，恭慤貌也。」詩魯頌泮水毛傳：「皇皇，美也。」皇皇，美盛貌。漢書司馬相如傳下顔師古注：「皇皇，莊盛也。」少儀：「祭祀之美，齊齊皇皇。」

〔一〇〕保氏鄭玄注：「賓客之容，穆穆皇皇。」按爾雅釋訓：「穆穆，敬也。」

〔一一〕保氏鄭玄注：「朝廷之容，濟濟翔翔。」按禮記玉藻「朝廷濟濟翔翔」，鄭玄注：「濟濟翔翔，莊敬貌也。」

〔一二〕保氏鄭玄注：「喪紀之容，纍纍顛顛。」按禮記玉藻「喪容纍纍，色容顛顛」，鄭玄注：「纍纍，羸憊貌也（按羸憊，憔悴疲困）。顛顛，憂思貌也。」按禮記文王世子鄭玄注：「（喪紀）紀猶事也。」

〔一三〕保氏鄭玄注：「軍旅之容，暨暨詻詻。」按禮記玉藻「戎容暨暨，言容詻詻」，鄭玄注：「暨暨，果毅貌也。詻詻，教令嚴也。」暨暨詻詻，勇毅嚴飭貌。

〔一四〕保氏鄭玄注：「車馬之容，匪匪翼翼。」按禮記少儀「車馬之美，匪匪翼翼」，鄭玄注：「匪，讀如『四牡騑騑』。」按詩小雅四牡「四牡騑騑」，毛傳：「騑騑，行不止之貌。」又大雅烝民「小心翼翼」，鄭玄箋：「翼翼然恭敬。」翼翼，謹慎貌。

〔一五〕周禮春官大胥：「掌學士之版，以待致諸子。」鄭玄注：「鄭司農云：學士，謂卿大夫諸子學舞者。版，籍也。今時鄉户籍，世謂之户版。大胥主此籍，以待當召聚學舞者卿大夫之諸子，則按此籍以召之。」按春官樂師鄭玄注：「學士，國子也。」即太學生，入國學習讀者。此專指卿大夫子弟入太學習舞者。版，版籍，即名册。大胥掌管名册，以待招致學舞之卿大夫諸子弟。

〔一六〕大胥云：「春入學，舍采，合舞。」鄭玄注：「春始以學士入學宮而學之。舍即釋也，采讀爲菜。

始入學，必釋菜，禮先師也。菜，蘋蘩之屬。合舞，等其進退，使應節奏。」按古者學子入學，以蘋蘩等蔬菜祭祀先聖先師，謂之釋菜。禮記月令：「（仲春之月）命樂正習舞（按習謂教習），釋菜。」鄭玄注：「將舞，必釋菜於先師以禮之。」合舞，共舞也。合舞則必使步驟進退和應節奏，故鄭注云「等其進退，使應節奏」，等者，使協同一致也。大胥「舞」上無「萬」字，按萬舞爲文舞與武舞之合稱，亦泛指舞。詩邶風簡兮「方將萬舞」，毛傳：「以干、羽爲萬舞。」執干盾而舞爲武舞，執雉羽而舞爲文舞，兼言之曰萬舞。

〔一七〕「班」，大胥作「頒」。頒、班通，並屬幫紐字，古音元、文旁轉。禮記月令「班馬政」，夏小正「班」作「頒」，亦其例。大胥云：「秋頒學，合聲。」鄭玄注：「春使之學，秋頒其才藝所爲。合聲，亦等其曲折，使應節奏。」賈公彦疏云：「頒，分也，分其才藝高下。故鄭云『春使之學，秋頒其才藝所爲』也。」又云：「舞與聲遞相合，故鄭云『合聲，亦等其曲折，使應節奏』也。」今按「班學」，別其學藝之高下次第也。廣雅釋詁：「班，次也。」賈疏云「頒，分也，分其才藝高下」者，乃讀頒爲班，故訓頒爲分其高下。「合聲」，以舞合應樂聲也。合聲必使舞與樂相應，故鄭注云：「亦等其曲折（按等，同也。曲折，謂曲調抑揚頓挫），使應節奏。」

〔一八〕「諷誦」爲複語。説文言部：「諷，誦也。」周禮春官大司樂鄭玄注：「倍文曰諷（按倍通背）。」「講習」亦複語。玉篇言部：「講，習也。」「諷誦講習」，謂背誦演習。解，通懈。二句蓋謂背誦歌詞，演習樂舞，不荒廢時日。按此二句非大胥文。

〔一九〕「美育人材」，「人」字原空格，漢魏叢書本、四庫本同，龍谿精舍本作「人」，池田校兩京遺編本及梁茂榮引弘治十五年黄紋刻本藍筆校同。又池田校廣漢魏叢書本、增訂漢魏叢書本作「羣」。今據補「人」字。引詩見小雅菁菁者莪，毛傳：「菁菁，盛貌。莪，蘿蒿也。中阿，阿中也。大陵曰阿。君子能長育人材，如阿之長莪，菁菁然。」鄭玄箋：「既見君子者，官爵之而得見也。見則心既喜樂，又以禮儀見接。」按菁菁者莪毛序云：「興也（按興，謂賦詩比喻，言此而以類及彼）。菁菁者莪，樂育材也。君子能長育人材，則天下喜樂之矣。」按詩以莪蒿盛長於丘陵之中，喻人材得以長育，故幹云「美育人材，其猶人之於藝乎」，謂善育人材，其猶使人學藝乎？王先謙詩三家義集疏於菁菁者莪引中論此文，以爲幹用魯詩説。

〔二〇〕禮記樂記鄭玄注：「質，猶本也。」前文云：「藝者，德之枝葉也；德者，人之根榦也。斯二物者，不偏行，不獨立。」德即質也，藝即文也。德、藝二者不偏行，不獨立，故曰「文質著然後體全」。莊子田子方郭象注：「著，見也。」謂顯見、彰著。下文曰「而聖賢之器就矣」，成就聖賢之才，是謂體全，蓋德藝雙修，形體完美也。

〔二一〕詩周頌清廟序：「清廟，祀文王也。」鄭玄箋：「清廟者，祭有清明之德者之宫也，謂祭文王也。」按清廟，周人祭祀文王之宗廟，亦泛指太廟。清廟頌祭祀云「濟濟多士，秉文之德」，毛傳：「（秉文之德）執文德之人也。」按大雅旱麓毛傳：「濟濟，衆多也。」謂登清廟祭祀者，皆衆多有德之士。古祭祀先王、先祖，凡失德不肖者不得入廟與祭，故曰「體全然後可登乎清廟」。左傳隱公三年「可羞於王公」，杜預注：「羞，進也。」言可進用於王公。

〔二二〕經詞衍釋：「非，猶無也。」玉篇心部：「愆，失也。」器，才也，參本書貴言篇「本其器量」注。爾雅釋詁：「就，成也。」六句謂君子無仁則不能立本，無義則不能行世，無藝則不能治身，無儀容則不能莊雅。四者無失，則聖賢之才成矣。

〔二三〕易繫辭上「富有之謂大業」，韓康伯注：「廣大悉備，故曰富有。」孔穎達疏：「富有之謂大業者，以廣大悉備，萬事富有，所以謂之大業。」按此引易乃承上文「四者無愆，而聖賢之器就矣」言之，故曰「其斯之謂歟」。爾雅釋詁：「斯，此也。」此，指仁、義、藝、容兼備。四者悉備，是爲富有，謂大業成也。

〔二四〕稱，度互文。左傳隱公元年「今京不度」，杜預注：「（不度）不合法度。」漢書五行志中之上「不度之人，鮮不爲患」，顔師古注：「不度，不遵禮度也。」按度謂準乎法度，引申之爲稱合。

〔二五〕上文云「表裏稱而本末度」。言貌，表也；心志，裏也。藝能，末也；德行，本也。「美在其中，而暢於四支，純粹内實，光輝外著」，謂内有粹美之質，外見其文華。玉篇申部：「暢，達也，通也。」易坤文言：「美在其中，而暢於四支。」支同肢。孔穎達疏：「有美在於中，必通暢於外。」「内實」，充滿於内。小爾雅廣詁：「實，滿也。」「外著」，表見於外。莊子田子方郭象注：「著，見也。」

〔二六〕禮記表記：「是故君子恥服其服而無其容（按容謂儀容），恥有其容而無其辭，恥有其辭而無其德，恥有其德而無其行。」幹蓋本此，而稱孔子語則未詳。申鑒雜言下：「衣裳，服者不昧於塵塗，愛也。衣裳愛焉，而不愛其容止，外矣。容止愛焉，而不愛其言行，末矣。」黄省曾注：「昧，污闇。塗，泥也。」按珍惜衣裳，不使污穢，而不珍惜儀容舉止，是僅重其外表也，此與「君子恥有其服而無其容」立意同。珍惜容止，而不珍惜言行，是僅重其末而無視其本也，此與「恥有其容而無其辭，恥有其辭而無其行」立意同。

〔二七〕荀子勸學：「玉在山而草木潤。」按此以「竇玉之山土木必潤」，起下句「盛德之士文藝必衆」，上文所謂「純粹内實，光輝外著」是也。猶豫，讀爲遊豫。猶、遊並隸幽部喻紐字，古同音相通。周禮地官師氏「凡國之貴，遊子弟學焉」，鄭玄注：「杜子春云：遊，當爲猶，言雖貴猶學。」是讀遊爲猶之例。孟子梁惠王下「一遊一豫」，趙岐注：「豫亦遊也。」複言之曰遊豫。文選贈崔温詩「暇日聊遊豫」，李善注：「曹植蟬賦云『始遊豫乎芳林』。」斯，此也。此，承上指文藝言。「嘗猶豫於斯」，謂昔周公亦嘗遊心於文藝。「文藝」即指六藝、六儀等事。

孔子稱安上治民莫善於禮，移風易俗莫善於樂〔一〕。存乎六藝者，著其末節也〔二〕，謂夫陳籩豆、置尊俎、執羽籥、擊鐘磬、升降趨翔、屈伸俯仰之數也，非禮樂之本也〔三〕。禮樂之本也者，其德音乎？詩云：「我有嘉賓，德音孔昭。視民不恌，君子是則是效。我有旨酒，嘉賓式宴以敖。」此禮樂之所貴也〔四〕。故恭恪廉讓，藝之情也；中和平直，藝之實也〔五〕；齊敏不匱，藝之華也；威儀孔時，藝之飾也〔六〕。通乎羣藝之情實者，可與論道；識乎羣藝之華飾者，可與講事。事者，有司之職也；道者，君子之業也〔七〕。先王之賤藝者，蓋賤有司也；君子兼之，則貴也〔八〕。故孔子曰：「志於道，據於德，依於仁，游於藝〔九〕。」藝者，心之使也，仁之聲也，義之象也〔一〇〕。故禮以考敬，樂以敦愛〔一一〕，射以平志，御以和心〔一二〕，書以綴事，數以理煩〔一三〕。敬考則民不慢，愛敦則羣生悅〔一四〕，志平則怨尤亡，心和則離德睦〔一五〕，事綴則法戒明，煩理則物不悖〔一六〕。六者雖殊，其致一也。其道則君子專之，其事則有司共之，此藝之大體也〔一七〕。

〔一〕孝經廣要道：「（子曰）移風易俗莫善於樂，安上治民莫善於禮。」羣書治要引此文並鄭玄注：「夫樂者感人情，樂正則心正，樂淫則心淫也。」按音樂感人深，盪滌人心，久之潛移默化而風俗改易，故曰「移風易俗莫善於樂」。唐玄宗注：「禮所以正君臣、父子之别，明男女、長幼之序，故可以安上化下也（按「化」當作「治」，唐避諱改）。」

〔二〕俞樾云：「『著』衍文，蓋即上『者』字之誤而衍也。」按小爾雅廣詁：「著，明也。」有「著」字義亦可通。其，承上指禮、樂。呂氏春秋精論「淺智者之所争則末矣」，高誘注：「末，小也。」「末節」即細節。謂禮樂之在於六藝者，皆明其細節之事，下文所謂「非禮樂之本」是。

〔三〕夫，猶凡也；「數也」之「也」，猶「者」也，並詳經傳釋詞。廣雅釋言：「數，術也。」此承上「存乎六藝者，著其末節也」而言之，謂所以然者，蓋六藝之所習，凡陳籩豆、置尊俎、執羽籥、擊鐘磬，以及升降趨翔，屈伸俯仰之術者，皆非禮樂之本也。籩、豆、尊、俎，祭祀用盛酒肉之禮器。說文豆部：「豆，古食肉器也。」爾雅釋器：「木豆謂之豆，竹豆謂之籩。」籩、豆同類，特以竹、木所制而别。說文酋部：「尊，酒器也。」資治通鑑三十二胡三省注：「俎，祭器，如几，盛牲體者也。」俎爲盛祭牲之案几。「執羽籥」，持雉羽與笛而舞，文舞也。禮記文王世子「秋冬學羽籥」，鄭玄注：「羽籥，籥舞，象文也。」孔穎達疏云：「羽，翟羽也。」又云：「籥，笛也。」「擊鐘磬」，奏樂也。說文石部：「磬，樂石也。」急就篇「鐘磬鞀簫鼙鼓鳴」，顔師古注：「鐘則以金，磬則以石，皆所用合樂也。」「升降趨翔」，指進退步趨中節之禮儀。升降，謂登降堂階也。禮記曲禮上：「主人就東階，客就西階。」按古者迎送賓客之禮，客登降用西堂階，主人用東堂階。趨翔，謂張臂拱手而趨進，拜謁之禮也。曲禮上「室中不翔」，鄭玄注：「行而張拱曰翔。」按論語鄉黨：「趨進，翼如也。」集解引孔安國曰：「言端好。」邢昺疏：「謂疾趨而進，張拱端好，如鳥之張翼也（按古人之衣袖大，張拱趨進則大袖飄然如鳥之張翼）。」趨翔，亦即趨進翼如。「屈伸俯仰」，謂舞蹈之姿態。禮記樂記：「屈伸俯仰，綴兆舒疾，樂之文也。」鄭玄注：「綴，謂酇，舞者之位也（按綴，謂舞位之標識）。兆，其外營域也（按兆，謂舞者進退之界域）。舒疾，謂舞步之緩急）。」

〔四〕引詩見小雅鹿鳴。「恌」，四庫本、漢魏叢書本同；毛詩作「恌」，龍谿精舍本及池田校兩京遺編本同。按説文訓輕薄不厚道之字本作「佻」，經傳或通作「恌」。「效」，毛詩作「傚」，按「傚」爲「效」之或體。「宴」，毛詩作「燕」，按燕通宴。毛傳：「恌，愉也（按愉、偷古今字，謂偷薄、輕恌）。是則是傚，言可法傚也。敖，遊也（按遊謂遊樂、嬉樂）。」鄭玄箋：「德音，先王道德之教也。孔，甚。昭，明也。視，古示字也。飲酒之禮，於旅也語（按旅即「旅酬」，賓主以次相勸酒）。嘉賓之語先王德教甚明，可以示天下之民，使之不愉於禮義，是乃君子所法傚，言其賢也。」按説文旨部：「旨，美也。」小雅南有嘉魚「君子有酒，嘉賓式燕以樂」，鄭玄箋：「用酒與賢者燕飲而樂也。」式爲語詞，以猶而也，並詳經傳釋詞。此鹿鳴「式燕以樂」作「式燕以敖」，敖亦樂也，意即宴飲而樂。詩意謂我有嘉賓，其語先王道德之教甚明，可以示民，使民不偷薄輕佻，是乃君子所當法效。故我有美酒以享嘉賓，則宴飲而樂也。按鹿鳴序：「燕羣臣嘉賓也。」儀禮鄉飲酒禮「工歌鹿鳴、四牡、皇皇者華」，鄭玄注：「三者皆小雅篇也。鹿鳴，君與臣下及四方之賓燕（按燕同宴），講道修政之樂歌也。」是鹿鳴乃古者宴飲羣臣、嘉賓所奏樂歌，爲燕禮之儀。幹引此鹿鳴，蓋以其關乎講道修政，行禮樂以示民先王道德之教，故拈出「德音」二字，以爲禮樂之本在德教，所以貴禮樂者在此也。

〔五〕説文心部：「恪，敬也。」廉讓，清廉謙讓。中和，中正平和；平直，公平無偏。中和平直，中庸之道也。「情」與「實」互文，情亦實也。禮記大學「無情者不得盡其辭」，鄭玄注：「情，猶實也。」左傳哀公八年「魯有名而無情」，言有名無實。按前文云「藝者，所以事成德者也（「所」字衍，見前注）」，言藝以其事成就人之德。此文云恭恪廉讓、中和平直皆六藝之實，即謂藝之實在成人之德。

〔六〕「齊敏」爲複語，謂敏捷。荀子脩身「齊給便利」，楊倞注：「爾雅云：齊，疾也。」史記五帝本紀「幼而徇齊」，索隱引尚書大傳鄭玄注云：「齊，疾也。」詩大雅既醉「孝子不匱」，毛傳：「匱，竭。」鄭玄箋：「孝子之行非有竭極之時。」按「不匱」謂無盡止。「齊敏不匱」猶言敏捷不懈也。儀，儀容也。集韻平聲四支：「儀，容也。」「威儀」，指禮容莊重。既醉「威儀孔時」，鄭玄箋：「孔，甚也。言成王之臣，威儀甚得其宜。」按「孔時」謂甚合時宜，故鄭云得其宜。「威儀孔時」，猶言儀容得宜。「華」與「飾」互文，華亦文飾也。文選於安城答靈運六臣注引吕延濟曰：「華，飾也。」按「齊敏不匱」如精通於射、御之法式，「威儀孔時」如嫻熟於禮、樂之儀制，此皆六藝之儀文末事，非六藝之根本所在也，故謂此皆藝之華飾。前文云「藝者，所以旌智飾能、統事御羣也」，又云「藝者，所以事成德者也（「所」字衍）」，上文亦云「孔子稱安上治民莫善於禮，移風易俗莫善於樂」，又云「禮樂之本也者，其德音乎」，是藝之根本者，在以其事修德治民，移風易俗，成就德教，非謂但能陳設俎豆、執羽而舞、精射善御、禮儀中節而已也。

〔七〕「通」、「識」互文。淮南子主術「天下之物無不通者」，高誘注：「通，知也。」「可與論道」，謂可與之討論六藝之道。「可與講事」，謂可與之修習六藝之事。玉篇言部：「講，習也。」禮記樂記：

「鋪筵席，陳尊俎，列籩豆，以升降爲禮者，禮之末節也，故有司掌之。」孔穎達疏：「此等物所以飾禮，故云禮之末節也。」論語泰伯亦云：「籩豆之事，則有司存。」按鋪筵席、陳尊俎、置籩豆及導引升降阼階，皆文飾儀節之事，有司事者掌之可也。君子之於藝，則重其所以修德治民之道。故曰：「事者，有司之職也。道者，君子之業也。」

〔八〕謂先王之所以賤藝者，不過以儀文之事乃司事者所掌。君子則不特習藝之事，又通藝之道，二者兼之，則貴藝也。前文云：「人無藝則不能成其德，故謂之野。若欲爲夫君子，必兼之乎。」

〔九〕引孔子語見論語述而。集解：「藝，六藝也。」皇侃疏：「游者，履歷之辭也。藝，六藝，謂禮樂書數射御也。」禮記少儀亦云：「士依於德，游於藝。」按皇疏釋「游」爲「履歷」者，猶言經歷，於義猶言「涉獵」，或以爲作「玩樂」解，似非。「據於德，依於仁」，據、依互文，謂倚重德、仁。

〔一〇〕「心之使」，猶言心之所爲也。墨子經説下：「使，令使也。」莊子則陽「季真之莫爲，接子之或使（按俞樾平議云：或，有也）」，爲、使互文，使亦猶爲也，成玄英疏：「使，爲也。」謂藝者，心之所爲，乃德之聲音，仁之形象，即有於中而見乎外之意。前文云「藝者，德之枝葉也」，又云「故言貌稱乎心志，藝能度乎德行，美在其中，而暢於四支，純粹内實，光輝外著」，可發明此文之意。「聲」，如六樂是；「象」，如五禮、六儀是。

〔一一〕禮記樂記：「禮者，殊事合敬者也。」孔穎達疏：「尊卑有別，是殊事；俱行於禮，是合敬也。」御覽六百八引鄭玄六藝論云：「禮者，序尊卑之制，崇讓合敬也。」「禮以考敬」，謂禮者所以成敬也。詩小雅斯干序「宣王考室也」鄭玄箋、左傳宣公十五年「言以考典」杜預注並云：「考，成也。」禮記樂記：「樂者，天地之和也。」又云：「樂者，異文合愛者也。」孔穎達疏：「宫商别調，是異文；無不歡愛，是合愛也。」「樂以敦愛」，謂樂者所以勸勉仁愛也。爾雅釋詁：「敦，勉也。」

〔二〕「平志」與「和心」互文，皆謂平和其心意。説文心部：「志，意也。」儀禮聘禮鄭玄注：「意，猶念也。」玉篇亏部：「平，和也。」禮記射義云射者「内志正，外骸直（按骸謂形體），然後持弓矢審固（按審，慎）。持弓矢審固，然後可以言中」。是内念正，外體直，則持弓矢審慎堅固，然後射可中的。故凡射、御之事，須調和心念，使心平意專，則持弓而射能中的，操轡而駕能中軌，皆得其宜，故曰「以平志」、「以和心」。

〔三〕「書」即「六書」，謂造字之六式，通「六書」者亦即通文字也。廣雅釋詁：「綴，連也。」綴連文字以成篇章，謂之「綴文」，抱朴子尚博「然則綴文固爲餘事」是也；又謂之「綴辭」，文選潘岳馬汧督誄「綴辭之士未之或遺也」是也。故引申之，綴有以文字記述之義，文心雕龍史傳「然紀傳爲式，編年綴事」，「綴事」即叙事。「書以綴事」，謂以文字記事耳。數即「九數」，算術也。「理煩」，梳理煩難，即解決難題也。

〔四〕「敬考」承上「禮以考敬」言，「愛敦」承上「樂以敦愛」言。成其禮敬則民不怠慢，勸勉仁愛則百姓悦樂。國語周語下：「儀之於民，而度之於羣生。」民、生互文，生亦民也。

〔一五〕「怨尤」複語。玉篇乙部：「尤，責也，怨也。」亡，音、義並同「無」。左傳襄公二十九年：「棄同即異（按即，就也，依也），是爲離德。」「離德」謂不同心。心念平和，則怨忿消而離異者和睦相處。

〔一六〕漢書劉向傳：「數上疏言得失，陳法戒。」「法戒」謂楷法鏡戒。書召誥：「王其疾敬德（按疾，速也），相古先民有夏（按相，視也）。」僞孔傳：「言王當疾行敬德，視古先民有夏之王，以爲法戒之。」孔穎達疏：「言其疾行敬德，視古先民有夏之君，取大禹以爲法戒。」傳、疏言取夏禹爲法戒，是「法戒」者楷法鏡戒之謂。前事記於載籍可鑒，得以明示楷法，故曰「事綴則法戒明」。玉篇牛部：「物，事也。」又心部：「悖，亂也。」慧琳一切經音義八十九引古今正字：「悖，不順也。」煩難得以梳理，則事情順軌，故曰「煩理則物不悖」。

〔一七〕六者，禮、樂、射、御、書、數也。其事不同，然能成禮敬、勉仁愛、解怨和睦、明示訓戒，皆達於修德治民之道，則其所致一也。上文云：「事者，有司之職也。道者，君子之業也。」故曰「其道則君子專之，其事則有司共之」，共同供，奉行。逸周書謚法孔晁注：「供，奉也。」大體，大要，大略。

覈辯第八

俗士之所謂辯者，非辯也。非辯而謂之辯者，蓋聞辯之名而不知辯之實，故目之，妄也〔一〕。俗之所謂辯者，利口者也〔二〕。彼利口者，苟美其聲氣，繁其辭令〔三〕，如激風之至，如暴雨之集，不論是非之性，不識曲直之理〔四〕，期於不窮，務於必勝，以故淺識而好奇者見其如此也，固以爲辯〔五〕。不知木訥而達道者，雖口屈而心不服也〔六〕。夫辯者，求服人心也，非屈人口也。故辯之爲言別也，爲其善分別事類而明處之也〔七〕，非謂言辭切給而以陵蓋人也〔八〕。故傳稱春秋微而顯、婉而辯者〔九〕。然則辯之言必約以至，不煩而諭，疾徐應節，不犯禮教，足以相稱〔一〇〕；樂盡人之辭，善致人之志，使論者各盡得其願，而與之得解〔一一〕；其稱也無其名，其理也不獨顯，若此則可謂辯〔一二〕。故言有拙而辯者焉，有巧而不辯者焉〔一三〕。君子之辯也，欲以明大道之中也，是豈取一坐之勝哉〔一四〕。

〔一〕「故目之」三字爲句。後漢書酷吏傳「隨其罪目，宣示屬縣」，李賢注：「目，罪名也。」按目，名也。李注以「罪目」連文，故釋「目」爲「罪名」耳。目訓名，作動字解謂稱名。穀梁傳隱公元年「以其目君」，范寧注：「目君，謂稱鄭伯也。」是訓目爲稱。「目之」，「之」承上指「辯」言。禮記曲禮上「不妄指」，孔穎達疏：「妄，虛也。」謂俗士所謂辯者，非辯也。非辯而所以謂之辯者，蓋但聞其名而不知其實，故稱爲辯，乃虛而不實也。

〔二〕論語陽貨「惡利口之覆邦家也」，皇侃疏：「利口，辯佞之口也。」「利口」謂善於巧言。

〔三〕經傳釋詞：「苟，但也。」按此「苟」猶今言「只是」。「美其聲氣」，謂使聲音語氣抑揚頓挫。玉篇糸部：「繁，盛也。」「辭令」，言語也，見本書法象「忽其辭令」注。「繁其辭令」，謂繁盛其辭，即侈談也。

〔四〕慧琳一切經音義二十三引慧苑音義云：「疾急曰激也。」淮南子説山「雨之集無能霑」，高誘注：「集，下也。」廣雅釋詁：「性，質也。」謂實質。

〔五〕左傳哀公十六年「期死，非勇也」，杜預注：「期，必也。」漢書武帝紀「非期不同，所急異務也」，顏師古注引李奇云：「期，要也（按要讀平聲，求也）。」必、要義亦相因。「不窮」，謂口滔滔不絕。公羊傳定公十二年「不可不務求此人也」，何休注：「務，勉也。」以上十一句，謂彼善言者，但抑揚其聲，繁盛其辭，其勢如疾風之至，暴雨之降，不論是非之實，不知屈直之理，必使口若懸河，力求其辯必勝，所以淺識而好奇者見其如此，固然以爲此即辯也。

〔六〕論語子路「剛毅木訥近仁」，集解引王肅云：「木，質樸也。」説文言部：「訥，言難也。」「木訥」，謂樸實而不善言。論語雍也「雍也達」，集解引孔安國云：「達，謂通於物理也。」「達道」，通曉道理。屈，説文訓「無尾」，「屈服」字古作「詘」，經傳二字通用。廣雅釋詁：「詘，折也。」戰國策秦策一「詘敵國」，高誘注：「詘，服也。」詘亦即屈，謂折服。「服人心」、「屈人口」，服、屈互文。「口屈」，謂口爲所制服，即辭窮。廣韻入聲八物：「詘，辭塞。」此引申義。二句謂彼樸厚不善言而知理者，口雖辭窮而心不服也。

〔七〕「辯之爲言別」，猶言辯謂之別。此聲訓。古音「辯」屬元部，「別」屬月部，於聲皆並紐字，元、月二部多對轉，故二字古音相通。「爲其」之「爲」同「謂」，例見經傳釋詞。云「分別事類而明處之」者，謂不淆亂事理而依是非處置也。

〔八〕「切給」，意林五作「捷給」，又「陵蓋」作「凌善」。錢校：「蓋作善，似誤。」池田引梁茂榮云：「切，當作捷。陵、凌古通用。」今按「捷給」語熟，「切給」語生，故梁謂當作「捷」者，固未可非議。然廣雅釋詁：「切，割也。」又：「切，斷也。」故引申之切訓鋭利，慧琳一切經音義五十六引玄應音義云「切，割也，利也」是也。給音居立切。漢書東方朔傳「上以朔口諧辭給」，顔師古注：「給，捷也。」「切給」，謂言辭犀利敏捷。説文「淩」爲水名，「凌」訓凝冰，「陵」訓大阜。陵由山阜之義引申爲高，爲陵駕，爲侵陵，爲陵壓。經傳字又作淩、凌者，通用也。「陵蓋」爲複語，蓋亦猶陵也。釋名釋言語：「蓋，加也，加物上也。」以上三句，謂故辯謂之別者，謂其善於分別事類而明白處置之也，非謂言辭犀利敏捷而以之陵壓人也。

〔九〕傳讀去聲。解經之書稱「傳」，此云「傳稱春秋」，傳即春秋左氏傳也。左傳昭公三十一年：「故曰春秋之稱微而顯（按稱，述也。杜預注：文微而義著），婉而辨（杜預注：辭婉而旨别）。」孔穎達疏：「此『婉而辨』則與『微而顯』其意一也。故杜云『辭婉而旨别』。辭婉則文微也，旨别則義顯也。上句『微而顯』者，據文雖微隱，而義理顯著。下句『婉而辨』者，辭雖婉順，而旨意有殊。」按春秋經文字簡約，此「微」當訓少、訓精。禮記祭義鄭玄注：「微，少也。」荀子解蔽楊倞注：「微者，精妙之謂也。」「微而顯」，謂文精約而義顯。「微」與上文利口者之「繁其辭令」正相反。傳「辨」，本書作「辯」，字通。於文當依傳作「辨」，明也。文選陶徵士誄六臣注引吕延濟云：「辨，明也。」又易繫辭上「辯吉凶者」，釋文引京房云：「辯，明也。」辯通辨。「辨」與上「顯」互文。杜注釋辨爲别者，别亦明也。禮記鄉飲酒義「貴賤之義别矣」，鄭玄注：「别，猶明也。」「婉而辯」，謂辭婉轉而旨意明。「婉」與上文利口者之「言辭切給」亦相反。孔疏釋杜注「别」字爲「有殊」，雖或爲相承舊説，似與幹引傳之意不甚相合。下文接云「然則辯之言必約以至，不煩而諭」云云，云「然則」者，即承此「微而顯，婉而辨」言之；云「必約以至，不煩而諭」，即申述此「微而顯、婉而辨」之義也。「者」字句絶，經傳釋詞：「者，猶『也』也。」

〔一〇〕「約以至」，「不煩而諭」，以、而用法同，變文爲之。經傳釋詞：「以，猶而也。」國語晉語一韋昭注：「至，深也。」吕氏春秋不侵「欲客之必謹諭寡人之意也」，高誘注：「諭，明也。」「約以至，不煩而諭」，謂辭簡而義深，不繁説而意明。「疾徐應節」，是言語氣之緩急有節奏，謂當緩則緩，當急則急，各有所宜也。「不犯禮教，足以相稱」，「相稱」承上句「不犯禮教」言之。謂所辯不違禮教，足以與禮教相稱符也。稱讀去聲。

〔一〕「樂盡人之辭」，樂使人得以盡己所欲言也；「善致人之志」，善使人得以申致己之旨意也。盡、致，皆動詞之使動用法，謂使之盡情、使之申致。説文心部：「志，意也。」上文謂辯者「非謂言辭切給而以陵蓋人也」，此云「樂盡人之辭，善致人之志」，即不「陵蓋人」之意，猶今言「讓人説話」。論辯之人皆能盡其言、達其意，則盡得所願，故曰「使論者各盡得其願」。人皆言盡、意達，則是非曲直自明，而後可與人共解悟，故曰「而與之得解」。莊子天地「大惑者終身不解」，成玄英疏：「解，悟也。」

〔二〕三「其」字並指與人辯之君子言。吕氏春秋當染高誘注：「稱，説也。」「其稱也無其名」，蓋言其稱説不以己之名義，謂謙而不視爲獨見也。「其理也不獨顯」，言其理不獨於己而顯，謂能與衆人共明之，上文所謂「而與之得解」是也。「若此則可謂辯」，總上「然則辯之言必約以至」云云至此而言，謂如此則可以稱之爲辯矣。

〔三〕説文手部：「拙，不巧也。」穀梁傳序「公羊辯而裁」，楊士勛疏：「辯，謂説事分明。」此訓由辯論、辯難之義引申而來。

〔四〕淮南子主術高誘注：「中，正。」「大道之中」，謂大道中正不偏之理。君子之辯，欲以之表明大道之正理也，此豈取勝在座諸人之謂哉。謂非徒逞其口舌之能。

人心之於是非也，如口於味也。口者，非以己之調膳則獨美，而與人調之則不美也〔一〕。故君子之於道也，在彼猶在己也。苟得其中，則我心悦焉，何擇於彼？苟失其中，則我心不悦焉，何取於此〔二〕？故其論也，遇人之是則止矣。遇人之是而猶不止，苟言苟辯，則小人也。雖美説，何異乎鵙之好鳴、鐸之喧譁哉〔三〕。故孔子曰：「小人毁訾以爲辯，絞急以爲智，不遜以爲勇〔四〕。」斯乃聖人所惡，而小人以爲美，豈不哀哉。夫利口之所以得行乎世也，蓋有由也。夫利口者〔五〕，心足以見小數，言足以盡巧辭，給足以應切問，難足以斷俗疑〔六〕，然而好説而不倦，諜諜如也〔七〕。夫類族辯物之士者寡，而愚闇不達之人者多，孰知其非乎？此其所以無用而不見廢也，至賤而不見遺也〔八〕。先王之法，析言破律、亂名改作者殺之〔九〕，行僻而堅、言僞而辯、記醜而博、順非而澤者亦殺之〔一〇〕，爲其疑衆惑民，而潰亂至道也〔一一〕。孔子曰：「巧言亂德。」「惡似而非者也〔一二〕。」

〔一〕呂氏春秋察今高誘注：「調，調和也。」文選閒居賦六臣注引呂向云：「膳，食也。」與，同予。人心之於理之是非，猶口之於味之美惡。口之於食，非以己所調和之膳食獨味美，而付予人調和之則不味美也。此謂口於食祇從味美，不以調和者爲人或己，乃起下句「故君子之於道也，在彼猶在己也」。

〔二〕「得其中」、「失其中」，「其」指道；「中」指前文「欲以明大道之中也」之「中」，即道之正理。二「焉」字皆語已之詞，猶「也」也，見經傳釋詞。「何取於此」與「何擇於彼」對言，「此」即上「在彼猶在己也」之「己」。「何擇於彼」，其意謂何故以説出於彼而區别之不取。擇者，區别之謂。吕氏春秋情欲「耳不樂聲，目不樂色，口不甘味，與死無擇」，高誘注：「擇，别也。」墨子節葬下「我有是人也，與無是人也，無擇也」，孟子梁惠王上「則牛羊何擇焉」，擇亦並謂區别。文謂君子之於道也，在人猶在我。若得道之正理，則我心悦也，又何故以説出於彼而區别之耶？若失道之正理，則我心不悦也，又何故必取我之説耶？此言君子唯道所在是從，不分人我。

〔三〕「其」指君子，與下「小人」對言。二「止」字承上「論」字言，止而不論辯也。「苟言苟辯」，苟即苟且，猶姑且，謂祇圖目前，不顧當否也。鶪，鳥名。詩豳風七月「七月鳴鶪」，毛傳：「鶪，伯勞也。」説文金部：「鐸，大鈴也。」「喧譁」，譁同嘩。夫君子論辯也，遇人之理是則止矣。人之理是而己猶不止，姑且争言争辯，則是小人也。雖飾美其説，何異乎伯勞之好啼、大鈴之喧噪哉。

〔四〕引孔子語未詳出處，蓋本論語陽貨而文有異。陽貨載孔子云：「惡徼以爲智者，惡不孫以爲勇者（按孫通遜）。」集解引孔安國云：「徼，抄也。惡抄人之意以爲己有也。」俞樾云：「釋文出『徼以』，云：『鄭（玄）本作絞。』此云『絞急以爲智』，與鄭本合。」按論語泰伯釋文引鄭玄云：

「絞，急也。」「絞急」猶急切、激烈。「毀訾」複語，玉篇言部：「訾，毀也。」謂小人以詆毀爲能辯，以言辭急切爲機智，以不遜讓爲勇決。

〔五〕「夫利口者」，「夫」原作「且」，錢校：「治要『且』作『夫』。」按作「夫」是，今據治要改。此「夫利口者」云云，直至下「此其所以無用而不見廢也，至賤而不見遺也」一段，即承上文「夫利口之所以得行乎世也，蓋有由也」言之，乃申述「蓋有由也」之故。若字作「且」，「且」猶言「又」也，則上下文不承貫矣。「夫利口者」，與下「夫類族辯物之士者寡」，此二「夫」字猶言「彼」。夫訓彼，乃常訓，見經傳釋詞。

〔六〕淮南子脩務高誘注：「見，知也。」孟子告子上「今夫弈之爲數（按弈，圍棋），小數也」，趙岐注：「數，技也。」「小數」，謂無關根本之小術末技。給，敏捷，見前文「非謂言辭切給而以陵蓋人也」注。資治通鑑七十九「晝夜催切」，胡三省注：「切，迫也。」慧琳一切經音義五十七：「切，逼也。」「切問」，迫問、逼問。難讀去聲，詰難也。孟子離婁下「於禽獸又何難焉」，孫奭疏：「既爲禽獸，於我又何足責難焉。」

〔七〕此「然而」非轉折之詞，猶云「然則」，見助字辨略，乃承上之詞，即「如此則」，猶今言「於是就」。諜，字亦作「喋」。史記張釋之馮唐列傳「豈斅此嗇夫諜諜利口捷給哉（按斅同效。嗇夫，小吏）」，索隱：「漢書作『喋喋』，口多言。」「諜諜如也」，「如」爲狀事之詞。經傳釋詞：「如，猶然也。」

〔八〕「所以」，原無「以」字，錢校據治要補，今從之。易同人象辭「君子以類族辨物」，孔穎達疏：「族，聚也。」按本書「辨」作「辯」，通辨。「以類族辨物」，謂辨別事物以類相聚。前文云「故辯之爲言別也，爲其善分別事類而明處之也」，「類族辨物」亦猶「分別事類」。小爾雅廣詁：「闇，冥也。」謂冥昧。詩小雅雨無正孔穎達疏：「見者，自彼加己之詞。」見猶言「被」。易泰孔穎達疏：「遺，棄也。」「至賤」，極賤。玉篇至部：「至，極也。」以上十四句，謂夫利口之所以得通行於世者，蓋有其緣由。彼利口者，其心足以知小術，其言足以盡巧説，其敏捷足以應急迫之問，其詰難足以決斷俗人之惑，如此則好説不厭，絮叨不止。彼辨物明理之士寡，而愚昧不通之人多，誰知利口者之非乎？此利口之所以無用而不被廢、極賤而不被棄也。

〔九〕禮記王制：「析言破律，亂名改作，執左道以亂政，殺。」鄭玄注：「析言破律，巧賣法令者也。亂名改作，謂變易官與物之名（按物，事。名謂名分），更造法度。左道，若巫蠱及俗禁。」衛湜集説引方慤解義云：「析言則離於理，破律則壞於法，亂名則失其實，改作則反其常。」按慧琳一切經音義五十一引考聲云：「析，割也，分也。」「析言」，割裂其言，猶斷章取義，故鄭注云「巧賣法令」，謂巧言以叛賣律令也。「亂名改作」，謂淆亂名分以更易常法，故鄭注云「變易官與物之名，更造法度」也。

〔一〇〕荀子宥坐：「故人有惡者五，而盜竊不與焉（按與讀去聲，謂盜竊不關此五惡）：一曰心達而險（楊倞注：謂心通達於事而凶險也），二曰行辟而堅（楊倞注：辟，讀曰僻），三曰言僞而辯，四曰記醜而博（楊倞注：醜，謂怪異之事），五曰順非而澤（楊倞注：澤有潤澤也）。此五者有一於人，則不得免於君子之誅。」按「行僻而堅」四句，亦見孔子家語始誅；「辟」作「僻」，與本書同。王肅注：「醜，謂非義。」禮記王制「行僻而堅」四句作「行僞而堅，言僞而辯，學非而博，順非而澤」，孔穎達疏：「行僞而堅者，行此詐僞而守之堅固，不肯變改。言僞而辯者，謂言談僞事辭理明辯，不可屈止。學非而博者，謂習學非違之書（按非違，謂非禮違法），而又廣博。順非而澤者，謂順從非違之事，而能光澤文飾。」按「行僻而堅」，謂行爲邪僻而堅持不移。「言僞而辯」，謂言論詐僞而善巧辯。「記醜而博」，醜當依王注釋爲「非義」。說文鬼部：「醜，可惡也。」禮記作「學非而博」，記、學義相因，「醜」即謂「非」也。廣雅釋詁：「記，識也。」謂記識非義之事，而所知廣博。「順非而澤」，謂順從違法之事，而能文飾所爲。

〔一二〕玉篇水部：「潰，亂也。」「潰亂」爲複語。「至道」，善道也。玉篇至部：「至，善也。」

〔一三〕論語衛靈公：「子曰：巧言亂德。」集解引孔安國云：「巧言利口，則亂德義。」邢昺疏：「有言者不必有德，故巧言利口則亂德義。」孟子盡心下：「孔子曰：惡似而非者。」孫奭疏：「惡有似真而非真者。」

智行第九

或問曰：「士或明哲窮理〔一〕，或志行純篤〔二〕，二者不可兼，聖人將何取？」對曰：「其明哲乎〔三〕。夫明哲之爲用也，乃能殷民阜利，使萬物無不盡其極者也〔四〕。聖人之可及，非徒空行也，智也〔五〕。伏羲作八卦〔六〕，文王增其辭〔七〕，斯皆窮神知化，豈徒特行善而已乎〔八〕！易離象稱：『大人以繼明照於四方。』且大人，聖人也〔九〕。其餘象皆稱『君子』，蓋君子通於賢者也〔一〇〕。聰明惟聖人能盡之，大才通人有而不能盡也〔一一〕。書美唐堯，『欽明』爲先〔一二〕。驩兜之舉共工，四嶽之薦鯀，堯知其行，衆尚未知信也〔一三〕。若非堯，則斋土多凶族，兆民長愁苦矣。明哲之功也如是，子將何從〔一四〕？」

〔一〕謂明智而窮究事理。爾雅釋言：「哲，智也。」淮南子脩務「窮道本末，究事之情」，以「窮」、「究」互文，窮亦根究也。

〔二〕謂志向德行純樸敦厚。爾雅釋詁：「篤，厚也。」

〔三〕經傳釋詞：「其，擬議之詞也。」此承或問答之，謂若不可兼得，聖人蓋將取明哲窮理之士。

〔四〕法言孝至：「君人者，務在殷民阜財。」李軌注：「殷，富。阜，盛。」吕氏春秋制樂「焉知其極」，高誘注：「極，猶終也。」「盡其極」，謂盡其天性，得以安保其終。三句謂明哲之爲功用，能富民饒利，使萬物得以善其始終。

〔五〕「非徒空行」，行舊讀去聲，指德行。謂可逮及聖人者，非徒以空有德行，乃以有明智也。此謂聖人非僅有德行，更有才智。

〔六〕見本書治學篇「故太昊觀天地而畫八卦」注。

〔七〕周文王，姬姓，名昌，亦曰西伯，其子武王發滅殷，見史記周本紀。文選司馬遷報任少卿書「蓋文王拘而演周易（按演謂延展）」，李善注：「史記本紀曰：崇侯譖西伯於殷紂，曰：『西伯積善累德，諸侯皆向之，將有不利於帝。』紂乃囚西伯於羑里。西伯演易之八卦爲六十四。」史記周本紀：「西伯蓋即位五十年，其囚羑里，蓋益易之八卦爲六十四卦。」正義：「易正義云：伏羲制卦，文王卦辭。」是舊傳周文王擴充八卦爲六十四卦，並增卦辭。

〔八〕「徒特」爲複語。徒、特皆猶言但也，例詳助字辨略。謂伏羲作易卦，文王增益之，此皆能窮究神奇，知曉變化，豈但因德行美善而已乎！言其明哲也。

〔九〕易離象辭王弼注：「繼謂不絶也。明照相繼，不絶曠也。」孔穎達疏：「繼續其明，乃得照於四方。若明不繼續，則不得久爲照臨。」按象辭謂大人以其不絶之明久照四方。「且大人」，且猶夫也，句首助詞，例詳經傳釋詞。論語季氏「畏大人」，集解：「大人即聖人，與天地合德者也。」莊子在宥「大人之教」，成玄英疏：「大人，聖人也。」

〔一〇〕按易之象辭，有言及「君子」、「大人」者，又有言及「大君」、「先王」者，大抵以言及「君子」爲多，其餘僅時或一見。此云「其餘象皆稱『君子』」者，乃大較言之。幹之意，謂象辭多稱「君子」如何，唯言「明」則稱「大人」，即聖人也。故下文云「聰明惟聖人能盡之」。説文辵部：「通，達也。」「蓋君子通於賢者」，謂蓋君子僅達於賢人，不及聖人之明。

〔一一〕論衡超奇云：「通書千篇以上（按通謂通曉），萬卷以下，弘暢雅閑（按謂暢明嫻熟文旨），審定文讀（按謂審定章文句讀），而以教授爲人師者，通人也。」又云：「故夫能説一經者爲儒生，博覽古今者爲通人。」是「通人」者，謂其博覽羣籍，通曉古今，能爲人師。文謂唯聖人能極盡聰明之用；彼大才通人者，有聰明而不能盡其用也。

〔一二〕謂書贊美堯，以敬事、明慧爲先。堯嘗封於唐，故號唐堯，見史記五帝本紀。爾雅釋詁：「欽，敬也。」書堯典篇首贊美堯曰「欽明文思，安安」，僞孔傳：「以敬、明、文、思之四德，安天下之當安者。」孔穎達疏釋「欽明」云：「心意恒敬，智慧甚明。」又引鄭玄注：「敬事節用謂之欽，照臨四方謂之明，經緯天地謂之文，慮深通敏謂之思。」按堯典贊美堯，首言「欽明」，故幹云「『欽明』爲先」，謂重其明也。

〔一三〕史記五帝本紀載，堯時驩兜舉薦共工，堯曰：「共工善言，其用僻，似恭漫天，不可。」集解：「孔安國曰：『讙兜，臣名。』鄭玄曰：『共工，水官名。』」正義：「共工善爲言語，用意邪僻也。似於恭敬，罪惡漫天，不可用也。」又載四嶽舉薦鯀治水，堯曰：「鯀負命毁族，不可。」集解：「馬融曰：鯀，臣名，禹父。」正義：「孔安國云：『四嶽，羲、和四子也，分掌四嶽之諸侯，故稱焉。』鯀性狠戾，違負教命，毁敗善類，不可用也。」按史記所載，本書堯典。文謂驩兜、四嶽之舉薦共工、鯀，堯已知其二人操行不可任事，而衆人尚未知而信也。

〔一四〕說文衣部：「裔，邊地也。」國語周語上「流在裔土」，高誘注：「流之荒裔也。」按裔土謂邊境之地，即指四境。左傳文公十八年：「舜臣堯，賓於四門（按謂舜於四門賓迎四方諸侯），流四凶族，渾敦、窮奇、檮杌、饕餮，投諸四裔。」杜預注謂窮奇即共工，檮杌即鯀。「凶族」，指共工、鯀等凶徒惡類。禮記内則鄭玄注：「萬億曰兆，天子曰兆民。」文謂若非堯有知人之明，則四境多凶人，而百姓長愁苦矣。此明哲之功也。子於「明哲窮理」與「志行純篤」二者，將何從而取乎？

或曰：「俱謂賢者耳，何乃以聖人論之〔一〕？」對曰：「賢者亦然。人之行莫大於孝，莫顯於清〔二〕。曾參之孝，有虞不能易〔三〕；原憲之清，伯夷不能間〔四〕。然不得與游、夏列在四行之科，以其才不如也〔五〕。仲尼問子貢曰：『汝與回也孰愈？』對曰：『賜也何敢望回？回也聞一以知十，賜也聞一以知二〔六〕。』子貢之行不若顔淵遠矣，然而不服其行，服其聞一知十，由此觀之，盛才所以服人也〔七〕。仲尼亦奇顏淵之有盛才也，故曰：『回也，非助我者也，於吾言無所不説〔八〕。』顏淵達於聖人之情，故無窮難之辭，是以能獨獲亹亹之譽，爲七十子之冠〔九〕。曾參雖質孝，原憲雖體清，仲尼未甚嘆也〔一〇〕。」

〔一〕俞樾云：「『俱』乃『但』字之誤。」池田校：「按或人言，明哲、志行宜同謂賢耳，何乃以聖人論別乎？『俱』字固不誤，俞説非是。」今按俞校雖亦可通，然原文自順，不必改也。或人此言之意，謂吾言「明哲窮理」、「志行純篤」者，俱指賢人耳，若二者之賢人不可兼得，問聖人將何取也。子何乃以聖人之明論賢人之不及乎？故下文幹答曰「賢者亦然」，謂即俱以賢人論，若二者不可兼得，亦取其明哲之才也。

〔二〕謂爲人之德行，其大無過於孝順，其顯無過於清廉。

〔三〕史記仲尼弟子列傳：「曾參，南武城人，字子輿，少孔子四十六歲，孔子以爲能通孝道，故授之業，作孝經。」有虞，虞也（有爲語助），即舜。論語泰伯集解引孔安國云：「虞者，舜號。」史記五帝本紀：「舜父瞽叟頑（按心不從德義爲頑），母嚚（按言不忠信爲嚚），弟象傲（按傲，傲慢不敬愛於兄），皆欲殺舜，舜順適不失子道（按順適，順從）。」事本書堯典。禮記樂記鄭玄注：「易，輕易也。」左傳襄公四年「貴貨易土」，杜預注：「易，輕也。」文謂以曾參之孝，雖孝如舜亦不能小視。

〔四〕原憲，孔子弟子，字子思，見史記仲尼弟子列傳。史記游俠列傳：「義不苟合當世（按苟合，迎合），當世亦笑之，故季次（按孔子弟子公晳哀，字季次）、原憲終身空室蓬户（按莊子讓王釋文：「蓬户，織蓬爲户」），褐衣，疏食不厭（按莊子讓王成玄英疏：「褐，粗衣也。」疏食，粗飯也。索隱：「厭，飽也」），死而已（按謂清約守節，死而後已）。」原憲貧而樂道，事亦見莊子讓王。伯夷，商孤竹君之子。其父欲立次子叔齊，父卒，叔齊讓於伯夷，伯夷以父命不可違，逃去。後周武王滅商，伯夷、叔齊義不食周粟，避於首陽山，遂餓死，事見史記伯夷列傳。間讀去聲，非議也。孟子離婁上「政不足與間也」，趙岐注：「間，非。」方言三：「間，非也。」閒、間古今字。文謂以原憲之清廉，雖清廉如伯夷，亦無可非議。

〔五〕謂以曾參之孝順、原憲之清廉，而不得列名於孔門弟子德行、言語、政事、文學四科中之傑出者，以其才智不如也。論語先進：「德行：顏淵、閔子騫、冉伯牛、仲弓。言語：宰我、子貢。政事：冉有、季路。文學：子游、子夏。」邢昺疏：「夫子門徒三千，達者七十有二（按達謂通達、通曉），而此四科惟舉十人者，但言其翹楚者耳（按翹楚，謂傑出）。」

〔六〕文見論語公冶長。集解：「孔安國曰：愈猶勝也。」皇侃疏：「孰，誰也。愈，勝也。孔子問子貢：汝與顏回二人，才伎誰勝者也（按伎通技）。」邢昺疏：「望，謂比視。」按禮記表記「以人望人」，孔穎達疏：「望，比也。」端木賜，衞人，字子貢；顏回，魯人，字子淵，並孔子弟子，見史記仲尼弟子列傳。

〔七〕謂子貢之德行遠不如顔淵，然而不服顔淵之德行，而服顔淵聞一知十，由此觀之，所以能服人者，以才智盛也。

〔八〕孔子語見論語先進。邢昺疏：「助，益也。説，解也。凡師資問答（按師資，謂師徒），以相發起（按發起，猶言啓發）。若與子夏論詩（按孔子弟子卜商，字子夏），子曰：『起予者（按起，啓發），商也。』如此是有益於己也。今回也非增益於己者也，以其於吾之所言皆默而識之，無所不解。言回聞言即解，無所發起增益於己也。」按「於吾言無所不説」，釋文：「説，音悦。」説、悦古今字。聞言而悦，即解其義而愉悦也，故邢疏訓「説」爲解。朱熹集注云「（孔子）其辭若有憾焉，其實乃深喜之」，以孔子此語爲喜顔淵有才智，其説與幹引此以爲孔子珍賞顔淵之才合。

〔九〕謂顔淵通曉孔子之志，無所追究問難，是以獨得美譽，爲孔子七十弟子之首。「聖人之情」，情謂志。楚辭九章惜誦「情與貎其不變」，王逸注：「志願爲情。」「窮難」，窮，根究也，見前「士或明哲窮理」注；難讀去聲，辯駁也，問難也。史記五帝本紀索隱：「凡事是非未盡，假以往來之詞（按謂憑藉詞語往來駁難以求是非），則曰難。」資治通鑑五「奢不能難」，胡三省注：「難，乃旦翻，辯折之也（按辯折，猶辯駁）。」「窮難」，追究問難。慧琳一切經音義七十八引考聲云：「亹亹，美也。」

〔一〇〕謂曾參、原憲雖本性孝順、清廉，孔子未甚讚嘆。「質」與「體」互文，皆謂本性。淮南子本經「質真而素樸」高誘注、國語齊語「聰慧質仁」韋昭注並云：「質，性也。」吕氏春秋情欲「萬物之形雖異，其情一體也」高誘注、文選王文憲集序「夷雅之體，無待韋弦」六臣注引呂向並云：「體，性也。」玉篇欠部：「歎，歎美也。」嘆、歎通用。

或曰：「苟有才智，而行不善，則可取乎？」對曰：「何子之難喻也？水能勝火，豈一升之水灌一林之火哉〔一〕。柴也愚，何嘗自投於井〔二〕？夫君子仁以博愛，義以除惡，信以立情，禮以自節，聰以自察，明以觀色，謀以行權，智以辨物，豈可無一哉，謂夫多少之間耳〔三〕。且管仲背君事讐〔四〕，奢而失禮〔五〕，使桓公有九合諸侯、一匡天下之功。仲尼稱之曰：『微管仲，吾其被髮左衽矣〔六〕。』召忽伏節死難，人臣之美義也，仲尼比爲匹夫匹婦之爲諒矣〔七〕。是故聖人貴才智之特能立功立事，益於世矣〔八〕。如愆過多〔九〕，才智少，作亂有餘，而立功不足，仲尼所以避陽貨而誅少正卯也。何謂可取乎〔一〇〕？漢高祖數賴張子房權謀，以建帝業〔一一〕。四皓雖美行，而何益夫倒懸？此固不可同日而論矣〔一二〕。」

〔一〕玉篇口部：「喻，曉也。」或者謂若德行不善，則亦可取其才智乎？幹答以升水不能救林火者，據下文，則幹以爲君子於仁、義、信、禮、聰、明、謀、智不可無一，取其才智過人者，非謂但取其一而不顧其餘也。蓋人之爲君子，諸行當皆具有，唯多少之間不同，乃相較而言耳。若其才智過人，雖其餘諸行有所不及其才智，然瑕不掩瑜，取之可也。若僅具才智而無德行，比如水雖勝火，而升水豈能救林火乎？則瑜不掩瑕矣。

〔二〕謂孔子言弟子高柴愚，然但言其智不如人耳。柴雖愚，何曾愚至自投於井乎？論語先進「柴也愚」，集解：「弟子高柴也，字子羔。愚，愚直之愚也。」

〔三〕「仁以博愛」，猶言以仁施行博愛，倒言之，下仿此。「信以立情」，謂以信樹立其誠。淮南子繆稱「凡行戴情（按戴通載），雖過無怨」，高誘注：「情，誠也。」左傳僖公二十八年「民之情僞」，情僞即誠僞。「明以觀色」，謂以明觀察人意。論語顏淵「察言而觀色」，集解：「馬融曰：察言語，見顏色（按顏色即容色），知其所欲。」「謀以行權」，權謂權變，謂以謀行使權變。「智以辨物」，謂以智辨明事物。文選陶徵士誄六臣注引吕延濟云：「辨，明也。」「謂夫多少之間耳」，「夫」讀防無切，乃句中語助，鄭玄注禮記少儀：「夫，發聲也。」

〔四〕讐同仇。齊襄公十二年，無知弒襄公自立。齊人殺無知，議立新君，先召襄公次弟公子小白於莒。召忽與管仲共輔小白庶兄公子糾於魯，魯亦發兵送公子糾於齊，使管仲道遮小白，射小白中腰帶之鈎。小白佯死，先入齊，遂立爲桓公，乃逼魯殺公子糾，令魯縛召忽、管仲予齊。召忽自刎而死，管仲入齊，轉而事桓公。事見管子大匡、小匡及史記齊太公世家等，此所謂管仲「背君事讐」也。

〔五〕論語八佾：「或曰：『管仲儉乎？』曰：『管氏有三歸，官事不攝，焉得儉乎？』曰：『然則管仲知禮乎？』曰：『邦君樹塞門，管氏亦樹塞門；邦君爲兩君之好有反坫，管氏亦有反坫。管氏而知禮，孰不知禮也？』」邢昺疏：「婦人謂嫁曰歸。攝猶兼也，焉猶安也。禮，大夫雖有妾媵，嫡妻唯娶一姓。今管仲娶三姓之女，故曰有三歸。禮，國君事大，官各有人。大夫雖得有家臣，不得每事立官，當使一官兼攝餘事（按兼攝，兼掌）。今管仲家臣備職（按備職，謂各職具備專人執掌，不兼職），奢豪若此，安得爲儉也？邦君，諸侯也。屏，謂之樹（按謂立屏曰樹）。人君别内外，於門樹屏以蔽塞之。大夫當以簾蔽其位耳。今管仲亦如人君，樹屏以塞門也。反坫，反爵之坫，在兩楹之間（按爵，飲酒之器。反通返。坫，土臺，在廳堂前兩楹柱之間）。人君與鄰國爲好會，其獻酢之禮更酌，酌畢則各反爵於坫上（按謂主賓互敬酒後，各返酒爵置於坫）。大夫則無之。今管仲亦有反爵之坫，僭濫如此，是不知禮也。管氏而知禮，孰不知禮者？孔子舉其僭禮於上，而以此言非之。孰，誰也。言若謂管氏而爲知禮，更誰爲不知禮？言唯管氏不知禮也。」按「三歸」，娶嫡妻不同姓者三人。邢疏本何晏集解舊説，後人解「三歸」各異，今姑從舊解。此所謂管仲「奢而失禮」也

〔六〕論語憲問：「子曰：桓公九合諸侯，不以兵車，管仲之力也，如其仁，如其仁。」邢昺疏：「齊桓公九會諸侯。不以兵車，謂衣裳之會也。」按合，謂糾合諸侯盟會。「不以兵車」，謂不舉兵而合諸侯。「如其仁」，言乃其仁。如猶乃也，見經傳釋詞。又憲問：「子曰：管仲相桓公，霸諸侯，一匡天下，民到於今受其賜。微管仲，吾其被髮左衽矣。」集解：「馬融曰：匡，正也。天子微

弱，桓公率諸侯以尊周室，一正天下也。微，無也。無管仲，則君不君，臣不臣，皆爲夷狄也。」皇侃疏：「賜，猶恩惠也。於時夷狄侵逼中華，得管仲匡霸桓公（按謂匡扶桓公成諸侯霸主），今不爲夷狄所侵，皆由管仲之恩賜也。被髮，不結也（按猶言散髮）。左衽，衣前從右來向左也（按衣前，謂衣襟。夷狄之俗，衣襟向左掩）。孔子言若無管仲，則今我亦爲夷狄，故被髮左衽矣。」

〔七〕「伏節死難」，謂召忽守節死公子糾之難。伏節即抱節，謂守節也。伏通抱，一聲之轉。如「伏犧」之「伏」或作「包」或作「庖」，是其例。孔子比之爲匹夫匹婦之爲諒者，語亦見論語憲問。子貢問孔子，以管仲不能死公子糾之難，反爲桓公相，非仁者歟？孔子答以管仲相桓公霸諸侯，民到於今受其賜云云（見上注引），且曰「豈若匹夫匹婦之爲諒也，自經於溝瀆而莫之知也」。皇侃疏：「孔子更語子貢，喻召忽死之不足爲多（按多，稱讚），管仲不死不足爲小也（按小，輕視）。諒，信也。匹夫匹婦無大德而守於小信，則其宜也。自經，謂經死於溝瀆中也（按經，自縊）。溝瀆小處，非宜死之處也。君子直而不諒（按謂君子正道而行，不必守小信），事存濟時濟世，豈執守小信，自死於溝瀆而世莫知者乎？喻管仲存於大業，不爲召忽守小信。」按詩大雅板孔穎達疏：「庶人無妾媵，唯夫婦相匹，故稱匹也。」匹夫匹婦，泛指庶民男女。又按皇疏乃據集解舊説釋之，以「匹夫匹婦之爲諒」指召忽死難。後人解論語，或以爲子貢祇問管仲不死難爲仁否，未及召忽，孔子言豈若匹夫匹婦之諒者，乃泛指庸人守小信，其意亦不在召忽。

然觀幹此文，則幹説與舊解同。俞樾云：「後漢書應劭傳亦云：『昔召忽親死子糾之難，而孔子曰：經於溝瀆，人莫之知。』蓋古人所貴者於事有濟，而不在乎一死。以一死邀名，乃戰國俠士之風，而非聖人之中道也。」是漢人解論語自有此説。

〔八〕廣雅釋詁：「特，獨也。」「立功立事」，言成功立業。逸周書周祝孔晁注：「事，業也。」

〔九〕慧琳一切經音義四十一引韻詮：「愆，罪也。」愆過，罪過。

〔一〇〕孔子避陽貨不見，見論語陽貨。集解：「孔安國曰：陽貨，陽虎也。季氏家臣而專魯國之政。」魯定公十四年，孔子代理魯相事，誅魯大夫亂政者少正卯，事見史記孔子世家、荀子宥坐。「何謂可取乎」，此舉陽貨、少正卯爲例，答或者「苟有才智，而行不善，則可取乎」之問，謂若有才智而不畝其罪過之多，豈可取哉？

〔一一〕張良，字子房，漢高祖取天下，多用其權變機謀，後封留侯，見史記留侯世家、漢書張良傳。數音所角切，屢也。漢書賈山傳「賦斂數重」，顔師古注：「數，屢也。」言高祖建帝業，屢屢依賴良之謀算。

〔一二〕皓，白首也。文選江賦李善注：「皓，白也。」「四皓」，謂東園公、綺里季、夏黄公、甪里先生四老，避秦亂入商雒山者。漢興，高祖召之，四人以高祖侮慢士，不就。後高祖意欲廢太子另立，呂后用張良計，召四人輔太子，高祖見太子羽翼已成，遂罷廢太子之念，事見史記留侯世家、漢書張良傳。孟子公孫丑上：「當今之時，萬乘之國行仁政，民之悦之，猶解倒懸也。」「倒懸」喻民生困苦。「而何益夫倒懸」，言四皓品行雖美，無益於解脱民困。「不可同日而論」，言不可相提並論。謂四皓德行之美，不可與張良助成帝業之智謀並論，言其不及也。

或曰：「然則仲尼曰：『未知，焉得仁？』乃高仁耶？何謂也[一]？」對曰：「仁固大也。然則仲尼此亦有所激然，非專小智之謂也。若有人相語曰：『彼尚無有一智也，安得乃知爲仁乎[二]？』昔武王崩，成王幼，周公居攝[三]。管、蔡啓殷畔亂，周公誅之，成王不達，周公恐之，天乃雷電風雨，以彰周公之德，然後成王寤[四]。成王非不仁厚於骨肉也，徒以不聰叡之故，助畔亂之人，幾喪周公之功，而墜文、武之業[五]。召公見周公之既反政，而猶不知，疑其貪位。周公爲之作君奭，然後悦[六]。夫以召公懷聖之資，而猶若此乎？末業之士，苟失一行，而智略褊短，亦可懼矣[七]。仲尼曰：『可與立，未可與權[八]。』孟軻曰：『子莫執中，執中無權，猶執一也[九]。』仲尼、孟軻可謂達於權智之實者也[一〇]。殷有三仁[一一]，微子介於石，不終日[一二]；箕子内難而能正其志[一三]；比干諫而剖心。君子以微子爲上，箕子次之，比干爲下[一四]。故春秋大夫見殺，皆譏其不能以智自免也[一五]。且徐偃王知脩仁義而不知用武，終以亡國[一六]；魯隱公懷讓心而不知佞僞，終以致殺[一七]；宋襄公守節而不知權，終以見執〔一八〕；晉伯宗好直而不知時變，終以隕身〔一九〕；叔孫豹好善而不知擇人，終以凶餓，此皆蹈善而少智之謂也〔二〇〕。故大雅貴「既明且哲，以保其身〔二一〕」。夫明哲之士者，威而不懾，困而能通〔二二〕，決嫌定疑，辨物居方〔二三〕，禳禍於忽杪，求福於未萌〔二四〕，見變事則達其機，得經事則循其常〔二五〕，巧言不能推，令色不能移〔二六〕，動作可觀則，出辭爲師表〔二七〕，比諸志行之士，不亦謬乎〔二八〕！」

〔一〕孔子語見論語公冶長。令尹子文三爲楚相，而三罷免。其爲相，面無喜色；免官，面無怨色。崔杼弒齊君，陳文子厭惡與逆臣同國，棄家馬四十匹，去離齊國。子張問孔子此二人可謂仁乎。孔子之答，許令尹子文爲忠於國，許陳文子爲持身清白，而於二人皆曰：「未知，焉得仁？」集解：「孔安國曰：未知其仁也。」按孔讀「知」如字，以「未知焉得仁」五字爲一句，猶言但知二人爲忠、爲清，未知其何以得爲仁也。釋文：「知，如字。鄭音智。」是鄭玄讀知爲智，以「未知」爲句，以「焉得仁」爲句，猶言彼二人尚未有智，何得爲仁也。幹此文引孔子語，讀與鄭玄同，故或者曰孔子乃視仁高於智耶。問孔子言此之意何謂。

〔二〕玉篇水部：「激，感激也。」按感激謂感觸、激發，非今感謝之義。漢書高五王傳贊曰「激秦孤立亡藩輔（按亡同無），故大封同姓」，顏師古注：「激，感發也。」激謂有感而發。「小智」，小爲動字，讀如孟子盡心上「登太山而小天下」之「小」，視爲小也，引申爲輕視、蔑視。文謂仁固爲大，然孔子言此亦有所感觸而云然，非專意輕視才智之謂也。比如人之交談，曰「彼尚無有一智可言，何得知其爲仁」，乃因事而發，一時之言耳。按荀悦申鑒雜言下云：「或問：『聖人所以爲貴者，才乎？』曰：『合而用之，以才爲貴。分而行之，以行爲貴（按下「行」字讀去聲，謂德行）。舜禹之才而不爲邪，甚於亡矣（按甚猶勝也。甚於亡，謂勝於無才。「亡」字原脱，今據文意補）；舜禹之仁，雖亡其才，不失爲良人哉。』」是言聖人所以貴才者，以德才兼備也。有才而無德，聖人不取。幹之意，以爲明哲與志行不可兼得，則取明哲，是貴才智重於德行，與悦言正反。唯幹曰「夫明哲之爲用也，乃能殷民阜利，使萬物無不盡其極者也」，又曰「是故聖人貴才智之特能立功立事，益於世矣」，是所以貴才智者，以其有利民益世之用。夫才智用於利民益世，德莫大焉，仁在其中。管仲之力，助「桓公九合諸侯，不以兵車」，孔子曰「如其仁，如其仁」，是孔子以能安天下爲仁也。故幹以爲管仲雖背君失禮，其匡天下之功勝於召忽之伏節死難；張良之權謀助成帝業，勝於四皓無益於民之美行也。論語子張：「子夏曰：大德不逾閑，小德出入可也。」謂德行之大節不越軌，其小節雖不能盡善亦無妨也。幹之重才智，有取於斯義焉。夫幹生當漢季亂世，睹生民塗炭，所以重才智者，以才智之用可以「殷民阜利」，「特能立功立事」，勝於徒有操行而無益乎解民倒懸也。至如專取才智，不問其德，則非幹之意。故舉孔子避而不見陽貨，以其專擅魯國之政；誅除少正卯，以其傾亂魯國之政，蓋二人無德，即有才亦非能立功安民者。

〔三〕周公名旦，周武王弟；成王名誦，武王子，見史記魯周公世家。居攝，居攝政之位。禮記明堂位孔穎達疏：「攝，代也。」代理國政曰攝。

〔四〕管，管叔鮮；蔡，蔡叔度，並周武王弟，見史記管蔡世家。廣雅釋詁：「啓，開也。」謂開引、導引。畔通叛。資治通鑑五十一胡三省注：「達，明也。」「成王不達」，謂成王不明實情。楚辭離騷王逸注：「寤，覺也。」寤通悟。論衡感類引書金縢古文家説，云：「武王崩，周公居攝，管、蔡流言，王意狐疑周公（按王謂成王），周公奔楚，故天雷雨，以悟成王。」與幹此説合，是幹用古文家説，參黄暉論衡校釋。

〔五〕「聰叡」即聰明。説文𣦼部：「叡，深明也。」廣雅釋詁：「墜，失也。」周公，管、蔡，皆成王之叔也。周公以成王年幼而攝政，誅滅叛周之管、蔡。成王疑周公，非成王於骨肉之情不仁厚，所以疑周公貪權殺弟者，乃因不聰敏明事之故，是猶助叛亂之人，幾乎喪失周公之功，而墜失文王、武王之基業。幹舉此，其意謂徒有仁厚而無明智，無濟於事也。下舉召公疑周公事，意同。

〔六〕召公，名奭，與周同姬姓，始封邑於召，故謂之召公。成王時召公爲太保，與周公同爲輔弼之臣，見史記燕召公世家。「而猶不知」，謂召公猶不知周公之心。「然後悦」，謂召公見周公所作君奭，然後信悦也。燕召公世家云：「成王既幼，周公攝政，當國踐阼（按謂周公即位主國事），召公疑之，作君奭（按謂周公作君奭）。」書君奭序云：「召公爲保（僞孔傳：爲保。太保也），周公爲師（僞孔傳：爲師，太師也），相成王爲左右（按相，輔也）。召公不説（按説、悦古今字），周公作君奭。」則周公作君奭，在歸還成王政而自爲太師時，與幹説同，而與史記謂作於攝政之時異。蓋幹用古文説，上文説金縢亦用古文説也，參楊筠如尚書覈詁。

〔七〕「末業」本謂末作，對農業爲「本業」而言，工商也。此云「末業之士」，則非末作之義，蓋謂末學之士也。「褊」，龍谿精舍本作「偏」，池田校兩京遺編本同。按作「褊」義長。説文「褊」訓衣小，引申爲狹陋。爾雅釋言釋文引廣雅云：「褊，狹陋也。」「智略褊短」，言智略狹陋短淺。謂以召公懷抱聖賢之資質，猶尚如此，彼末學鄙陋之士，苟若失一品行，而又智略淺陋，所爲亦可懼矣。謂其不明事理，不辨賢不肖，尤過於召公，此爲可懼也。

〔八〕引孔子語見論語子罕。皇侃疏：「權者，反常而合於道者也。自非通變達理，則所不能。故雖可共立於正事，而未可便與之爲權也。故王弼曰：權者道之變，變無常體，神而明之，存乎其人，不可豫設，尤至難者也。」按廣雅釋詁：「立，成也。」後漢書周章傳：「論曰：孔子稱可與立，未可與權。」李賢注：「立，謂立功立事也。」謂其人雖可與之共成常理之事，而未可與之共行權宜，應變非常。

〔九〕引孟子語見孟子盡心上。趙岐注：「子莫，魯之賢人也，其性中和專一者也。執中而不知權，猶執一介之人，不知時變也。」按公羊傳文公十二年何休注：「一介，猶一概。」一概，猶言一律不變。謂執守中道而不知權宜，猶如固守一端而不知變通。

〔一〇〕謂孔、孟二子可謂通達權變智略之本。

〔一一〕論語微子：「微子去之，箕子爲之奴，比干諫而死。孔子曰：殷有三仁焉。」集解：「馬融曰：

微、箕，二國名（按國謂封邑）。子，爵也（按子者，爵位之稱）。微子，紂之庶兄（按庶，庶母所出）。箕子、比干，紂之諸父也（按諸父，伯、叔）。微子見紂無道，早去之。箕子佯狂爲奴（按謂佯作癡狂，受囚爲奴）。比干以諫而見殺也。仁者愛人。三人行各異，而同稱仁，以其在憂亂寧民也（按謂俱處憂亂之世而心存安民）。」皇侃疏：「微子者名啓，是殷王帝乙之元子，紂之庶兄也。殷紂暴虐，殘酷百姓，日月滋甚（按謂暴虐與日俱增），不從諫争（按争同諍，諍亦諫也）。微子觀國必亡，社稷顛殞，己身是元長（按元長，長子），宜存係嗣（按謂宜存身繼承宗嗣），故先去殷投周，早爲宗廟之計（按謂爲保宗廟、享祀祖宗早爲之計），故云『去之』。箕子者，紂之諸父也。時爲父師，是三公之職，屢諫不從，知國必殞，己身非長，不能輒去（按輒，擅自），職任寄重，又不可死，故佯狂而受囚爲奴，故云『爲之奴』也。比干亦紂之諸父也，時爲少師，少師是三孤之職也（按三孤，三公之副）。進非長適（按適同嫡），無存宗之去（按謂無去國存宗嗣之責）；退非台輔（按台輔，三公宰輔之臣），不俟佯狂之留（按謂無須留國而佯作癡狂）。且生難死易，故正言極諫，以至剖心而死，故云『諫而死』也。」事見書微子及史記殷本紀、宋微子世家。後武王伐紂滅殷，復微子官位，周公平武庚之亂，命微子代殷後，奉其先祀，封於宋。箕子則封於朝鮮，不爲周臣。事亦並見史記本紀、世家。

〔一三〕易豫六二「介于石，不終日」，孔穎達疏：「知幾事之初始，明禍福之所生，不苟求逸豫，守志耿介似於石。然見幾之速，不待終竟一日。」按荀子修身楊倞注：「介然，堅固貌。」經傳釋詞：

「于，猶如也。」「介於石」，言意堅如石。「不終日」，不待一日之終盡，猶言即時。幹引易文，以明微子見殷將亡無救，故堅意毅然即時去國，無所留戀。俞樾謂自來説易此文，未有以微子言者，殆漢儒言易之佚説。今按此不過幹引易之成詞以説事，如謂漢儒言易之佚説如此，似未必。

〔三〕「内難」，難讀去聲，謂國亂也。「正其志」，謂佯作癡狂不事暴君，正其志向也。

〔四〕幹意謂微子預知紂不可諫，國將亡無救，故去之，其智爲上。箕子留之，佯作癡狂不理事，其智爲次。比干知其不可而强爲諫，遭紂剖心而死，其智爲下。俞樾云：「云『君子以微子爲上，箕子次之，比干爲下』，然則論語所列三仁，先後之間自有微旨，亦可補論語注所未備。」今按所謂「君子」以爲云云，乃幹意如此耳。即便漢人有此比較之説，亦未必論語所列「三仁」之先後有所隱示。

〔五〕詩小雅雨無正孔穎達疏：「見者，自彼加己之詞。」按見猶言「被」，「見殺」即被殺。詩大雅瞻卬序孔穎達疏：「大夫者，卿大夫之總稱也。」按周時，天子、諸侯之官職皆設卿，下有中大夫、下大夫，卿則又稱上大夫，見周禮天官序官、禮記王制。此「大夫」乃泛指卿大夫。謂春秋載卿大夫被殺者，皆譏刺彼不能以智免脱於死。按春秋之成例，凡卿大夫被殺，有罪則書其名，如春秋經僖公七年「鄭殺其大夫申侯」，杜預注：「申侯，鄭卿。專利而不厭，故稱名以殺，罪之也。」無罪被殺，則不書名，如春秋經莊公二十六年「曹殺其大夫」，杜預注：「不稱名，非其罪。」幹謂春秋大夫見殺，皆譏其不智，實無此成例。唯春秋經宣公九年「陳殺其大夫泄冶」，杜預注：「泄冶直諫於淫亂之朝以取死，故不爲春秋所貴，而書名。」宣公九年傳載泄冶被殺，引孔子曰：「詩云『民之多辟，無自立辟』，其泄冶之謂乎？」杜預注：「辟，邪也。辟，法也（按上「多辟」字訓邪，下「立辟」字訓法）。詩大雅言邪辟之世不可立法，國無道，危行言孫（按危行，慎行。孫通遜）。」按杜注謂泄冶居亂國不能自去，乃强諫君欲以法糾其失，是不智而自取其死，君子所不貴，故孔子引詩大雅板以喻之，謂亂世毋强以法正之，當謹慎言行。此則與幹説略符，然非春秋成例也。

〔一六〕脩通修，四庫本作「修」。「終以亡國」，此「以」承上「知脩仁義而不知用武」言，猶言「以此」。下文四「終以」解並仿此。徐偃王，周時徐國之君，好儒道，行仁義，來朝覲者三十六國（一説三十二國），楚伐而滅之，見韓非子五蠹、史記趙世家、後漢書東夷傳。論衡非韓：「徐偃王脩行仁義，陸地朝者三十二國。彊楚聞之（按彊、强古今字），舉兵而滅之。此有德守無力備者也。」

〔一七〕魯惠公卒，太子允年少，庶出長子息攝政，是爲隱公。隱公十一年，公子揮唆使隱公殺允自立爲君，隱公欲讓政於允，揮懼允聞己之謀，反譖隱公於允，遂殺隱公，立允爲桓公，事見史記魯周公世家，另參公羊傳隱公十一年。

〔一八〕宋襄公召楚會盟，公子目夷諫襄公，謂楚强而無義，當以兵車赴會。襄公謂已約楚以乘車赴會，不可自我毁約，遂以乘車赴會。楚人果伏兵車，執襄公以伐宋，見公羊傳僖公二十一年。

「守節」，謂守名節不失信也。

〔一九〕伯宗，晉大夫孫伯糾之子。每上朝，其妻必告誡：「子好直言，必及於難。」後遭大夫郤錡等陷害而亡身，見左傳成公十五年。「不知時變」，謂不知時宜。

〔二〇〕叔孫豹，魯卿，寵庶子牛，使掌家政。後豹有疾，牛不予豹食，遂無食而死，見左傳召公四年。「凶餓」，謂遭厄難而餓死。「蹈善」猶行善。慧琳一切經音義十三引廣雅：「蹈，行也。」

〔二一〕詩大雅烝民文。爾雅釋言：「哲，智也。」孔穎達疏：「既能明曉善惡，且又是非辨知，以此明哲擇安去危，而保全其身，不有禍敗。」

〔二二〕謂明哲之士臨威逼而不怯懼，處窘困而能通達。玉篇心部：「懾，怯也，懼也。」

〔二三〕謂能決斷嫌疑，分辨事物，使物各得其所宜。決、定互文，字彙宀部：「定，決也。」易未濟象曰：「君子以慎辨物居方。」王弼注：「辨物居方，令物各當其所也。」孔穎達疏：「用慎爲德，辨別衆物，各居其方，使皆得安其所。」按爾雅釋言：「方，所也。」故注謂「居方」爲各當其所。

〔二四〕謂禍尚未顯現即除之，福尚未萌生即求之。文選東京賦李善注：「禳，除也。」淮南子原道高誘注：「忽，無形貌也。」方言：「杪，小也。」「忽杪」，謂細小而似有似無。

〔二五〕謂見非常之事，則能知其關要所在而處之。遇經常之事，則能遵其常法而行之。論語鄉黨皇侃疏：「達，猶曉解也。」法言先知「或問爲政有幾」，李軌注：「幾，要也。」幾同機，本義爲鉤弩弦之扳機，引申爲機要、關鍵。玉篇糸部：「經，常也。」「經事」與「變事」相對。

〔二六〕謂巧言令色不能變易其心意。論語學而「巧言令色」，集解引包咸云：「巧言，好其言語；令色，善其顔色，皆欲令人悦之。」推、移互文，字彙手部：「推，移也。」莊子秋水成玄英疏：「推移，改變也。」

〔二七〕謂行爲可觀摩效法，言語可爲人表率。爾雅釋言邢昺疏：「則，法效也。」玉篇衣部：「表，標也。」「師表」，謂師法之標準、儀範。

〔二八〕諸，之於也，例見助字辨略。言以明哲之士比之於志行之士，與之並論，不亦荒謬乎。謂遠勝於志行之士。

爵禄第十

或問：古之君子貴爵禄歟？

曰：然。

諸子之書稱爵禄非貴也，資財非富也，何謂乎〔一〕？

曰：彼遭世之亂，見小人富貴，而有是言，非古也。古之制爵禄也〔二〕，爵以居有德，禄以養有功。功大者禄厚，德遠者爵尊；功小者其禄薄，德近者其爵卑〔三〕。是故觀其爵則別其人之德也，見其禄則知其人之功也，不待問之〔四〕。古之君子貴爵禄者，蓋以此也〔五〕。非以黼黻華乎其身〔六〕，芻豢之適於其口也〔七〕；非以美色悦乎其目，鐘鼓之樂乎其耳也〔八〕。孔子曰：「邦有道，貧且賤焉，恥也〔九〕。」明王在上，序爵班禄而不以逮也，君子以爲至羞，何賤之有乎〔一〇〕？先王將建諸侯而錫爵禄也，必於清廟之中陳金石之樂，宴賜之禮，宗人擯相，内史作策也〔一一〕。其頌曰：「文王既勤止，我應受之。敷時繹思，我徂維求定。時周之命，於繹思〔二〕。」由此觀之，爵禄者，先王之所重也，非所輕也。故書曰：「無曠庶官，天工人其代之〔三〕。」

〔一〕此句上當有「曰」字，乃或問之語。諸子之書，墨家、法家無輕爵禄富貴之説。儒家亦未嘗輕爵禄富貴，唯須有德者居之，孔子所謂「不義而富且貴，於我如浮雲」（論語述而）者，非輕富貴也，以義爲尤重也。唯道家主逍遥無拘，富貴爵禄不足以動其心。莊子秋水「世之爵禄不足以爲勸（按勸，勉勵）」，又田子方「百里奚爵禄不入於心，故飯牛而牛肥（按飯，飼養）」，又「死生亦大矣，而無變乎己，況爵禄乎（按謂生死大事亦不能動己之心，何況爵禄）」，又讓王「舜以天下讓善卷，善卷曰：余立於宇宙之中，冬日衣皮毛，夏日衣葛絺（按葛絺，細葛布）。春耕種，形足以勞動；秋收斂，身足以休食。日出而作，日入而息，逍遥於天地之間，而心意自得。吾何以天下爲哉」，又「今世之人居高官尊爵者，皆重失之（按謂皆不輕易棄失官爵），見利忘其身，豈不惑哉」，又「故若顔闔者，真惡富貴也」。

〔二〕禮記王制：「王者之制禄爵，公、侯、伯、子、男凡五等；諸侯之上大夫卿、下大夫、上士、中士、下士凡五等。」鄭玄注：「禄，所受食。爵，秩次也（按秩次，官階）。」

〔三〕「爵以居有德」，即「以爵居有德」，倒言之，下句「禄以養有功」同。居，謂使居其位，言以爵位使有德者居之。治要「功大者」、「德遠者」下並有「其」字，與下二句同，錢校據補。今按上既有「者」字，則下有無「其」字皆可，似不必依下二句補。「德遠」、「德近」，謂其德澤霑溉之遠近，亦即德之大小也。

〔四〕治要無上二「也」字，「不待問之」下有「也」字。「是故觀其爵則別其人之德也」，謂觀其爵之高下，可區別其人德之大小。「見其禄則知其人之功也」解仿此。「不待問之」，謂不問即知。按陸景典語：「故先王重於爵位，慎於官人。制爵必俟有德，班禄必施有功。是以見其爵者昭其德，聞其禄者知其功。」（見嚴可均全三國文卷七十）與幹語意同。

〔五〕謂所以貴爵禄者，重德與功也。荀子非十二子：「古之所謂士仕者（楊倞注：士仕，謂士之入仕），厚敦者也，合羣者也（楊倞注：合，謂和合羣衆也），樂富貴者也（楊倞注：「樂其道也。」按謂樂其得富貴之道），樂分施者也，遠罪過者也，務事理者也（楊倞注：務使事有條理），羞獨富者也（楊倞注：使家給人足也）。今之所謂士仕者，汙漫者也（按汙漫，謂行爲污穢），賊亂者也，恣睢者也（按恣睢，謂行爲放縱），貪利者也，觸抵者也（楊倞注：「恃權埶而忤人。」按埶同勢），無禮義而唯權埶之嗜者也。」可作此注腳。

〔六〕説文黹部：「黼，白與黑相次文（按謂白與黑相間之紋飾）。」又：「黻，黑與青相次文。」書益稷「黼黻絺繡（按絺繡，刺繡。絺亦通作黹）」，僞孔傳：「黼若斧形，黻爲兩『己』相背。」黼、黻皆禮服所繡之紋飾，黼以白黑二色繡爲斧形，黻以黑青二色繡爲亞形，故以「黼黻」爲禮服之稱。漢書郊祀志下顔師古注：「黼黻，冕服也。」冕服即禮服，見本書法象篇「爲冕服采章以旌之」注。文選七命六臣注引李周翰云：「華，謂美也。」

〔七〕龍谿精舍本及池田校兩京遺編本無「之」字。按此句承上句省「非以」二字。「之」乃句中語詞，上句無之，有無皆可。呂氏春秋仲秋「案芻豢」，高誘注：「牛羊曰芻，犬豕曰豢（按豕，豬）。」漢書賈山傳「以適其欲也」，顔師古注：「適，快也。」適於其口，謂爽口。

〔八〕「鐘鼓之樂乎其耳也」，龍谿精舍本及池田校兩京遺編本無「之」字，又「乎」作「於」。按「之」字有無皆可，説見上注。「乎」用同「於」。「樂」音盧各切，與「悦」互文。

〔九〕論語泰伯：「邦有道，貧且賤焉，恥也；邦無道，富且貴焉，恥也。」邢昺疏：「『邦有道，貧且賤焉，恥也』者，恥其不得明君之禄也。『邦無道，富且貴焉，恥也』者，恥食污君之禄以致富貴也。」

〔一〇〕詩大雅桑柔「誨爾序爵」，鄭玄箋：「教女以次序賢能之爵（按女同汝）。」按箋釋「序」爲「次序」，用爲動字，謂列其等次。「序爵」謂按等次授予官爵。「班」與「序」互文，亦謂列其等次。小爾雅廣詁：「班，次也。」孟子萬章下「周室班爵禄也，如之何」，趙岐注：「班列爵禄等差謂何。」「班禄」即按等次定其俸禄。「不以逮」，不逮及也。易小畜九五「富以其鄰」，集解引虞翻云：「以，及也。」助字辨略：「何有，猶云豈有。」按「何有」，或析之爲「何云云之有」，用於反詰，其義隨文而定，於此則爲「豈有」。以上四句，謂明主在上，按等級授官給俸，而不及於己，則君子以爲羞恥，豈有輕賤爵禄者乎？此承上孔子語「邦有道，貧且賤焉，恥也」言之。

〔一一〕錫，通賜。清廟即太廟，文選舞賦六臣注引呂向云：「清廟，天子之祖廟也。」左傳隱公五年杜預注："陳，設張也。""金石"指鐘磬，見本書貴言"使彼有金石絲竹之樂"注。"宴賜之禮"承上句省"陳"字。宴賜，猶宴賞。周禮秋官司儀鄭玄注："出接賓曰擯，入贊禮曰相。"按擯通儐。以禮接引賓曰"儐"，贊禮唱名曰"相"。周禮春官大宗伯職："王命諸侯，則儐。"鄭玄注："儐，進之也（按謂儐乃導引之使入内者）。王將出命（按命，策命），假祖廟（按謂凭借祖廟之地），立依前，南鄉（按鄉同向）。儐者進（按進，使進），當命者延之（按延，導引也）。此倒文，謂儐者導引當受王命封爵者進太廟）。"是天子封爵，導引、贊唱者爲大宗伯。此云"宗人"者，儀禮士冠禮"宗人告事畢"，鄭玄注："宗人，有司主禮者。"是宗人乃泛指掌典禮諸儀節之人。周禮春官内史："凡命諸侯及孤卿、大夫（按孤卿，三公之副者），則策命之。"鄭玄注："策，謂以簡策書王命。"以上五句，謂先王封侯賜爵，必在祖廟張鐘磬之樂，設宴賞之禮，宗人爲導引唱禮，内史爲簡策書命。此言隆重其事也。又按王策命封爵，而行宴禮，於經傳無徵，此蓋謂策命後之設宴歟？

〔三〕詩周頌賚文。毛序："賚，大封於廟也（按廟，祖廟）。賚，予也。言所以錫予善人也（按錫同賜）。"鄭玄箋："大封，武王伐紂時，封諸臣有功者。"是賚爲歌頌周武王封有功諸臣之事。王先謙詩三家義集疏引蔡邕獨斷（卷上）云："賚一章六句，大封於廟，賜有德之所歌也。"説與毛同。毛傳："勤，勞。應，當。繹，陳也。"鄭玄箋云："敷猶徧也。文王既勞心於政事（按此釋"文王既勤止"）。止，語詞），以有天下之業（按此申述上句之意），我當而受之（按此釋"我應受之」。「我」指武王，謂我當受我父文王之位）。敷是文王之勞心，能陳繹而行之（按此釋「敷時繹思」。孔穎達疏：「故我徧於是文王勞心之事，皆陳而思行之。」按時，是也，此也，指文王勞心事。「敷時繹思」謂遍於此文王勞心之事，陳布之以思施行）。今我往以此求定（按此釋「我徂維求定」。徂，往也。維，同唯），謂安天下也（按此申述上句「定」字之意）。勞心者，是周之所以受天命而王之所由也（按此釋「時周之命」。時，是，指文王勞心。命，受天命。謂此文王勞心乃周之所以受天命而成王業之所由也），於女諸臣受封者，陳繹而思行之（按女同汝。此釋「於繹思」。謂於汝受封諸臣，亦當陳布文王之勤以思行之），以文王之功業勑勸之（按此申述上句之意。勑勸，儆戒勉勵）。」以上用毛傳鄭箋説，並參孔疏。後人訓文詁字或不同，然大旨並同，皆以此爲武王封諸功臣而勸誡之，今不贅述。

〔三〕書臯陶謨文。僞孔傳：「曠，空也。位非其人，爲空官。言人代天理官，不可以天官私非其才（按私非其才，謂私任非其才之人）。」按堯典僞孔傳：「工，官。」「天工人其代之」，謂人代行天之官職，故傳云「人代天理官」，理，治也。

爵禄之賤也，由處之者不宜也；賤其人，斯賤其位矣。其貴也，由處之者宜之也；貴其人，斯貴其位矣〔一〕。詩云：「君子至止，黻衣繡裳。佩玉鏘鏘，壽考不忘。」黻衣繡裳，君子之所服也。愛其德，故美其服也〔二〕。暴亂之君子，非無此服也，而民弗美也。位亦如之〔三〕。昔周公相王室，以君天下，聖德昭聞，王勛弘大〔四〕，成王封以少昊之墟，地方七百里〔五〕，錫之山川、土田、附庸〔六〕，備物典策，官司彝器〔七〕，龍旂九旒，祀帝於郊〔八〕。太公亮武王克商寧亂，王封之爽鳩氏之墟〔九〕，東至於海，西至於河，南至於穆陵，北至於無棣，「五侯九伯，汝實征之」，世祚太師，撫寧東夏〔一〇〕。當此之時，孰謂富貴不爲榮寵者乎？自時厥後，文武之教衰，黜陟之道廢〔一一〕，諸侯僭恣，大夫世位，爵人不以德，禄人不以功〔一二〕，竊國而貴者有之，竊地而富者有之，姦邪得願，仁賢失志，於是則以富貴相詬病矣〔一三〕。故孔子曰：「邦無道，富且貴焉，恥也。」然則富貴美惡，存乎其世也〔一四〕。

〔一〕「由處之者宜之也」，「宜」下「之」字於文爲贅。上云「由處之者不宜也」，「宜」下無「之」字是也。處之者宜、處之者不宜，「之」承上指爵禄，謂居此官爵、禄位之人相宜或不相宜。「斯賤其位」、「斯貴其位」，斯猶則也，見經傳釋詞。謂居位者不相宜，故卑賤其人，則卑賤其位矣；居位者相宜，故尊貴其人，則尊貴其位矣。

〔二〕引詩見秦風終南。詩「鏘鏘」作「將將」，同聲通用。又「繡」作「綉」，「綉」爲俗字。「君子至止」，止爲語詞。毛傳：「黑與青謂之黻，五色備謂之繡。」按邶風緑衣毛傳：「上曰衣，下曰裳。」鏘鏘，佩玉聲。禮記玉藻「然後玉鏘鳴也」，鄭玄注：「鏘，聲貌。」漢書郊祀志上顔師古注：「考，壽也。」「壽考」爲複語，謂年壽久。「壽考不忘」，謂至老不忘也。終南毛序：「戒（秦）襄公也。」按幹引詩，意謂愛君子之德，故以「黻衣繡裳，佩玉鏘鏘」稱美其服，非用詩本義。

〔三〕暴亂之人，雖有黻衣繡裳之服，而民不稱美者，以其無德。治要「君子」作一「君」字，錢校據删「子」字。按既稱「暴亂」，則不宜言「君子」。唯此篇言君賜予爵禄當與受賜之人功德相符，故上文稱人、稱君子皆指受賜者，則此不當如治要作「君」也。疑此本當作「暴亂之子」，涉上文「君子」誤衍「君」字，治要見「君子」詞不順，而删「子」字耳。此當闕疑。「位亦如之」，謂爵位亦如衣服，有德者居之則人稱美，無德則否也。

〔四〕此指周成王年幼，武王弟周公旦攝政代理國政，平管、蔡二叔及商裔武庚之叛亂，見史記魯周公世家。相，讀去聲，獨斷卷下：「相，助也，助理天下。」左傳定公四年引衛祝佗云：「故周公相王室，以尹天下。」文同此，而字作「尹」，不作「君」。按説文又部：「尹，治也。」周公代成王治理國事，非以君位臨天下，而此云「君天下」者，蓋以其攝政而行天子之事。下文又稱周公「踐明堂之阼，負斧扆而立」，乃行天子之禮也，出禮記明堂位，亦漢儒之説。國語晉語六韋昭注：「昭，顯也。」昭聞，彰聞。勛同勳。「王勛」，輔王之功也。周禮夏官司勳「王功曰勳」，鄭玄注：「輔成王業，若周公。」

〔五〕少昊，一名少皞，傳爲上古西方之帝，見禮記月令、吕氏春秋孟秋及高誘注。禮記檀弓下孔穎達疏：「凡舊居皆曰墟。」少昊之墟在曲阜，即其後春秋時之魯地也。史記魯周公世家，武王滅商，「封周公旦於少昊之墟曲阜，周公不就封，留佐武王」，是封賜開國功臣者爲武王，而其時周公留周，未往就封邑。據左傳定公四年，稱成王命周公長子伯禽往就少昊之墟曲阜；詩魯頌閟宮亦稱成王告周公，使伯禽爲侯於魯，故此云成王封之也。禮記明堂位：「成王以周公爲有勳勞於天下，是以封周公於曲阜，地方七百里。」「方七百里」，方圓七百里。按孟子告子下云「周公之封於魯爲方百里也」，與明堂位云方七百里不同，幹用漢儒説。

〔六〕錫，賜古通用。孟子萬章下：「天子之制地方千里，公侯皆方百里，伯七十里，子男五十里，凡四等。不能五十里，不達於天子，附於諸侯，曰『附庸』。」禮記王制説同。是地不滿五十里者，附屬於諸侯大國，曰「附庸」。謂賜予山川、土田及周邊之附屬小國也。詩魯頌閟宮：「乃命魯公（按魯公，伯禽），俾侯于東（鄭玄箋：「東，東藩，魯國也。」按俾，使。謂使伯禽爲侯於魯），錫之山川、土田、附庸。」

〔七〕左傳定公四年云賜魯「備物典策」，孔穎達疏引服虔云：「（備物）當謂國君威儀之物，若今繖、扇之屬（按繖，繖幄，即傘蓋；扇，扇翣，即遮日之長柄扇。皆儀仗所用）。」「典策」，釋文：「策，本又作册。」按典册，法度典籍之簡册。定公四年又云賜魯「官司彝器」，杜預注：「官司，百官也。彝器，常用器。」孔穎達疏：「官司彝器，謂百官常用之器，蓋罇罍（按皆酒器）、俎豆（按皆禮器）之屬。」

〔八〕旂，旌旗之畫兩龍糾結者。詩商頌玄鳥鄭玄注：「交龍爲旂。」旒，旌旗之下垂飾帶。詩商頌長發鄭玄注：「旒，旌旗之垂者也。」「九旒」，龍旌有九旒。禮記樂記：「龍旂九旒，天子之旌也。」公羊傳僖公三十一年「天子祭天」，何休注：「郊者，所以祭天也。」史記封禪書：「古者天子夏親郊（按親，親臨），祀上帝於郊（按上帝，天帝），故曰『郊』。」禮記祭統：「昔者周公旦有勳勞於天下，周公既没，成王、康王追念周公之所以勳勞者，而欲尊魯，故賜之以重祭。外祭則郊、社是也。」孔穎達疏：「諸侯常祭，唯社稷以下（按社，土神；稷，穀神），魯之祭社與郊連文，則備用天子之禮也。」禮記明堂位亦稱魯君祀帝於郊，天子之禮。按賜龍旂九旒，准祀帝於郊，皆以天子之禮重魯，尊周公勤王之勳。

〔九〕太公，吕尚，輔周文王，王立爲師，多謀，後佐武王滅商，武王封尚於營丘，是爲齊始祖太公，見史記齊太公世家。爾雅釋詁：「亮，導也。」謂輔導。爽鳩氏，傳爲少皞之司寇，掌刑獄，見左傳昭公十七年。漢書地理志下：「少昊之世有爽鳩氏，虞、夏時有季萴，湯時有逢公柏陵，殷末有薄姑氏，皆爲諸侯，國此地（按指齊地）。至周成王時，薄姑氏與四國共作亂（按指與管、蔡二叔及武庚等叛亂），成王滅之，以封師尚父，是爲太公。」顔師古注：「武王封太公於齊，初未得爽鳩之地，成王以益之也。」是以爽鳩氏之舊地封尚者，乃成王所增益。參左傳昭公二十年、晏子春秋外篇。

〔一〇〕「五侯九伯，汝實征之」，乃周成王使召公奭命太公之語。左傳僖公四年：「管仲對曰：昔召康公命我先君太公曰（杜預注：召康公，周大保召公奭也）：『五侯九伯，女實征之，以夾輔周室

（杜預注：「五等諸侯，九州之伯，皆得征討其罪。」按女同汝。「五侯」，公侯伯子男五等諸侯。「九伯」，九州之方伯，諸侯之長也）。』賜我先君履（杜預注：「所踐履之界。」按履，謂領地四境所至），東至于海，西至于河，南至于穆陵，北至于無棣（杜預注：穆陵、無棣，皆齊境也）。」按「世祚太師」，謂世襲太師之位。文選東都賦李善注：「祚，位也。」「東夏」，華夏之東。齊地瀕海，故曰「東夏」。

〔一〕「孰謂」，爾雅釋詁：「孰，誰也。」書無逸「自時厥後立王」，「自時厥後」猶言自是之後。時，是也；厥，之也，並見經傳釋詞。玉篇黑部：「黜，退也。」又阜部：「陟，升也。」「黜陟」，於此指爵禄之升降。爵禄之升降不由正道，故曰「黜陟之道廢」。

〔二〕「僭恣」，僭越縱恣。「諸侯僭恣」，謂諸侯無德而僭居其位，放縱失禮。禮記王制「大夫不世爵（按世，世襲）」，公羊傳隱公三年「世卿（按謂世襲卿大夫），非禮也」，何休注：「禮，公卿、大夫、士皆選賢而用之。」是天子之卿大夫選賢德者用之，不世襲其位。「大夫世位」，謂不論其賢德與否，而得世襲其位。「爵人不以德」、「禄人不以功」，爵、禄皆動字，不以德授爵，不以功授禄，即上文所謂「黜陟之道廢」也。

〔三〕「竊國而貴者有之，竊地而富者有之」，謂有竊國而貴者，有竊地而富者，倒言之也。「失志」，失意，不得志。禮記儒行「常以儒相詬病」，鄭玄注：「詬病，猶恥辱也。」「以富貴相詬病」，謂互以居富貴相羞辱，即以得富貴爲恥也。

〔一四〕玉篇子部：「存，在也。」謂富貴之可美與可惡，在於世道何如耳。

易曰：「聖人之大寶曰位。」何以爲聖人之大寶曰位〔一〕？位也者，立德之機也；勢也者，行義之杼也〔二〕。聖人蹈機握杼，織成天地之化，使萬物順焉，人倫正焉，六合之内各竟其願，其爲大寶不亦宜乎〔三〕？故聖人以無勢位爲窮，百工以無器用爲困〔四〕。困則其資亡，窮則其道廢〔五〕。故孔子栖栖而不居者，蓋憂道廢故也〔六〕。易曰：「井渫不食，爲我心惻。可用汲，王明，並受其福〔七〕。」夫登高而建旌，則其所視者廣矣；順風而振鐸，則其所聞者遠矣。非旌色之益明、鐸聲之益遠也，所託者然也〔八〕。況居富貴之地，而行其政令者也〔九〕？故舜爲匹夫，猶民也，及其受終於文祖，稱曰「予一人」，則西王母來獻白環〔一〇〕。周公之爲諸侯，猶臣也，及其踐明堂之阼，負斧扆而立，則越裳氏來獻白雉〔一一〕。故身不尊則施不光，居不高則化不博〔一二〕。易曰：「豐，亨，無咎，王假之，勿憂，宜日中。」身尊、居高之謂也〔一三〕。斯事也，聖人之所務也。雖然，求之有道，得之有命。舜、禹、孔子可謂求之有道矣，舜、禹得之，孔子不得之，可謂有命矣〔一四〕。非惟聖人，賢者亦然。稷、契、伯益、伊尹、傅說，得之者也〔一五〕；顏淵、閔子騫、冉耕、仲弓，不得者也〔一六〕。故良農不患壃場之不修，而患風雨之不節；君子不患道德之不建，而患時世之不遇〔一七〕。詩曰：「駕彼四牡，四牡項領。我瞻四方，蹙蹙靡所騁。」傷道之不遇也。豈一世哉，豈一世哉〔一八〕！

〔一〕易繫辭下：「聖人之大寶曰位。」韓康伯注：「夫无用則无所寶（按无，無之古文異體，今簡化字同），有用則有所寶也。无用而常足者，莫妙乎道。有用而弘道者，莫大乎位。故曰：聖人之大寶曰位。」按以道濟天下須有位，故以位爲寶。有位則有勢，故下文位、勢並稱。「何以爲」，爲同謂，例見經傳釋詞。

〔二〕說文木部：「杼，機之持緯者（按織之横絲曰緯）。」段玉裁注謂「杼」之俗字作「梭」。按杼即織機之「梭子」，持之往來牽引横絲者。踏織機，握杼梭，可以織成布帛，猶居位用勢可以立德行義，故以機杼喻勢位。

〔三〕說文足部：「蹈，踐也。」即踏也。「蹈機握杼」，喻居位用勢。「天地」，治要作「天下」。按文選南都賦「方今天地之睢剌（按睢剌，謂禍亂）」，李善注：「天地，猶天下也。」「織成天地之化」，謂作成天下之教化。「人倫正焉」，「人倫」有二義，此指人尊卑、親疏之常理，見本書考僞篇「人倫之中不定」注，另參治學篇「有懿德故可以經人倫」注。莊子齊物論成玄英疏：「六合者，謂天地四方也。」「竟其願」，治要「竟」作「充」，錢校據改。按「竟」字不誤。後漢書馬廖傳「誠令斯事一竟」，李賢注：「竟，終也。」資治通鑑百五十九「事少，午前得竟」，胡三省注：「竟，畢其事也。」事終、事成謂之竟，終如其願、成其所願亦謂之竟。「各竟其願」，言各成其願也。「其爲大寶不亦宜乎」，「其」指勢位。

〔四〕百工，各行之工匠。窮，困互文，窮亦困窘。荀子富國楊倞注：「窮，困也。」呂氏春秋慎人：「窮於道謂之窮。」「器用」，器具。論語衛靈公：「子曰：工欲善其事，必先利其器。」皇侃疏：「器，斧斤之屬也。」邢昺疏：「若百工欲善其所爲之事，當先脩利所用之器（按脩同修，謂修治器具使便利）。」聖人之困窘，在無勢位以行道；匠人之困窘，在無器具以施工。

〔五〕資，通餈，字亦作粢，並從「次」得聲。說文食部：「餈，稻餅也。」左傳僖公三十三年「唯是脯資餼牽竭矣」，杜預注：「資，糧也。」按脯，乾肉；餼牽，謂牲畜。杜訓資爲糧，是讀資爲餈也。二句謂匠人困於無器具，則乏食；聖人困於無勢位，則廢道。

〔六〕論語憲問：「丘何爲是栖栖者與（按與同歟）？」邢昺疏：「栖栖，猶惶惶也。」栖栖謂惶惶不安也。栖音千西切，字亦作棲。文選答賓戲「棲棲惶惶」，李善注：「棲惶，不安居之意也。」謂孔子奔波無安居者，蓋以心憂道廢不行之故。

〔七〕易井九三文。云「井渫不食，爲我心惻」者，王弼注：「渫，不停污之謂也。爲，猶使也。」按注「不停污」即不留污，亦即清潔無污。集解引荀爽曰：「渫，去穢濁，清潔之意也。」義與王注同。又引干寶云：「惻，傷悼也。」孔穎達疏：「井渫而不見食，猶人修已全潔而不見用，使我心中惻愴。」云「可用汲，王明，並受其福」者，說文水部：「汲，引水於井也。」孔穎達疏：「井之可汲，猶人可用，若不遇明王，則滯其才用；若遭遇賢主，則申其行能（按行讀去聲，謂得以伸展其德行、才能）。賢主既嘉其行，又欽其用（按謂敬其才用），故曰『可用汲，王明，並受其福也』。」按此以井水清潔而不汲取，喻王不明而棄賢德，若王明而用之，則並受賢德之福也。云「並」者，蓋謂與世人共受其福。上文云孔子棲棲惶惶而憂道廢，故此引「井渫不食，爲我心惻」爲喻。

〔八〕文選七命六臣注引李周翰云：「旌，旗也。」資治通鑑四「若振槁然」，胡三省注：「振，搖也。」説文金部：「鐸，大鈴也。」「旌」，意林五作「旗」。「視」，治要作「示」。按示通視，意林五亦作「視」。「其所視」、「其所聞」，指旌、鐸之爲人所視、所聞。「鐸聲之益遠也」，治要「鐸」上有「非」字。按此句乃承上句省「非」字，不必據治要補。登高樹旗，則其爲人所見者廣；順風搖鈴，則其爲人所聞者遠。非旗色益加鮮明、鈴聲益加遠揚也，乃託於處高與順風而然。按此文仿荀子勸學「登高而招，臂非加長也，而見者遠」云云之文。

〔九〕「也」用同「邪（耶）」，見經傳釋詞。旌、鐸有所託尚如此，況乎賢德之人，居富貴之地而行政令耶？謂其德澤之廣遠不言而喻。

〔一〇〕書舜典序「虞舜側微」，僞孔傳：「爲庶人，故微賤。」孔穎達疏：「不在朝廷謂之『側』，其人貧賤謂之『微』。」按舜繼堯帝位之前，嘗耕作於歷山，陶瓦於河，見墨子尚賢下、吕氏春秋慎人，故曰「舜爲匹夫」，即爲庶民也。「受終於文祖」，謂舜於堯祖廟受堯禪讓帝位。書舜典「（舜）受終於文祖」，僞孔傳：「終，謂堯終帝位之事。文祖者，堯文德之祖廟。」孔穎達疏：「受終者，堯爲天子，於此事終，而受與舜，言堯終而舜始也。」「稱曰『予一人』」，謂舜登帝位以天子自稱。書湯誓商王湯曰「爾尚輔予一人」，又盤庚上商王盤庚曰「不惕予一人」，又康王之誥周康王曰「唯予一人釗報誥」。僞古文書湯誥僞孔傳云：「天子自稱曰『予一人』。」「西王母來獻白環」，謂西方荒遠之國來朝貢白環於舜也。爾雅釋地：「觚竹、北户、西王母、日下，謂之四荒。」郭璞注：「觚竹在北，北户在南，西王母在西，日下在東，皆四方昏荒之國。」後漢書馬融傳「受王母之白環」，李賢注引帝王記云：「西王母慕舜之德，來獻白環也。」亦見初學記二十引帝王世紀。藝文類聚六十七引世本云：「舜時，西王母獻白環及玦（按玦，玉佩）。」山海經海外西經郭璞注：「玉空（按空同孔）、邊等爲環。」白環，白玉之環，其環邊之寬與環孔之徑大小等。

〔二〕周武王滅商，封弟周公於曲阜，是爲魯，見上「成王封以少昊之墟」注，是周公於周爲諸侯。諸侯之於周天子，猶臣之於君，故曰「周公之爲諸侯，猶臣也」。「及其踐明堂之阼，負斧扆而立」，謂周公攝政代行天子事，參上「昔周公相王室，以君天下」注。禮記明堂位：「昔者，周公朝諸侯于明堂之位（鄭玄注：周公攝王位，以明堂之禮儀朝諸侯也），天子負斧依，南鄉而立（鄭玄注：天子，周公也。負之言背也。斧依，爲斧文屏風於户牖之間。周公於前立焉）。」按「朝諸侯」，謂使諸侯來朝覲。「周公朝諸侯于明堂之位」，謂周公於明堂處天子之位，以見諸侯來朝覲者。説文阜部：「阼，主階也。」主人所踐之堂階曰「阼」。「踐明堂之阼」，即指周公以登明堂以見諸侯。孟子梁惠王下：「夫明堂者，王者之堂也。」是明堂爲天子用事之所，故見諸侯於明堂。荀子彊國楊倞注：「明堂，天子布政之宮。」按明堂之制，古今異説紛紜，莫衷一是，今取孟子簡明之説，餘不贅述。明堂位之「依」通「扆」。書顧命僞孔傳：「扆，屏風，畫爲斧文，置户牖間（按謂放置於殿堂門窗之間）。」逸周書明堂：「天子之位，負斧扆，南面立。」是「負斧扆而立」者，天子於明堂之位，背屏風南向而立，此指周公以天子明堂之禮儀見諸侯。「越裳氏來獻白雉」，言南蠻之國來獻周公以白雉。後漢書南蠻西南夷傳：「交阯之南有越裳國，周公居攝六年，制禮作樂，天下和平，越裳以三象重譯而獻白雉。」按御覽七百八十五引尚書大傳，文同此，事亦見韓詩外傳五，文小異。「三象」，越裳國人來周所乘三象也。史記太史公自序「重譯款塞」，正義：「重譯，更譯其言也。」按重讀平聲。異域遥遠，言語相隔，須輾轉遞相譯其言語，故曰「重譯」。

〔二〕光通廣，與「博」互文。廣從「黄」聲，黄從「光」聲，古音相通。身份不尊，居位不高，則施政、教化不能廣博。此承上舜與周公事言之。

〔三〕引易見豐卦辭，今本無「無咎」二字。説文人部：「咎，災也。」豐彖辭曰：「豐，大也。」又曰：「宜日中，宜照天下也。」集解引虞翻注卦辭云：「假，至也。」按假訓至，經傳字通作「格」，説文作「假」，均牙音字，於韻魚、鐸二部對轉，古音並相通。易意謂豐者大也，亨通無咎災，王至於大通則無憂，宜乎如日當天，遍照天下。幹引易，乃承上文説之，以申其身尊、居高位則施廣而化博之意，故曰「身尊、居高之謂」。

〔一四〕「斯事」，指身尊、居高位。謂此事爲聖人之所務，雖如此，其求之則有一定之道，得之與否則有其命運。舜、禹、孔子均聖人也，皆可謂求之有道，然舜、禹得以登帝位，而孔子不得，則可謂有其命也。

〔一五〕稷、契、伯益皆舜臣。稷即棄。左傳昭公二十九年「稷，田正也」，孔穎達疏：「正，長也。稷是田官之長。」書舜典言帝舜命棄「汝后稷，播時百穀（按時，是、此）」，孔穎達疏：「帝言汝君此稷官，布種時百穀以救濟之。」按孔釋「后」爲「君」，乃動字，猶言主掌。棄於舜時爲農官，故棄又稱稷、后稷，以官爲稱也。契，一作卨，後尊爲商之始祖，見史記殷本紀。舜典言帝舜命契「汝作司徒，敬敷五教」，僞孔傳：「布五常之教。」孔穎達疏：「文十八年左傳云『布五教於四方，父義，母慈，兄友，弟恭，子孝』，是布五常之教也。」伯益，即益，舜典言帝舜命益「汝作朕虞」，僞孔傳：「虞，掌山澤之官。」伊尹，商王湯之臣，湯任之以國政，佐湯滅夏桀，見書湯誓、史記殷本紀。商王武丁夜夢得聖人，使人求於野，得於傅巖中，即傅説，武丁舉以爲相，國大治，見書君奭、史記殷本紀。以上諸賢，皆得身居重臣、宰輔之位，故曰「得之者也」。

〔一六〕顏淵名回，字子淵。閔子騫名損，字子騫。冉耕，字伯牛。仲弓，冉雍字。四人皆孔子弟子，見史記仲尼弟子列傳。論語先進：「德行：顏淵、閔子騫、冉伯牛、仲弓。」是四人以德行稱著。顏淵早卒，冉耕亦以疾卒，閔子騫不仕，仲弓父賤人，亦未仕，見史記仲尼弟子列傳，另參論語雍也。四賢皆未仕，不得居位，故曰「不得者也」。

〔一七〕壚，「疆」之别體。「疆埸」複語。説文新附土部：「埸，疆也。」文選東京賦「兆民勤於疆埸」，薛綜注：「疆，田畔也。」疆埸指田之畔界，泛指壟畝。廣雅釋詁：「修，治也。」吕氏春秋重己高誘注：「節猶和也。」「不節」，不調和，猶言不適時。「不患壚埸之不修」，勤在己也；「而患風雨之不節」，時在天也。「不患道德之不建」，上文所謂「求之有道」也；「患時世之不遇」，上文所謂「得之有命」也。

〔一八〕引詩見小雅信南山。毛傳：「項，大也。」鄭玄箋：「蹙蹙，縮小之貌。」謂窘縮不得伸展。説文牛部：「牡，畜父也。」「四牡」即駟牡，駕車之四公馬也。馬久不駕，其頸復生肉肥大，故曰「項領」。詩意謂馬既不得用，而四方路又窄狹，不得馳騁。按幹引此，以喻懷道不遇時，無由施己才用，故曰「傷道之不遇」。鄭玄箋以「項領」喻「大臣自恣，王不能使」，後遂以「項領」指臣不聽用，非幹引此詩之義，參王先謙詩三家義集疏。「豈一世哉」，重言之，痛聖賢之不遇時，非一世之人如此也。

考僞第十一

仲尼之没，於今數百年矣，其間聖人不作，唐、虞之法微，三代之教息〔一〕，大道陵遲，人倫之中不定〔二〕。於是惑世盜名之徒，因夫民之離聖教日久也，生邪端，造異術〔三〕，假先王之遺訓以緣飾之，文同而實違，貌合而情遠，自謂得聖人之真也〔四〕。各兼説特論，誣謡一世之人，誘以僞成之名，懼以虚至之謗〔五〕，使人憧憧乎得亡，惙惙而不定，喪其故性而不自知其迷也〔六〕，咸相與祖述其業而寵狎之〔七〕。斯術之於斯民也，猶内關之疾也〔八〕，非有痛癢煩苛於身，情志慧然，不覺疾之已深也，然而期日既至，則血氣暴竭〔九〕。故内關之疾，疾之中夭〔一〇〕，而扁鵲之所甚惡也。以盧醫不能別，而遘之者不能攻也〔一一〕。

〔一〕孔子卒於魯哀公十六年，見春秋經，即周敬王四十一年也。降及漢魏之際，殆將七百年。説文人部：「作，起也。」「聖人不作」，猶言聖人未出。論語泰伯下「唐、虞之際」，集解引孔安國曰：「唐者，堯號。虞者，舜號。」又衛靈公「三代之所以直道而行也」，邢昺疏：「三代，夏、殷、周也。」

〔二〕上文云自孔子卒至今數百年，其間聖人不出，堯舜之法度衰微，三代之教化息止，故此云大道衰落，不能定人倫之正。荀子宥坐：「三尺之岸，而虚車不能登也（按岸，崖。虚，空）。百仞之山，任負車登焉（按任負，猶載物）。何則？陵遲故也。」楊倞注：「陵遲，言丘陵之勢漸慢也（按慢謂緩）。」山勢由高傾側而下，謂之「陵遲」，引申爲衰落。孟子離婁下「察於人倫」，趙岐注：「倫，序。」按人倫，人之次序等類也，即尊卑、親疏之人情常理，孟子滕文公上所謂「教以人倫：父子有親，君臣有義，夫婦有别，長幼有序，朋友有信」是也。淮南子主術高誘注：「中，正也。」「人倫之中不定」，不能定人倫使歸於正也。

〔三〕「聖教」，承上文指唐、虞、三代及孔子之教。孟子公孫丑上趙岐注：「端，首也。」孔子家語禮運王肅注：「端，始也。」引申之，凡始生事謂之「造端」、「生端」，端即事也。禮記曲禮上「君子問，更端則起而對」，孔穎達疏：「更端，别事。」更端即更問他事。「生邪端」，孳生邪僻之事也。荀子非相楊倞注：「術，道術也。」按説文「術」訓「邑中道」，行之所由曰術，引申之，學之所由亦曰術，謂之「道術」、「學術」。「造異術」，造作異於聖教之學術也。

〔四〕管子四稱「假寵鬻貴」，尹知章注：「假，因也。」因，謂依託。「先王」，承上唐、虞、三代言，謂堯、舜、禹、湯、文王。「緣飾」複語。禮記玉藻鄭玄注：「緣，飾邊也。」緣謂裝飾衣邊，引申爲裝飾。荀子非相楊倞注：「文，謂辯説之詞也。」國語楚語上韋昭注：「文，文辭也。」違、遠互文，漢書公孫弘傳「和不遠禮」，顔師古注：「遠，違也。」以上八句，謂於是欺世盜名之輩，因民離聖教日久，乃孳生邪僻，造作異道，依託聖王之遺教以文飾己説，言辭似同而本實相背，貌似相合而情志相違，皆自稱得聖人之真傳也。

〔五〕兼、特對文。廣雅釋詁：「兼，同也。」又：「特，獨也。」誣、謡皆謂虚言無實，此「誣謡」連用，意謂欺惑。「一世」，同世，猶言舉世。禮記雜記下鄭玄注：「至，來也。」「虚至」猶言憑空而來。「僞成之名」、「虚至之謗」，皆謂名、謗虚假不實。謂彼輩盜名欺世者，或異口同説，或獨自倡論，欺惑舉世之人，以虚假之名誘彼從於我者，以不實之謗懼彼異於我者。

〔六〕説文心部：「憧，意不定也。」又：「惙，憂也。一曰意不定也。」按「憧憧」、「惙惙」義相類，皆謂心意猶豫而不安。「得亡」同「得無」，本謂「能無」、「豈能不」，見助字辨略。依此義，則當讀「得亡惙惙而不定」爲句。然上句但云「使人憧憧乎」，則不知使人憧憧者指何而言。今按此「得亡」非虚詞，當屬上讀「使人憧憧乎得亡」爲句。乎，於也，見經傳釋詞。亡，失也。「得亡」猶「得失」，謂是非利弊。荀子性惡「非故生於人之性也」，楊倞注：「故，本也。」「故性」即本性。以上三句，謂使人猶豫於是非，心意不定，喪失其本性而不知己之迷惑。

〔七〕説文口部：「咸，皆也。」助字辨略：「相與者，比合之詞。」按猶言共同，參楊伯峻古漢語虚詞。漢書藝文志「祖述堯舜」，顔師古注：「言以堯舜爲本始而遵修之。」按廣雅釋詁：「祖，本也。」作動字解，謂奉爲所本，引申爲效法。禮記鄉飲酒義「祖陽氣之發於東方也」，鄭玄注：「祖，猶法也。」説文辵部：「述，循也。」「祖述」，謂效法而遵循之，亦即宗尚也。慧琳一切經音義三十六引韻英云：「寵，愛也。」爾雅釋詁：「狎，習也。」謂習知、熟曉。國語周語中「未狎君政，故未承命」，狎猶熟習。「其業」，「其」承上指「惑世盜名之徒」。謂人皆共同宗尚彼欺世盜名者之業，而親近習知之。

〔八〕爾雅釋詁：「斯，此也。」史記扁鵲倉公列傳「肝氣濁而静，此内關之病也」，王念孫讀書雜志引脈法及靈樞經終始，謂内關之病，人不知其所痛，内關不通，死不治。按吕氏春秋仲夏高誘注：「關，要塞也。」蓋引申之，人體要害處亦曰「關」。「内關之疾」，蓋謂體内要害之病。漢書吴王濞傳「吴王身有内疾」，顔師古注：「内疾，謂在身中，不顯於外。」内疾蓋亦内關之疾。

〔九〕國語晉語一「朝夕苛我邊鄙」，韋昭注：「苛，擾也。」黄帝内經素問八正神明論「慧然獨悟」，王冰注：「慧然，清爽也。」廣雅釋詁：「暴，猝也。」謂患内關之疾，平日無痛癢煩擾於身，情感志意清醒爽朗，不覺其病已深，然而時日既至，則血氣猝然竭盡。此喻惑民之術，世人不察其僞，沉迷其中，久則不能自拔也。

〔一〇〕俞樾云：「『疾之中夭』四字，尚疑有誤。」池田校引梁茂榮云：「『疾之中夭』句無誤。之猶則也。謂疾則中道而夭折也。」池田云：「『之』指内關之疾。讀以代詞，亦文義未有不順。」按「之」字池田説爲優，此「之」與下「遘之者」之「之」同，並指内關之疾。「疾之」之「疾」爲動字，謂染疾、患病也。言内關之疾，患之者中道而夭折。

〔一〕扁鵲，姓秦，名越人，渤海郡人，春秋、戰國之際名醫，見史記扁鵲倉公列傳。正義：「又家於盧國，因名之盧醫也。」俞樾云：「『扁鵲』二字與『遘之者』三字當互易。」池田校云：「按俞説過鑿。盧醫即扁鵲也，若作『以盧醫不能別，而扁鵲不能攻也』，則盧醫、扁鵲分爲二人矣。原文云以扁鵲猶且不能別，況遘之者能攻乎？」按池田説是。又按別與攻互文，皆謂治也。周禮天官瘍醫「凡療瘍，以五毒攻之」，鄭玄注：「攻，治也。」方言：「別，治也。」按別與辨通，皆屬並紐字，古音月、元對轉。周禮秋官士師「正之以傅別約劑」，鄭玄注：「故書『別』爲『辨』。鄭司農云：辨讀爲別。」是其相通之例。荀子議兵「城郭不辨」，楊倞注：「辨，治也。」凡辨治字，後人區別之，讀去聲蒲莧切，俗作「辦」。古辨析、辨治字無二讀，亦無二作，均與別通，故方言訓別爲治。

昔楊朱、墨翟、申不害、韓非、田駢、公孫龍汩亂乎先王之道，譸張乎戰國之世，然非人倫之大患也〔一〕。何者？術異乎聖人者易辨，而從之者不多也〔二〕。今爲名者之異乎聖人也微，視之難見，世莫之非也；聽之難聞，世莫之舉也〔三〕。何則？勤遠以自旌，託之乎疾固〔四〕；廣求以合衆，託之乎仁愛〔五〕；枉直以取舉，託之乎隨時〔六〕；屈道以弭謗，託之乎畏愛〔七〕；多識流俗之故，麤誦詩書之文，託之乎博文〔八〕；飾非而言好，無倫而辭察，託之乎通理〔九〕；居必人才，遊必帝都，託之乎觀風〔一〇〕；然而好變易姓名，求之難獲，託之乎能静〔一一〕；卑屈其體，輯柔其顔，託之乎煴恭〔一二〕；然而時有距絶，擊斷嚴厲，託之乎獨立〔一三〕；獎育童蒙，訓之以己術，託之乎勤誨〔一四〕；金玉自待，以神其言，託之乎説道，其大抵也〔一五〕。苟可以收名而不必獲實，則不去也；可以獲實而不必收名，則不居也〔一六〕。汲汲乎常懼當時之不我尊也，皇皇爾又懼來世之不我尚也〔一七〕。心疾乎内，形勞於外〔一八〕，然其智調足以將之〔一九〕，便巧足以莊之〔二〇〕，稱託比類足以充之〔二一〕，文辭聲氣足以飾之〔二二〕。是以欲而如讓，躁而如静，幽而如明，跛而如正〔二三〕。考其所由來，則非堯舜之律也；核其所自出，又非仲尼之門也〔二四〕。其回遹而不度〔二五〕，窮涸而無源〔二六〕，不可經方致遠，甄物成化〔二七〕，斯乃巧人之雄也，而僞夫之傑也〔二八〕。然中才之徒，咸拜手而贊之，揚聲以和之〔二九〕；被死而後論其遺烈，被害而猶恨己不逮。悲夫！人之陷溺蓋如此乎〔三〇〕？孔子曰「不患人之不己知」者，雖語我曰「吾爲善」，吾不信之矣〔三一〕。何者？以其泉不自中涌，而注之者從外來也〔三二〕。苟如此，則處道之心不明，而執義之意不著，雖依先王，稱詩書，將何益哉〔三三〕！以此毒天下之民，莫不離本趣末，事以僞成，紛紛擾擾，馳鶩不已〔三四〕。其流於世也，至於父盜子名，兄竊弟譽，骨肉相詒，朋友相詐，此大亂之道也。故求名者，聖人至禁也〔三五〕。

〔一〕孟子滕文公下：「楊朱、墨翟之言盈天下。天下之言，不歸楊則歸墨。楊氏爲我，是無君也；墨氏兼愛，是無父也。無父無君，是禽獸也。」按楊朱倡爲己，墨子倡兼愛，其說正反。楊說今不傳。漢書藝文志墨家載墨子七十一篇，注：「名翟，爲宋大夫，在孔子後。」今本五十三篇。申不害，京人；韓非，韓之公子，並好法家刑名之學，見史記老莊申韓列傳。漢書藝文志法家載申子六篇，注：「名不害，京人，相韓昭侯，終其身諸侯不敢侵韓。」其書今不存，有輯本。又載韓子五十五篇，注：「名非，韓諸公子，使秦，李斯害而殺之。」今本亦五十五篇。齊宣王喜談說之士，田駢等七十六人會於齊稷門下，宣王賜予宅第，聚而論學，見史記田敬仲完世家。漢書藝文志道家載田子二十五篇，注：「名駢，齊人，遊稷下，號天口駢。」其書今不存。公孫龍，趙人，辯說之士，疾惡名實相違，作「白馬非馬」論，爲趙平原君門客，見史記平原君列傳、公孫龍子府跡。漢書藝文志名家載公孫龍子十四篇，今本六篇。小爾雅廣言：「汩，亂也。」玉篇言部：「譸，譸張，誑也。」即欺詐。

〔二〕「何者」，下文又作「何則」，並設問之辭，見助字辨略。謂昔者楊、墨諸人亂先王之道，欺詐於戰國之世，然非人倫之大患。何也？以其學術與聖人異，故易於分辨，而從其說者不多。按孟子滕文公下「墨翟之言盈天下」，韓非子顯學「世之顯學，儒墨也」，是墨家與儒家並盛行於戰國時。唯秦漢以降，墨學式微，幹謂墨學「從之者不多」者，乃指秦漢之時。又漢初崇黄老之術，漢書元帝紀載宣帝曰：「漢家自有制度，本以霸、王道雜也。」自武帝廢黜百家，而始獨尊儒術，故幹之言如此。

〔三〕「爲名」，謂以講學習業爲名。「異乎聖人也微」，謂其貌似遵聖人之道，即上文所謂「假先王之遺訓以緣飾之」。吕氏春秋自知「所以舉過也」，高誘注：「舉，猶正也。」慧琳一切經音義五十一引顧野王云：「舉，糾也。」謂今之以講學習業爲名者少異於聖人，視之難見其僞，故世人無非議之者；聽之難聞其謬，故世人無糾正之者。

〔四〕謂好騖高遠以自炫，而託名嫌惡淺陋。小爾雅廣詁：「勤，力也。」「勤遠」，謂致力於高遠，不切實際。左傳僖公二十四年杜預注：「旌，表也。」即表彰。管子小問尹知章注：「疾，猶憎嫌也。」廣雅釋言：「固，陋也。」

〔五〕謂廣爲求友以交合衆人，而託名仁慈愛人。

〔六〕謂不由正道以取譽，而託名隨時宜。「枉直」，枉曲直道，與下文「屈道」義同。舉讀爲譽，舉、譽同從「與」得聲，古相通。戰國策西周策「不如譽秦王之孝也」，史記周本紀「譽」作「舉」；易豐六五「來章有慶譽」，又旅六五「終以譽命」，漢帛書本「譽」並作「舉」，均其例。「取譽」與下文「弭謗」相對。

〔七〕謂枉道以止非議，而託名敬愛賢長。左傳昭公二十七年「庶人謗」，孔穎達疏：「謗，謂言其過失。」國語周語上「吾能弭謗矣」，韋昭注：「弭，止也。」按不論是非，但託敬畏愛重之名而禁人非議，是枉道也。

〔八〕謂多知流俗相傳之經説，粗略誦讀詩書，而託名博學於文。説文言部：「識，一曰知也。」漢書藝文志顔師古注：「故，通其指義也（按指通恉，意也，字亦作旨）。」即訓解。故，同詁。「流俗之故」，謂俗鄙之經解，故下句曰「麤誦詩書之文」。麤同粗。詩書，舉以概儒家經典。

〔九〕謂巧言以飾非，善辯而不順道，而託名通達事理。「言好」，釋名釋言語：「好，巧也。」「無倫」，無倫次條理，大戴禮文王官人盧辯注：「倫，理次也。」禮記表記鄭玄注：「辭，猶解説也。」按辭謂辯説。孟子公孫丑上「又從爲之辭」，朱熹集注：「辭，辯也。」察，讀如荀子不苟「説不貴苟察」之察，楊倞注：「察，聰察也。」「辭察」謂辯説慧巧，即善辯也。

〔一〇〕謂居必於人才會集之地，遊必於京都大邑，而託名觀察民風。按此言其好交遊名流。

〔一一〕此承上「居必人才」三句言之。謂雖好交遊，然而又好變易姓名，使人難求獲己，而託名能清静避世。按此言其假託避隱，故作清高而欺世盗名。

〔一二〕謂卑躬屈膝，柔顔媚色，而託名恭敬温和。詩大雅抑「輯柔爾顔」，毛傳：「輯，和也。」「愠」，漢魏叢書本、四庫本、龍谿精舍本並作「温」。按愠、温並從「昷」得聲，古音相通。書舜典「温恭允塞」，孔穎達疏：「（温恭）温和之色，恭遜之容。」

〔一三〕此承上文「卑屈其體」三句言之，謂雖卑躬屈膝，然而時有拒絶於人，專斷少容，而託名獨立不羣。距通歫，後作「拒」。漢書王莽傳上「甄豐、甄邯主擊斷」，漢紀三「擊斷」作「訣斷」，訣通決，是擊斷即專輒決斷也。「嚴厲」，謂不寬容。

〔一四〕謂扶育愚昧之人，以己之術訓導之，而託名勤於教誨。左傳僖公二十八年「皆獎王室」，杜預注：「獎，助也。」新書道術：「反慧爲童。」國語晉語四韋昭注：「童，無智。」按「童蒙」謂愚鈍蒙昧；亦作童子解，左傳僖公九年孔穎達疏：「幼童於事多闇昧，是以謂之童蒙。」此「童蒙」則當作前一解。

〔一五〕謂自視尊貴，使人珍重其言，而託名講説道義。「金玉自待」，謂對待己身如金玉，即自視尊貴。「以神其言」，使己言爲足珍也。爾雅釋詁：「神，重也。」荀子非相「貴之神之」，神謂珍重之。「其大抵也」，總上「勤遠以自旌」云云以下而言，謂其人作爲大抵如此。

〔一六〕謂事苟能使己得名而不必有其實，則不捨棄；事雖可得實益而己不必得名，則不擔當。此言但求名而不顧無其實。戰國策秦策四高誘注：「去，舍也。」舍同捨。禮記王制「數各居其上之三分」，鄭玄注：「居，猶當也。」

〔一七〕謂常以懼當時之人不尊奉己而心焦，又以懼來世之人不宗尚己而心憂。禮記問喪「汲汲然如有追而弗及也」，孔穎達疏：「汲汲然者，急促之情也。」又檀弓上「皇皇如有望而弗至」，鄭玄注：「（皇皇）憂悼在心之貌也。」「汲汲乎」、「皇皇爾」，乎、爾皆狀事之詞，見經傳釋詞。

〔一八〕荀子大略楊倞注：「疢，苦。」苦心勞身，承上「汲汲乎常懼當時之不我尊也，皇皇爾又懼來世之不我尚也」言之，謂其求名急切而勞苦身心。

〔一九〕「智調」，增訂漢魏叢書本「調」作「識」，池田校引梁茂榮云：「疑當爲『謀』。」按三國志蜀書孟光傳：「吾今所問，欲知其權略智調何如也。」「智調」與「權略」並舉，智調蓋亦謀略之義。玉篇言部：「調，度也。」漢書鼂錯傳顏師古注：「調，謂算度之也。」調有算度之義，故以「智調」連文，猶言謀算。玉篇寸部：「將，助也。」「將之」，「之」承上「心疾乎内，形勞於外」言，指心與形。謂雖心苦於内，身勞於外，然其謀算足以助己身心。下文「莊之」、「充之」、「飾之」，「之」字解並同此。

〔二〇〕謂其巧言善辯足以矯飾己身心。論語季氏「友便佞」，集解引鄭玄注：「便，辯也。謂佞而辯。」便巧，謂巧言善辯。説文艸部「莊」下徐鍇繫傳：「莊，盛飾也。」按莊通妝。

〔二一〕謂其稱引比擬足以僞飾己身心。「稱託」，託謂依託、憑藉，猶引據。國語周語下「比類百則」，韋昭注：「類亦象也。」按比類猶言比擬。「充」與上「莊」下「飾」並舉，亦有妝飾之義。漢書揚雄傳上「充庖廚而已」，顏師古注：「充，當也。」充謂充當，引申有冒充、僞飾之義。

〔二二〕謂其言辭語氣足以掩飾己身心。「聲氣」，言談之聲音語氣。

〔二三〕此承上隱匿己身心之欲望而言，謂是故内有欲求而外似謙讓，内躁動而外似静泊，内幽險而外似光明，内邪僻而外似正直。説文足部：「跛，行不正也。」此「跛」喻行事乖僻不正。

〔二四〕謂考其術之所本，則非本堯舜之常法；核其學之所出，又非出孔子之門。爾雅釋詁：「律，常也。」邢昺疏：「律者，常法也。」其，指欺世盜名輩之學術。

〔二五〕謂其術邪僻不正，不合聖人法度。詩小雅小旻「謀猶回遹（按猶通猷，亦謀也）」，毛傳：「回，邪；遹，僻。」左傳隱公元年「今京不度」，杜預注：「不合法度。」

〔二六〕謂其術如無源之枯水，上文所謂「考其所由來，則非堯舜之律也；核其所自出，又非仲尼之門也」是。窮涸，猶言枯竭。文選七啓「能使窮澤生流」，六臣注引張銑云：「窮亦枯也。」玉篇水部：「涸，水竭也。」

〔二七〕謂其術不能經國慮遠，培育萬物而成治化。「經方」，方當讀爲邦，經方即經理邦國。方、邦並脣音字，古音陽、東旁轉。詩大雅皇矣「詢爾仇方」，鄭玄箋：「詢，謀也，怨耦曰仇。仇方，謂旁國諸侯爲暴亂大惡者，女（按同汝）當謀征討之。」按鄭注以「仇方」爲敵國，是方即邦也。又蕩「覃及鬼方」，常武「震驚徐方」，方亦並讀爲邦。說文瓦部：「甄，匋也。」匋、陶古今字。燒製陶瓦器曰甄，引申爲造就、培育。後漢書班彪列傳下「甄殷陶周」，李賢注：「甄、陶，謂造成也。」文選景福殿賦「甄陶國風」，李善注：「李聃曰：埏埴爲器曰甄陶（按埏埴，以水和土；爲器，燒製成器）。王者亦甄陶其民也。」

〔二八〕戰國策西周策「君爲多巧」，鮑彪注：「巧，猶詐。」按曰「雄」、曰「傑」，皆謂其詐僞之術超羣。

〔二九〕謂然而中等才能之輩，皆禮拜贊美巧人僞夫，高揚其聲以應和彼。「拜首」，即周禮春官大祝「九拜」之「空首」，鄭玄注：「空首，拜頭至手，所謂拜手也。」賈公彥疏：「空首者，先以兩手拱至地，乃頭至手，是爲空首也，以其頭不至地，故名空首。」按拜手，謂跪而拱手至地，俯首至手。「和之」，和讀去聲，倡和也。「贊之」、「和之」，「之」並承上指巧人僞夫。

〔三〇〕「被害而猶恨己」六字，底本原作雙行小字，漢魏叢書本、四庫本、增訂漢魏叢書本、龍谿精舍本及池田校兩京遺編本等並作正文大字，是，今據改作正文。「被死而後論其遺烈」，錢校云：「『後』字疑當作『復』。」池田校及引梁茂榮校並從之。今按「後」字似不誤。「被死」、「被害」，指巧人僞夫言；「而後論」、「而猶恨」，指中才之徒言。玉篇衣部：「被，及也。」書禹貢「西被流沙」，僞孔傳：「被，及也。」玉篇宀部：「害，殘也。」「被死」，及至於死也。「被害」，及至於受誅戮也。「遺烈」，所遺之業績。爾雅釋詁：「烈，業也。」謂彼巧人僞夫，及身死而中才之徒其後尚追論彼遺留之業績，及受誅戮而中才之徒猶恨己不能逮及彼之學識也。故曰：「悲夫！人之陷溺蓋如此乎？」謂其深陷迷惑而不自醒如此。

〔三一〕論語憲問：「子曰：不患人之不己知，患其不能也。」集解：「王肅曰：徒患己之無能也（按徒，猶僅也，但也）。」皇侃疏：「言不患人之不知我之有才能也，正患無才能以與人知耳。」俞樾云：「此與論語文別。『孔子曰』下衍『不』字，本作『患人之不己知者，雖語我曰「吾爲善」，吾不信之矣』。蓋其人惟以人不己知爲患，則其爲善固不誠也。淺人據論語妄加『不』字，則二語不相連屬矣。」池田校引梁茂榮云：「案俞説於文理固通，然偉長明言『孔子曰』，則不得謂淺人妄改。王師叔岷曰：疑此文本作『孔子曰「不患人之不己知」，患人之不己知者』，今本誤不疊『患人之不已知』六字。」今按俞、王二説並可通。唯依俞説删「不患」之「不」字，則既與論語文不同，轉又須删「孔子曰」三字，似不如王叔岷説爲優。「不已知」即「不知已」，倒言之。此文之意，謂孔子言不患人之不知己者，謂所患在己無能耳。若無能而患人之不知己，則雖語我曰「吾能爲善」，我必不信矣。

〔三一〕此以泉無涌水而賴外注，喻學無根柢，徒賴外飾耳。「涌」，字亦作「湧」。

〔三二〕謂苟如此，則守道之心不明，執義之志不定，雖曰遵依先王，稱頌詩書，將何益之有哉。處、執互文。處有處守、守持之義。荀子正名「故能處道而不貳」，謂能守道無二心。列女傳貞順傳「處約持信」，處、持互文，處亦持守也。著，定也。易雜卦「蒙雜而著」，韓康伯注：「雜者，未知所定也。求發其蒙，則終得所定。著，定也。」

〔三四〕以上六句，大意謂以欺世者之術禍害天下之民，故人無不背離聖人之本教，趨附流俗之末説，以欺詐成其事，人心紛亂擾動，皆競逐名譽不已。「以此」，此，指欺世盜名者之術。書盤庚上孔穎達疏：「毒，爲禍患也（按爲讀平聲）。」趣同趨。「事以僞成」，猶言「以僞成事」。荀子解蔽楊倞注：「紛紛，雜亂貌。」廣雅釋訓：「擾擾，亂也。」廣雅釋宫：「騖，犇也（按犇、奔古今字）。」馳騖謂奔馳，引申有追逐之義。

〔三五〕「其流於世也」，其，承上指天下之民莫不離本趣末云云而言。廣雅釋詁：「流，行也。」詒，音徒亥切，説文云：「相欺詒也。」四庫本字作「紿」。按欺詐之字本作詒，紿爲通借字。「兄竊弟譽，骨肉相詒，朋友相詐」，即上文所謂「事以僞成」，以欺詐成其事也。「聖人至禁也」，玉篇至部：「至，極也。」下文舉齊豹諸人事，即申聖人禁求名之意。

昔衛公孟多行無禮，取憎於國人，齊豹殺之以爲名，春秋書之曰「盜」〔一〕。其傳曰〔二〕：「是故君子動則思禮，行則思義，不爲利回，不爲義疚〔三〕，或求名而不得，或欲蓋而名章，懲不義也〔四〕。齊豹爲衛司寇，守嗣大夫，作而不義，其書爲『盜』〔五〕。邾庶其、莒牟夷、邾黑肱以土地出，求食而已，不求其名，賤而必書〔六〕。此二物者，所以懲肆而去貪也〔七〕。若艱難其身，以險危大人，而有名章徹，攻難之士將奔走之〔八〕。若竊邑叛君，以徼大利而無名，貪冒之民將寘力焉〔九〕。是以春秋書齊豹曰『盜』，三叛人名〔一〇〕，以懲不義，數惡無禮，其善志也〔一一〕。」

〔一〕公孟，衛靈公之兄縶；齊豹，衛司寇。事見左傳昭公二十年。「取憎」，禮記喪大記鄭玄注：「取，猶受也。」「以爲名」，爲讀平聲，爲名猶求名。春秋經昭公二十年：「秋，盜殺衛侯之兄縶。」杜預注：「齊豹作而不義（按謂行事而不義），故書曰『盜』，所謂求名而不得。」孔穎達疏：「釋例曰：『士殺大夫，則書曰「盜」。』則此書『盜』，貶之，使同於士也。」按豹爲司寇，殺縶不書名而書「盜」，與士同例，是貶之。

〔二〕此下引文見左傳昭公三十一年。

〔三〕二「爲」字並讀去聲。謂君子不爲趨利而違禮，不爲背義而内疚。詩小雅大明毛傳：「回，違也。」

〔四〕「或求名而不得」指齊豹事。「或欲蓋而名章」，章同彰，指庶其、牟夷、黑肱率城邑叛國奔魯事，見下。「懲不義也」，謂二者或不書名，或書名，皆懲戒其不義。

〔五〕司寇，主刑罰之官。左傳莊公十年「夫司寇行戮」，杜預注：「司寇，刑官。」周制，司寇屬秋官，大、小司寇分別爲卿（即上大夫）、中大夫，見周禮秋官司寇，故曰「守嗣大夫」。「守嗣」云者，杜預注「守先人嗣」，猶言承先人而世襲其位。左傳昭公二十年「承嗣大夫」，杜預注：「承嗣大夫，世位者也。」「守嗣大夫」猶「承嗣大夫」，謂世襲大夫之位者。詩大雅常武鄭玄箋：「作，行也。」「作而不義」，指齊豹殺公孟，行事不義。

〔六〕春秋經襄公二十一年：「邾庶其以漆、閭丘來奔。」又昭公五年：「莒牟夷以牟婁及防、兹來奔。」又昭公三十一年：「黑肱以濫來奔。」杜預注：「黑肱，邾大夫。」按「來奔」謂投奔魯。「以土地出」，謂率城邑投奔魯。三人因求食貪利而投魯，非爲求名，然率城邑以叛國，故位雖低賤而必書其名，以彰其不義。杜預注：「三人皆小國大夫，故曰賤。」

〔七〕杜預注：「物，事也。肆，放也。齊豹書『盜』，懲肆也。三叛人名（按名，書其名），去貪也（按去，除也）。」謂齊豹不書名者，所以懲放肆；三叛人書名者，所以除貪婪。

〔八〕謂如身犯艱險，以危及在上者，而得以名聲顯揚，則作亂之人將趨而隨之矣。此指齊豹作亂事。「艱難其身」，艱難爲動字，使身歷艱險也。杜預注：「大人，在位者。」「章徹」複語，彰明也，玉篇攴部：「徹，明也。」杜預注：「攻，猶作也。奔走，猶赴趣也。」按「攻難」即作難、作亂。

〔九〕謂如盜竊城邑、去國叛君，以求大利，反隱而不書其名，則貪婪之人將盡力效法矣。此指庶其等三人叛國投奔魯事。徼音伊消切，玉篇彳部：「徼，求也。」按徼通邀。「貪冒」複語，左傳襄公四年杜預注：「冒，貪也。」「寘力」，杜預注：「盡力。」按文選奏彈曹景宗「不有嚴刑，誅賞安寘」，六臣注引呂延濟云：「寘，用也。」

〔一〇〕謂庶其等三叛人書其名。名爲動字，書名。

〔一一〕「數惡無禮」，謂責問、憎惡其無禮。此句總齊豹、庶其諸人言之。廣雅釋詁：「數，責也。」玉篇心部：「惡，憎惡也。」「善志」，謂春秋善於記述。左傳成公十四年杜預注：「志，記也。」

問者曰：「齊豹之殺人，以爲己名，故仲尼惡而盜之〔一〕。今爲名者，豈有殺之罪耶〔二〕？」曰：「春秋之中，其殺人者不爲少，然而不盜不已〔三〕。聖人之善惡也，必權輕重、數衆寡以定之〔四〕。夫爲名者使真僞相冒、是非易位，而民有所化，此邦家之大災也。殺人者一人之害也，安可相比也〔五〕？然則何取於殺人者以書『盜』乎〔六〕？荀卿亦曰：『盜名不如盜貨〔七〕。』鄉愿亦無殺人之罪也，而仲尼惡之，何也？以其亂德也〔八〕。今僞名者之亂德也，豈徒鄉愿之謂乎？萬事雜錯，變數滋生，亂德之道固非一端而已〔九〕。書曰『静言庸違，象恭滔天』，皆亂德之類也〔一〇〕。春秋外傳曰〔一一〕：『姦仁爲佻，姦禮爲羞，姦勇爲賊〔一二〕。』夫仁、禮、勇，道之美者也。然行之不以其正，則不免乎大惡。故君子之於道也，審其所以守之，慎其所以行之〔一三〕。」

〔一〕爲讀平聲，謀求也。戰國策東周策鮑彪注：「爲，猶謀也。」下文「今爲名者」，爲亦謂謀求。「盗之」，盗作動字解，謂以「盗」稱之。云仲尼惡而以「盗」稱之者，相傳春秋爲孔子所作，見孟子滕文公下。

〔二〕俞樾云：「『豈有殺之罪耶』句，『殺』下脱『人』字。」按俞説是。

〔三〕俞樾云：「『然而不盗不已』句有脱誤，以文義論，當作『然而不書盗』。言春秋殺人者雖多，不以『盗』書，以見爲名者之罪浮於殺人者也（按浮於，謂甚於）。下云『夫爲名者使真僞相冒，是非易位，而民有所化，此邦家之大災也。殺人者一人之害也，安可相比也』，是其義。」今按各本均作「不盗不已」，文即有誤，似亦無由因「不書盗」三字而誤。蓋「盗」與上文「仲尼惡而盗之」之「盗」同，乃作動字解。「不盗」，謂不以「盗」稱之。「不已」，則謂不去其名也。詩陳風墓門鄭玄箋：「已，去也。」玉篇已部：「已，棄也。」是「已」有棄去之義。謂春秋書中載殺人者不爲少，然而若不以「盗」稱之，則不去其名而不書也。蓋問者謂春秋書「盗」者，以齊豹殺人以求名也，今之求名者豈有殺人之罪乎？幹之答，謂春秋載殺人者不少，不稱「盜」則稱其名，是稱「盜」非獨爲殺人故也，爲其殺人而求名也。如依俞說作「然而不書盜」，則齊豹之殺人已明稱「盜」矣。蓋正爲殺人有稱「盜」、有不稱者，知稱「盜」與否乃在罪之輕重大小。觀下文，知罪之重在謀名以僞亂真，甚於殺人，所以稱「盜」也。故下即云「聖人之善惡也，必權輕重，數衆寡以定之」。

〔四〕謂聖人之善於憎惡人之罪也，必權衡其罪之輕重，算計其罪之大小而定之。數讀上聲，説文攴部：「數，計也。」「衆寡」，猶多少、大小。

〔五〕謂彼謀名者蒙混真僞，顛倒是非，而民有所隨從者，此國家之大災。殺人者不過害一人，豈可與謀名者之罪相比耶？漢書食貨志下「廉恥相冒」，顔師古注：「冒，蒙也。」吕氏春秋大樂「皆化其上」，高誘注：「化，隨也。」本篇末云「而化庸人之末稱哉」，「化」字解同此。

〔六〕此句承上「殺人者一人之害也，安可相比也」言之。謂殺一人者之罪不比謀名者，然則僅以殺人而書「盜」，於義何取乎？言無是理也。

〔七〕荀子不苟：「盜名不如盜貨。」謂寧盜貨毋盜名。

〔八〕論語陽貨：「鄉原，德之賊也。」原通愿，説文心部：「愿，謹也。」朱熹集注：「鄉原，鄉人之愿者也。蓋以其同流合污以媚於世，故在鄉人之中獨以『愿』稱。夫子以其似德非德，而反亂乎德，故以爲德之賊而深惡也。」按鄉曲平庸之人，淺陋寡聞，略無志向，但謹身慎言，隨俗而已，故在鄉衆中以謹厚稱著，是爲「鄉愿」。實則此輩與世俯仰，無是無非，不關人之痛癢，但求自保，鄉衆稱爲謹厚，實同麻木不仁，故孔子謂其敗壞德行。參孟子盡心下孟子與萬章論鄉原之文。

〔九〕謂今謀名者之壞亂道德，又甚於鄉愿，豈但鄉愿之謂而已。蓋萬事錯綜淆雜，異變繁生，亂德之道固非出自一途。按下文引書及春秋外傳，皆舉僞善亂德之例。「變數」，謂背常理之事。參本書修本篇「知者不以變數疑常道」云云注。

〔一〇〕書堯典「(共工)静言庸違，象恭滔天」，僞孔傳：「静，謀。滔，漫也。言共工自爲謀言，起用行事而違背之(此釋庸爲用)。貌象恭敬，而心傲很若漫天(按很、狠古今字)。」孔穎達疏：「共工險僞之人，自爲謀慮之言，皆合於道，及起用行事而背違之，言其語是而行非也。貌象恭敬，而心傲很，其侮上陵下，若水漫天，言貌恭而心很也。」

〔一一〕春秋外傳即國語，漢人所稱也。論衡案書：「國語，左氏之外傳也(按謂國語爲左丘明解春秋經之外傳)。左氏傳經(按傳讀去聲，直戀切，注解也。經，春秋經。「傳經」，指作春秋左傳)，辭語尚略(按謂辭語崇尚簡略)，故復選録國語之辭以實(按此「國語之辭」謂諸國君臣相與言語謀議之辭，故其選録成書即稱國語。「以實」，謂充實其解春秋經)。」釋名釋典藝：「國語，記諸國君臣相與言語謀議之得失也。又曰『外傳』，春秋以魯爲内，以諸國爲外，外國所傳之事也。」韋昭國語解叙：「(左丘明)復采録前世穆王以來，下迄魯悼、智伯之誅，邦國成敗、嘉言善語、陰陽律吕、天時人事逆順之數，以爲國語，其文不主於經，故號曰『外傳』。」按國語中有魯語，則釋名以國語爲魯外之國所傳之事，其説未是，畢沅釋名疏證謂當以韋説爲是，參黄暉論衡校釋（中華書局校點本論衡校釋案書篇施專名號、書名號有未允處，易誤解文意，兹改見上）。蓋左丘明解春秋經，謂之春秋左傳，復採録諸國君臣之語爲國語，以助解春秋經。國語不主於説經，故相對左傳而言，稱爲春秋經之外傳也。又因國語稱「外傳」，故復稱左傳爲「内傳」，其稱亦見韋昭國語解叙。

〔二〕引文見國語周語中，韋昭注：「以姦僞行仁爲偷（按此釋佻爲偷。偷謂偷薄、不厚誠）。羞，恥也。」按姦作動字解，謂以詐僞行事。「姦禮爲羞」，謂以詐僞行禮爲恥。「姦勇爲賊」，謂以詐僞行勇爲逆亂。周禮秋官士師「二曰邦賊」，鄭玄注：「（賊）爲逆亂者。」

〔三〕審、慎並舉，審亦慎也。吕氏春秋音律「審民所終」，高誘注：「審，慎。」「審其所以守之」，言慎己所以守道者，謂以誠守道。「慎其所以行之」，言慎己所以行道者，謂以正行道。上文云「然行之不以其正，則不免乎大惡」。

問者曰：「仲尼惡歿世而名不稱，又疾僞名，然則將何執〔一〕？」曰：「是安足怪哉？名者，所以名實也〔二〕。實立而名從之，非名立而實從之也。故長形立而名之曰『長』，短形立而名之曰『短』，非長短之名先立而長短之形從之也。仲尼之所貴者，名實之名也，貴名乃所以貴實也〔三〕。夫名之繫於實也，猶物之繫於時也。物者，春也吐華，夏也布葉，秋也凋零，冬也成實。斯無爲而自成者也。若强爲之，則傷其性矣。名亦如之，故僞名者皆欲傷之者也。人徒知名之爲善，不知僞善者爲不善也，惑甚矣〔四〕。求名有三，少而求多，遲而求速，無而求有。此三者不僻，爲幽昧，離乎正道，則不獲也，固非君子之所能也〔五〕。君子者，能成其心，心成則内定，内定則物不能亂，物不能亂則獨樂其道，獨樂其道則不聞爲聞、不顯爲顯〔六〕。故禮稱：『君子之道闇然而日彰，小人之道的然而日亡〔七〕。君子之道淡而不厭，簡而文，温而理〔八〕，知遠之近，知風之自，知微之顯，可與入德矣〔九〕。』君子之不可及者，其惟人之所不見乎〔一〇〕。夫如是者，豈將反側於亂世，而化庸人之末稱哉〔一一〕。」

〔一〕「殁世」，漢魏叢書本、四庫本、增訂漢魏叢書本「殁」作「没」，字通用，並音莫勃切。論語衛靈公：「子曰：君子疾没世而名不稱焉。」集解：「疾，猶病也（按病，猶憂也）。」皇侃疏：「没世，謂身没以後也。身没而名譽不稱揚爲人所知，是君子所疾也。」邢昺疏：「言君子病其終世而善名不稱也。」按依皇説「没世」爲身死，依邢説「没世」爲終生，二義相因。「將何執」，執謂處置、決斷。禮記樂記「而吾子自執焉」，鄭玄注：「執，猶處也。」又中庸孔穎達疏：「執，猶斷也。」問者謂孔子既嫌惡君子殁世而無名可稱，又以僞名爲憂，然則於此二者將何以處置耶？

〔二〕謂名者所以稱其實。「所以名實」之「名」爲動字，稱名也。下文「名實之名也」，「名實」之「名」

亦爲動字，作稱解。

〔三〕「名實之名」，謂稱實之名，即名有其實。

〔四〕莊子知北遊「天下之君子所繫焉」，成玄英疏：「繫，屬也。」「吐華」，華、花古今字。此以物之依於時，喻名之從於實。夫春則吐露其花，夏則展布其葉，秋則凋零其枝，冬則收成其實，此物之依於時，無爲而自然者也。若不依於時，而强物之吐華、布葉、凋零、成實，則傷物之性矣。名亦如之，故若無其實而僞稱其名，是欲傷名也。上文云「實立而名從之，非名立而實從之也」，莊子逍遥遊云「名者，實之賓也（按賓，從屬）」，皆謂名以實爲本。故曰「人徒知名之爲善，不知僞善者爲不善也，惑甚矣」。「不知僞善者爲不善也」，「僞善」指無實虚僞之善名。謂人但知名之善，而不知僞善之名乃非善，此亦惑謬之甚矣。

〔五〕謂求名有三，名少而求其多，名來之遲而求其速至，本無名可稱而求有名。此三者不除，是爲愚昧而離於正道，則終不獲名，此固非君子之所能爲者。「不僻」，僻、辟同聲相通。小爾雅廣言：「辟，除也。」「爲幽昧」，楚辭離騷王逸注：「幽昧，不明也。」引申爲愚昧無知。

〔六〕謂君子者，能誠其心，心誠則心定，心定則外物不能擾亂，外物不能擾亂則能獨樂好其道，獨樂好其道則雖無名聞而能成其名聞，雖不彰顯而自能彰顯也。「能成其心」，成、誠同聲相通。「心成則内定」，心、内互文，内亦心也。易坤文言「君子敬以直内」，孔穎達疏：「内，謂心也。」「不聞爲聞，不顯爲顯」，「爲」讀平聲。「不聞爲聞」，謂雖無名聞而能成其名聞也；「不顯爲顯」，謂雖不彰顯而自能彰顯也。又按或引呂氏春秋大樂「道也者，視之不見，聽之不聞，不可爲狀。有知不見之見、不聞之聞、無狀之狀者，則幾於知之矣」之文，以證此「不聞爲聞，不顯爲顯」二句。今謂彼文本老子「視之不見名曰夷，聽之不聞名曰希」之義，乃言道無狀無聲，不可究測，以釋此文似未允。

〔七〕引文見禮記中庸，「彰」作「章」，章、彰古今字。鄭玄注：「言君子深遠難知，小人淺近易知。」孔穎達疏：「章，明也。言君子以其道德深遠謙退，初視未見，故曰闇然；其後明著，故曰日章明也。若小人好自矜大，故初視時『的然』。以其才藝淺近，後無所取，故曰日益亡。」按闇通暗。慧琳一切經音義二十六引説文云：「的，明也。」上文云君子「不聞爲聞，不顯爲顯」，亦即「君子之道闇然而日彰」。

〔八〕中庸鄭玄注：「淡，其味似薄也。簡而文，溫而理，猶簡而辨，直而溫也。」孔穎達疏：「『淡而不厭』者，言不媚悦於人，初似淡薄，久而愈敬，無惡可厭也。『簡而文』者，性無嗜慾，故簡静；才藝明辨，故有文也。『溫而理』者，氣性和潤，故溫也；正直不違，故修理也（按「修」當作「循」）。」

〔九〕中庸鄭玄注：「『自』，所從來也。三『知』者，皆言其睹末察本，探端知緒也（按廣雅釋詁：緒，末也）。『入德』，入聖人之德。」按遠本於近，風之來本於所起之處，顯始於微。知遠所由之近，知風來之所自，知顯所始之微，謂知君子之道有所本，即鄭注所謂「睹末察本，探端知緒」也。

「可與入德」，謂知所本則可以成就德行。可與，可以也。與猶以，見經傳釋詞。

〔一〇〕「不見」，承上君子「闇然」、「淡」、「簡」、「温」諸語言之。謂君子之爲人所不及者，惟在其不爲人所見處。

〔一一〕謂君子既如此，則豈將隨機變化於亂世，而從彼庸俗之輩競爭僞名哉。詩周南關雎「展轉反側」，孔穎達疏：「反側，猶反覆。」按「反覆」亦作「反復」，詩義本謂不寐而反復翻轉其身，引申爲反復無常。化，隨也，見上「而民有所化」注。「末稱」，指僞名，以其無本，故曰「末稱」。資治通鑑一百八「有美稱」，胡三省注：「稱，名譽也。」宋項安世讀徐幹中論云：「予讀徐幹中論，至考僞、遣交二篇，釋然而笑曰：『前篇蓋詆郭林宗之徒周行郡國，訓掖後學；後篇蓋詆徐孺子之徒遊學四方，千里會葬者也（按謂徐孺子死後，千里外之人皆趕赴送葬）。』然以諸賢皆前世所重，故但歷述其行，而不敢正出其名。」又本書佚名序云：「（幹）未至弱冠，學五經悉載於口，博覽傳記，言則成章，操翰成文矣。此時靈帝之末年也，國典隳廢，冠族子弟結黨權門，交援求名，競相尚爵號。君病（原注一作疾）俗迷昏，遂閉户自守，不與之羣，以六籍娱心而已。」按郭林宗名泰，徐孺子名穉，皆靈帝時人，後漢書並有傳。幹此篇及譴交篇未必即實斥泰、穉，然當時風氣固有如幹此篇及譴交篇所云者。佚名序爲幹同時人作，觀其所言，亦可知幹作此二文之意。

譴交第十二

民之好交游也，不及聖王之世乎？古之不交游也，將以自求乎〔一〕？昔聖王之治其民也，任之以九職〔二〕，糾之以八刑〔三〕，導之以五禮〔四〕，訓之以六樂〔五〕，教之以三物〔六〕，習之以六容〔七〕，使民勞而不至於困，逸而不至於荒〔八〕。當此之時，四海之内進德修業，勤事而不暇，詎敢淫心舍力，作爲非務，以害休功者乎〔九〕？自王公至於列士，莫不成正畏相，厥職有恭，不敢自暇自逸〔一〇〕。故春秋外傳曰〔一一〕：「天子大采朝日，與三公九卿祖識地德〔一二〕；日中考政，與百官之政事師尹惟旅、牧、相宣序民事〔一三〕；少采夕月，與太史、司載糾虔天刑〔一四〕；日入，監九御潔奉禘、郊之粢盛，而後即安〔一五〕。諸侯朝修天子之業命，晝考其國職，夕省其典刑，夜警其百工使無慆淫，而後即安〔一六〕。卿大夫朝考其職，晝講其庶政，夕序其業，夜庀其家事，而後即安〔一七〕。士朝而受業，晝而講貫，夕而習復，夜而計過無憾，而後即安〔一八〕。」正歲使有司令於官府曰：「各修乃職，考乃法，備乃事，以聽王命。其有不恭，則邦有大刑〔一九〕。」由此觀之，不務交游者，非政之惡也，心存於職業而不遑也〔二〇〕。且先王之教官既不以交游導民，而鄉之考德又不以交游舉賢，是以不禁其民而民自舍之。及周之衰，而交游興矣〔二一〕。

〔一〕「游」，龍谿精舍本及池田校兩京遺編本作「遊」。池田引梁茂榮云：「游、遊古今字。」按說文「游」之古文作「逕」，「遊」即古文「逕」之別體。「游水」、「遊遨」二字經傳通用，故「游泳」亦作「遊泳」，「交遊」亦作「交游」也。戰國策齊策四「而士未有爲君盡游者也」，鮑彪注：「游，猶友也。言不盡於交游之道。」交游即交際、結友。文選報任少卿書「以爲宗族、交游光寵」，六臣注引呂向云：「交游，朋友也。」又「古之不交游也」，「也」字，龍谿精舍本及池田校兩京遺編本作「者」。按上下二「也」字並用同「者」，例見經傳釋詞。幹書「也」字每用同「者」，參本書貴驗「謗言也，皆緣類而作」云云注。謂民之好交接者，蓋未逮及聖王之世乎？古之民不交接者，將以求己乎？按此猶言古之聖王之世民不好交接，今之民好交接者，非聖王之世所見也。

〔二〕廣雅釋詁：「任，使也。」謂以九職任使民。「九職」見周禮天官大宰，指農工商及女工、僕役、無業而爲人傭作等九種職業，詳本書民數「乃分九職焉」注。

〔三〕玉篇丩部：「糾，督也。」謂以八刑督察民之善惡。周禮地官大司徒：「以鄉八刑糾萬民（按萬二千五百家爲鄉，見大司徒）。一曰不孝之刑，二曰不睦之刑（按不睦，不親於族人。鄭玄注大司徒「六行」：睦，親於九族），三曰不婣之刑（按婣同姻，不姻，不親於姻戚。鄭玄注大司徒「六行」：姻，親於外親），四曰不弟之刑（按弟、悌古今字。不弟，謂不敬兄長先輩。鄭玄注：不弟，不敬師長），五曰不任之刑（按任，信任也。不任，交友無信。鄭玄注大司徒「六行」：任，信於友道），六曰不恤之刑（按不恤，不賑恤貧困。鄭玄注大司徒「六行」：恤，振憂貧者），七曰造言之刑（鄭玄注：造言，訛言惑衆），八曰亂民之刑（按亂民，謂淆亂法度以亂政之民。鄭玄注：亂民，亂名改作，執左道以亂政也）。」

〔四〕「導」與下「訓」、「教」相類，皆教導、訓化之義。導民以五禮者，周禮地官保氏「乃教之六藝，一曰五禮」，鄭玄注：「五禮，吉、凶、賓、軍、嘉也。」按五禮，謂祭祀、哀弔、朝聘、饗宴、婚冠及田獵習兵諸事所用之禮法，詳本書藝紀「一曰五禮」注。

〔五〕樂，音樂。以六樂訓民者，六樂見周禮地官保氏及春官大司樂，即雲門、大咸、大韶、大夏、大濩、大武，乃黃帝、堯、舜、禹、湯、武王之樂，詳本書藝紀「二曰六樂」注。

〔六〕謂以三事教民。周禮地官大司徒：「以鄉三物教萬民，而賓興之（按賓興之，謂鄉官於民之教成有賢能者，待以賓客之禮而舉薦於王。鄭玄注：物，猶事也。興，猶舉也。民三事教成，鄉大夫舉其賢者、能者，以飲酒之禮賓客之，既則獻其書於王矣）。一曰六德：知、仁、聖、義、忠、和。二曰六行：孝、友、睦、婣、任、恤。三曰六藝：禮、樂、射、御、書、數。」按參本書治學「教以六德」云云諸注。

〔七〕謂使民習六種禮節之儀容也。「習之」，習，謂使學習；之，亦指民，與上五句「之」字同。周禮地官保氏：「乃教之六儀，一曰祭祀之容，二曰賓客之容，三曰朝廷之容，四曰喪紀之容，五曰軍旅之容，六曰車馬之容。」按六儀，詳本書藝紀「教六儀」諸注。儀謂禮節儀容，六儀即此「六容」也。或以逸周書酆保之「六容」釋此「六容」。按幹上文所述皆出周禮之制，此「六容」即周禮之「六儀」，非逸周書所稱之「游言」、「行商工」云云之「六容」。且彼「容」謂容忍、容納，亦非謂儀容。

〔八〕廣雅釋詁：「困，窮也。」書盤庚中僞孔傳：「荒，廢也。」謂使民勞身而不至於力窮竭，安逸而不至於事怠廢。

〔九〕謂當其時，海内之民增進其德，修治其業，勤於其事而不及他顧，豈敢生非分之想而捨其力，爲不當之務而害美盛之功業乎？「不暇」，忙而不及爲他也，見本書貴驗「然則扶人不暇」注。說文新附言部：「詎，豈也。」國語魯語下：「自上以下，誰敢淫心舍力？」按詩周南關雎序孔穎達疏：「淫者，過也。過其度量謂之淫。」過其度量則不正，故淫又訓邪。楚辭離騷王逸注：「淫，邪也。」淫心，猶邪念、非分之想。舍、捨古今字。「作爲」，爲也，此複語。爾雅釋詁：「休，美也。」

〔一〇〕俞樾云：「尚書酒誥篇：『自成湯咸至於帝乙，成王畏相，惟御事厥棐有恭，不敢自暇自逸。』即此文所本。書作『成王畏相』，此作『成正畏相』；書作『厥棐有恭』，此作『厥職有恭』，自來考今古文異同者所未及也。」按皮錫瑞今文尚書考證卷十五即謂幹引此爲今文，蓋其時俞氏未及見皮書也。愚謂幹此文襲用酒誥無疑，唯但用其文以説事，非稱説酒誥，故不云「書曰」。但用其文，則字句自可隨宜而改。如書作「自成湯咸至於帝乙」，其不能用於此明甚，則改「自王公至於列士」，又去「惟御事」三字，此改易以説事之顯見者，然則未必今文書「成王」、「厥棐」即作「成正」、「厥職」也。此當各隨其文釋之，不可互爲拘牽。「成正」者，言成就正道也。「畏相」，僞孔傳釋爲「畏敬輔相之臣」，其義用於此文亦不合。楊筠如尚書覈詁云：「相，説文云『省視也』，『畏相』猶言敬省。」按楊説可從。相讀去聲，有省察之義。孫子行軍「凡處軍相敵」，張預注：「相，察也。」「畏相」，指自我敬畏省察也。爾雅釋言：「厥，其也。」謂自王公至於列士，無不成就正道而自敬省，於其職有恭敬，不敢爲閑暇逸豫。云「自王公至於列士」者，言上至天子諸侯，下至衆士也。下文引國語，述天子、諸侯至於士各有其所事，故此云「自王公至於列士」。周禮考工記：「坐而論道，謂之王公。」鄭玄注：「（王公）天子、諸侯。」白虎通爵：「士者，事也，任事之稱也。」按此士指命士，乃受爵命有職事者，非指庶民之讀書者也。

〔二〕春秋外傳即國語，見本書考僞篇「春秋外傳曰」云云注。以下引文見國語魯語下。

〔三〕周禮天官掌次鄭玄注：「朝日，春分拜日於東門之外。」按朝日，朝音直遥切，祭日禮也。注云「東門之外」者，儀禮覲禮「（天子）拜日於東門之外」，賈公彦疏：「帥諸侯而朝日於東郊（按帥同率）。」是東門之外指都城東門外之東郊也。以上參掌次賈公彦疏。云「大采」者，蓋指天子祭日所服，魯語下韋昭注以爲即禮記玉藻天子玄冕以朝日之「玄冕」（按玉藻作「玄端」，鄭玄注謂「端」爲「冕」之誤，與韋注同）。玄冕，冕服之一，見本書法象「爲冕服采章以旌之」注。周禮春官司服「祭羣小祀則玄冕」，鄭玄注：「玄者，衣無文，裳刺黻而已（按衣，上衣。裳，下衣。刺，繡。黻，黑青二色之「亞」形章紋），是以謂玄焉。」云「與三公九卿祖識地德」者，韋昭注引虞翻云：「祖，習也（按祖，效法也，見考僞篇「咸相與祖述其業而寵狎之」注，故韋注訓習）。識，知也。地德，所以廣生（按謂廣育衆生）。」地養育萬物，有德澤，是爲地德，故君臣亦效法地德以治國。管子問：「理國之道，地德爲首。君臣之禮，父子之親，覆育萬人，官府之藏，彊兵保國，城郭之險，外應四極，具取之地。」尹知章注：「法地以爲政，故曰地德爲首。」是「祖識地德」者，即習知地德，謂仿效之以爲政。以「朝日」、「祖識地德」並言者，謂天子與諸臣敬天地也。「三公九卿」，天子之輔佐及治事諸大臣。周制，太師、太傅、太保爲三公，其副職少師、少傅、少保爲孤卿；孤卿與天官冢宰、地官司徒、春官宗伯、夏官司馬、秋官司寇、冬官司空六卿合爲九卿，見漢書百官公卿表上。其職均見周禮。

〔一三〕魯語下（明道本）「惟」作「維」，字通。玉篇丨部：「中，半也。」「日中考政」，承上天子言之，謂天子正午則考察政事。「與百官」云云，言天子與同百官云云也，猶上文云天子「與三公九卿」、下文云天子「與太史、司載」。或釋與爲參與，乃讀「與百官之政事」爲句，未是。王引之經義述聞二十云：「政讀曰正，爾雅曰：『長也。』說文曰：『事，職也。』」按政通正，訓長，引申爲主掌、治理。吕氏春秋順民「湯克夏而正天下」，高誘注：「正，治也。」「百官之政事」者，言百官之掌事者，亦即指下師尹及旅、牧、相諸官。魯語下韋昭注：「（鄭衆、賈逵、虞翻）三君云：師尹，大夫官也。維，陳也。旅，衆士也。牧，州牧也。相，國相也。」按維（本書作「惟」），王引之謂當訓「及」，是。又師尹、旅、牧、相各官，王引之與董增齡國語正義並以韋注之説有未允。王引之謂上文三公九卿爲官之大者，此文師尹、旅、牧、相則皆大夫、士之等，爲官之小者，並屬京官，不得以爲地方之州牧、國相，其説詳經義述聞二十。「宣序民事」，韋昭注云：「宣，徧也。序，次也。」按序，序次，謂次第安排也。二句謂天子正午則考察政事，與百官之掌事者師尹及旅、牧、相等周遍安排民事。

〔四〕魯語下韋昭注：「夕月以秋分。」按夕者，日暮月升之時也。説文夕部：「夕，莫也（按莫、暮古今字）。」周禮春官典瑞鄭玄注：「天子當春分朝日，秋分夕月。」國語周語上「於是乎有朝日、夕月以教民事君」，韋昭注：「以春分朝日，秋分夕月。拜日於東門之外，然則夕月在西門之外也。」按「朝日」與「夕月」對，「朝日」謂於春分祭日於東郊，則「夕月」謂於秋分祭月於西郊也。「少采」，蓋天子祭月所服，韋昭注：「或曰：少采，黼衣也。」按黼謂以白黑二色繡爲斧形之章紋，見本書爵禄「非以黼黻華乎其身」注。黼衣亦禮服，荀子哀公「黼衣、黻裳者」，楊倞注：「黼衣、黻裳，祭服也。白與黑爲黼，黑與青爲黻。」「與太史、司載糾虔天刑」，魯語下（明道本）「太史」作「大史」。大音泰，大、太古今字。韋昭注：「糾，恭也。虔，敬也。刑，法也。載，天文也。」

司天文，謂馮相氏、保章氏，與大史相儷偶也（按儷偶，猶匹配）。因夕月而恭敬觀天法，考行度，以知妖祥也（按行度，星辰運行之軌度。妖祥，吉凶之徵兆）。」按周禮春官大史之職有「正歲、年以序事」，謂置閏月以正節氣與月朔之參差不齊，以授民時，鄭玄注云「若今時作歷日矣（按歷、曆同）」，詳見本書曆數篇「故周禮太史之職」云云注，是其職與天文相關。馮相氏、保章氏亦見春官，皆掌天文星象，故韋注謂其職與大史相匹配也。此謂天子於祭月時，與大史及司掌天文諸官敬觀天象，以知人事之吉凶。又按「司載」，俞樾讀載爲栽，字同災。董增齡國語正義謂大史之職爲「正歲、年」，司載亦即大史（按年、歲、載古通稱無別）。今按載，記也，司載猶掌記事。韋注以此文云「糾虔天刑」，乃觀天象之事，故以「載」爲天文，司載即掌記天文者，如馮相氏、保章氏也。其説似未必可非，今仍從舊説。

〔一五〕魯語下韋昭注：「監，視也。九御，九嬪之官，主粢盛祭服者。」按吕氏春秋任數高誘注：「入，墮也。」「日入」即日落。上文所云「夕月」在日暮月出時，則此「日入」當指夜也。「潔奉」，以潔物供奉祭祀也，此指供「禘、郊之粢盛」言。周禮天官内宰賈公彦疏：「禘謂祭廟（按廟，祖廟），郊謂祀天。」公羊傳桓公十四年何休注：「黍稷曰粢，在器曰盛。」「粢盛」，祭祀之穀物盛在器者。周禮天官序官「九嬪」鄭玄注「嬪，婦也。（禮記）昏義曰：古者天子后立六宫，三夫人、九嬪」云云，是嬪亦天子之妃，其數九，其品在王后、夫人之下。周禮九嬪之職有「凡祭祀，贊玉齍，贊后薦徹豆籩」，鄭玄注：「玉齍，玉敦，受黍稷器（按敦音都内切，祭祀盛穀物之器，似盤，有蓋）。」孔穎達疏：「『贊玉齍』者，贊，助也。助后薦玉齍也（按薦，進獻）。云『贊后薦徹豆籩』者，豆籩之薦與徹皆助后也（按豆、籩，木竹所制之祭器。徹，祭畢徹除也）。」是祭祀時，九嬪助王后進獻、撤除祭祀之盛器。天子當預視王后、九嬪奉祀之物潔淨與否，故曰夜則「監九御潔奉禘、郊之粢盛」。僅云「九御」而不及王后者，董增齡國語正義云：「舉九嬪以包后、夫人也。」云「而後即安」者，韋昭注：「即，就也。」即安，猶就寢。以上謂天子自晝至夜皆有所當事，至就寢乃止，下文舉諸侯、卿大夫、士亦同。

〔一六〕「警其」，魯語下作一「儆」字。説文警、儆並訓戒，音通、義同。魯語下韋昭注：「業，事也。命，令也。典，常也。刑，法也。儆，戒也。工，官也。慆，慢也。」按「業命」，韋注訓業爲事者，謂職事也。文選長笛賦「宦夫樂其業」，六臣注引劉良云：「業，職也。」業命即職事之命，謂職責所當行之令也。廣雅釋詁：「修，治也。」謂治理、辦理。「國職」，謂諸侯封内之職務也。孟子離婁上趙岐注：「國，謂諸侯之國。」是天子所封諸侯之地曰國。詩大雅蕩「雖無老成人，尚有典刑」，鄭玄箋：「猶有常事故法可案用也（按案用，依用）。」刑通型，型範。典刑即常規成法可遵行者，此指國之常法。「慆淫」，怠慢恣縱也。玉篇心部：「慆，慢也。」凡過度無節制謂之淫，見上「詎敢淫心舍力」注。文謂諸侯朝旦則治理天子所授職事之命，白晝則考察其國内各職務，日暮則省究國法，夜則告誡百官毋爲怠慢恣縱，諸事畢而後就寢。

〔一七〕魯語下韋昭注：「（職）在公之官職。序，次也。庀，治也。」按爾雅釋詁：「庶，衆也。」左傳襄公五年「講事不令」，杜預注：「講，謀也。言謀事不善。」職、政、業、事，字異而義相類。謂卿大夫朝旦則考察其職務，白晝則謀議衆政務，日暮則次第安排來日之業，夜則治其家事，而後就寢。云夜則治其家事者，周禮夏官序官鄭玄注：「家，卿大夫采地。」家事，謂卿大夫封邑内之事。

〔一八〕魯語下韋昭注：「（受業）受事於朝也。貫，習也。復，覆也。憾，恨也。」按「講貫」即講習、研習。「習復」，謂復察也。韋注訓復爲覆者，覆從「復」聲，同音相通。爾雅釋詁：「覆，審也。」周禮考工記鄭玄注：「覆，猶察也。」習者，重也。易坎「習坎」釋文：「習，重也。」按周禮地官胥鄭玄注：「故書襲作習。」習通襲，由重疊之義引申爲重複。慧琳一切經音義十引集訓云：「重察言語曰覆。」覆有重察之義，故曰「習復」。「計過」，計校有無過失也。廣雅釋言：「計，校也。」列女傳一引「計」作「討」，王引之經義述聞二十謂字當作「討」，訓除。按此謂省校己有無過失，反省無憾，而後安寢矣。字作「計」不誤。文謂士朝旦受職事於朝廷，白晝則研習之，日暮則復察之，夜則省校過失而無憾，然後安寢。又按魯語下下文又有「自庶人以下，明而動，晦而休（按謂日出而作，日暮而息），無日以怠」之文。庶人即平民，其文在卿大夫、士之後，知此「士」乃受爵命有職事者，非庶民之士，故韋注釋「受業」爲「受事於朝」，不以爲學業也。

〔一九〕錢校：「以上三十三字，不見外傳，乃周官小宰文，語小異。」按見周禮天官小宰。鄭玄注：「乃猶女也（按女同汝）。」「備乃事」，小宰作「待乃事」。待通侍，奉也。此作「備」者，謂使之周備無缺。「正歲」，鄭玄注：「謂夏之正月。」「官府」，各官之治所也。「其有不恭」，經傳釋詞：「其，猶若也。」文謂正月使掌事者令於各官府曰：「各修治汝職，考察汝法度，使汝職事周備無缺，以聽從王命。若有不恭敬於職事者，則國有大刑在也。」

〔一〇〕玉篇辵部：「遑，暇也。」古者不務交游，非政惡而不使人交游，乃人心專於職業，而無暇交游也。

〔一一〕周禮地官序官「乃立地官司徒，使帥其屬而掌邦教（按帥同率），以佐王安擾邦國（鄭玄注：擾，亦安也）。教官之屬，大司徒，卿一人」云云。教官，掌教化之官，即大司徒以下各職。又地官大司徒以六德、六行等教民，其民教成而賢者，鄉大夫舉薦於王，是鄉有考較德行之舉也，見上「教之以三物」注。舍、捨古今字。文謂先王掌教化之官不以交游導引民，鄉之考較德行亦不以交游舉賢，故雖不禁民交游，而民自捨交游也。及至周代之衰，民始興交游矣。

問者曰：「吾子著書，稱君子之有交，求賢交也。今稱交非古也，然則古之君子無賢交歟〔一〕？」曰：「異哉！子之不通於大倫也〔二〕。若夫不出户庭，坐於空室之中，雖魑魅魍魎將不吾覿，而況乎賢人乎〔三〕？今子不察吾所謂交游之實，而難其名〔四〕。名有同而實異者矣，名有異而實同者矣。故君子於是倫也，務於其實而無譏其名〔五〕。吾稱古之不交游者，不謂嚮屋漏而居也；今之好交游者，非謂長沐雨乎中路者也〔六〕。古之君子，因王事之閒，則奉贄以見其同僚及國中之賢者。其於宴樂也，言仁義而不及名利。君子未命者，亦因農事之隙，奉贄以見其鄉黨同志。及夫古之賢者亦然，則何爲其不獲賢交哉〔七〕。非有釋王事、廢交業、遊遠邦、曠年歲者也〔八〕。故古之交也近，今之交也遠；古之交也寡，今之交也衆；古之交也爲求賢，今之交也爲名利而已矣〔九〕。」

〔一〕本書貴驗云「故君子必求賢友也」，又云「孔子曰：居而得賢友，福之次也」，故問者以此爲問。交，即交游結友。

〔二〕「大倫」，倫當讀如禮記曲禮下「儗（按儗同擬）人必於其倫」之「倫」，鄭玄注：「倫，猶類也。」「大倫」猶大類，類別之大者也。下文云：「今子不察吾所謂交游之實，而難其名。名有同而實異者矣，名有異而實同者矣。故君子於是倫也，務於其實而無譏其名。」倫亦類也，謂子不明察我所謂交游者之實，而但以其名駁難之。夫名有同而實異者，又有異而實同者。故君子於其類也，務求其實而不非議其名。又云：「故古之交也近，今之交也遠；古之交也寡，今之交也衆；古之交也爲求賢，今之交也爲名利而已矣。」是古今之所謂交，同名而異實，不相類也。然則不知名與實之異同，是不知事物之類别也，故曰「子之不通於大倫也」。「異哉」猶言怪哉，愕異之詞也。凡事之類別，大者易辨，小者難辨，今子於其大者亦不能明察，故曰「異哉」。

〔三〕「若夫」，猶言至於，見本書法象篇「若夫墮其威儀」云云注。文選東京賦薛綜注：「魑魅，山澤之神。」又西京賦李善注：「魍魎，水神。」按魑魅魍魎，載記説不一，泛指鬼怪。爾雅釋詁：

「覿，見也。」「不吾覿」即不見吾，倒言之。按幹此語之意，謂不交游非不見人，否則若處空室，足不出門户庭院，雖鬼怪亦將不見我，況賢人能見我乎？

〔四〕難，讀去聲，謂辯駁、責難，見本書智行篇「顔淵達於聖人之情，故無窮難之辭」云云注。

〔五〕「是倫」，是，此也，承上指交游言；倫與上文「大倫」之「倫」義同，類别也。吕氏春秋孝行高誘注：「務，求也。」楚辭大招王逸注：「譏，非也。」謂君子於交游之類别，求其實而不非其名。

〔六〕爾雅釋宫：「西北隅謂之屋漏。」按室之四角隅，其西北者曰「屋漏」。至所以稱「屋漏」之故，舊説不同。鄭玄箋詩大雅抑云：「屋，小帳也。漏，隱也。」按小帳亦謂其處隱蔽。鄭乃讀屋爲幄，讀漏爲陋，爾雅釋言：「陋，隱也。」説見郝懿行爾雅義疏。以「屋漏」稱角隅隱蔽之所，與幹此文義合。「嚮屋漏而居」即向隅孤處，與上文所謂「不出户庭，坐於空室之中」立意同。文選和王著作八公山詩「霜雨朝夜沐」，六臣注引吕延濟云：「沐，霑也。」「沐雨」猶言淋雨。詩鄘風柏舟「在彼中河」，毛傳：「中河，河中。」凡處其中謂之「中」，「中路」，道路中也。「長沐雨乎中路」，意謂櫛風沐雨，長久奔波辛勞。文謂我稱古之不交游者，非謂向隅孤處；稱今之好交游者，亦非謂皆奔波於道路也。

〔七〕「王事」，朝廷公事也。楚辭九歌湘君王逸注：「閒，暇也。」字亦作「閑」。按「閒隔」之「閒」字俗作「間」，「閒暇」之「閒」字亦作「閑」，二義古祇作「閒」。文選東京賦薛綜注：「贄，禮也。」漢書郊祀志上顔師古注：「贄者，所執以爲禮也。」「奉贄」，謂執禮饋求見，以致其誠。文謂古之君子入仕者，於公事之空閑，則執禮拜見其同僚或國中之賢者，於宴飲愉樂之際祇言仁義，不言名利。君子未任命受職者，則因農事之暇隙，執禮拜見其鄉里之同志向者。云「及夫古之賢者亦然，則何爲其不獲賢交哉」者，「及夫」猶至於，「爲」猶謂也，見經傳釋詞。言至於古之賢者亦無不如此，則何謂其不得賢人與之交哉。

〔八〕「非有」，無有。漢書文帝紀顔師古注：「釋，捨也。」呂氏春秋無義高誘注：「曠，廢也。」「廢交業」，未詳。疑交當讀爲「效力」之效，同聲相通。文選謝平原内史表「世無先臣宣力之效」，六臣注引張銑云：「效，勤也。」廢效業，猶言不勸業，謂不勤力於所業也。「曠年歲」，謂不務本業，虚擲歲月。

〔九〕上文云「奉贄以見其同僚及國中之賢者」，云「奉贄以見其鄉黨同志」，是古之交游不出國中、鄉里，故曰「古之交也近」。上文云「言仁義而不及名利」，故曰「古之交也爲求賢」。「今之交也遠」，即上文云「遊遠邦」是。

古之立國也，有四民焉〔一〕。執契脩版圖，奉聖王之法，治禮義之中，謂之士〔二〕；竭力以盡地利，謂之農夫；審曲直形勢，飭五材以別民器，謂之百工〔三〕；通四方之珍異以資之，謂之商旅〔四〕。各世其事，毋遷其業。少而習之，其心安之則若性然，而功不休也〔五〕。故其處之也，各從其族，不使相奪，所以一其耳目也〔六〕。不勤乎四職者，謂之窮民，役諸圜土〔七〕。凡民出入行止、會聚飲食，皆有其節，不得怠荒以妨生務，以麗罪罰。然則安有羣行方外而專治交游者乎〔八〕？是故五家爲比，使之相保，比有長；五比爲閭，使之相憂，閭有胥；四閭爲族，使之相葬，族有師；五族爲黨，使之相救，黨有正；五黨爲州，使之相賙，州有長；五州爲鄉，使之相賓，鄉有大夫〔九〕。必有聰明慈惠之人，使各掌其鄉之政教禁令。正月之吉，受法于司徒，退而頒之于其州、黨、族、閭、比之羣吏，使各以教其所治之民，以考其德行，察其道藝，以歲時登其大夫，察其衆寡〔一〇〕。凡民之有德行、道藝者，比以告閭，閭以告族，族以告黨，黨以告州，州以告鄉，鄉以告〔一一〕。民有罪奇衺者，比以告亦如之。有善而不以告，謂之蔽賢，蔽賢有罰；有惡而不以告，謂之黨逆，黨逆亦有罰。故民不得有遺善，亦不得有隱惡〔一二〕。鄉大夫三年則大比而興賢能者，鄉老及鄉大夫、羣吏獻賢能之書於王，王拜受之，登於天府〔一三〕。其爵之命也，各隨其才之所宜，不以大司小，不以輕任重〔一四〕。故書曰：「百僚師師，百工惟時。」此先王取士官人之法也〔一五〕。故其民莫不反本而自求，慎德而積小，知福祚之來不由於人也〔一六〕。故無交游之事，無請託之端，心澄體静，恬然自得〔一七〕，咸相率以正道，相厲以誠慤，姦説不興，邪陂自息矣〔一八〕。

〔一〕漢書食貨志上：「士、農、工、商，四民有業：學以居位曰士，闢土殖穀曰農，作巧成器曰工，通財鬻貨曰商。」按穀梁傳成公元年：「古者有四民：有士民（范甯注：學習道藝者），有商民（范甯注：通四方之貨者），有農民（范甯注：播殖耕稼者），有工民（范甯注：巧心勞手以成器物者）。」傳以商居農、工之上，與志不同。公羊傳成公元年何休注稱四民，亦以士、農、工、商爲序，是。

〔二〕「執契」，此「契」與老子「是以聖人執左契」之「契」異，非契券之謂。「執契」，猶言掌文字書籍。僞孔安國書序「古者伏羲氏之王天下也，始畫八卦，造書契」，釋文：「書者，文字；契者，刻木而書其側。」是契謂刻文，引申爲文籍。脩同修，廣雅釋詁：「治也。」周禮天官小宰「聽閭里以版圖」，鄭玄注引鄭衆云：「版，户籍；圖，地圖也（按謂田土之圖）。」掌文書整治户籍、地圖者，知民數與田賦之事也。淮南子主術高誘注：「中，正也。」「治禮義之中」者，治禮義之正道。

〔三〕周禮冬官考工記序「或審曲、面、埶，以飭五材，以辨民器」，鄭玄注：「辨，猶具也。五材，金、木、皮、玉、土。鄭司農（衆）云：審曲、面、埶，審察五材曲直、方面、形埶之宜。」按埶、勢古今字。「别」，當依考工記序作「辨」，治也，辨具也，參本書考僞篇「以盧醫不能别」注。「審曲直形勢」，形勢猶形態，依鄭衆注謂審度五材之曲直、形態。蓋匠人治器，當視其材之曲直、形態，各隨其所宜而製作，故須先審曲直形勢也。易雜卦韓康伯注：「飭，整治也。」「飭五材以别民器」，謂整治金、木、皮、玉、土五材以辨具民用之器。工匠各有行業，總稱「百工」。墨子節用中：「凡天下羣百工，輪、車、鞼、匏、陶、冶、梓、匠，使各從事其所能。」

〔四〕文見周禮冬官考工記序。鄭玄注：「資，取也。」又云：「商旅，販賣之客也。」按謂貿易流通四方珍異財貨，以取其利，謂之商旅。商賈行走四方，故曰「商旅」。

〔五〕漢書賈誼傳「世其家」，顔師古注：「言繼其家業。」按世爲動字，謂世代相繼。戰國策秦策五高誘注：「父死子繼曰世。」事、業互文。禮記大傳鄭玄注：「遷，猶變易也。」小爾雅廣詁：「功，事也。」吕氏春秋上農高誘注：「休，止也。」此承上四民言，謂四民各世襲其家業，不改易所業。自少習其業，心安其業若天性然，而家業相繼不止也。

〔六〕「故其處之也」，「其」承上指「古之立國」，「之」承上指「四民」。淮南子俶真「萬物百族」，高誘注：「族，類也。」「一其耳目」，謂使視聽專一，即使心志專一。文謂古之立國，其處置四民也，各從其類，不使互奪彼此之業，所以專其心志也。

〔七〕俞樾云：「謹按周官大司寇（按周官即周禮）『以圜土聚教罷民』，又曰『以肺石達窮民』。然則『役諸圜土』者，乃罷民，非窮民。此文謂『窮民』，乃『罷民』之誤。」按俞説是，當依大司寇作「罷民」，唯各本皆作「窮」，今仍其舊。罷同疲，謂疲怠、懶散也。役，使服勞役也。諸，猶於也，見經傳釋詞。釋名釋宮室：「（獄）又謂之圜土，言築土表牆（按謂築土牆以表識其外圍），其形圜也。」廣雅釋詁：「圜，圓也。」圜土牆以爲獄，謂之「圜土」。文謂不勤於四民之職者，謂之「窮民

（按當作「罷民」）」，使之服役於獄中。

〔八〕「出入行止」，即出行、入止，外出與居家也。「皆有其節」，節，度也。墨子非命上「坐處不度，出入無節」，節、度互文，節亦度也。「生務」，生計之務，猶生業。「以罷罪罰」，罷讀爲羅，亦即「罹」字。罷、羅古音並屬歌部舌頭音字，字通。周禮秋官小司寇「以八辟麗邦灋」，鄭玄注：「杜子春讀麗爲羅。」是其證。羅本爲羅網，引申爲遭遇、觸犯。「羅罪」之「羅」後作「罹」，古今字也。漢書叙傳上「亦不罹咎」，顏師古注：「罹，遭也。」詩小雅魚麗「魚麗于罶（按罶，捕魚竹器）」，謂魚遭觸於罶，「麗」與本文義同，並羅之假字。「方外」指居里之地以外。文謂凡民之居行、聚會皆有其節度，不得怠慢荒廢以妨生業，以遭刑罰。然則豈有成羣出行居里之外而專事交游者乎？（附注：古音家或以「丽」聲之「麗」歸支部，不與「羅」同歸歌部。按段氏六書音韻表以支、歌二部分隸十六、十七部，此二部音最相近。即從此說，麗、羅亦音近而同聲紐，字自可相通，小司寇杜子春讀即其證。）

〔九〕以上之文本周禮地官大司徒。比、閭、族、師、黨、州，皆周所制民居區域之稱。其長官之比長、閭胥、族師、黨正、州長、鄉大夫各職，亦見周禮地官。「使之相保」，謂使比內之民互爲擔保。「使之相憂」，大司徒作「使之相受」，謂使閭內之民互爲容受。此作「憂」者，文選贈五官中郎將六臣注引呂延濟云：「憂，恤也。」謂使之互爲憐恤，與「相受」義相類。「使之相葬」，謂使族內之民互爲助葬。「使之相救」、「使之相賙」，救、賙互文，玉篇貝部：「賙，救也。」謂使黨、州內之民互爲救恤賙給。「使之相賓」，大司徒鄭玄注：「賓，賓客其賢者。」謂使鄉内之民互以賓客之禮敬其賢者。廣雅釋詁：「賓，敬也。」

〔一〇〕以上之文本周禮地官鄉大夫。「正月之吉」，賈公彦疏：「謂建子之月，月朔之日。」按周正建子，以冬至之月爲歲首，即以夏曆之十一月爲正月，參史記曆書。又天官大宰「正月之吉」，鄭玄注：「吉，謂朔日。」吉即月初之日。「受法于司徒」，鄉大夫「法」上有「教」字，謂鄉大夫受教法於大司徒，即五禮、六樂、鄉三物之類，見前文。大司徒職云「正月之吉，使和布教于邦國都鄙（按和布，宣布）」是也。云「退而頒之于其州、黨、族、閭、比之羣吏，使各以教其所治之民」者，謂鄉大夫受教法後，頒布於鄉之屬下各州長、黨正、族師、閭胥、比長羣吏，使各以法教其所治之民也。「以考其德行，察其道藝」，謂以所教考察民之德行、道藝。賈公彦疏：「云『考其德行』者，謂鄉大夫以鄉三物教萬民，遂考校其萬民有六德、六行之賢者；云『察其道藝』者，謂萬民之中有六藝者，並擬賓之。」按六德、六行、六藝，並見前「教之以三物」注。疏云「並擬賓之」者，謂於民之有德行、道藝者，並擬待以賓客之禮而舉薦於王，下文所謂「凡民之有德行、道藝者，比以告閭，閭以告族」云云是也。「賓」即大司徒之「賓興」，亦見前「教之以三物」注。「以歲時登其大夫，察其衆寡」，俞樾云：「『大夫』當作『夫家』，周官鄉大夫職曰『以歲時登其夫家之衆寡』，即此文所本。」按俞説是也。鄉大夫云「以歲時登其夫家之衆寡，辨其可任者」，賈公彦疏：「云『以歲時』者，謂歲之四時。登，猶成也，定也。夫家，謂男女。謂四時成定其男女多少。云『辨其可任』者，謂分辨其可任使者。」按此云「以歲時登其夫家，察其衆寡」，乃稍變其文而言之。登即秋官司民「掌登萬民之數」之「登」，定民數而登載之。察者，察辨其可任使者之衆寡也。各本「夫家」皆誤作「大夫」。

〔二〕錢校：「『鄉以告』，『告』下當有脱字。」按增訂漢魏叢書本「告」下有「大夫」二字。池田校：「王本無據而妄補二字而已，不足據。又按『告』下當脱『司徒』二字。六鄉屬司徒，以次而告，則當上達於司徒矣。按王制云『命鄉論秀士，升之司徒，曰選士』，注：『移名於司徒也。秀士，大夫所考有德行、道藝者。』此乃是事也。」按「鄉以告」之「鄉」即鄉大夫也，增訂漢魏叢書本作「鄉以告大夫」，其不可據顯然。池田説近是。然下文云「鄉大夫三年則大比而興賢能者，鄉老及鄉大夫、羣吏獻賢能之書於王」，其文即本鄉大夫，或謂據此則「告」下當脱「王」字。然據禮記王制，則謂鄉大夫舉賢能之簿書進之於司徒。孫詒讓周禮正義謂凡升於司徒，皆先告於王，則又折中言之。按此脱文當闕疑，不可臆定。

〔三〕「奇衺」複語。衺同邪。奇音居宜切，管子白心「奇身廢名」，尹知章注：「奇，謂邪不正。」「比以告亦如之」，謂民有邪惡之罪者，則比以告閭，閭以告族，逐級上告，亦如民有德行、道藝者逐級上告也。「黨逆」，謂偏袒不從教令者。國語晉語五韋昭注：「阿私曰黨。」玉篇辵部：「逆，不從也。」有惡不告，是謂黨逆。「民不得有遺善」，謂民有善必告，故善無失也。文選七啓「舉不遺才」，李善注：「遺，失也。」「亦不得有隱惡」，「隱惡」謂民有惡隱而不告。

〔一三〕此文亦略見鄉大夫。春官大胥鄭玄注：「比，猶校也。」大比，猶言普校。興，舉也，見前注。「鄉老及鄉大夫、羣吏」云云者，鄉之長爲鄉大夫，「羣吏」指鄉大夫以下州長、黨正等各職。地官序官云「鄉老，二鄉則公一人」，鄭玄注：「老，敬稱也。王置六鄉，則公有三人也。三公者，内與王論道，中參六官之事，外與六鄉之教（按與，參與），其要爲民，是以屬之鄉焉。」按周制，鄉凡六。二鄉則鄉老一人，凡三人。鄉老所事，或在朝，或在鄉，無專職。然所事大要在教民，故屬之於鄉，稱鄉老。以其無專職，故地官無其職，僅見於序官。云「王拜受之，登於天府」者，鄭玄注：「王拜受之，重得賢者（按謂王拜受所進賢能之簿書，所以重視得賢）。王上其書於天府。天府，掌祖廟之寶藏者。」賈公彦疏：「賢能之書亦是寶物，故藏於天府。」按登，入也。天府，掌天子祖廟收藏之官，見春官天府。

〔一四〕命，封授也。論語先進「賜不受命」，皇侃疏引王弼云：「命，爵命。」文謂封爵授職，各以其才之所宜，才大者不以之司小職，才輕者不以之任重位。

〔一五〕書皋陶謨：「俊乂在官（孔穎達疏引馬融等云：才德過千人曰俊，百人曰乂），百僚師師，百工惟時。」僞孔傳：「僚、工，皆官也。師師，相師法。百官皆是，言政無非。」按廣雅釋詁：「時，善也。」故傳以「皆是」釋「惟時」。鹽鐵論刺復引皋陶謨此文，云：「言官得其人，人任其事。」「取士官人」，取，選取；官，授官也。

〔一六〕吕氏春秋處方「本不審，雖堯舜不能以治」，高誘注：「本，身。」玉篇示部：「祚，禄也。」謂其民無不反身而自求，慎修德而積小善，知福禄之來不由於人。

〔一七〕事、端互文，端亦事也，見本書考僞篇「生邪端，造異術」注。澄即「澂」之後起字，説文水部：「澂，清也。」由水清引申爲清静、安定。「恬然」，猶安然，説文心部：「恬，安也。」

〔一八〕小爾雅廣詁：「率，勸也。」按率訓勸，由率先之義引申爲勸勉。厲、礪古今字。率、厲互文，皆規勸砥礪之意。愨爲「慤」之别體，淮南子主術高誘注：「慤，誠也。」「誠慤」爲複語。陂音彼義切。玉篇阜部：「陂，邪也。」「邪陂」亦複語。以上之文，謂是故民無交游、請託之事，心定體静，安然愜意，皆以正道相勸勉，以誠厚相砥礪，故姦説不起，而邪惡自止矣。

世之衰矣〔一〕，上無明天子，下無賢諸侯，君不識是非，臣不辨黑白。取士不由於鄉黨，考行不本於閥閲〔二〕，多助者爲賢才，寡助者爲不肖〔三〕，序爵聽無證之論，班禄采方國之謡〔四〕。民見其如此者，知富貴可以從衆爲也，知名譽可以虚譁獲也〔五〕。乃離其父兄，去其邑里，不脩道藝，不治德行，講偶時之説，結比周之黨〔六〕，汲汲皇皇，無日以處〔七〕，更相歎揚，迭爲表裏〔八〕，檮杌生華，憔悴布衣，以欺人主惑宰相、竊選舉盜榮寵者，不可勝數也〔九〕。既獲者賢已而遂往，羡慕者並驅而追之，悠悠皆是，孰能不然者乎〔一〇〕？桓靈之世，其甚者也〔一一〕。自公卿大夫、州牧郡守，王事不恤，賓客爲務，冠蓋填門，儒服塞道，飢不暇餐，倦不獲已，殷殷沄沄，俾夜作晝〔一二〕；下及小司、列城墨綬，莫不相商以得人，自矜以下士〔一三〕；星言夙駕，送往迎來〔一四〕，亭傳常滿，吏卒傳問〔一五〕，炬火夜行，閽寺不閉〔一六〕；把臂捩腕，扣天矢誓，推託恩好〔一七〕；不較輕重，文書委於官曹，繫囚積於囹圄，而不遑省也〔一八〕。詳察其爲也，非欲憂國恤民、謀道講德也，徒營己治私、求勢逐利而已〔一九〕。有策名於朝而稱門生於富貴之家者，比屋有之〔二〇〕。爲之師而無以教，弟子亦不受業〔二一〕。然其於事也，至乎懷丈夫之容，而襲婢妾之態〔二二〕，或奉貨而行賂以自固結，求志屬託，規圖仕進，然擲目指掌，高談大語〔二三〕。若此之類，言之猶可羞，而行之者不知恥。嗟乎！王教之敗，乃至於斯乎〔二四〕！

〔一〕錢校：「『矣』字疑當作『也』。」池田校：「梁（茂榮）云：案也、矣古通用。」按「矣」用同「也」，例見經傳釋詞。

〔二〕「鄉黨」，總鄉、州、黨、族、閭、比言之。前文云「凡民之有德行、道藝者，比以告閭，閭以告族」云云，此云「取士不由於鄉黨」，謂選取士人不經由鄉黨之舉薦。慧琳一切經音義八十五引考聲云：「閥閱，表功業也。」「考行不本於閥閱」謂考察行爲不原本於業績。

〔三〕意林五「多助者」二句引作「多助者則稱賢才，寡助者則謂不肖」。池田校：「梁氏（茂榮）云：

案爲、謂通用，謂、稱義同。」按「多助」，謂結交廣而多助也；「寡助」，謂少結交而寡助也。「爲賢才」、「爲不肖」，「爲」作「是」解，義自可通，不必依意林引解作「謂」。

〔四〕「序爵」，謂按等次授予官爵；「班禄」，謂按等次定其俸禄，並見本書爵禄篇「明王在上，序爵班禄而不以逮也」云云注。禮記表記引詩大雅大明「以受方國」，鄭玄注：「方，四方也。受四方之國，謂王天下。」方國，四方諸侯之國。又漢制，郡之所轄，其大小亦猶古諸侯之封地，故漢人亦稱州郡爲方國。後漢書胡廣傳云廣「宜試職千里（按謂任郡守），匡寧方國」，彼方國指陳留郡。此文「方國」無確指，乃泛指鄉黨外之四方。二句謂授爵則聽從無證之議論，給禄則采納四方之謡傳。上文所謂「取士不由於鄉黨，考行不本於閥閲」也。

〔五〕爲、獲並言，爲謂謀取也。戰國策東周策高誘注：「爲，謀也。」俞樾云：「『從衆』疑當作『徒衆』，『虚譁』疑當作『虚華』，皆字之誤。」按左傳成公六年「善鈞，從衆」，鈞同均，言善均等，則從衆人之意。「從衆」與此文同義。玉篇言部：「譁，諠譁。」諠同喧。「虚譁」猶虚張、虚誇。「知富貴可以從衆爲也」，言民知富貴可由上順從衆意取之。「知名譽可以虚譁獲也」，言民知名譽可由上聽取虚言得之。文自可通，不必從俞説。

〔六〕離、去互文，戰國策齊策二「不能相去」，高誘注：「去，離也。」「邑里」，鄉里。「道藝」，道理與技藝。玉篇言部：「講，習也。」「偶時」，迎合時俗。爾雅釋詁：「偶，合也。」「結比周之黨」，謂結交友黨。説文比、周並訓密，比周即親密，特指朋輩、同黨親密偏袒，故曰「比周之黨」。

〔七〕謂心情急迫，無一日而安寧。漢書董仲舒傳「皇皇求財利」，顏師古注：「皇皇，急速之貌也。」莊子天地「汲汲然唯恐其似己也」，成玄英疏：「汲汲，匆迫貌。」「無日以處」，猶言無日而安。經傳釋詞：「以，猶而也。」後漢書孔融傳「所未敢處」，李賢注：「處，猶安也。」

〔八〕歎謂贊歎，故以「歎揚」連文。玉篇欠部：「歎，歎美也。」「迭爲」與上句「更相」互文，猶言互爲。説文辵部：「迭，更迭也。」「迭爲表裏」，謂互爲依恃。表、裏均從「衣」，本義爲衣之表裏。蓋衣之表裏，猶脣齒、輔車之相依，故用爲依存之義。意林三引桓譚新論云「左氏經與傳，猶衣之表裏，相待而成」，可證此文「表裏」之義。

〔九〕史記五帝本紀：「顓頊氏有不才子，不可教訓，不知話言（按左傳文公十八年杜預注：話，善也），天下謂之『檮杌』。」按亦見左傳文公十八年。檮杌本西方凶獸，見文公十八年正義引神異經，因以檮杌稱無才德凶頑之小人。「生華」，猶言生輝，謂榮耀光顯。淮南子墬形高誘注：「華，猶光也。」文選出師表「臣本布衣」，六臣注引呂向云：「布衣，庶人之服也。」荀子大略：「古之賢人，賤爲布衣。」此文「布衣」對「檮杌」言，指君子修德未仕者。慧琳一切經音義六十引蒼頡篇云：「憔悴者，憂愁也。」自「乃離其父兄，去其邑里」云云以下，承上文「民見其如此者，知富貴可以從衆爲也，知名譽可以虛譁獲也」言之，謂民既知富貴名譽可由衆意、虛言獲得，於是離其父兄鄉里，不修治道藝德性，專習迎合時俗之説，結交黨伍，匆忙無一日之寧，朋輩間彼此稱揚，互爲依仗，致使小人榮耀，君子憂困，以此蒙蔽人主、宰相，竊取選拔、恩寵，如此者不可勝計也。

〔一〇〕玉篇貝部：「賢，能也。」「賢已」，視已爲能也。國語周語下：「遂，順也。」後漢書朱穆傳「悠悠者皆是」，李賢注：「悠悠，多也。」爾雅釋詁：「孰，誰也。」文謂已獲榮寵者，則以已爲能而順往日之所爲；羨慕者，則共同驅奔而追效之，比比皆是此輩，誰能不如此乎？

〔一一〕謂漢桓帝、靈帝之世，士人交游結黨之風爲盛。廣雅釋詁：「甚，劇也。」按桓、靈之世，國政荒闕，權操閹宦之手，士人羞與爲伍，激憤抨擊，由是同氣相求，清流名噪，而交游結黨之風盛興，參後漢書黨錮列傳。然結黨之風蔓延，效者蜂起，不能無弊，幹此篇所言者是也。

〔一二〕公卿，三公九卿也，見前「與三公九卿祖識地德」注。漢稱大夫者官階不一，如御史大夫爲上卿，其餘大抵爲卿之屬官。又地方之制，州長曰刺史，東漢末改稱州牧；郡長曰太守，詳漢書百官公卿表上、續漢書百官志二。「公卿大夫、州牧郡守」，泛指朝廷及地方之大臣。說文心部：「恤，憂也。」「冠蓋」，冠服、車蓋，代指官吏。荀子禮論楊倞注：「蓋，車蓋也。」「儒服」，指儒生。「填門」、「塞道」，極言往來者衆。「倦不獲已」，猶言倦而不得息。吕氏春秋論威「猶不得已也」，高誘注：「已，止也。」「殷殷沄沄」，謂人之衆多紛雜，猶熙熙攘攘也。文選魏都賦「殷殷寰内（按寰内，猶天下）」，李善注：「殷，衆也。」老子十六章：「夫物芸芸，各復歸其根。」莊子在宥「萬物云云，各復其根」，成玄英疏：「云云，衆多也。」太玄玄告「魂魂萬物」，范望注：「魂魂，衆多之貌也。」沄、芸、云、魂古音並相通（魂亦以「云」爲聲）。說文則字作「䞨」，訓「物數紛眡亂也」。眡亦即今「紛紜」字。「俾夜作晝」，爾雅釋詁：「俾，使也。」詩大雅蕩「俾晝作夜」，毛傳：「使晝爲夜。」此云「俾夜作晝」，反用之，謂使夜如白晝，即夜以繼日。文意謂上自朝廷、地方大臣，無人憂慮王事，唯以款待賓客爲務，致使官吏、士人填門塞道，匆忙而飢不暇食，倦不得息，熙攘紛雜，夜以繼日不止也。

〔三〕潛夫論忠貴「自公卿以下至於小司」，小司，朝中司事之小官，對上「公卿大夫」言。「墨綬」，縣官也，對上「州牧郡守」言。墨，黑也。急就篇二顏師古注：「綬者，受也，所以承受環、印也。」繫結玉環或印璽之絲帶曰綬。漢制，萬户以上之縣設令，不滿萬户設長，縣令、長皆銅印黑綬，見漢書百官公卿表上。「相商」，俞樾云：「當作『相高』。」今按商當讀爲章，並陽部舌上音字。漢書律曆志上「商之爲言章也」，風俗通義音聲「商，章也」，商君書説民「章善則過匿」，漢書董仲舒傳「章洪業」，章、彰古今字，表彰也。尚書大傳三「周公輔幼主，不矜功」，鄭玄注：「矜，夸也。」荀子堯問楊倞注：「下，謙下也。」「下士」，謂位尊者以禮待士人。文謂下及朝中小官、地方縣令，莫不互爲表彰以獲人心，以能禮賢下士而自許。

〔四〕「星言夙駕」，見詩鄘風定之方中，鄭玄箋：「星，雨止星見。夙，早也。」按「星言」，「言」語詞，見經傳釋詞。箋訓星爲「雨止星見」，謂夜雨止而天晴星見。説文夕部：「夝，雨而夜除星見也。」星、夝同聲相通，俗作「晴」。夜雨纔止即星夜早駕車者，謂勤於出訪。「送往迎來」，迎送賓客頻繁也。

〔一五〕「亭傳」，旅舍也。漢書高帝紀上顔師古注：「亭，謂停留行旅宿食之館。」傳，讀直戀切。廣雅釋詁：「傳，舍也。」「亭傳常滿」，謂旅舍常滿出訪之客。「吏卒」，小吏、衙役也。呂氏春秋具備高誘注：「吏，邑吏。」謂縣邑之小吏。急就篇四顔師古注：「卒，給使役者也。」「傳問」，錢校：「類聚（二十一）引作『侍門』。」按問，讀如論語雍也「伯牛有疾，子問之」之「問」，問候也。「吏卒傳問」，客來問候而差役傳告也。

〔一六〕「炬火夜行」，夜行出訪也，上文云「俾夜作晝」、「星言夙駕」。禮記祭統：「閽者，守門之賤者也。」寺，音時吏切，同侍。漢書律曆志下顔師古注：「寺人，奄人也（按奄同閹）。」古者使刑餘之人守門，故守門者稱「閽寺」。儀禮喪服釋文：「閽寺，守門人也。」「閽寺不閉」，守門者不閉門，待迎客也。

〔一七〕説文手部：「把，握也。」慧琳一切經音義七十九引考聲云：「捩，扭也。」按把、捩義相類，皆謂握持。「把臂捩腕」，即握臂持腕，以示相親也。「扣天」，舉指向天也。扣通叩，説文作「敂」，云：「擊也。」叩則舉指，故舉指亦曰「扣」。慧琳一切經音義四十六引廣雅云：「扣，舉也。」爾雅釋言：「矢，誓也。」「矢誓」複語。淮南子原道高誘注：「推，猶移也。」以此移於彼謂之推，引申之，凡以己之所有予人亦謂之推。史記淮陰侯列傳「推食食我」，推食，以己食予我也。三國志吴書周瑜傳「瑜推道南大宅以舍（孫）策」，推宅，以己宅予人也。列女傳八明德馬后「時及政事，后推心以對」，推心，傾己之心於人也。「推託」，猶言傾心依託、委屬。此「推託」與借故推脱之義有別。詩豳風鴟鴞毛傳：「恩，愛也。」謂情親。「恩好」，情好、交情。以上三句，謂握臂持腕以示親，指天爲誓，以委屬情好也。

〔一八〕「不較輕重」，謂重交結而輕公事，不辨公私孰輕孰重。廣雅釋詁：「委，積也。」「委」與下句「積」互文。廣韻平聲六豪：「曹，局也。」曹即曹局，官署也。漢書薛宣傳「坐曹治事」，謂坐衙辦事。繫囚，囚犯繫於獄者。玉篇囗部：「圄，囹圄，獄也。」又辵部：「遑，暇也。」以上四句，謂不辨公私之輕重，文案堆於官署，囚犯滿於牢獄，而無暇省理。

〔一九〕「其爲」，指上朝廷、地方大小官吏務交結之所爲。説文心部：「恤，憂也。」國語魯語下：「咨事爲謀。」廣雅釋詁：「講，論也。」謂細察其所爲交結，非欲憂國憂民，求道論德，徒爲營治一己之私，求逐勢利而已。

〔二〇〕文選吴都賦六臣注引張銑云：「策，竹簡也。」「策名」，策作動字，謂書其名於人主之簡牘，以明己爲臣屬也。左傳僖公二十三年「策名委質」，杜預注：「(策名)名書於所臣之策。」孔穎達疏：「古之仕者，於所臣之人書己名於策(按所臣之人，謂己所臣屬之人)，以明繫屬之也。」「門生」，門下諸生，本指授業弟子，此指尊奉富而有勢者爲師長，而以「門生」自居，下文云「爲之師而無以教，弟子亦不受業」是也。漢書諸侯王表「諸侯比境」，顔師古注：「比，謂相接次也。」「比屋」，屋舍相連，猶家家也，引申爲衆多。謂身爲臣於朝廷者，自稱「門生」於權貴之家，此輩處處皆是。

〔二一〕藝文類聚二十一上句作「爲師無以教訓」，錢校從改。按本書原文自可通。「之」，承上指「有策名於朝而稱門生於富貴之家者」之輩。謂權貴爲彼輩之師而實無以教，而自稱「門生」者亦不受學業也。

〔二二〕荀子性惡楊倞注：「事，爲也。」事即作爲。「至乎」，猶言乃至。「懷」本謂包懷。書堯典僞孔傳：「懷，包。」引申爲蒙其表，披其外。文選齊故安陸昭王碑文「懷青拖紫」，李善注引王逸云：「懷，衣也。」衣者，蒙其外也。「懷丈夫之容」，謂披男子之表。「襲」，因襲、襲仿也。「婢妾」，婢女，妾亦婢也。書費誓「臣、妾逋逃」，僞孔傳：「役人賤者，男曰臣，女曰妾。」按臣、妾本指男女奴，泛指男僕、女婢。

〔二三〕説文貝部：「貨，財也。」「以自固結」，謂固結己與權勢者之交。「求志」，求能遂其志願也。「屬託」，請託也。屬、囑古今字。「規圖」複語，規亦圖謀也。淮南子主術高誘注：「規，謀也。」「仕進」，仕途之進取也。「擲目」，投目。慧琳一切經音義七十八引古今正字：「擲，投也。」「指掌」作動字解，謂劃指擊掌。「擲目指掌」貫下「高談大語」言之，謂目動手揮，作勢以助談也。

〔二四〕玉篇口部：「嗟，嗟歎也。」「嗟乎」猶嗚呼。經傳釋詞：「斯，此也。」以上十四句，意謂然於其所爲，乃至徒具大丈夫之表，而效彼婢女之媚態，或敬奉錢財而行賂，固結與彼權勢之交，求得遂其志而請託之，圖謀仕途之進取，然而又目動手揮，高談大論。如此之類，他人言之猶可以爲羞，而彼行之者不知自恥也。嗚呼！先王教化之敗壞，乃至於此乎！錢校：『嗟乎！王教之敗，乃至於斯乎』，類聚(二十一)引在『東山之哀』句下(按東山句見下文)，『斯』作『此』。其下云『林宗之時，所謂交遊者也。輕位不仕者則有巢、許之高，廢職待客者則有仲尼之稱，委親遠學者則有優游之美，是以各昡其名而忘天下之亂也』。疑今本有脱簡，而類聚所引或不免顛倒删節。今姑仍原本，而附著於此。」按藝文類聚二十一引此一段文，自上「大夫州郡牧守」云云起，中間多有删節，「嗟乎」云云又在下「室人抱東山之哀」句下。夫云「王教之敗」者，乃指朝廷及地方諸臣曠官務交之種種劣迹而言，類聚引在「室人抱東山之哀」句下，於文不類，顯非原文次序。至多出今本之「(郭)林宗之時，所謂交遊者也」云云一段，玩其文似是後人注「交游」之語衍入者，錢不據改，是也。

且夫交游者出也，或身殁於他邦，或長幼而不歸〔一〕，父母懷煢獨之思，室人抱東山之哀〔二〕，親戚隔絶，閨門分離〔三〕，無罪無辜，而亡命是效〔四〕。古者行役過時不反，猶作詩刺怨，故四月之篇稱「先祖匪人，胡寧忍予」，又況無君命而自爲之者乎？以此論之，則交游乎外、久而不歸者，非仁人之情也〔五〕。

〔一〕「出」，離鄉外出。「長幼而不歸」，長爲動字，成長也。言家中幼子已長大而已尚未歸，謂離鄉久。

〔二〕楚辭離騷王逸注：「煢，孤也。」「父母懷煢獨之思」，子久不歸，父母生孤獨之感念也。「室人」，謂妻室。曲禮上「有室」，鄭玄注：「妻稱室。」孔穎達疏：「妻居室中，故呼妻爲室。」東山，即詩豳風東山。毛序：「周公東征也（按東征，指周公輔成王東征，平管叔鮮、蔡叔度叛亂，事見史記魯周公世家、管蔡世家）。周公東征，三年而歸，勞歸士（按勞，慰勞；士，士卒），大夫美之，故作是詩也。」按東山之三章云：「我徂東山（按徂，往也），慆慆不歸（毛傳：慆慆，言久也）。我來自東（按言今自東山歸也），零雨其濛（按孔穎達疏：零雨，零落之雨。毛傳：濛，雨貌）。鸛鳴于垤，婦歎于室（按毛傳：垤，蟻冢也。鄭玄箋：鸛，水鳥也。將陰雨則鳴。行者於陰雨尤苦。婦念之，則歎於室也）。」是詩言周公東征，士卒出征久而後歸，行於途中，妻室望夫而歎。毛序云：「三章，言其室家之望女也（按女同汝）。」「室人抱東山之哀」，謂妻室思夫而含哀。

〔三〕大戴禮曾子疾病：「親戚殁，雖欲孝，誰爲孝？」親戚，父母也。古人或稱父母爲「親戚」，例多見，詳經義述聞十九左傳下「親戚」條。「親戚隔絶」，承上「父母懷煢獨之思」言，謂父母與子隔絶。太玄沈初一「沈耳於閨」，范望注：「閨，内也。内者，婦人之事。」「閨門」指婦人所居，此指妻室。「閨門分離」，承上「室人抱東山之哀」言，謂夫妻分離。

〔四〕罪、辜互文。説文辛部：「辜，辠也（按辠、罪古今字）。」文選謝平原内史表「張敞亡命」，李善注：「命，名也。謂所犯罪名已定，而逃往避之，謂之亡命。」史記張耳陳餘列傳「張耳嘗亡命遊外黄」，索隱：「崔浩曰：亡，無也。命，名也。逃匿則削除名籍，故以逃爲亡命。」亡命，謂有罪逃避在外。離鄉遠遊，有家不歸，無異於無罪而效亡命之徒，故曰「無罪無辜，而亡命是效」。

〔五〕周禮地官稍人賈公彦疏：「行役者，謂巡守及興役。」按行役，謂因兵事、勞作或公務而出行。反、返古今字。四月，見詩小雅四月。首章云：「四月維夏（按維，語詞），六月徂暑（按毛傳：徂，往也。孔穎達疏引王肅注：以夏四月行役，至六月暑往，未得反）。先祖匪人，胡寧忍予（按鄭玄箋：匪，非也。孔穎達疏引王肅注：征役過時，曠廢其祭祀。我先祖獨非人乎？王者何爲忍不憂恤我，使我不得修子道）？」按依王肅説，詩意謂行役之人久在外，怨王何忍心不使之歸而祭祖，以盡人子之道也。左傳文公十三年「文子賦四月」，杜預注：「四月，詩小雅。義取行役踰時，思歸祭祀。」義與王同。毛序則謂四月乃刺周王在位貪殘，怨亂興起，與王注及左傳杜注異。幹引四月，與王、杜説同。參王先謙詩三家義集疏。文謂古者行役過時不得返，詩人猶作詩譏刺而怨之，故四月稱「我先祖獨非人耶？王何乃忍心以待我如此」也。又何況彼交游者非奉王命而自爲不歸乎？由此論之，則彼交游外出而不歸者，非仁人應有之情也。

曆數第十三

昔者聖王之造曆數也〔一〕，察紀律之行〔二〕，觀運機之動〔三〕，原星辰之迭中〔四〕，寤晷景之長短〔五〕。於是營儀以准之〔六〕，立表以測之，下漏以考之〔七〕，布筭以追之〔八〕。然後元首齊乎上〔九〕，中朔正乎下〔一〇〕，寒暑順序，四時不忒〔一一〕。夫曆數者，先王以憲殺生之期〔一二〕，而詔作事之節也，使萬國之民不失其業者也〔一三〕。

〔一〕書洪範「五曰歷數」，僞孔傳：「歷數，節氣之度以爲歷。」孔穎達疏：「算日月行道所歷，計氣朔早晚之數（按氣朔，謂四時之節氣、月之晦朔），所以爲一歲之歷。」按說文止部：「歷，過也。」歷謂經過，故日月星辰運行所經之軌度曰「歷」，據其所經之軌度計算節氣、晦朔早晚之數亦曰「歷」，是謂「歷數」。此義之「歷」，後起字作「曆」。歷數亦即曆數，曆算也，曆法也。

〔二〕左傳桓公二年：「百官於是乎戒懼，而不敢易紀律。」紀律，綱紀法律。荀子天論：「天行有常，不爲堯存，不爲桀亡。」天體之運行有常規，後文所謂「天數」是也。「察紀律之行」，謂察知天行之常道。

〔三〕文選永明十一年策秀才文五首李善注云：「易通卦驗曰：『遂皇氏始出，握機矩。』鄭玄曰：『遂皇，遂人也（按遂人，三皇之一，亦作燧人）。但持斗機運轉之法。』」按「運機」，機即斗機；運，運轉也。「機」亦作「璣」，本指北斗七星之第三星。史記天官書「北斗七星」，索隱引春秋運斗樞云：「第三璣。」故以「斗機」泛指北斗。「觀運機之動」，察北斗運行之變動也。按淮南子天文「斗杓爲小歲（按斗杓，北斗之柄，即北斗第五至第七星，稱爲「小歲」），正月建寅」，高誘注：「北斗第一星至第四爲魁，第五至第七爲杓。」按古者觀北斗之運轉，以斗杓所指之辰定月令，十二地支應十二月，如正月指寅，二月指卯，謂之「建寅」、「建卯」，是故察北斗之運行以紀四時月份。

〔四〕管子戒「先王之遊也，春出，原農事之不本者」，尹知章注：「原，察也。」書堯典「歷象日月星辰」，僞孔傳：「星，四方中星。辰，日月所會。」按單言之，星、辰有別。合言之，星辰泛指列星。此云「原星辰之迭中」，則泛指列星言，謂察究二十八宿之星座更迭爲「中星」也。禮記月令：「（孟春之月）昏，參中。旦，尾中。」淮南子時則文同，高誘注：「參，西方白虎之宿，昏時中於南方。尾，東方蒼龍之宿，將旦時中於南方。」堯典孔穎達疏：「二十八宿布在四方，隨天轉運，更互在南方，每月各有中者。」按月令鄭玄注：「中，猶應也。」二十八宿依律運轉，每月依次更迭，而應現於天之南，是謂「中星」。月令自孟春至季冬，昏、旦時皆各有其相應之「中星」。云「原星辰之迭中」者，察「中星」之更迭，可以知四時之變換也。

〔五〕後漢書班固傳李賢注：「寤，曉也。」寤通悟。説文日部：「景，光也。」按景本義爲日光，陰影隨光而生，故引申之陰影亦曰景，後起字作「影」。晷爲測日影長短之儀，即圭表。玉篇日部：「晷，以表度日也。」吕氏春秋慎小高誘注：「表，柱也。」「度日」即測度日影之長短。「晷景」，晷表所投之日影。續漢書律曆志下：「曆數之生也，乃立儀表以校日景。」「校日景」，較晷景之長短，亦即此云「寤晷景之長短」。按周髀算經卷上之三：「冬至日晷長，夏至日晷短。」蓋測晷影以知節氣，且以計時也。

〔六〕文選羽獵賦序李善注：「營，謂造作也。」續漢書律曆志中「詔書下太常，令史官以儀校天」，儀即渾天儀，亦稱渾儀。「准」，同「準」，謂準度、準驗。希麟續一切經音義七引切韻：「準，度也。」「之」承上指曆數言，下文「測之」、「考之」、「追之」，三「之」亦並指曆數言。「營儀以准之」，謂造渾天儀以準驗曆法。

〔七〕「立表」，見上「寤晷景之長短」注。禮記射義鄭玄注：「下，降也。」下漏，謂使水漏下滴，亦計時之稱。史記司馬穰苴傳「立表下漏待(莊)賈(按立表即立晷表)」，索隱：「下漏，謂下漏水以知刻數也。」古者滴水以計時，其器漢稱「孔壺」。續漢書律曆志下：「孔壺爲漏，浮箭爲刻，下漏數刻(按數刻，計數時刻)。」文選七命六臣注引李周翰云：「浮箭，謂水漏刻日時節者。」蓋以木託箭竿豎浮於水，箭竿置於上則隨水漏而降，置於下則受水而升，測其所指刻度以知時刻。説文水部：「漏，以銅受水刻節，晝夜百刻。」此「漏」即孔壺，壺以銅爲之也。此句謂以日晷、孔壺考測曆法之時刻。

〔八〕玉篇巾部：「布，陳列也。」筭，算籌。説文竹部：「筭，長六寸，所以計歷數者。」歷數即曆數。追，本謂追逐，引申爲求索。楚辭九章惜往日「文君寤而追求」，「追求」複語，追亦求也。謂布陳算籌以推求曆法。

〔九〕晉書律曆志中：「湯作殷曆，弗復以正月朔旦立春爲節也，更以十一月朔旦冬至爲元首。」元首即歲首。易繫辭上「齊大小者存乎卦」，集解引王肅曰：「齊，猶正也。」下句「中朔正乎下」，齊、正互文。此句言歲首得核正。元首爲一歲之始，故曰「上」。

〔一〇〕周禮春官大史賈公彥疏：「一年之内有二十四氣。正月立春，節；雨水，中。二月啓蟄，節；春分，中。三月清明，節；穀雨，中。四月立夏，節；小滿，中。五月芒種，節；夏至，中。六月小暑，節；大暑，中。七月立秋，節；處暑，中。八月白露，節；秋分，中。九月寒露，節；霜降，中。十月立冬，節；小雪，中。十一月大雪，節；冬至，中。十二月小寒，節；大寒，中。皆節氣在前，中氣在後。節氣一名朔氣。」按每月之「節氣」立春、啓蟄等在前，故又稱「朔氣」，朔，初也；每月之「中氣」雨水、春分等在月中以後，故曰「中氣」。「中朔」謂中氣、朔氣，統稱之亦曰「節氣」，即一年之二十四氣也。此句言二十四氣得核正。一歲每月節氣有二，對歲首在上，故曰「下」。

〔一一〕廣雅釋詁：「忒，差也。」謂寒暑順其序，四時無差失。

〔一二〕周禮秋官小司徒「乃宣布于四方，憲刑禁」，又布憲「掌憲邦之刑禁」，鄭玄注並云：「憲，表也。」按表謂表著、公示。集韻去聲二十五願：「周禮，懸法示人曰憲法。後人因謂憲爲法。」是憲謂公布，後稱法曰「憲」者乃引申義。「夫曆數者，先王以憲殺生之期」，謂先王以曆法公告殺生之期也。「殺生」，殺戮與生養也。古者生養與殺戮皆順其節氣，各有其期，如管子四時：「德始於春，長於夏；刑始於秋，流於冬（按流，申延）。」春夏，生養之節氣也；秋冬，殺戮之節氣也。又如淮南子時則孟春之月「毋覆巢殺胎夭（按胎夭，胎孕及幼鳥）」，季秋之月「乃趨獄刑，毋留有罪」，即順天時以生殺。又吕氏春秋諸紀及禮記月令言之亦甚詳。

〔一三〕説文言部：「詔，告也。」國語越語下韋昭注：「節，期也。」史記五帝本紀正義：「節，時節也。」慧琳一切經音義十引廣雅：「失，誤也。」萬國即諸侯各方國，泛指天下。謂告知作事之時節，使天下之民不誤其業。按此「作事」指農事。左傳文公六年「時以作事，事以厚生」，杜預注：「事不失時，則年豐，生民之道於是乎在矣。」時以作事，即務農以時也。按古重農，而時令、節氣於稼穡之事最爲關要。又凡山澤之利、牲畜之養皆屬農事，獵取生養有時，如春生之時勿殺孕畜仔獸即是。故古者治國必重農，重農必重曆法。幹作此篇，意即在此，所謂「曆數者，先王以憲殺生之期，而詔作事之節也，使萬國之民不失其業者」是也。

昔少皞氏之衰也，九黎亂德〔一〕，民神雜揉〔二〕，不可方物〔三〕。顓頊受之〔四〕，乃命南正重司天以屬神，北正黎司地以屬民，使復舊常，毋相侵黷〔五〕。其後三苗復九黎之德〔六〕，堯復育重、黎之後不忘舊者，使復典教之〔七〕。故書曰：「乃命羲、和，欽若昊天，曆象日月星辰，敬授民時〔八〕。」於是陰陽調和，災厲不作，休徵時至，嘉生蕃育，民人樂康，鬼神降福〔九〕。舜、禹受之，循而勿失也〔一〇〕。及夏德之衰，而羲、和湎淫，廢時亂日〔一一〕。湯、武革命，始作曆明時，敬順天數〔一二〕。故周禮太史之職，「正歲、年以序事，頒之於官府及都鄙〔一三〕，頒告朔於邦國〔一四〕」。於是分、至、啓、閉之日，人君親登觀臺以望氣，而書雲物，爲備者也〔一五〕。故周德既衰，百度墮替，而曆數失紀〔一六〕。故魯文公元年閏三月，春秋譏之，其傳曰：「非禮也〔一七〕。先王之正時也，履端於始，舉正於中，歸餘於終〔一八〕。履端於始，序則不愆；舉正於中，民則不惑；歸餘於終，事則不悖。」又哀公十二年十二月螽〔一九〕，季孫問諸仲尼，仲尼曰：「丘聞之也，火復而後蟄者畢〔二〇〕，今火猶西流，司曆過也。」言火未伏，明非立冬之日〔二一〕。自是之後，戰國搆兵〔二二〕，更相吞滅，專以争强攻取爲務，是以曆數廢而莫脩，浸用乖繆〔二三〕。

〔一〕此下一段，多據國語楚語下觀射父答楚昭王問之言，亦略見史記曆書、漢書律曆志上、郊祀志上。國語楚語下韋昭注：「少皞，黄帝之子金天氏也。九黎，黎氏九人，蚩尤之徒也。」「亂德」，謂悖亂仁德。

〔二〕「雜揉」，國語楚語下作「雜糅」，韋昭注：「同位（按謂同職位），故雜糅。」按「糅」即説文之「粗」，云：「雜飯也。」揉同糅，並訓混雜。楚語下云「古者民神不雜」，韋注：「謂司民、司神之官各異。」又云「於是乎有天、地、神、民、類物之官，是謂五官，各司其序（按左傳昭公二十九年杜預注：序，位次也），不相亂也」，韋注：「類物，謂別善惡、利器用之官。」是古者設五官，各司掌其職位，其司神、司民之職位各不相混。此云「民神雜揉」，謂司神、司民之職混雜不別也，故韋注云：「同位，故雜糅。」又按「神」，總天地神祇言，亦即下文「司天」之職所事；「民」，總土地人民言，亦即下文「司地」之職所事也。

〔三〕韋昭注：「方，猶別也。物，名也。」按此承上「民神雜揉」言，謂淆亂不可區別。「方物」爲複語，區別也。廣雅釋詁：「方，類也。」左傳昭公九年「事有其物」，杜預注：「物，類也。」作動字解則爲類別、區分。韋注訓物爲名者，謂稱名，亦區別之義。

〔四〕韋昭注：「少皞氏歿，顓頊氏作（按作，起）。受，承也。」顓頊，五帝之一，黄帝之孫，見史記五帝本紀。

〔五〕「北正」，楚語下作「火正」，史記曆書、漢書郊祀志上同。史記太史公自序云「昔在顓頊，命南正重以司天，北正黎以司地」，字仍作「北」。楚語下韋昭注：「南，陽位。正，長也。司，主也。屬，會也。所以會羣神，使各有分序，不相干亂也。周禮則宗伯掌祭祀。唐尚書云：『火』，當爲『北』。北，陰位也。周禮則司徒掌土地人民也。」按韋注訓屬爲會，義未瞭。荀子儒效「周公屏成王而及武王，以屬天下」，屬音市玉切，謂統屬、管屬。「屬神」，統管祀天地神祇之事；「屬民」，統管土地人民之事也。又漢書郊祀志上引此，顏師古注：「屬，委也，以其事委之也。」則謂令重司天以委付事神之事，令黎司地以委付事民之事。此讀「屬」之欲切，解亦通。「使復舊常，毋相侵黷」，謂恢復民神所司不雜之舊法，勿相侵犯辱慢也。「侵黷」，楚語下作「侵瀆」，瀆、黷字通。後漢書劉虞傳李賢注：「黷，猶慢也。」

〔六〕楚語下韋昭注：「其後，高辛氏之季年（按高辛氏，帝嚳，五帝之一，見史記五帝本紀）。三苗，九黎之後。高辛氏衰，三苗爲亂，行其凶德，如九黎之爲也。堯興而誅之。」按「復九黎之德」，德指凶德。上文曰「九黎亂德」，悖亂仁德，即行凶德。

〔七〕楚語下韋昭注：「育，長也。堯繼高辛氏，平三苗之亂，紹育重、黎之後（按紹，續也），使復典天地之官，羲氏、和氏是也。」按説文、玉篇並訓「育」爲「養子使作善也（玉篇「作」作「從」）」，引申之爲培養、教育。「不忘舊者」，謂重、黎之後裔不忘其先人司天、司地之舊業者。「使復典教之」，楚語下、史記曆書均無「教」字，當衍。「使復典之」，謂使復典掌司天、司地之職。呂氏春秋孟春紀高誘注：「典，掌也。」

〔八〕引見堯典。堯典「曆」作「歷」，「民」作「人」。僞孔傳：「重、黎之後羲氏、和氏，世掌天地四時之官。故堯命之使敬順昊天（按此釋「欽若」爲敬順）。昊天，言元氣廣大。星，四方中星。辰，日月所會。歷象其分節，敬記天時以授人也。」按「曆」爲「歷」之後起字，作動字解，謂推算日月星辰之運行，見前「昔者聖王之造曆數也」注。象，效法也。廣雅釋詁：「象，效也。」史記五帝本紀「曆象」作「數法」，以詁訓字代之。數，計數，即推算也；法，效也。「星辰」，僞孔傳分二事析言之。泛言即指列星，孔穎達疏云「鄭（玄）以星辰爲一」是也。「曆象日月星辰」，曆謂推算日月星辰運行之軌度，象謂效法日月星辰所示之天時。前文云「夫曆數者，先王以憲殺生之期，而詔作事之節也，使萬國之民不失其業者也」，即效法天時之謂也。

〔九〕陰陽調和，謂天地和合。災厲不作，謂災疫不生。説文人部：「作，起也。」厲、癘同聲相通。左傳哀公元年「天有菑癘」，菑同災，杜預注：「癘，疾疫也。」漢書終軍傳「而休徵之應見」，顔師古注：「休，美也。徵，證也。」休徵即吉兆。「嘉生」，龍谿精舍本作「嘉禾」，池田校兩京遺編本同。按史記曆書「故神降之嘉生」，集解引應劭曰：「（嘉生）嘉穀也。」爾雅釋詁：「康，安也。」

〔一〇〕上文「顓頊受之」，韋昭注：「受，承也。」謂舜、禹承堯之業，遵循而不失。

〔一一〕「夏德之衰」，謂夏失其德教。下文「周德既衰」，解仿此。書胤征序「羲、和湎淫，廢時亂日」，僞孔傳：「羲氏、和氏，世掌天地四時之官，自唐、虞至三代，世職不絶。承太康之後（按夏帝太康，禹之孫。承太康之後，謂帝中康時），沈湎於酒，過差非度（按謂違法度過甚），廢天時，亂甲乙（按甲乙，次序。謂廢天時而亂其次序，即廢曆法）。」史記夏本紀：「帝中康時，羲、和湎淫，廢時亂日。」與書序同。羲氏、和氏，即堯典「乃命羲、和」之後人。説文水部：「湎，沈於酒也。」玉篇水部：「淫，浸也。」「湎淫」爲複語。「廢時亂日」，謂羲氏、和氏酗酒瀆職，荒廢淆亂時日之記載，言廢曆法也。

〔二〕漢書律曆志上：「易金火相革之卦曰『湯、武革命，順乎天而應乎人』，又曰『治曆明時』。」按引易爲革卦辭，釋文：「革，馬、鄭云：改也。」「湯、武革命」，謂商湯革夏之命，周武王革商之命。古以王者受命於天，故改易朝代謂之「革命」。「作曆明時」，易革「作」作「治」，「曆」作「歷」。孔穎達疏：「修治歷數，以明天時也。」歷數，曆法也，見前注。「天數」，天象運行之常數。戰國策秦策三：「『日中則移，月滿則虧』，物盛則衰，天之常數也。」

〔三〕「太史」，周禮春官作「大史」，大音泰。大、太古今字。鄭玄注：「中數曰歲，朔數曰年。中、朔大小不齊，正之以閏，若今時作歷日矣。定四時，以次序授民時之事。」禮記月令孔穎達疏鄭注云：「中數者，謂十二月中氣一周，總三百六十五日四分之一，謂之一歲。朔數者，朔十二月之朔一周，謂三百五十四日，謂之爲年。此是歲、年相對，故有朔數、中數之別。」按釋「歲」爲「中數」，云「總三百六十五日四分之一」者，即地球繞日一周，故曰「謂十二月中氣一周」，如由春分至春分一周市是也（中氣，已見上「中朔正乎下」注）。釋「年」爲「朔數」，云「三百五十四日」者，謂月朔之周市也，故曰「朔十二月之朔一周」，如正月初一至來年之正月初一是也。春官大史賈公彦疏云「中氣市則爲歲，朔氣市則爲年」，則釋「年」亦以節氣言之，與孔疏釋年爲「朔十二月之朔一周」説異。大抵歲、年之參差，即今公曆與農曆之别，故鄭注謂「正之以閏」，言以閏月補正差數，蓋使相應月份與節氣寒暖不致差失過大。古者天時於農事至爲關要，正歲、年以修日曆，則順天時事農，使農事不失序，故「頒之於官府及都鄙」。左傳襄公三十年「子產使都鄙有章」，杜預注：「國都及邊鄙。」按鄙謂邊邑，言「都鄙」，猶全國也。

〔一四〕鄭玄注引鄭司農（衆）云：「頒讀爲班。班，布也。以十二月朔布告天下諸侯。」賈公彥疏：「鄭司農云『以十二月朔布告天下諸侯』者，言朔者，以十二月歷及政令（按歷即曆），若月令之書。」按説文月部：「朔，月一日始蘇也。」初一日始復蘇之月曰朔。故每歲十二月，月之初一日亦曰「朔」。引申之，每歲之月曆及各月關乎農事等之政令亦曰朔，故賈疏釋「朔」爲「十二月歷及政令，若月令之書」。「頒告朔」，即布告月曆及各月相應之政令也。「邦國」，指天子所封各諸侯國。説文邑部：「邦，國也。」繫傳：「古謂封諸侯爲邦。」

〔一五〕文略見左傳僖公五年，杜預注：「分，春、秋分也。至，冬、夏至也。啓，立春、立夏。閉，立秋、立冬。雲物，氣色災變也。素察妖祥，逆爲之備（按素，平日。逆，預先）。」按雲物，謂日旁之雲色，觀其色可預知吉凶，見年歲豐荒之兆。周禮春官保章氏云「以五雲之物，辨吉凶、水旱降豐荒之祲象（按祲象，吉凶之兆象）」，鄭玄注：「物，色也。視日旁雲氣之色。降，下也。知水旱所下之國。」鄭注又引鄭司農云：「青爲蟲，白爲喪，赤爲兵荒，黑爲水，黄爲豐。」是觀雲色以知吉凶，見年歲豐荒之兆，可預爲之備也。「登觀臺以望氣」，氣即所謂雲物，謂登臺望雲氣也。「書雲物」，即記載所觀察之雲氣，可預爲備吉凶。

〔一六〕此句非承上言，於文不當有「故」字。説文又部：「度，法制也。」謂事之節度、法度。墮音許規切。淮南子脩務「故名立而不墮」，高誘注：「墮，廢也。」俗作「隳」。又爾雅釋言：「替，廢也。」「墮替」爲複語。謂周既德衰無道，百事皆廢，而曆法失其綱紀。漢書律曆志上：「周道既衰，幽王既喪，天子不能班朔（按謂不能布告曆法），魯曆不正。」

〔一七〕引傳見左傳文公元年。杜預注：「於歷法閏當在僖公末年，誤於今年三月置閏，蓋時達歷者所譏（按達歷者，謂明曆法之人。譏，譏其非禮）。」孔穎達疏：「於是年魯歷置閏，閏三月。『非禮也』，言於禮置閏不當在此月也。」

〔一八〕杜預注：「步歷之始以爲術之端首，朞之日三百六十有六日。日月之行又有遲速，而必分爲十二月，舉中氣以正月。有餘日則歸之於終，積而爲閏，故言歸餘於終。」按孔穎達疏云「履，步也」，又云「日月轉運於天，猶如人之行步，故推歷謂之步歷」，是履猶推算也。「履端於始」者，端謂曆算之端首，言推曆之端必於歲始。蓋歲首之月得正，則其餘次序不失誤，故下文曰「履端於始，序則不愆」。玉篇心部：「愆，失也。」「舉正於中」者，中即節氣之中氣，見前「中朔正乎下」注。每歲十二月皆有相應之中氣，故以中氣正月名，杜注所謂「舉中氣以正月」是也。唯日月運行遲速有差，或當應之月中氣不至，則以該月置爲閏月，而中氣則在閏後之月月初朔日，孔穎達疏云「凡爲歷者，閏前之月中氣在晦（按晦，月之末日），閏後之月中氣在朔」是也。故觀中氣所在，知此月之正，則寒暑不失常，民無疑惑，即下文所謂「舉正於中，民則不惑」是也。「歸餘於終」者，餘即「餘日」。穀梁傳文公六年「閏月者，附月之餘日也」，即杜注所謂「有餘日則歸之於終，積而爲閏」是也。蓋歲、年不齊，數有參差（見上「正歲年以序事」注），是謂「餘日」，故積數年之餘日滿一月之數者置爲閏月。終者，指閏月。史記曆書「歸邪（按邪音餘）於終」，集解引韋昭曰：「終，閏月也。」置閏則月份與節氣不致漸差漸離，不違農事，下文云「歸餘於終，事則不悖」是也。荀子正名楊倞注：「悖，違也。」又按左傳此文，清儒釋者說不一，大同小異，文繁不録，今姑仍從舊解。

〔一九〕說文䖵部：「螽，蝗也。」穀梁傳桓公五年：「螽，蟲災也。」

〔二〇〕「復」，左傳哀公十二年作「伏」，池田校子書百家本亦作「伏」，引梁茂榮校釋云：「下言『火未伏，明非立冬之日』，則作『伏』是也。」按字當作「伏」。「復」蓋「伏」之聲誤，並唇音字，職、覺旁轉聲近。

〔二一〕哀公十二年杜預注：「火，心星也。火伏在今十月。『猶西流』，言未盡没，知是九月，歷官失一閏。」按國語晉語二韋昭注：「伏，隱也。」說文虫部：「蟄，藏也。」蟲豸冬時静藏土中，謂蟄。春秋爲魯國史，用周正建子，以冬至之月爲歲首，即以夏曆之十一月爲正月（參史記曆書），故傳云十二月乃周曆，亦即夏曆之十月，杜注謂「今十月」是也。廣雅釋詁：「流，行也。」十月立冬，則心星隱伏不見，斯時蟲豸皆蟄藏土中已畢，當無蟲災。今十月而有蝗災，故季孫問孔子。孔子言今心星仍行於西方未隱伏，意謂此月實非立冬之月，乃司曆官之過誤也。杜注云「知是九月，歷官失一閏」者，謂此月本當置閏九月，乃曆官之失。

〔二二〕「搆兵」猶言交兵。慧琳一切經音義四十二引考聲云：「搆，交也。」按搆、構同聲相通。

〔二三〕「脩」同「修」，四庫本、龍谿精舍本作「修」。浸音子鴆切。漢書嚴安傳「故姦軌浸長」，顏師古注：「浸，漸也。」用，詞之「以」也，見經傳釋詞。繆、謬同聲相通。「浸用乖繆」承上「曆數廢而莫脩」言，謂曆法漸以乖舛謬誤。

大漢之興，海内新定，先王之禮法尚多有所缺，故因秦之制，以十月爲歲首，曆用顓頊〔一〕。孝武皇帝恢復王度，率由舊章〔二〕，招五經之儒〔三〕，徵術數之士〔四〕，使議定漢曆，及更用鄧平所治〔五〕，元起太初〔六〕，然後分、至、啓、閉不失其節〔七〕，弦、望、晦、朔可得而驗〔八〕。成、哀之間，劉歆用平術而廣之，以爲三統曆，比之衆家，最爲備悉〔九〕。至孝章皇帝，年曆踈闊，不及天時〔一〇〕，及更用四分曆舊法〔一一〕，元起庚辰〔一二〕。至靈帝，四分曆猶復後天□□半日〔一三〕。於是會稽都尉劉洪更造乾象曆〔一四〕，以追日月星辰之行，考之天文，於今爲密〔一五〕。會宫車宴駕〔一六〕，京師大亂〔一七〕，事不施行，惜哉。

〔一〕漢書律曆志上：「漢興，方綱紀大基（按綱紀，治理也。謂方始治理爲政之大本），庶事草創，襲秦正朔（按正朔謂曆法）。以北平侯張蒼言，用顓頊曆，比於六曆（按六曆，黄帝、顓頊、夏、殷、周、魯，凡六家，見續漢書律曆志中），疏闊中最爲微近（按謂六曆雖疏略，比較之，其中顓頊曆最爲精微近實）。」又史記張丞相列傳：「張蒼爲計相時（按計謂主郡國人口、賦税計簿），緒正律曆（按緒謂序次，猶言勘正律曆），以高祖十月始至霸上（按霸上，秦都咸陽。漢高祖以夏曆十月兵至咸陽，指興漢之始），因故秦時本以夏曆十月爲歲首，弗革（按謂因襲不改）。」故謂漢初因秦之制，以夏曆十月爲歲首，曆用顓頊曆。

〔二〕文選東京賦「規遵王度」，薛綜注：「度，先王之法度。」詩大雅假樂「不愆不忘，率由舊章」，鄭玄箋：「愆，過。率，循也。成王之令德不過誤，不遺失，循用舊典之文章，謂周公之禮法。」按「率由舊章」，泛言遵循舊有典章制度。

〔三〕五經之儒，謂五經博士。武帝建元五年春置五經博士，見漢書武帝紀。又漢紀孝武一：「（建元五年春正月）初置五經博士。博士，本秦官，掌通古今，員至數十人，漢置五經而已。」白虎通五經：「五經何謂？謂易、尚書、詩、禮、春秋也。」

〔四〕説文壬部：「徵，召也。」術數之士，謂通天文曆法之士。漢書藝文志：「數術者，皆明堂、羲和、史卜之職也。」羲和之職，即書堯典「欽若昊天，曆象日月星辰，敬授人時」之事，見前「故書曰：『乃命羲、和』」云云注。

〔五〕此「及」於文當訓乃，及猶乃也，例詳經詞衍釋，下文「及更用四分曆舊法」，及亦乃也。更讀平聲。説文攴部：「更，改也。」

〔六〕説文一部：「元，始也。」此「元」則謂曆元，曆法推算之初始也。言以太初元年爲曆算之初始。按武帝元封七年，詔司馬遷等改用治曆鄧平、方士落下閎等所造之八十一分律曆（按治曆，研曆法者。八十一分，分一日爲八十一分），改元封七年爲太初元年，見漢書律曆志上，史稱太初曆。漢書武帝紀：「（太初元年）夏五月，正曆，以正月爲歲首。」按漢太初前承秦制，以建亥之月（夏曆十月）爲歲首，見上「以十月爲歲首」云云注，自此始用建寅之月爲歲首，即夏曆正月也。

〔七〕「分、至、啓、閉」，指春分、秋分、冬至、夏至、立春、立夏、立秋、立冬，見前「於是分、至、啓、閉之日」云云注。「不失其節」，謂分、至、啓、閉諸節氣不失其時。荀子正名楊倞注：「節，時也。」國語越語下韋昭注：「節，期也。」

〔八〕釋名釋天：「弦，月半之名也。」「望，月滿之名也。」「晦，月盡之名也。」「朔，月初之名也。」月之初一及末日，月不見光，曰「朔」曰「晦」。月之上半初七、八，及下半廿二、廿三，月不滿如弓弦，曰「弦」。月之十五、十六，月圓滿，曰「望」。以上二句，意謂曆法修正，節氣及月之晦朔等記載皆無失而得準驗。

〔九〕漢書律曆志上：「至孝成世，劉向總六曆（按總，總括），列是非，作五紀論。向子歆究其微眇（顏師古注：眇讀曰妙），作三統曆及譜以説春秋，推法密要（按推法，推步之法，謂推算曆數之法）。」「平術」，平即鄧平，見上文。謂劉歆作三統曆，乃用鄧平之曆術增廣而成。

〔一〇〕疎同疏。疎闊，謂粗疏缺略。儀禮喪服鄭玄注：「疏，猶麤也。」漢書外戚列傳下顏師古注：「闊，猶闕也。」「不及天時」，謂曆法與天時不相及，有差失。

〔一一〕及猶乃也，例詳經詞衍釋。後漢書孝章帝紀：「（元和二年）二月甲寅，始用四分曆。」李賢注：「續漢書（按見律曆志上）曰：時待詔張盛、京房、鮑業等以四分曆請與待詔楊岑等共課歲餘（按課，考核也。歲餘，謂每歲之餘日），盛等所中多（按中，得也），四分之曆始頗施行。」續漢書律曆志中載安帝延光二年河南尹祉、太子舍人李泓等四十人議，曰：「元和變曆，以應保乾圖『三百歲斗曆改憲』之文（按斗曆指曆法，古以北斗運轉以定四時，見前「觀運機之動」注。憲，法也。謂每三百歲曆法當改也），四分曆本起圖讖（按圖讖，證説帝王受命之讖緯圖書），最得其正。」

〔一二〕謂以庚辰年爲曆算之初始，見上「元起太初」注。庚辰，指文帝後元三年。續漢書律曆志中載順帝漢安二年太史令虞恭、治曆宗訢等議：「四分曆仲紀之元，起於孝文皇帝後元三年，歲在庚辰。」按文曰「仲紀之元」，未詳，疑當讀爲「中紀之元」，仲、中通。戰國策齊策二「是秦之計中」，高誘注：「中，得。」謂得紀曆之初元，所謂「元起庚辰」是也。

〔一三〕「後天」下空缺二字，漢魏叢書本、四庫本並同，龍谿精舍本不空缺。池田校云：「杜本（按即本書底本）、程本（按即漢魏叢書本）『天』下二字空格。」是所校兩京遺編諸本亦無空缺。按「後天」，謂後於天時。易乾文言「後天而奉天時」，孔穎達疏：「後天而奉天時者，若在天時之後行事，能奉順上天。」是「後天」謂在天時之後。「後天半日」，謂四分曆猶落後天時半日也。

〔一四〕漢末靈帝時，劉洪綜核古今曆法，始悟四分曆於天時多粗略，皆因斗分太多之故（北斗運行一周币之辰刻曰「斗分」），於是作乾象法，名曰乾象曆，見晉書律曆志中。志又引魏文帝黄初中孫欽議：「史遷造太初，其後劉歆以爲疏，復爲三統。章和中，改爲四分（按據後漢書孝章帝紀，四分曆始用於章帝元和二年，「章和」疑爲「元和」之誤），以儀天度（按儀，匹配也，謂以四分曆配天行之度數），考合符應，時有差跌（按謂考校綜合四分曆，其於符應天時仍時或有差失），日蝕覺過半日（按日蝕即日食，覺通校，即較。謂比較之，日食猶差半日）。至熹平中，劉洪改爲乾象。」

〔一五〕追，尋求也，見前「布筭以追之」注。「考之天文」，經傳釋詞：「之，猶於也。」「於今爲密」，謂乾象曆較今行之四分曆爲精密，故下文因乾象曆未及施行而云「惜哉」。

〔一六〕論語衛靈公皇侃疏：「會，猶遇也。」會猶言適逢。「宴」，四庫本作「晏」。按宴從「晏」得聲，與晏通。楚辭離騷「及年歲之未晏兮」，王逸注：「晏，晚也。」資治通鑑十二胡三省注：「晏駕者，天子當晨起早作，而忽崩隕，不出臨朝，凡臣子之心，猶謂宫車晚出也。」按天子崩謂之「晏駕」，婉辭也。

〔一七〕公羊傳桓公九年：「京師者何？天子之居也。」京師，國都也。按靈帝中平六年四月崩，皇子辯即位爲少帝。八月，宦者張讓等殺大將軍何進，虎賁中郎將袁紹燒宫攻宦者，張讓等劫少帝、陳留王協出宮，追至，讓等投河死。九月，董卓廢少帝，立陳留王爲獻帝。次年，山東州郡起兵討伐董卓。事見後漢書孝靈帝紀、董卓列傳。所謂「京師大亂」，指此。

上觀前化〔一〕，下迄於今，帝王興作，未有奉贊天時以經人事者也〔二〕。故孔子制春秋，書人事而因以天時，以明二物相須而成也〔三〕。故人君不在分、至、啓、閉，則不書其時月，蓋刺怠慢也〔四〕。夫曆數者，聖人之所以測靈耀之賾而窮玄妙之情也〔五〕，非天下之至精，孰能致思焉〔六〕？今麤論數家舊法，綴之於篇，庶爲後之達者存損益之數云耳〔七〕。

〔一〕「化」當作「治」，此唐人避諱所改。前治，前代帝王之治。

〔二〕説文人部：「作，起也。」「未有」下池田校增「不」字，云：「原文無『不』字。按此謂帝王必奉天時以經人事也，下云『書人事而因以天時』，是其證。無『不』字，則義倒逆矣。今以意補。」按池田説是，當脱「不」字或「弗」字。「奉贊」猶言奉遵，玉篇貝部：「贊，遵也。」淮南子原道「而有經天下之氣」，高誘注：「經，理。」謂帝王之興起，無不奉遵天時以治理人事者。

〔三〕孟子離婁下：「晉之乘，楚之檮杌，魯之春秋，一也。」春秋爲魯國之編年史書，述人事而並及天時，依年編次。孔子作春秋，見孟子滕文公下。因，就也，依也，引申爲繫屬、連及之義。逸周書作雒「南繫於洛水，北因於郟山」，孔晁注：「繫、因，皆連接也。」按繫、因互文，因亦猶繫也。

「二物」，指天時、人事。儀禮士喪禮鄭玄注：「須亦待也。」文謂孔子作春秋，書人事而繫以天時，以明人事、天時二者相依而存也。按漢書律曆志上：「夫曆春秋者，天時也（按曆作動字解。謂推算春秋之曆法者，乃奉天時之事），列人事而因以天時。」此幹說所本。

〔四〕爾雅釋詁：「在，察也。」前文云「於是分、至、啓、閉之日，人君親登觀臺以望氣」，此云不察，正其反。「時月」，四時與月份，如春正月、夏四月是也。「則不書其時月，蓋刺怠慢也」，謂若人君某年不察分、至、啓、閉，則春秋經不書其年之時月，蓋譏刺人君怠慢於天時也。按春秋經編年紀事，每年皆具書時月，雖無事可紀亦書。然間亦有闕而未書者，如桓公四年及七年不書「秋七月」、「冬十月」，成公十年不書「冬十月」，桓公十七年但云「五月」不云「夏」，昭公十年但云「十二月」不云「冬」，凡此之類，杜預注以爲皆史之闕文。公羊傳昭公十年徐彦疏、禮記中庸孔穎達疏並引漢賈逵、服虔舊説，徐疏云「賈、服以爲刺不登臺視氣」，孔疏云「賈、服之義：若登臺而不視朔（按視朔，謂每月朔日聽政），則書時不書月；若視朔而不登臺，則書月不書時；若雖無事視朔、登臺，則空書時月（按空書，謂但書時月而不紀事）」，皆以具書時月與否，乃關乎人君之重天時與否，參劉文淇春秋左氏傳舊注疏證隱公六年。幹此説，用賈、服之義也。

〔五〕文選陳太丘碑文「苞靈曜之純」，李善注：「靈曜，謂天也。」「曠」，龍谿精舍本作「頣」，池田校兩京遺編本同。按後漢書班固傳李賢注、慧琳一切經音義六十引韻詮並云：「賾，幽深也。」作「賾」是。

〔六〕易繫辭上「非天下之至精，其孰能與於此」，孔穎達疏：「若非天下萬事之內，至極精妙，誰能參與於此。」按玉篇至部：「至，極也。」此「至精」指人之極其精細明察言。謂曆法乃聖人所以觀測天行深奥之理而窮究其玄妙之情者，非極精細明察，誰能致其思慮於曆法哉。

〔七〕麤同粗。廣雅釋詁：「綴，連也。」玉篇广部：「庶，幸也，冀也。」損益，增損也，謂修改潤飾。廣雅釋言：「數，術也。」孟子公孫丑下趙岐注：「云爾，絶語之辭也。」云耳同云爾，語末虚詞，猶言「而已」。謂今略論數家舊曆法，附於此篇，幸爲後來之通達曆法者存其修正之術而已。

夭壽第十四〔一〕

或問：孔子稱「仁者壽」，而顏淵早夭〔二〕；「積善之家必有餘慶」，而比干、子胥身陷大禍〔三〕。豈聖人之言不信，而欺後人耶〔四〕？

〔一〕「夭壽」，書前原目録作「論夭壽」。當依本篇徐幹自稱作「辨夭壽」。

〔二〕論語雍也：「（子曰）仁者壽。」邢昺疏：「仁者少思寡欲，性常安静，故多壽也。」按仁者無愧疚，性静而少憂懼，故身心舒泰，得盡其天年，故多壽。春秋繁露循天之道：「故仁人之所以多壽者，外無貪而内清浄，心和平而不失中正，取天地之美以養其身。」釋名釋喪制：「少壯而死曰夭。」顏回，魯人，字子淵，孔子弟子，早卒，見史記仲尼弟子列傳。孔門德行、言語、政事、文學四科，顏淵以德行稱著，見論語先進。

〔三〕易坤文言「積善之家必有餘慶」，謂其家行善，積之久則福必有餘。國語周語下「有慶未嘗不怡」，韋昭注：「慶，福也。怡，悦也。」論語微子「比干諫而死」，集解引馬融云：「比干，紂之諸父也（按諸父，伯、叔）。」商紂王淫亂無道，比干强諫之，紂怒，剖比干之心，見史記殷本紀。伍子胥名員，楚國人。楚平王因聽讒言殺子胥父兄，子胥逃亡而至吴。吴王闔盧立，召子胥與謀，其後遂伐楚而攻入楚都。後吴王夫差立，子胥力諫王拒越之請和而伐之，王不聽。吴太宰伯嚭受越人賄賂，因讒子胥於吴王，王遂賜子胥劍以自刎，後越遂滅吴，事見史記伍子胥列傳，亦見左傳哀公十一年、國語吴語等。

〔四〕「聖人之言」，指論語雍也及易坤文言之辭。按易之彖、象、繫辭、文言等，傳爲孔子所作（後稱「十翼」），見史記孔子世家，故或問以文言與論語同爲「聖人之言」。莊子天道「凡以爲不信」，成玄英疏：「信，實也。」説文欠部：「欺，詐欺也。」欺本義謂詐騙。

故司空潁川荀爽論之〔一〕，以爲古人有言，「死而不朽」，謂太上有立德，其次有立功，其次有立言，其身殁矣，其道猶存，故謂之不朽〔二〕。夫形體者，人之精魄也；德義令聞者，精魄之榮華也。君子愛其形體，故以成其德義也〔三〕。夫形體，固自朽弊消亡之物，壽與不壽，不過數十歲；德義立與不立，差數千歲，豈可同日言也哉〔四〕。顔淵時有百年之人，今寧復知其姓名耶〔五〕？詩云「萬有千歲，眉壽無有害」，人豈有萬壽千歲者？皆令德之謂也。由此觀之，「仁者壽」豈不信哉〔六〕。傳曰：「所好有甚於生者，所惡有甚於死者。」比干、子胥皆重義輕死者也，以其所輕，獲其所重，求仁得仁，可謂慶矣〔七〕。椎鍾擊磬，所以發其聲也；煑鬯燒薰，所以揚其芬也〔八〕。賢者之窮厄戮辱，此揓擊之意也；其死亡陷溺，此燒煑之類也〔九〕。

〔一〕「潁」，原作「穎」，據四庫本改。荀爽，潁川潁陰人，以儒行稱，通春秋，獻帝時官拜司空，後漢書有傳。

〔二〕左傳襄公二十四年，魯穆叔至晉，范宣子問曰：「古人有言曰『死而不朽』，何謂也？」穆叔答曰：「太上有立德，其次有立功，其次有立言，雖久不廢，此之謂三不朽。」亦見國語晉語八。杜預注：「立，謂不廢絶。」孔穎達疏：「立德，謂創制垂法（按垂，傳世），博施濟衆，聖德立于上代，惠澤被于無窮。立功，謂拯厄除難，功濟于時。立言，謂言得其要，理足可傳，其身既没，其言尚存。」晉語八韋昭注：「（不朽）謂身死而名不朽滅。」

〔三〕文選雜體詩三十首之郭弘農璞六臣注引吕向云：「精魄，魂魄也。不去其身，則不死。」令聞，美譽也。僞古文書微子之命「舊有令聞」，僞孔傳：「久有善譽。」按此釋舊爲久，釋令聞爲善譽。榮華，榮輝華美也。「夫形體者，人之精魄也」，意謂形體之有生，乃人之魂魄所寄。「德義令聞者，精魄之榮華也」，謂德義美譽乃其魂魄之光美。下文「夫形體，固自朽弊消亡之物」云云，然則德義美譽存，雖形體朽壞，其魂魄之光美不朽。故云「君子愛其形體，故以成其德義也」，謂君子愛惜其形體者，所以成就其德義，以光美其魂魄也。

〔四〕壽與不壽，天年自有短長，相差不過數十歲；道德正義立與不立，關乎魂魄之長存與否，則相差千歲矣，不可相提並論也。按此謂肉體自朽，而精神可以不朽，在道德正義之立與不立。

〔五〕經傳釋詞：「寧，猶豈也。」顏淵短命，其道德、姓名傳之後。當時有百歲之人矣，而今豈再知其姓名耶？

〔六〕引詩見魯頌閟宫，鄭玄箋：「眉壽，秀眉亦壽徵。」按豳風七月孔穎達疏：「人年老者，必有豪眉秀出者。」老人眉長，故以眉爲長壽之徵。「眉壽無有害」，猶言長壽無災。「令德」，美德也，猶美譽謂之「令聞」。爾雅釋詁：「令，善也。」意謂人無萬壽無疆者，詩云「萬有千歲」，乃言其美德傳千古而不朽也。以此觀之，云「仁者壽」豈不信實哉。

〔七〕孟子告子上：「生亦我所欲，所欲有甚於生者，故不爲苟得也；死亦我所惡，所惡有甚於死者（按惡讀好惡之惡），故患有所不辟也（按辟同避）。」趙岐注：「有甚於生，義甚於生也；有甚於死，惡甚於死也（按惡讀善惡之惡）。」此引「傳」即孟子，「所好」猶「所欲」。論語衛靈公皇侃疏：「甚猶勝也。」孔穎達疏僞孔安國書序云：「凡書非經，則謂之傳。漢世通謂論語、孝經爲傳也。」按漢世孟子亦未升爲「經」，故稱「傳」。比干、伍子胥皆據理力諫而死，是重義而輕死也，故引孟子語爲説。死而獲義，以所輕得所重，故云可謂有福慶。

〔八〕説文木部：「椎，擊也。」集韻平聲六脂：「椎，通作槌。」字又從「手」作「搥」，下文「搥擊」是也。「鍾」，四庫本作「鐘」。按酒器之字作「鍾」，樂器之字作「鐘」，經傳「鐘」字亦通作「鍾」。説文石部：「磬，樂石也。」「煑」同「煮」。玉篇鬯部：「鬯，香草。」按鬯即鬱金香草，古者釀酒和以鬯。禮記郊特牲孔穎達疏：「鬯謂鬯酒，煮鬱金草和之，其氣芬芳調暢也（按調暢猶流暢）。」説文艸部：「薰，香艸也（按艸、草古今字）。」煮鬯、燒薰，皆散發其芬香。

〔九〕窮厄、戮辱、死亡、陷溺，並複語。荀子富國「亂則窮矣」，楊倞注：「窮，困也。」國語晉語七「魏絳戮寡人弟」，韋昭注：「戮，辱也。」字亦作「僇」，吕氏春秋當染「故身死國亡，爲天下僇」，高誘注：「僇，辱也。」孟子梁惠王上「彼陷溺其民」，趙岐注：「彼困其民。」陷溺，謂使之處苦難中也。賢者遭困厄污辱之時，處死亡苦難之際，而後見其大義凜然，此猶撞鐘擊磬、煮鬯燒薰，而後發其聲音，揚其芬芳也。

北海孫翱以爲死生有命，非他人之所致也〔一〕。若積善有慶，行仁得壽，乃教化之義，誘人而納於善之理也。若曰「積善不得報，行仁者凶」，則愚惑之民將走于惡，以反天常〔二〕，故曰「民可使由之，不可使知之〔三〕」。身體髮膚受之父母，不敢毁傷，孝之至也〔四〕。若夫求名之徒，殘疾厥體，冒厄危戮，以徇其名，則曾參不爲也〔五〕。子胥違君而適讎國，以雪其恥，與父報讎，悖人臣之禮，長畔弒之原，又不深見一主之異量〔六〕，至於懸首不化，斯乃凶之大者，何慶之爲〔七〕？

〔一〕孫翱，不見載記，未詳其人，蓋亦當後漢時。「所致」，致謂招致。漢書公孫弘傳「致利除害」，顏師古注：「致，謂引而至也。」謂死生自有天命，非他人所使。

〔二〕「教化之義」，言教化之所宜行也。釋名釋言語：「義，宜也。裁制事物使合宜也。」儀禮燕禮「小臣納卿大夫」，鄭玄注：「納者，以公命引而入也。」「納」謂引之使入，承上「誘」字爲義。「善之理」，善道也。「走于惡」，趨於惡行也，猶言爭相爲惡。說文走部：「走，趨也。」今言「跑」，古言「走」；今言「走」，古言「步」。「于惡」，原作「千惡」，據龍谿精舍本改。「天常」，常謂常道、常理。荀子賦「古之常也」，楊倞注：「亦古之常道。」按翺此言之意，謂人之死生固自有其命，今云積善有慶、行仁得壽者，乃誘導人使入善道，此教化之所宜行也。若謂積善或不得其報，行仁者或得凶，君子固不因此止於爲善行仁，愚民則將爭相爲惡而違天之常理矣，故下引論語爲說。「走于惡」，原注：「一作『移其性』。」按謂更移其性而變惡，文亦通。

〔三〕論語泰伯文。後漢書方術列傳引之，李賢注引鄭玄云：「由，從也。言王者設教，務使人從之。若皆知其本末（按本末猶原委、緣由），則愚者或輕而不行。」按「民可使由之」者，可使民從聖人之道也，上文所謂「誘人而納於善之理也」是也。唐寫本論語鄭注「由，從也」下有「民者，冥也」句。「不可使知之」者，言民愚冥，故不可使之明曉所以然之理。

〔四〕孝經開宗明義章：「身體髮膚受之父母，不敢毀傷，孝之始也。」唐玄宗注：「父母全而生之，己當全而歸之，故不敢毀傷。」邢昺疏：「身，謂躬也（按躬，軀幹）。體，謂四支也（按支同肢）。」「孝之至也」，當依開宗明義章作「孝之始也」，此言不毀損身體髮膚爲孝之端始，非謂孝之極至。

〔五〕「若夫」，猶言至於，見本書法象篇「若夫墮其威儀」云云注。「殘疾」，殘害。後漢書傅毅傳李賢注：「疾，害也。」爾雅釋言：「厥，其也。」「冒厄」，俞樾云：「『厄』，當作『犯』。」後漢書李杜列傳「豈徒徇名安己而已哉」，李賢注：「徇，求也。」曾參，孔子弟子，通孝道，見史記仲尼弟子列傳。謂求名之輩，不惜殘害其體，冒犯危難殺身之禍，以求其名，有違孝道，則曾參所不爲也。按此言乃譏刺比干强諫以遭殺身。

〔六〕説文辵部：「違，離也。」爾雅釋詁：「適，往也。」讐即讎，同「仇」。「讐國」，指吴國，見前文「而比干、子胥身陷大禍」注。悖，背逆。玉篇心部：「悖，逆也。」長，讀上聲。「畔」，同「叛」。原、源古今字。「長畔弑之原」，謂助長叛國弑君之亂源。「異量」，量讀去聲，謂器量、才識也，參本書貴言篇「本其器量」注。「又不深見二主之異量」，謂子胥又不深察闔廬、夫差二主才識有别，指闔廬能用其謀攻楚，而夫差不能聽其諫伐越，反信伯嚭之讒言，事亦見前文「而比干、子胥身陷大禍」注。

〔七〕吴王夫差不聽子胥伐越之諫，因讒言而賜子胥劍令自刎，子胥臨死，云「抉吾眼置之吴東門（按抉，挑也。東門，吴都之東門），以觀越之滅吴也」，見國語吴語、史記吴太伯世家，史記伍子胥列傳作「抉吾眼縣吴東門之上（按縣、懸古今字），以觀越寇之入滅吴也」。此云「懸首」，蓋即指抉目懸門事，以「首」易「目」。淮南子原道高誘注：「化，亦變也。」「懸首不化」，承上「又不深見二主之異量」言，謂至死心不變。「何慶之爲」，經傳釋詞：「爲，猶有也。」以上十句，謂伍子胥離君往敵國，雪恥而報父仇，背逆君臣之禮，助長叛國弑君之亂源，又不深明闔廬、夫差二主才識之異，至死心猶不變，此大凶也，何福慶之有？按此言子胥之所爲與「積善有餘慶」無涉。

幹以爲二論皆非其理也，故作辨夭壽云〔一〕。幹聞先民稱「所惡於知者，爲鑿也」，不其然乎〔二〕？是以君子之爲論也，必原事類之宜而循理焉，故曰「説成而不可間也，義立而不可亂也〔三〕」。若夫二難者，苟既違本，而死又不以其實〔四〕。夫聖人之言廣矣大矣，變化云爲，固不可以一槩齊也。今將妄舉其目，以明其非〔五〕。夫壽有三，有王澤之壽，有聲聞之壽，有行仁之壽。書曰「五福，一曰壽」，此王澤之壽也〔六〕。詩云「其德不爽，壽考不忘」，此聲聞之壽也〔七〕。孔子曰「仁者壽」，此行仁之壽也。孔子云爾者，以仁者壽，利養萬物，萬物亦受利矣，故必壽也〔八〕。荀氏以死而不朽爲壽，則書何故曰「在昔殷王中宗，嚴恭寅畏天命，自度，治民祇懼，不敢荒寧，肆中宗之享國七十有五年〔九〕；其在高宗，寔舊勞於外，爰暨小人〔一〇〕，作其即位，乃或亮陰，三年不言，惟言乃雍〔一一〕，不敢荒寧，嘉靖殷國，至於小大，無時或怨，肆高宗之享國五十有九年〔一二〕；其在祖甲，不義惟王，舊爲小人〔一三〕，作其即位，爰知小人之依，能保惠庶民，不侮鰥寡，肆祖甲之享國三十有三年〔一四〕。自時厥後，立王生則逸，不知稼穡之難艱，不知小人之勞苦，惟躭樂是從〔一五〕。自時厥後，亦罔或克壽，或十年，或七八年，或五六年，或三四年」者〔一六〕？周公不知夭壽之意乎？故言聲聞之壽者，不可同於王澤，是以達人必參之也〔一七〕。孫氏專以王教之義也，惡愚惑之民將反天常〔一八〕。孔子何故曰「有殺身以成仁，無求生以害仁」？又曰「自古皆有死，民無信不立」，欲使知去食而必死也。昔者仲尼乃欲民不仁不信乎〔一九〕？夫聖人之教，乃爲明允君子，豈徒爲愚惑之民哉。愚惑之民，威以斧鉞之戮，懲以刀墨之刑，遷之他邑而流於裔土，猶或不悛，況以言乎〔二〇〕？故曰：「惟上智與下愚不移。」然則荀、孫之義皆失其情，亦可知也〔二一〕。

〔一〕據幹自稱，則篇題當作「辨夭壽」。句末「云」字爲語詞，不屬下讀。

〔二〕惡讀烏路切，憎惡。知同智。文選箜篌引六臣注引劉良云：「先民，古人也。」此指孟子。孟子離婁下：「（孟子曰）所惡於智者，爲其鑿也。」趙岐注：「惡人欲用智而妄穿鑿。」助字辨略：「然，猶如是也。「不其然乎」，猶言非如此耶。」謂孟子言之是也。按幹引此者，謂荀、孫二人之論以意穿鑿，牽强附會。

〔三〕原、源古今字。左傳昭公九年「木水之有本原」，本原即根源。引申之，「原」謂推究事之本然，漢書劉向傳「原其所以然者」是也。「事類」，事物之類別。下文幹舉壽有王澤之壽、聲聞之壽、行仁之壽，是壽之類有三也。呂氏春秋當賞高誘注：「宜，當也。」當讀去聲。左傳襄公十五年「又不敢間」，杜預注：「間，非也。」方言：「閒，非也。」閒、間古今字。文謂君子之爲論，必推究其事類之切當，循其理而議之，故曰「其説已成，則不可妄非也；其義已立，則不可淆亂也」。

〔四〕「夫」原作「無」，龍谿精舍本及池田校兩京遺編本作「夫」，今據改。經傳釋詞：「夫，猶彼也。」「夫二難」，難讀去聲，指上文荀、孫二人駁難或問。「荀既違本，而死又不以其實」，「本」、「死」皆指比干、伍子胥之事言。「荀」字貫下「既違本」爲義。禮記曲禮上「不苟笑」，孔穎達疏：「苟，且也。」苟即苟且，猶輕率、不經心。文謂如彼荀、孫二人之駁難，率然既違比干、子胥事之原本，而於其身死又不據實情論之。

〔五〕易繫辭下「變化云爲」，孔穎達疏：「（云爲）或口之所云，或身之所爲也。」「云爲」謂言行。「槩」即「概」。呂氏春秋觀世「與我齊者」，高誘注：「齊，等也。」「妄舉」，率意而舉也。莊子齊物論：「予嘗爲女妄言之（按嘗，試也，女同汝），女亦妄聽之。」言我試爲汝隨意言之，汝亦不經心聽之可也。妄並謂率意、隨便。文謂聖人之言廣大矣，其言行變化，固不可以一概等同論之。我今將率意而舉壽之名目，以辨明其非也。「其」承上「夫二難」言，指荀、孫之駁難。又按妄亦可訓大凡、大約，漢書李廣傳「而諸妄校尉已下（按已同以）」，顏師古注引張晏云：「妄，猶凡也。」按妄、亡同聲，古與無通。無猶無慮，亦有大凡之義，漢書成帝紀「有清蠅無萬數」，無萬數即無慮萬數，大約萬數也。妄舉，言大約舉之，猶言「舉凡」。此解似亦通。

〔六〕引書見洪範。孔穎達疏：「壽，年得長也。」鄭玄注：「王者思睿則致壽。」又云：「思睿則神安而保命，故壽。」按洪範「思曰睿」，鄭玄注：「睿，通於政事。」（引鄭玄注並見學津討原本尚書鄭注輯本）是王者思慮能通達政事，則惠澤於民，故神安而得壽。幹所謂「王澤之壽」，謂王以恩澤施於民而得久壽也。下文引書無逸，即説「王澤之壽」。

〔七〕引詩見小雅蓼蕭。毛傳：「爽，差也。」「其德不爽」，謂德無差失。漢書郊祀志上顔師古注：「考，壽也。」「壽考」爲複語，謂年壽久。忘，依幹説當讀爲亡。「壽考不忘」，謂其德長年不朽。「聲聞」，名譽也。孟子離婁下「故聲聞過情」，趙岐注：「（聲聞）善聲令聞。」按幹引蓼蕭此二句，以爲此乃頌德稱其壽，謂其美德之譽長存不朽，故謂之「聲聞之壽」，即上文荀爽所謂德義令聞不朽者。

〔八〕「云爾」，經傳釋詞：「爾，猶此也。」云此，指言「仁者壽」。「以仁者壽，利養萬物」云云，「壽」字疑衍，當讀「以仁者利養萬物」爲句，下文乃承之曰「故必壽也」。「利養」，養也。儀禮士虞禮鄭玄注：「利，猶養也。」春秋繁露身之養重於義：「利者，體之養也。」謂孔子言「仁者壽」者，以仁者養育萬物，使萬物受益，故仁者必壽。按以上所舉「王澤之壽」、「行仁之壽」均指形體久壽，「聲聞之壽」則指精神不朽。

〔九〕引書至下文「或三四年」止，見無逸，乃周公告誡成王之辭，亦見史記魯周公世家。「在昔」，書無逸作「昔在」。中宗，僞孔傳：「太戊也。」商王太戊見史記殷本紀。「寅畏」，敬畏。爾雅釋詁：「寅，敬也。」「自度」，遵用法度。詩大雅緜毛傳：「自，用也。」「祗懼」，亦敬畏也。説文示部：「祗，敬也。」「不敢荒寧」，魯周公世家集解引馬融云：「知民之勞苦，不敢荒廢自安也。」爾雅釋詁：「肆，故也。」國語晉語五韋昭注：「享，受也。」「享國」，猶言在位。「七十有五」，即七十五。經傳釋詞：「有，猶又也。」按凡整數之後計零數，云「有」。僞孔傳：「言太戊嚴恪恭敬，畏天命，用法度，爲政敬身畏懼，不敢荒怠自安。以敬畏之故，得壽考之福。」按太戊正身治國，不敢荒怠自逸，是有惠澤於民，故在位七十五年，得久壽。此即幹所謂「王澤之壽」也。下稱武丁、祖甲在位或五十九年，或三十三年，亦並謂其有「王澤之壽」。

〔一〇〕「寔」，四庫本、龍谿精舍本及池田校兩京遺編本作「時」，與書無逸同。按經傳釋詞：「時，是也。」是，即指高宗。作「寔」則通「是」。爾雅釋詁：「寔，是也。」邢昺疏：「是，此也。」高宗，商王武丁也，小乙之子，見史記殷本紀。「舊」，魯周公世家作「久」。按小爾雅廣詁：「舊，久也。」漢書禮樂志顔師古注：「爰，發語辭。」爾雅釋詁：「暨，與也。」僞孔傳：「武丁，其父小乙，使之久居民間，勞是稼穡，與小人出入同事。」魯周公世家集解引馬融云：「武丁爲太子時，其父小乙使行役（按謂小乙使武丁服役），有所勞役於外，與小人從事，知小人艱難勞苦也。」按「外」對「内」言，指朝廷之外，即僞孔傳所云「民間」。「小人」謂庶民，非指無德之人。史記樂書正義：「小人，猶庶人也。」僞古文書旅獒孔穎達疏：「小人，謂民。」

〔一一〕説文人部：「作，起也。」經傳釋詞：「其，猶而也。」「作其即位」，言武丁起而即位爲帝。「乃或亮陰」，魯周公世家作「乃有亮闇」。按「或」猶「有」，見經傳釋詞。陰、闇並侵部影紐字，古音相通。「闇」從「音」得聲，「音」、「陰」同音。今「亮陰」之字讀烏含切者，音轉也。「亮」，經傳又作「諒」作「梁」，同音相通。「亮陰」，帝王居喪之稱也。僞古文書說命上：「王宅憂，亮陰三祀（按宅憂，居喪守孝。祀，年也）。」僞孔傳：「陰，默也，居憂信默（按此釋亮爲信），三年不言。」孔穎達疏：「王居父憂，信任冢宰（按冢宰，輔政之臣），默而不言，已三年矣。」左傳隱公元年孔穎達疏載杜預議引馬融書傳云：「亮，信也；陰，默也。爲聽於冢宰（按謂守孝時，政事聽從於輔政之臣），信默而不言。」僞孔本馬說，以「亮陰」爲居喪時信託輔政之臣，已默不言政事。一說「亮陰」爲居喪守墓之茅廬。魯周公世家集解引鄭玄注無逸「亮」作「梁」，云：「梁謂之楣，闇謂廬也（按楣，横梁也。茅廬僅架一横梁。以茅草覆之垂於地，如篷帳）。」鄭注與馬、僞孔說異，其謂居喪則同。僞孔傳：「武丁起其即王位，則小乙死，乃有信默，三年不言。言孝行著（按謂其孝行彰著）。」此用馬說。御覽百四十六引尚書大傳：「高宗有親喪，居廬三年，未嘗言國事。」是鄭説與大傳同。二説皆謂武丁即位，守父小乙喪，三年不言政事。「惟言乃雍」，書無逸作「其惟不言，言乃雍」，文異而意同。雍，和悦也。國語晉語九韋昭注：「雍，龢也。」龢、和古今字。僞孔傳：「在喪則其惟不言，喪畢發言，則天下和。」魯周公世家集解引鄭玄注「和」作「讙」，同「歡」，云：「讙，喜悦也。言乃喜悦，則臣民望其言久矣。」按和、讙義相類，僞孔傳與鄭注大旨同，謂武丁喪畢而發言，則天下和悦，蓋言其爲政有方也。

〔一二〕龍谿精舍本及池田校兩京遺編本「嘉靖殷國」作「嘉靖殷邦」，與書無逸同。按作「國」者，幹避漢高祖諱。爾雅釋詁：「嘉，善也。」又：「靖，謀也。」「無時或怨」，猶言「無或怨時」，倒文。時，是也；「或」同「有」，並見前注。是，指高宗武丁。僞孔傳：「（高宗）亦法中宗，不敢荒怠自安。善謀殷國，至于小大之政，人無是有怨者。言無非。高宗爲政小大無怨，故亦享國永年。」孔穎達疏引鄭玄注云：「小大，謂萬人，上及羣臣。言人、臣大小皆無怨主（按主，指高宗武丁）。」是鄭以「小大」指民與臣言，僞孔以「小大」指政事言，説雖不同，其意皆謂武丁善爲政，不招怨也。

〔一三〕魯周公世家「舊」作「久」。按舊，久也，見前「寔舊勞於外」注。玉篇心部：「惟，爲也。」僞孔傳云：「（祖甲）湯孫太甲。爲王不義，久爲小人之行，伊尹放之桐。」魯周公世家集解云：「馬融、鄭玄曰：祖甲，武丁子帝甲也。」又引馬融注云：「祖甲有兄祖庚，而祖甲賢，武丁欲立之，祖甲以王廢長立少，不義，逃亡民間，故曰『不義惟王，舊爲小人』。」按據史記殷本紀，武丁卒，子祖庚立；武庚卒，弟祖甲立，是爲帝甲。馬、鄭並云「祖甲，武丁子帝甲也」，與殷本紀合。僞孔以祖甲爲湯孫太甲者，據殷本紀，太甲爲湯長子太丁之子，即位暴虐，大臣伊尹流放之於桐宮，其後悔過改善，伊尹迎歸而還政，亦見本書貴驗篇「伊尹放太甲」注。太甲史稱太宗，與祖甲稱帝甲非一人。據世次言，太宗太甲爲湯之長孫，中宗太戊、高宗武丁皆在太甲後。下文「自時厥後，立王生則逸，不知稼穡之難艱」云云，時，是也；厥，猶之也，並見經傳釋詞。言自是之後云云者，即承此文言，謂自祖甲之後，立王生而圖安逸，不知稼穡之難艱也。若祖甲指太甲，則叙述既不合世次，且其後尚有太戊、武丁之賢君，亦不得謂「自時厥後，立王生則逸，不知稼穡之難艱」矣。是依無逸文，當以馬、鄭説祖甲指帝甲爲是。唯殷本紀云：「帝甲淫亂，殷復衰。」國語周語下亦云：「帝甲亂之，七世而隕。」韋昭注：「亂湯之法，至紂七世而亡。」據此則祖甲非賢君，與無逸載周公所述之事者不合，僞孔稱祖甲即太宗太甲者，蓋以此故。段玉裁古文尚書撰異謂今文尚書「祖甲」當作「太宗」，即太甲，其文序當先述太宗，次中宗，次高宗。按據魏三體石經殘石，其文序與今本無逸及史記蓋亦無異，此或今古文有不同，幹用古文也。至祖甲爲賢君與否，傳聞不同，書缺有間，今亦不能詳考，且與幹引書之旨無大干係，毋庸究論。

〔一四〕書無逸「保惠」下有「于」字，「不侮」作「不敢侮」。「爰知」，知也。爰爲發語辭，見前「爰暨小人」注。「保惠」，僞孔傳釋爲「安順」。按孟子梁惠王上「保民而王」，趙岐注：「保，安也。」爾雅釋言：「惠，順也。」「鰥寡」，指老弱孤獨者。詩小雅鴻雁「哀此鰥寡」，毛傳：「老無妻曰鰥，偏喪曰寡（按偏喪，喪失配偶）。」僞孔傳：「起就王位，於是知小人之所依，依仁政。故能安順於衆民，不敢侮慢惸獨（按惸亦謂孤獨）。」肆，故也，見經傳釋詞。故祖甲享國三十三年，亦謂其能安民而得壽。

〔一五〕書無逸「立王生則逸」下重「生則逸」三字句。「生則逸」，生而祇知圖安逸也。「不知稼穡之難艱」，龍谿精舍本、池田校兩京遺編本「難艱」作「艱難」，與書無逸同。「稼穡」，謂農事。詩魏風伐檀「不稼不穡」，毛傳：「種之曰稼，斂之曰穡。」「不知小人之勞苦」，書無逸作「不聞小人之勞」。「惟躭樂是從」，書無逸作「惟耽樂之從」，龍谿精舍本、池田校兩京遺編本「是」亦作「之」。按經傳釋詞：「之，是也。」乃語助詞。此倒文，猶言「惟從躭樂」。「躭」，「耽」之俗字，僞孔傳：「過樂謂之耽。」「躭樂」，行樂過度也。字亦作「湛」，音丁含切。國語周語下「虞于湛樂」，虞讀爲娱。韋昭注：「湛，淫也。」淫亦謂過度也。

〔一六〕「或三四年」，四庫本「三四」作「四三」，與書無逸同。此謂自祖甲之後，商之王生而圖安逸，不知務農之艱難、民之勞苦，唯求淫樂，故在位不長，皆短壽也。按上文引荀爽説，以爲有德義令聞，死而不朽，謂之壽。故幹引無逸爲問，其意謂商之賢君皆長壽，此王澤之壽也，與爽但指壽爲聲聞之壽者非一類。

〔一七〕「不可同於王澤」，「王澤」原作「聲聞」，據龍谿精舍本、池田校兩京遺編本改。達，讀爲論語鄉黨「丘未達」之「達」，皇侃疏：「達，曉解也。」「達人」，通曉事理之人。參，謂比照驗證也。文選東都賦六臣注引張銑注：「參，比也。」荀子解蔽楊倞注：「參，驗也。」文謂周公無逸所云之壽，乃王澤之壽，形體之久壽也。周公豈不知壽與夭折之所謂乎？故言聲聞之壽者，不可等同於王澤之壽，是以達理之人必比勘二者之不同。按孔子云「仁者壽」，此壽與王澤之壽同指形體之壽，而荀爽以聲聞之壽釋之，以爲精神不朽謂之壽，故幹駁之如此。

〔一八〕經傳釋詞：「以，猶謂也。」上文引孫翺説，謂言積善有慶，行仁得壽者，乃教化之所宜，誘民入於善道，而疾惡愚惑之民將趨於惡行，以背天之常理。故此云孫氏專謂王教之義，惡愚惑之民將反天常。

〔一九〕論語衛靈公：「子曰：志士仁人，無求生以害仁，有殺身以成仁。」集解：「孔安國曰：無求生以害仁，死而後成仁，則志士仁人不愛其身也。」又顏淵：「子貢問政。子曰：『足食，足兵，民信之矣。』子貢曰：『必不得已而去，於斯三者何先？』曰：『去兵。』曰：『必不得已而去，於斯二者何先？』曰：『去食。自古皆有死，民無信不立。』」集解：「孔安國曰：死者，古今常道，人皆有之。治邦不可失信。」按幹引論語二文，其意謂孔子言積善有慶，仁者壽，不過謂積善之家有福，仁者有壽耳。孫氏以爲言此者乃誘導民爲善，則是謂孔子以得福、得壽誘人，欲人爲得福壽而行仁善也。然則孔子謂「有殺身以成仁，無求生以害仁」，明是言求仁而不愛身，此何故哉？孔子又謂不得已則寧去食而不去信，去食則必死，是重信勝於重生也，此又何故哉？若依孫氏之説，孔子乃以得福得壽誘民行仁善，則民將不能殺身以成仁矣，不能重信勝於重生矣，是昔者孔子乃欲民不仁不信乎？以此明孫説非也。

〔二〇〕説文儿部：「允，信也。」「明允」，明理誠信。「威之」，使畏懼也。釋名釋言語：「威，畏也，可畏懼也。」書顧命孔穎達疏引鄭玄云：「鉞，大斧。」斧鉞，謂斬首之刑。刀墨，黥刑也。國語周語上「有斧鉞、刀墨之民」，韋昭注：「斧鉞，大刑也（按大刑，斬首）。刀墨，謂以刀刻其額而墨涅之（按墨涅，塗墨）。」左傳文公十八年「投諸四裔」，杜預注：「裔，遠也。」方言：「悛，改也。」文謂聖人之教乃爲明理誠實之君子所設，豈但爲愚民設哉。彼愚昧之民，雖以斬首之殺刑畏懼之，以刺面之墨刑懲戒之，遷於他鄉而流放於遠地，猶或不改，況教之以言乎？

〔二二〕論語陽貨：「子曰：唯上智與下愚不移。」集解：「孔安國曰：上智不可使强爲惡，下愚不可使强賢也（按强並讀上聲，巨兩切）。」孝經開宗明義章邢昺疏：「義，理也。」禮記大學「無情者不得盡其辭」，鄭玄注：「情，猶實也。」「荀、孫之義皆失其情」，謂二人之理皆失其實。

昔者，帝嚳已前尚矣，唐、虞、三代，厥事可得略乎聞〔一〕。自堯至於武王，自稷至於周、召，皆仁人也，君臣之數不爲少矣，考其年壽不爲夭矣，斯非仁者壽之驗耶〔二〕？又七十子豈殘酷者哉？顧其仁有優劣耳。其夭者惟顏回，據一顏回而多疑其餘，無異以一鈎之金權於一車之羽，云金輕於羽也〔三〕。天道迂闊，闇昧難明，聖人取大略以爲成法，亦安能委曲不失、毫芒無差跌乎〔四〕？且夫信無過於四時，而春或不華，夏或隕霜，秋或雨雪，冬或無冰，豈復以爲難哉〔五〕？所謂禍者，己欲違之，而反觸之者也。比干、子胥已知其必然，而樂爲焉，天何罪焉？天雖欲福仁，亦不能以手臂引人而亡之，非所謂無慶也〔六〕。荀令以此設難，而解以槌擊燒薰，於事無施〔七〕。孫氏譏比干、子胥，亦非其理也。殷有三仁，比干居一，何必啓手然後爲德〔八〕？子胥雖有讐君之過，猶有觀心知仁，懸首不化，固臣之節也〔九〕。且夫賢人之道者，同歸而殊途，一致而百慮〔一〇〕。或見危而授命〔一一〕，或望善而遐舉〔一二〕；或被髮而狂歌〔一三〕，或三黜而不去〔一四〕；或辭聘而山棲，或忍辱而俯就，豈得責以聖人也哉〔一五〕。於戲！通節之士，實關斯事，其審之云耳〔一六〕。

〔一〕帝嚳，上古「五帝」之一，先於堯舜，見史記五帝本紀。尚，通上。五帝本紀「學者多稱五帝，尚矣」，索隱：「尚，上也，言久遠也。」「已前」，四庫本「已」作「以」，已用同以，見經傳釋詞。論語泰伯下「唐、虞之際」，集解：「孔安國曰：唐者，堯號；虞者，舜號。」論語衛靈公「三代之所以直道而行也」，邢昺疏：「三代，夏、殷、周也（按殷，商也）。」爾雅釋言：「厥，其也。」「略乎聞」即略聞，「乎」爲語助詞。謂昔日之事，帝嚳以前久遠矣，堯舜及夏、商、周三代，則其事可得略聞知也。按此言乃起下文。

〔二〕武王即周武王，文王子，滅商，見史記周本紀。稷即后稷，名棄，舜時農官，見史記五帝本紀。周，召即周公旦、召公奭，周成王時輔政之臣，見周本紀。按傳説謂自上古至周代之聖君賢臣多久壽，如堯、舜壽皆百歲以上，見五帝本紀；夏禹、商湯並壽百歲，見夏本紀、殷本紀集解引皇甫謐説；文王壽九十七，武王壽九十三，見禮記文王世子；周公亦文王子，武王弟，武王卒而輔成王，則其久壽亦可知。幹所謂「考其年壽不爲夭」，蓋即據當時類似之傳説言。

〔三〕史記孔子世家稱孔子弟子「身通六藝者七十二人」，此云「七十子」，舉成數。經傳釋詞：「顧，猶但也。」「鈎」，「鉤」之俗字。莊子胠篋「彼竊鉤者誅」，成玄英疏：「鉤，腰帶鉤也。」按束腰之帶有曲鉤，帶鉤錯金爲飾。「一鉤之金」，言金少也。孟子告子下：「金重於羽者，豈謂一鉤金與一輿羽之謂哉？」説文車部：「輿，車輿也。」即車箱。廣雅釋器：「錘謂之權。」禮記月令鄭玄注：「稱錘曰權。」權爲秤錘，引申爲稱量。孟子梁惠王上：「權，然後知輕重。」權，稱量也。文謂孔子弟子豈殘酷不仁者哉？但其仁德有高下而已。弟子夭折者唯顔回，據一顔回而多疑其餘弟子，此無異以一帶鉤之金稱量一車之羽，而曰「金輕於羽也」。意謂孔子弟子皆仁者，唯顔回夭折，不得以此疑仁者壽。

〔四〕玉篇辵部：「迂，廣大也。」按此「迂闊」指深廣，與疏闊不切事理義別。闇同暗。孟子滕文公上「此其大略也」，趙岐注：「略，要也。」「成法」，既成之法，定法也。慧琳一切經音義三十二引廣雅：「跌，差也。」王念孫廣雅疏證謂跌、失字異而義同。「差跌」即差失。文謂天道深廣，隱晦難明，聖人取其大概以爲定法而已，何能周詳不失，纖細無差誤乎？

〔五〕「不華」，不開花，華、花古今字，此作動字解。「隕霜」，降霜也。玉篇阜部：「隕，落也。」「雨雪」，降雪，雨讀去聲，降也。慧琳一切經音義十二引考聲云：「雨，自上而下也。」氷同冰。「以爲難」，難讀去聲，詰難也。文謂守信無過於四時，然而春或不吐花，夏或降霜，秋或下雪，冬或無冰，豈又以此責難四時之守信哉？

〔六〕「天雖欲福仁」，原本注：「一作人。」俞樾云：「作『人』是也。」池田校云：「俞説似非。『福仁』與『福善』同，語義自足。而『福人』則義有所虧。」按僞古文書湯誥「天道福善禍淫」，謂天道予善者福，予淫者禍，福用爲動字，此池田説所本。作「福人」亦通，唯此文皆就「積善有慶」、「仁者壽」議論，作「福仁」義長。「亦不能以手臂引人而亡之」，俞樾云：「『亡之』，疑當作『與之』。『與』作『与』，故誤爲『亡』。」池田從改。今按俞説非也。資治通鑑二百八十四胡三省注：「引，牽也。」説文亡部：「亡，逃也。」「亡之」，承上「禍」言，謂逃禍也。若作「與之」，言與人福，則何必以手臂牽挽人耶？國語周語中「未能違難」，韋昭注：「違，避也。」文選春秋左傳序「觸類而長之」，六臣注引吕向云：「觸，逢也。」此文之意，謂所謂禍者，己本欲避之，而反意外遭逢之，是謂之禍。比干、子胥已知必然有難，而心甘樂爲，則其遭難也，天何有罪焉？天雖欲予仁者福，亦不能以手臂牽挽人逃禍，此非無福慶之所謂也。按上文或問以比干、子胥二人之死而疑「積善有慶」，荀爽駁以求仁得仁、死而不朽亦是得福。幹以爲爽之駁亦未是，蓋二人之死乃心甘爲之，不屬意外之禍，非天不予之福也，本非無福慶之所謂，何必以死而不朽亦是得福説之耶？

〔七〕「荀令」，四庫本作「苟令」，猶言「若使」，與各本異。按後漢書荀爽傳謂董卓輔政時，强爲徵召爽，爽不得去，初爲平原相（按漢平原郡，後漢曾爲平原國。國置相，相猶郡守），復爲光禄勳，進爲司空，其歷官未有縣令之任，此稱爽爲「荀令」，未詳，四庫本蓋以此而改「荀」爲「苟」。「設難」，措詞詰難也。「於事無施」，於事無所用也，亦即無濟於事。淮南子原道「施之無窮」，高誘注：「施，用也。」上文荀爽辯駁或問云「槌鍾擊磬，所以發其聲也；爇鬯燒薰，所以揚其芬也。

賢者之窮厄戮辱，此搥擊之意也；其死亡陷溺，此燒煮之類也」，以爲比干、子胥死且不朽。幹以爲此乃以聲聞之壽等同行仁之壽，詳前文注。故幹謂以此辯駁或問，而以「槌擊燒薰」説解，亦無濟於事。

〔八〕比干居殷商三仁人之一，見論語微子孔子語。論語泰伯：「曾子有疾，召門弟子曰：啓予足，啓予手。」集解：「鄭玄曰：啓，開也。曾子以爲受身體於父母，不敢毀傷之，故使弟子開衾而視之也（按衾，被也）。」皇侃疏：「啓，開也。予，我也。孔子昔授孝經於曾子，曰：『身體髮膚受之父母，不敢毀傷。』曾子禀受，至死不忘。故疾病臨終日，召己門徒弟子，令開衾視我手足毀傷與不（按不，同否），亦示父母全而生己，己亦全而歸之也。」按上文孫翺以爲比干强諫而遭剖心，有違孝經「身體髮膚受之父母，不敢毀傷」之義，譏之云「求名之徒，殘疾厥體，冒厄危戮，以徇其名，則曾參不爲也」。故幹非之，以爲比干爲殷商三仁人之一，聖人明言之，何必如曾子啓手足以視肢體無損，而後爲有仁德哉？弘明集一引理惑論云：「豫讓吞炭漆身（按豫讓，晉卿智瑶臣，趙襄子等滅智瑶，讓吞炭啞其聲，以漆塗身，伏擊趙襄子未遂，自殺，見史記刺客列傳），聶政皮面自刑（按聶政，齊人，因感韓嚴遂敬己母，赴韓刺殺遂之仇者韓傀，未成，乃自割其面，剖腹出腸而死，見戰國策韓策二），伯姬蹈火（按伯姬，宋恭公夫人，恭公卒，執節守貞，後赴火自焚而死，見列女傳四），高行截容（按高行，梁之寡婦，貌美，梁王聘之，自以刀割鼻，見列女傳四），君子爲勇而有義（按爲，同謂），不聞譏其自毀没也。」此與幹説意同。下文「且夫賢人之道者，同歸而殊途」云云，亦此意。

〔九〕上文引孫翱云「子胥違君而適讎國，以雪其恥，與父報讎，悖人臣之禮，長畔弒之原」，故此云「子胥雖有讎君之過」。「猶有觀心知仁」，「有」猶「以」也，見經詞衍釋。此句承上言，謂子胥雖有與君爲仇之過，猶可以觀其心而知其仁也。上文引孫翱云子胥「又不深見二主之異量，至於懸首不化」，謂其不深明二主器量之異，至死心猶不變。故此云「懸首不化，固臣之節也」，謂子胥至死心不變，固爲人臣之節操。

〔一〇〕謂賢人爲善之道，其所由之途各殊，而歸於善則同也；其思慮雖有百種之異，而所致於善則一也。易繫辭下：「天下同歸而殊塗（按塗同途），一致而百慮。」孔穎達疏：「『天下同歸而殊塗』者，言天下萬事，終則同歸於一，但初時殊異其塗路也。『一致而百慮』者，所致雖一，慮必有百，言慮雖百種，必歸於一致也。」按下文「或見危而授命，或望善而遐舉」云云，即舉所爲各異而同歸於善之事例。

〔一一〕謂有見危難而捨命以救之者。論語憲問「見危授命」，邢昺疏：「見君親有危難，當致命以救之。」説文手部：「授，予也。」「授命」謂捨命。

〔一二〕謂有向善而退身遠去者。望，讀如老子八十章「鄰國相望」之「望」，猶向也。遐舉，遠去也。爾雅釋詁：「遐，遠也。」楚辭七諫自悲「願離羣而遠舉」，王逸注：「舉，去也。願離衆而遠去也。」按上云捨命救難，此云退身遠去，所爲正相反，以見爲善之道不同。下文所舉或仕或隱，亦此意。

〔一三〕謂有散髮狂歌以避世者。被，音攀縻切，同「披」。「被髮」，髮披散，不束髮髻。散髮狂歌，謂故作狂放之態以避世。論語微子有楚狂接輿，皇侃疏：「接輿，楚人也。姓陸名通，字接輿。昭王時政令無常，乃被髮佯狂不仕，時人謂之爲楚狂也。」

〔一四〕謂有從仕三免官，而猶不離去者。此言不嫌屢仕屢免，與上狂放避世者正反。玉篇黑部：「黜，退也。」論語微子：「柳下惠爲士師，三黜。人曰：『子未可以去乎？』曰：『直道而事人，焉往而不三黜？』」集解引孔安國曰：「士師，典獄之官。苟直道以事人，所至之國俱當復三黜。」

〔一五〕謂有辭拒招聘而隱居山林者，有忍辱含垢而屈從遷就者。「豈得責以聖人也哉」，經傳釋詞：「以，猶及也。」意謂爲善之道不同如此，所謂同歸而殊途，一致而百慮，豈得責及聖人哉？

〔一六〕龍谿精舍本、池田校兩京遺編本「於戲」作「嗚呼」。史記三王世家索隱：「於戲，音嗚呼。」「通節」，通曉節操。後漢書宦者列傳李賢注：「關，涉也。」「其審之云耳」，經傳釋詞：「其，猶尚也。」按猶言當也。「云耳」，語末助詞。孟子公孫丑下趙岐注：「云爾，絶語之辭也。」「云耳」同「云爾」。謂通曉節操之士，實關涉此事，當明審之。「斯事」，承上文指賢人之道同歸而殊途，一致而百慮。

務本第十五

人君之大患也，莫大於詳於小事而略於大道，察於近物而闇於遠數〔一〕，故自古及今，未有如此而不亂也，未有如此而不亡也。夫詳於小事而察於近物者，謂耳聽乎絲竹歌謡之和，目視乎琱琢采色之章〔二〕，口給乎辯慧切對之辭，心通乎短言小説之文〔三〕，手習乎射御書數之巧，體騖乎俯仰折旋之容〔四〕。凡此者，觀之足以盡人之心，學之足以動人之志，且先王之末教也，非有小才小智則亦不能爲也〔五〕。是故能爲之者，莫不自悦乎其事，而無取於人，以人皆不能故也〔六〕。夫居南面之尊、秉生殺之權者，其勢固足以勝人也，而加以勝人之能，懷是己之心，誰敢犯之者乎？以匹夫行之，猶莫之敢規也，而況人君哉。故罪惡若山而己不見也，謗聲若雷而己不聞也，豈不甚矣乎〔七〕。夫小事者味甘，而大道者醇淡；近物者易驗，而遠數者難效〔八〕。非大明君子，則不能兼通者也。故皆惑於所甘，而不能至乎所淡；眩於所易，而不能反於所難。是以治君世寡，而亂君世多也〔九〕。

〔一〕「察於近物而闇於遠數」，上「於」字原作「其」，「數」原作「圖」，並據治要改。長短經二「圖」亦作「數」。又治要、長短經二「闇」作「暗」，字同。下文云「而遠數者難效」，又「人君之所務者，其在大道遠數乎？大道遠數者」云云，龍谿精舍本、池田校兩京遺編本「遠數」並作「遠圖」。按此文以「小事」、「近物」與「大道」、「遠數」對，物亦事也，數亦道也。「遠數」，遠謀之道也。廣雅釋言：「數，術也。」按術亦猶道也，故荀子正論「是不容妻子之數也」，王念孫讀書雜志云：「數，猶道也。」「小事」、「近物」，指近身目見之小事；「大道」、「遠數」，指遠謀深計之久策。

〔二〕「謂耳聽乎絲竹歌謠之和，目視乎琱琢采色之章」，長短經二「耳聽」作「耳聰」，又長短經二、治要「目視」作「目明」，並文異而義同。「絲竹」，琴笛也，見本書貴言篇「使彼有金石絲竹之樂，則不奏乎聾者之側」注。「琱琢」，刻鏤也。「琱」同「彫」，通作「雕」。「采」同「彩」。文選封禪文「白質黑章」，六臣注引李周翰云：「章，文也。」文、紋古今字。以上二句，謂耳善聽琴笛歌謠之和諧，目明辨刻鏤彩畫之章紋，言能通曉音樂、雕彩。

〔三〕「口給」，口才敏捷也。給音居立切。論語公冶長「禦人以口給」，皇侃疏：「禦，猶對也。給，捷也。」廣雅釋詁：「切，近也。」後漢書襄楷傳李賢注：「切，謂迫近也。」切訓迫近，引申爲貼切、切當。「口給乎辯慧切對之辭」，謂其利口，能道機辯敏慧、切當應對之辭。「短言小說」，短、小，言、說，並互文，謂無關大道之淺說也。莊子列禦寇「彼所小言」，釋文：「言不入道，故曰小言。」禮記表記「事君，大言入則望大利，小言入則望小利」，孔穎達疏：「小言，可以立小事之言。」「短言小説」即小言也。「心通乎短言小説之文」，謂心能通曉小道淺説之文。

〔四〕「射御書數」屬「六藝」。御，駕御車馬；書，造字之式；數，算術，詳本書藝紀篇「三曰五射，四曰五御，五曰六書，六曰九數」諸注。鶩通務，並从「敄」聲。公羊傳定公二年「不務乎公室」，何休注：「務，勉也。」「俯仰折旋」，身體之俯仰屈伸、行步之迴旋周折也。「容」，儀容，謂舉止儀表。大戴禮記保傅「升降揖讓無容，周旋俯仰視瞻無儀」，容、儀互文。以上二句，謂手善習於弓射、駕御、文字、算術之技巧，體致力於俯仰屈伸、迴旋周折之儀容。

〔五〕「盡人之心」，猶言滿足人意。盡，竭也。戰國策魏策三鮑彪注：「盡，無遺也。」引申爲完足、滿足。「動人之志」，治要作「勤人之思」，按「動人之志」猶言移人之志趣。吕氏春秋論威「物莫之動」，高誘注：「動，移也。」又知士高誘注：「動，變也。」「末教」，末爲本之反，謂本教外之餘事也。文謂凡此數事者，觀之足以滿人心意，學之足以移人志趣，且亦先王教化之餘事，非有小才智則亦不能爲之也。

〔六〕「自悦乎其事」，事，能事，所擅長之事也。「無取於人」，謂不取法於人。禮記曲禮上「禮，聞取於人」，釋文：「(取)謂取師之道。」孔穎達疏：「取於人，謂自到師門取其道藝。」文謂是故人君能爲此數事者，無不自喜其能事，而不取法於人，以人皆不能爲之故也。

〔七〕「南面」，坐向南，指帝位。戰國策秦策五高誘注：「面，向也。」吕氏春秋士容高誘注：「南面，君位也。」廣雅釋詁：「秉，持也。」「是己」，治要作「足己」。按孟子盡心下「自以爲是，而不可與入堯舜之道」，「是己」猶「自以爲是」。「勝人之能」，才能勝於人，承上指通曉歌樂、射御、禮儀等人不能爲之事。「以匹夫行之」，匹夫即庶民，見本書法象篇「以匹夫之居猶然」注，按此假設言之。國語楚語上韋昭注：「規，規諫也。」玉篇言部：「謗，對他人道其惡也。」謗謂非議、指責，非詆毁之謂。廣雅釋言：「甚，劇也。」「豈不甚矣」，承上文「人君之大患」言，「甚」謂禍患加劇。文謂人君居帝位之尊，操生殺之權，其勢力足以過人，而加之有過人之能，誰敢觸犯之耶？即以匹夫用此勢，人猶不敢規諫，況人君乎？故罪惡雖大如山而已不見，指責雖聲響如雷而已不聞也，其禍患豈不加劇乎。

〔八〕說文酉部：「醇，不澆酒也。」謂酒不摻水，味純，泛指純正，字亦借「淳」爲之。驗、效互文，指效驗、功效。淮南子主術高誘注：「驗，效也。」小事味甘、大道醇淡，比喻之言。上文稱歌樂、射御、禮儀等小事近物「觀之足以盡人之心，學之足以動人之志」，謂其快意適情如食之味美，故曰「小事者味甘」，且易見效驗，故曰「近物者易驗」。大道遠數乃遠謀深計，不尚一時之虛華浮榮，如食之純正清淡，久乃得體味，故曰「大道者醇淡」，且功效難速見，故曰「遠數者難效」。

〔九〕「大明」，大智也。「兼通」，兼通小事近物及大道遠數也。「所甘」、「所易」，指小事近物；「所淡」、「所難」，指大道遠數。惑、眩互文，謂沉溺迷惑。廣雅釋言：「眩，惑也。」漢書李廣傳顏師古注：「惑，迷也。」「反於所難」，治要「反」作「及」，按反、返古今字。上文云「而不能至乎所淡」，返亦猶至也。篇首云「人君之大患也，莫大於詳於小事而略於大道，察於近物而闇於遠數，故自古及今，未有如此而不亂也，未有如此而不亡也」，故此云「是以治君世寡，而亂君世多也」。

故人君之所務者，其在大道遠數乎？大道遠數者，爲仁足以覆幬羣生〔一〕，惠足以撫養百姓，明足以照見四方，智足以統理萬物，權足以變應無端，義足以阜生財用〔二〕，威足以禁遏姦非，武足以平定禍亂，詳於聽受，而審於官人，達於興廢之原，通於安危之分，如此則君道畢矣〔三〕。夫人君非無治爲也，失所先後故也。道有本末，事有輕重，聖人之異乎人者無他焉，蓋如此而已矣〔四〕。

〔一〕治要「爲」作「謂」，按爲通謂。「覆幬」複語，覆被也。禮記喪大記鄭玄注：「幬，覆也。」按爾雅釋訓：「幬，謂之帳。」幬訓帳幔，引申爲覆蓋。「羣生」，衆生萬民也。

〔二〕權，權智、權變。説文木部：「權，一曰反常。」謂反常道而合時宜。易繫辭下王弼注：「權者，反經而善也（按經，常道）。」「變應」即「應變」，治要作「應變」。「無端」，無端由、緣由，引申爲意外變故。「阜生」複語，生長也。國語魯語上「助生阜也」，韋昭注：「阜，長也。」

〔三〕「禁遏」複語。爾雅釋詁：「遏，止也。」「聽受」，謂聽取良言。「官人」，謂任人官職。達、通互文，明達通曉也。「興廢之原」，原、源古今字。「安危之分」，分讀平聲，區別也。呂氏春秋離謂「賢、不肖不分」，高誘注：「分，別也。」以上十六句，謂人君所當務者，蓋在大道遠數乎？大道遠數者，謂仁德足以庇護萬民，恩惠足以撫養百姓，明察足以見知四方，聰慧足以總理萬事，權智足以應變事故，道義足以生長財用，威令足以禁姦止非，英武足以平定禍亂，詳悉於聽取良言，審慎於任人官職，明達興廢之根源，通曉治亂之區分，如此則爲君之道盡矣。

〔四〕人君非無治理作爲，所以不治者，失其所當務之先後故也。治道有本末，事務有輕重，聖人之所以異於常人者，蓋知本末輕重而已。此遥應篇首「人君之大患也，莫大於詳於小事而略於大道，察於近物而闇於遠數」之語。

魯莊公容貌美麗，且多技藝，然而無君才大智，不能以禮防正其母，使與齊侯淫亂不絕，驅馳道路〔一〕，故詩刺之曰：「猗嗟名兮，美目清兮〔二〕，儀既成兮，終日射侯，不出正兮〔三〕，展我甥兮〔四〕。」下及昭公，亦善有容儀之習，以亟〔五〕。其朝晉也，自郊勞至於贈賄，禮無違者〔六〕。然而不恤國政，政在大夫，弗能取也。子家羈賢，而不能用也。奸大國之明禁，凌虐小國。利人之難，而不知其私〔七〕。公室四分，民食於他，思莫在於公，不圖其終，卒有出奔之禍。春秋書而絕之曰：「公孫於齊，次於陽州〔八〕。」故春秋外傳曰：「國君者服寵以爲美，安民以爲樂，聽德以爲聰，致遠以爲明〔九〕。」又詩陳文王之德曰：「惟此文王，帝度其心〔一〇〕。貊其德音，其德克明〔一一〕。

克明克類，克長克君。王此大邦，克順克比。比于文王，其德靡悔。既受帝祉，施于孫子〔二〕。」「心能制義曰度，德政應和曰貊，照監四方曰明，施勤無私曰類，教誨不倦曰長，賞慶刑威曰君，慈和徧服曰順，擇善而從曰比，經緯天地曰文〔三〕。」如此則爲九德之美，何技藝之尚哉〔四〕。

〔一〕「魯莊公」，「莊」原作「桓」，據四庫本改。按下引詩見齊風猗嗟，毛序云：「刺魯莊公也。齊人傷魯莊公有威儀技藝，然而不能以禮防閑其母，失子之道，人以爲齊侯之子焉。」「防正其母」，毛序「防正」作「防閑」。閑，闌也，「防閑」即防禁。此云「防正」，謂防禁匡正。魯莊公母，桓公夫人齊文姜也。文姜與其兄齊襄公私通，事見左傳桓公十八年、莊公二年、史記齊世家，故時人以魯莊公爲齊侯之子。「驅馳道路」，謂文姜與襄公驅駕奔馳於魯齊道路之間，急於往來相會，上句所謂「與齊侯淫亂不絕」是。陳風株林毛序：「株林，刺靈公也，淫乎夏姬，驅馳而往，朝夕不休息焉。」彼「驅馳」亦謂急於往來私通。

〔二〕毛傳：「猗嗟，歎辭。目上爲『名』，目下爲『清』。」按「目上爲『名』」亦見爾雅釋訓，邢昺疏引孫炎云：「目上平博。」「名」謂眉額間開闊。「目下爲『清』」，「目下」未詳所指。猗嗟上章云「美目揚兮」，毛傳：「好目揚眉。」此云「美目清兮」，「美目」亦當謂目好也。「清」謂眸子清亮。二句乃讚莊公美眉目。

〔三〕鄭玄箋：「成，猶備也。正，所以射於侯中者。」孔穎達疏：「正者，侯中所射之處。」按儀禮鄉射禮鄭玄注：「侯，謂所射布也。」小爾雅廣器：「射有張皮，謂之侯。」古之射侯，張布或皮革爲之，即箭靶。正讀平聲，諸盈切，指靶之中心。「儀」者，孔穎達疏謂「威儀」。王先謙詩三家義集疏引胡承珙云：「射人：『以射法治射儀。』淮南泰族訓：『射者數發不中，人教之以儀，則喜矣。』莊公善射，惟其射儀既備，所以終日不出正也（按「終日」下宜有「射」字）。不當泛作『威儀』解之。」按周禮夏官射人「以射灋治射儀（按灋，古法字）」，鄭玄注：「射灋，王射之禮。治射儀，謂肄之也（按肄，習也）。」是射有法度、儀式。三句言莊公精於射藝。

〔四〕鄭玄箋：「展，誠也。姊妹之子曰甥。容貌、技藝如此，誠我齊之甥。言誠者，拒時人言齊侯之子。」按詩言莊公誠是我齊侯之甥，即暗諷時人謂莊公爲齊襄公之子也，故毛序云「刺魯莊公也」。

〔五〕此下之文，略見左傳昭公五年。「下及昭公，亦善有容儀之習」，長短經二作「魯昭善容儀」，節文。經傳釋詞：「有，猶爲也。」禮記雜記下鄭玄注：「容，威儀也。」「容儀」，禮節儀容也。謂下至魯昭公，亦善爲禮儀之修習。「以亟」，亟訓急，承上文言，謂急於習禮儀。昭公五年傳稱昭公「屑屑焉習儀以亟（按屑屑焉，勤力貌。方言：屑，勞也）」，杜預注：「言以習儀爲急。」釋文：「亟，紀力反，急也。」或以「以亟」屬下讀，以「以亟其朝晉也」六字爲句，未是。或讀「儀之習以亟」爲句，則分拆「容儀」一詞，亦未是。疑「之習」誤倒，本作「習之以亟」，四字爲句。

〔六〕昭公二年傳杜預注：「（郊勞）聘禮：賓至近郊，君使卿勞之。」又五年傳注：「（贈賄）去則贈之以貨賄。」按「郊勞」，勞讀去聲，謂賓初至，主國之君遣卿大夫迎賓於國郊，慰勞之。説文貝部：「賄，財也。」「贈賄」，謂賓去時，主國之君贈以財物。此皆禮節之儀式。三句謂魯昭公至晉朝見晉君，自初至晉時之郊勞，至離晉時之贈賄，皆不違失揖讓之禮。謂昭公善於禮儀也。

〔七〕説文心部：「恤，憂也。」子家羈，昭公五年傳杜預注：「羈，莊公玄孫懿伯也。」廣雅釋詁：「奸，犯也。」按干犯字古作「奸」，音干。「利人之難」，難讀去聲。「不知其私」，杜預注：「不自知有私難。」以上謂昭公不憂慮國政，政令在於大夫，而公不能取之。子家羈賢者，而公不能用之。觸犯大國之明禁，而侵害小國。因人之患難以利己，而不自知己有患難。云「政在大夫」者，謂魯國之政掌在魯大夫仲孫氏、叔孫氏、季孫氏三家，見下注。

〔八〕論語季氏：「孔子曰：禄之去公室五世矣，政逮於大夫四世矣。」皇侃疏：「公，君也。禄去君室，謂制爵禄出於大夫，不復關君也（按關，禀告）。」按公室猶公家，諸侯之國也。云「公室四分」者，魯襄公十一年以公室之軍作上、左、右三軍，季孫氏等三家各有一軍，各徵其軍賦，襄公十一年傳所謂「作三軍，三分公室」是也。至昭公五年，廢中軍而四分之，季孫氏取其二分，仲孫氏、叔孫氏二家各得其一分，盡徵其賦税，昭公五年傳云「及其舍之也（按舍同捨，謂廢中軍），季氏（按即季孫氏）擇二，二子（按謂仲孫氏、叔孫氏）各一，皆盡徵之」是也。「民食於他」，承上「政在大夫」言之，昭公五年傳杜預注：「他，謂三家也。」按三家，即謂魯大夫仲孫氏、叔孫氏、季孫氏之家。論語八佾「三家者以雍徹」，集解：「馬融曰：三家者，謂仲孫、叔孫、季孫也。」孔穎達疏：「三『孫』同是魯桓公之後。桓公適子莊公爲君（按適同嫡），庶子公子慶父、公子叔牙、公子季友。仲孫是慶父之後，叔孫是叔牙之後，季孫是季友之後。其後子孫皆以其仲、叔、季爲氏，故有此氏，並是桓公子孫，故俱稱『孫』也。」政令出三家，民不於魯君求食，故曰「食他」。「思莫在於公，不圖其終」，昭公五年傳杜預注：「無爲公謀終始者。」以上謂昭公公室四分，民皆謀食於仲孫、叔孫、季孫三家大夫，心思皆不在於昭公，無人爲其圖謀善終，故昭公卒有出奔之禍也。云「出奔之禍」者，昭公二十五年伐季孫氏，爲叔孫氏之司馬鬷戾等所敗，昭公出奔齊，事見左傳昭公二十五年。引春秋經見昭公二十五年經。孫、遜同聲相通，爾雅釋言：「遜，遯也（按遯同遁）。」郭璞注：「謂逃去。」廣雅釋詁：「次，舍也。」陽州，杜預注：「齊魯境上邑。」云「書而絶之曰」者，「絶之」未詳。或釋「絶」爲決斷。按絶之訓斷，乃割斷、斷絶之義。斷雖可引申爲決斷、判斷之義，不得因絶訓割斷，遂又轉訓絶爲決斷、判斷，輾轉爲訓。絶蓋當訓竭盡，乃其引申義，「書而絶之」即「書而盡之」，謂書而盡言其事，即直言無隱也。淮南子本經「江河三川絶而不流」，高誘注：「絶，竭也。」「絶之」蓋謂竭盡事實也。

〔九〕春秋外傳即國語，見本書考僞篇「春秋外傳曰」云云注。引文見國語楚語上伍舉諫楚靈王語。楚語上無「國君」下之「者」字。「服寵以爲美」者，韋昭注：「服寵，謂以賢受寵服（按受同授），是爲美也。」按寵謂榮耀。後漢書李賢注：「寵，榮也。」韋注謂國君以人有賢德而授寵服，此爲美也。「服寵」之「服」用爲動字，謂使穿着也；「寵」承「服」言，指寵榮之服。國君服賢德以寵榮之服，即表彰賢德，故以爲美也。「聽德以爲聰」者，韋昭注：「聽用有德也。」按廣雅釋詁：「聽，從也。」吕氏春秋至忠高誘注：「聽，受也。」慧琳一切經音義五引考聲云：「聰，耳聽明審也。」謂以聽受德言爲聰也。「致遠以爲明」者，韋昭注：「能致遠人也。」按資治通鑑三胡三省注：「致者，使之至也。」謂以能招徠遠人爲明智也。以上彰賢、安民、從德、招遠四事，與歌樂、射御、禮儀等小事相反，即幹所謂「大道遠數」也，故引國語之文以明之。

〔一〇〕文選古詩十九首今日良宴會「歡樂難具陳」，李善注：「陳，猶説也。」引詩見大雅皇矣。「惟此文王」，四庫本「文王」作「王季（即文王父）」，與毛詩同。左傳昭公二十八年晉大夫成鱄引皇矣作「文王」，與幹引同。按幹謂「詩陳文王之德」，則所引自當作「文王」，四庫本據毛詩改，非是。王先謙詩三家義集疏謂作「文王」乃齊、魯、韓三家詩，與毛詩異。「帝度其心」，毛傳：「心能制義曰度。」按此以下凡毛傳、鄭箋釋皇矣詩之「度」、「貊」、「明」、「類」、「長」、「君」、「順」、「比」、「文」諸字，皆本昭公二十八年傳成鱄説此詩之文（傳「貊」作「莫」，字通），乃因文釋意，非詁字義也。説文又部：「度，法制也。」左傳昭公四年「度不可改」，杜預注：「度，法也。」度訓法，合乎法度亦曰「度」，僞古文書太甲中孔穎達疏「準法謂之度」是也。「帝度其心」，謂上帝使文王之心合於法度。心合於法度，則決事合宜，故曰「心能制義曰度」。説文刀部：「制，裁也。」引申爲凡裁斷、裁決之義。「制義」，裁決合宜也。國語周語上「制義庶乎以行之」，韋昭注：「義，宜也。」

〔一一〕「貊其德音」，毛傳：「貊，靜也。」鄭玄箋：「德正應和曰貊。」按詩小雅鹿鳴「德音孔昭」，鄭玄箋：「德音，先王道德之教也。」又隰桑「德音孔膠（按孔，甚）」，毛傳：「膠，固也。」鄭玄箋：「其教令之行甚堅固也。」是德音謂德教、教令。說文音部：「音，聲也。」引申爲言語。詩邶風凱風「載其好音」，孔穎達疏「音聲猶言語」是也。「德音」猶德言，即德教也。毛傳訓「貊」爲靜者，貊亦用爲動字，謂使清靜安寧也。老子四十五章「清靜爲天下正」，即此「清靜」義。「貊其德音」，謂上帝使文王之德教清靜。德教清靜，則民皆應和，故曰「德正應和曰貊」。按正讀爲政，下文幹引昭公二十八傳「德正應和曰莫（按莫、貊字通）」，「德正」作「德政」，是幹讀正爲政。「其德克明」，爾雅釋言：「克，能也。」謂文王能明其德。鄭玄箋：「照臨四方曰明。」按能明顯其德，則德教遍臨四方，故曰「照臨四方曰明」。

〔一二〕「克明克類」謂文王能明德又能爲善。鄭玄箋：「類，善也。勤施無私曰類。」「勤施無私」，謂勤於施政而無偏私，是爲善也。「克長克君」，謂文王能爲師長爲君王。鄭玄箋：「教誨不倦曰長，賞慶刑威曰君（按賞慶刑威，謂執掌賞罰之權柄也）。」「王此大邦」，謂文王君臨此大邦周也。王讀去聲，謂稱王。「克順克比」，毛傳：「慈和偏服曰順，擇善而從曰比。」按順、比皆動字，謂使之親順也。荀子議兵「莫不順比」，楊倞注：「比，親附也。」謂文王能使民順從親附。「比于文王，其德靡悔」，謂民從於文王，以文王行其德無悔憾也。昭公二十八傳成鱄說云「九德無愆（按九德，指度、貊、明、類諸德。愆，過），作事無悔」，即此「其德靡悔」之意。毛傳：「經緯天地曰文。」按此釋「比之文王」之「文」字，言文王能經緯天地，故號「文」。孔穎達疏：「言德能順從天地之道，如織者錯經緯以成文（按錯，交錯），故謂之『文』也。」按織機之縱絲爲經，橫絲爲緯，見説文。經緯交錯，不失其次序，則能織成文，故以「經緯」喻綱紀、治理。「經緯天地」，猶言治理天下。國語周語下：「經之以天，緯之以地，經緯不爽（按爽，失誤），文之象也。」言以天地爲法，治理無失，是「文」之象也。「既受帝祉，施于孫子」，謂文王既受上帝之福佑，乃延及於後世之子孫，得使長久王於天下。鄭玄箋：「帝，天也。祉，福也。施猶易也，延也。」

〔三〕以上並爲昭公二十八年傳文，解已見上。傳「政」作「正」，「貊」作「莫」，並字通。又「監」作「臨」。

〔四〕「九德」即上文之曰度、曰貊、曰明、曰類、曰長、曰君、曰順、曰比、曰文之九德。謂文王如此則有此九德之美，何爲崇尚歌樂、射御諸技藝哉。

今使人君視如離婁，聰如師曠，御如王良，射如夷羿，書如史籀，計如隸首，走追駟馬，力折門鍵〔一〕。有此六者，可謂善於有司之職矣，何益於治乎？無此六者，可謂乏於有司之職矣，何增於亂乎〔二〕？必以廢仁義，妨道德。何則？小器弗能兼容。治亂既不繫於此，而中才之人好也〔三〕。昔潞酆舒、晉智伯瑶之亡，皆怙其三才，恃其五賢，而以不仁之故也〔四〕。故人君多技藝、好小智，而不通於大道者，適足以距諫者之說，而鉗忠直之口也；秖足以追亡國之迹，而背安家之軌也。不其然耶？不其然耶〔五〕？

〔一〕「今使」，若使也。今，猶言若，例見經傳釋詞。「聰如師曠」，治要、長短經二「聰」作「聽」，明徐元太喻林六十五引同本書。按聰，耳聽明審也，見上文「聽德以爲聰」注。孟子離婁上趙岐題注：「離婁者，古之明目者，蓋以爲黃帝之時人也。黃帝亡其玄珠（按亡，失），使離朱索之。離朱即離婁也。能視於百步之外，見秋毫之末。」又離婁上：「師曠之聰，不以六律，不能正五音。」趙岐注：「師曠，晉平公之樂大師也（按樂，音樂），其聽至聰。」滕文公下「昔者趙簡子使王良與嬖奚乘（按乘，駕御）」，趙岐注：「王良，善御者也。」按左傳哀公二年「郵無恤御簡子」，杜預注：「郵無恤，王良也。」論語憲問「羿善射」，集解：「孔安國曰：羿，有窮之君也。篡夏后相之位，其臣寒浞殺之。」按古稱射者羿有三，一爲帝嚳時射官，見說文弓部「芎（同羿）」字；一爲堯時善射者，見淮南子本經；一即此夏時之羿也，亦見左傳襄公四年。稱「夷羿」者，襄公四年傳「夷羿收之」，杜預注：「夷，氏。」梁玉繩人表考謂「羿」是善射者之號，非人名字，識以存參。莊子天道成玄英疏：「書者，文字。」許慎說文序：「及（周）宣王太史籀（按太史，掌記史事及曆法之官），著大篆十五篇。」漢書藝文志小學家「史籀十五篇」，注：「周宣王太史作大篆十五篇。」按大篆又稱籀文，因太史籀而得名也。文選西京賦「隸首不能紀」，李善注：「世本曰：『隸首作數（按數，算數）。』宋衷曰：『隸首，黃帝史也（按史，史官）。』」「力折門鍵」，孫詒讓云：

「『折』當作『扚』，或作『招』。淮南子道應訓『孔子勁能扚國門之關』，許（慎）注云：『扚，引也。（孫自注：今本「扚」譌从木，此據史記天官書索隱正。）』門鍵，即門關也。又主術訓云『孔子力招城關』，高注云：『招，舉也。』列子説符篇云『孔子之勁，能拓國門之關』，張注云：『拓，舉也。』（孫自注：釋文云「拓，一作招」，是也。文選吴都賦李注引亦作「招」。）『扚』、『招』與『折』形並相近。」池田校：「按孫説似是也，然治要亦作『折』，而且原文非必不可讀，則今姑從舊。」按池田説是，明徐元太喻林六十五引亦作「折」。

〔二〕「有此六者」，池田校引梁茂榮云：「『六』當作『八』。下『無此六者』，『六』誤同。」池田又引日本宫内廳書陵部藏鈔本治要下句「無此六者」作「無此者」。今按如上下句均無「六」字，作「有此者」、「無此者」文亦通，如有「六」，則當如梁校作「八」。今各本均誤作「六」，明徐元太喻林六十五引亦誤。説文走部：「走，趨也。」「駟馬」，駕車之四馬也。論語顔淵「駟不及舌」，皇侃疏：「駟，四馬也。古用四馬共牽一車。」廣雅釋宫：「鍵，户牡也。」謂門閂。有司，謂執事之吏屬。儀禮士冠禮鄭玄注：「有司，羣吏有事者。」以上十四句，謂若使人君目如離婁之明，耳如師曠之聰，駕御如王良之善，射藝如夷羿之精，通書如太史籀，能算如隸首，奔趨能追駟馬，力大能折門閂，人君有此八能，可謂善爲羣吏之職事矣，然而何益於國事之治乎？人君無此八能，可謂乏力於羣吏之職事矣，然而何增於國事之亂乎？

〔三〕「必以廢仁義，妨道德」，承上人君「有此六者（按「六」當作「八」）」言，言必以此廢棄仁義之舉，妨害道德之修也。意謂溺於八類小事，必害大道。治要「妨道德」下有「矣」字。「何則」猶何耶，設問之詞，見助字辨略。「小器弗能兼容」，此答詞。「小器」，謂無大才識，參本書貴言篇「本其器量」注。「弗能兼容」，謂才能小則不能兼治大道與小事，此承上「必以此廢棄仁義之舉，妨害道德之修」言。周禮天官大宰鄭玄注：「繫，聯綴也。」引申爲關繫、關聯，字亦作「係」。「好也」，好讀去聲。「治亂」二句，謂八等小事既與國之治亂無關係，而中才之君則愛好之也。治要「既不」作「又不」，「好」上有「所」字。

〔四〕「昔潞酆舒、晉智伯瑶之亡」，原作「昔路豐舒晉知其亡也」九字，據治要改。春秋經宣公十五年：「六月癸卯，晉師滅赤狄潞氏。」杜預注：「潞，赤狄之別種。潞氏，國，故稱『氏』。」按酆舒爲潞之相，執政而殺潞國君子嬰兒之夫人。夫人者，晉景公之姊也。景公將伐潞，晉之諸大夫皆謂酆舒有才藝勝人者三，不如待後任執政時乃伐之。獨大夫伯宗謂必伐之，以爲潞狄有五罪，酆舒自恃其才而不用德，乃益增其罪，若待其後任，則或將敬奉德義以固國矣。晉遂伐潞滅之，殺酆舒。事見左傳宣公十五年。「恃其三才」即指酆舒。説文心部：「恃，恃也。」「恃其五賢」，指智伯瑶。瑶爲晉卿智宣子之子。宣子欲以瑶承繼己，晉大夫智果以爲不可，謂瑶雖有射御、辯慧等賢於人者五事，而甚不仁，不仁則不能持久。宣子不聽，後瑶終爲韓、魏、趙所滅。見國語晉語九、左傳哀公二十七年、戰國策秦策四。

〔五〕「多技藝」，多謂崇重。漢書嚴助傳「上多其義」，顔師古注：「多，重也。」「而不通於大道者」，

「道」原作「倫」，錢校據治要改。按上文屢言「大道」，今從改。「距諫者」，治要「距」作「拒」，池田校引梁茂榮云：「距、拒古通用。」「秖足以」，龍谿精舍本、池田校引兩京遺編本及治要「秖」作「祇」，池田引梁茂榮云：「秖，『祇』之或字。」今按作虚字解，古書祇、衹、秖、秪多通用無別，字亦作「只」。治要上句「適」亦作「祇」。按適、秖互文，猶但也，僅也。孟子告子下「則口腹豈適爲尺寸之膚哉」，趙岐注：「口腹豈但爲肥長尺寸之膚邪？」釋「適」爲「但」，是也。説文金部：「鉗，以鐵有所劫束也。」漢書高帝紀下顏師古注：「鉗，以鐵束頸也。」鉗本爲束縛人之刑具，引申爲緘閉。莊子胠篋「鉗楊墨之口」，成玄英疏：「鉗，閉也。」「追亡國之迹」，猶言蹈亡國之轍。「背安家之軌」，猶言違安家之道。「不其然耶」，其，語助，猶言非如此耶。

審大臣第十六

帝者昧旦而視朝廷，南面而聽天下，將與誰爲之？豈非羣公卿士歟〔一〕？故大臣不可以不得其人也。大臣者，君之股肱耳目也，所以視聽也，所以行事也〔二〕。先王知其如是也，故博求聰明睿哲君子，措諸上位，執邦之政令焉〔三〕。執政聰明睿哲，則其事舉；其事舉，則百僚任其職；百僚任其職，則庶事莫不致其治；庶事致其治，則九牧之民莫不得其所〔四〕。故書曰：「元首明哉，股肱良哉，庶事康哉〔五〕。」

〔一〕文選吴都賦劉淵林注：「昧旦，清晨也。」「南面」，謂居帝位，見本書務本篇「夫居南面之尊」云云注。視、聽，皆謂治理。爾雅釋詁：「監，視也。」郭璞注：「視，謂察視也。」視訓察視、察斷，引申爲治理。左傳襄公二十五年「崔子稱疾，不視事」，不視事即不理事。公羊傳昭公十九年何休注：「聽，治也。」「將與誰爲之」，「爲之」承上「視朝廷」、「聽天下」言，謂將與誰爲此耶？「羣公卿士」，謂諸公與卿士，指朝中大臣。書洪範「謀及卿士」，孔穎達疏引鄭玄云：「卿士，六卿掌事者。」按周制，太師、太傅、太保爲三公，天官冢宰、地官司徒、春官宗伯、夏官司馬、秋官司寇、冬官司空爲六卿，見漢書百官公卿表上。此云「公卿士」，則爲朝中大臣之通稱。後漢書宦者列傳「羣公卿士，杜口吞聲，莫敢有言；州郡牧守，承順風旨」，「羣公卿士」與「州郡牧守」對言，是羣公卿士指朝臣也。下文云「故大臣不可以不得其人也」，羣公卿士即指朝廷諸大臣。四句謂帝王清晨而理朝政，居帝位而治天下，將與誰理朝政、治天下耶？豈非與朝中諸大臣歟？

〔二〕「大臣不可以不得其人」，「得其人」言得宜用之人，謂君於大臣不可不用人得當。太玄玄數「三爲股肱」，范望注：「膝上爲股。」即今言「大腿」。詩小雅無羊毛傳：「肱，臂也。」「股肱」指手足。文選四子講德論「臣爲股肱」，六臣注引張銑云：「股肱，手足也。」「所以視聽也」，「所以」猶所用，猶今言「用來」，謂大臣乃所用視事聽政者。「行事」，事謂國事。

〔三〕「先王知其如是也」，「其」指大臣。此句承上文「大臣者，君之股肱耳目也，所以視聽也，所以行事也」言，謂先王知大臣之用如此。「睿哲」複語，智慧也。玉篇目部：「睿，智也。」爾雅釋言：「哲，智也。」「措諸上位」，謂置於大臣之位。説文手部：「措，置也。」「執邦之政令焉」，治要「執」上有「使」字。

〔四〕「執政聰明睿哲」，「執政」謂執掌邦國之政令者，即大臣。「執政」下「聰明睿哲」四字原脱，錢校據治要補，今從補。按治要「睿」作「叡」，字同。「則其事舉」，「其事」承上「執邦之政令」言，舉謂施行。周禮地官師氏鄭玄注：「舉，猶行也。」「則百僚任其職」，謂百官稱職。詩大雅板「及爾同僚」，毛傳：「僚，官也。」國語周語上「不能任重」，韋昭注：「任，勝也。」「任其職」即勝任其職。治要「任其職」上有「莫不」二字，下句「任其職」同。按池田校謂原文自可通，是。「則庶事莫不致其治」，謂衆事務無不得其治理。爾雅釋詁：「庶，衆也。」致、至通用。下句「庶事致其治」，治要「致其治」上亦有「莫不」二字。文選論盛孝章書「九牧之人所共稱嘆」，李善注：「九牧，猶九州也。」按九州，書禹貢謂冀、兗、青、徐、揚、荆、豫、梁、雍，爾雅釋地則無青、梁二州而有幽、營二州，他書説又不同，大抵爲中原各區域，泛指中國之地，猶言「四海」也。「得其所」，謂得其所宜。以上十二句，謂先王知大臣之用如此也，故廣求聰明智慧之君子，置於大臣之位，執掌邦國之政令。執政者聰明智慧，則政令施行；政令施行，則百官稱職；百官稱職，則衆事務無不得其治理；衆事務得其治理，則四海之民得其所宜矣。

〔五〕引書見益稷（漢時益稷在皋陶謨中未分篇），僞孔傳：「元首，君也。」股肱指臣言，上文云：「大臣者，君之股肱耳目也。」文選景福殿賦「庶事既康」，六臣注引張銑云：「康，安也。」謂君明臣良，衆事安泰哉。

故大臣者，治萬邦之重器也，不可以衆譽著也，人主所宜親察也〔一〕。衆譽者，可以聞斯人而已。故堯之聞舜也以衆譽，及其任之者，則以心之所自見〔二〕。又有不因衆譽而獲大賢，其文王乎〔三〕。畋於渭水邊，道遇姜太公，皤然皓首，方秉竿而釣，文王召而與之言，則帝王之佐也，乃載之歸，以爲太師〔四〕。姜太公當此時貧且賤矣，年又老矣，非有貴顯之舉也，其言誠當乎賢君之心，其術誠合乎致平之道〔五〕。文王之識也，灼然若披雲而見日，霍然若開霧而觀天，斯豈假之於衆人哉〔六〕。非惟聖然也，霸者亦有之〔七〕。昔齊桓公夙出，甯戚方爲旅人，宿乎大車之下，擊牛角而歌，歌聲悲激，其辭有疾於世，桓公知其非常人也，召而與之言，乃立功之士也，於是舉而用之，使知國政〔八〕。凡明君之用人也，未有不悟乎己心而徒因衆譽也。用人而因衆譽焉，斯不欲爲治也，將以爲名也。然則見之不自知，而以衆譽爲驗也。此所謂效衆譽也，非所謂效得賢能也〔九〕。苟以衆譽爲賢能，則伯鯀無羽山之難，而唐虞無九載之費矣〔一〇〕。聖人知衆譽之或是或非，故其用人也，則亦或因或獨，不以一驗爲也。況乎舉非四嶽也，世非有唐虞也〔一一〕。大道寢矣，邪説行矣，臣已詐矣，民已惑矣，非有獨見之明，專任衆人之譽，不以己察，不以事考，亦何由獲大賢哉〔一二〕。

〔一〕「萬邦」，天下各諸侯之邦國，泛指天下。禮記少儀「不訾重器」，鄭玄注：「訾，思。重，猶寶也。」孔穎達疏：「重器，寶珍之物。」引申之，凡可寶重之人才、名位、權勢亦謂之「重器」。後漢書謝弼傳「大台宰重器」，按台宰，宰相之位也，故謂之「重器」。漢書梅福傳「士者，國之重器」，謂士爲國所重之人才，故謂之「重器」。「以衆譽」連讀，「以」字不連上「不可」讀。助字辨略：

「以，猶因也。」禮記樂記鄭玄注：「著，猶立也。」著謂置於位。文謂大臣者，爲治天下之人才，不可因衆人之稱譽而置於位，乃人主所宜躬親審察者。

〔二〕堯時，衆臣薦舜於堯，稱舜至孝而修善自敬。堯聞之，乃試舜於事，歷三載，知其謀事可立功，遂讓帝位於舜，事見書堯典、舜典（舜典漢時在堯典中未分出），參史記五帝本紀。「斯人」，爾雅釋詁：「斯，此也。」文謂衆人稱譽，僅可以聞知此人而已。故堯之聞舜乃因衆人之稱譽，及其任舜於帝位，則以己心之所自見也。

〔三〕經傳釋詞：「其，猶殆也。」按「其」用爲擬議之詞，猶今言「大概」。謂又有不因聞衆人之稱譽而自獲大賢之人者，蓋指文王其人乎。下文即言文王得吕尚事。

〔四〕吕氏春秋直諫高誘注：「畋，獵也。」漢書叙傳下顔師古注：「皤皤，白髮貌也。」「皤然」猶「皤皤」。「皓首」，白頭也。小爾雅廣詁：「皓，白也。」「方秉竿而釣」，正持竿而釣也。助字辨略：「方，正也。」禮記禮運鄭玄注：「秉，猶持也。」「太師」，三公之首，見前「豈非羣公卿士歟」注。姜太公即吕尚，又稱吕望。文王獵於渭水之南，遇吕尚，與尚語，大悦，以爲聖人，載之車，與俱歸，立爲師，事見史記齊太公世家。

〔五〕「非有貴顯之舉也」，謂未有顯貴者舉薦之。「當乎賢君之心」，當讀去聲。莊子徐無鬼「於五音無當也」，釋文：「（當）丁浪反，合也。」「當」與下句「合」互文。漢書王莽傳上「期於致平」，顔師古注：「致平，致太平。」按「致平之道」，致國於太平之道，亦即致國於治理之道。公羊傳隱公元年何休注：「平，治也。」致平亦即致治。

〔六〕玉篇火部：「灼，明也。」「灼然」指文王識人之明，故以「若披雲而見日」爲喻。文選七發「霍然病已」，李善注：「霍，疾貌也。」「霍然」指文王識人之速，故以「若開霧而觀天」爲喻。左傳成公十八年杜預注：「披，猶分也。」「披」與下句「開」互文。廣雅釋詁：「假，借也。」文謂文王之識人，其明如撥雲而見白日，其速如破霧而睹青天，此豈憑借衆人之稱譽哉。「文王」三句，類書、筆記所引頗多異同，無關大旨，今不具列。

〔七〕慧琳一切經音義八十五引賈逵注國語云：「霸，把也，把持諸侯之權，行方伯之職也。」霸即諸侯之長，如春秋之齊桓公、晉文公等五霸是。字本作「伯」，音同「霸」。左傳哀公十三年「伯合諸侯」，杜預注：「伯，諸侯長。」謂非唯聖王，霸君亦有不因衆譽而得賢者。

〔八〕事本吕氏春秋舉難。玉篇夕部：「夙，旦也。」爾雅釋詁：「夙，早也。」按舉難及楚辭離騷王逸注並稱桓公夜出遇甯戚，此稱早旦出，異。「旅人」，商旅之人，舉難稱甯戚爲商旅，故曰「旅人」。「其辭有疾於世」，「疾於世」猶言憤世疾俗。禮記少儀孔穎達疏：「疾，猶憎惡也。」「使知國政」，使爲國政也。吕氏春秋長見「三年而知鄭國之政也」，高誘注：「知，猶爲也。」字彙午集矢部：「知，增韻：主也。今之知府、知縣，義取主宰也。」

〔九〕「不悟乎己心」即下文所謂「然則見之不自知」是也。玉篇攴部：「效，效法也。」以上十句，意謂凡明君之用人，未有己心不明悟而徒因衆人之稱譽者。用人而因衆人之稱譽，此非欲治國也，將欲以從衆爲名耳。如此則見人不能自知，而以衆人之稱譽爲驗也。此所謂效法衆人稱譽矣，非效法明君之得賢能也。

〔一〇〕伯鯀，禹父。國語周語下「有崇伯鯀」，韋昭注：「鯀，禹父。崇，鯀國；伯，爵也。」論語泰伯集解：「孔安國曰：唐者，堯號。虞者，舜號。」堯時洪水爲患，堯問有能治水者，分掌四方諸侯之四岳皆舉薦鯀治水，堯試鯀九載，無功，後舜遂流放鯀於羽山。事見書堯典、舜典（漢時舜典在堯典中未分出）。謂苟若以衆人之所稱譽即爲賢能，則鯀無流放羽山之難，而堯舜亦無試鯀九載之費時矣。

〔一一〕嶽，同岳，四岳舉薦鯀，見上注。「不以一驗爲也」，謂不以一驗用人。上云「故其用人也，則亦或因或獨」，謂其用人或因衆人之稱譽，或獨由己意，故此云「不以一驗爲也」。一驗，指單由衆譽驗定。下云「況乎舉非四嶽也，世非有唐虞也」，謂況乎舉薦者非如四岳之賢，而世又非有堯舜之明主，即申不可獨以衆人所譽爲準之意。蓋堯舜雖因衆人之薦而用鯀，其明察足以辨鯀之非其人。世無堯舜之明主，則用人尤不可獨以衆人所譽爲準，況舉薦者又非如四岳之賢乎。

〔一二〕寢，説文作「寑」，云：「卧也。」段玉裁注：「凡事止亦曰寑。」「大道寑」謂大道廢不行。戰國策魏策二「王聞之而弗任也」，鮑彪注：「任，猶信也。」「專任衆人之譽，不以己察，不以事考」，謂用人專信衆人之稱譽，不由己察之，不由事考之。

且大賢在陋巷也，固非流俗之所識也。何則？大賢爲行也，裒然不自滿，儡然若無能〔一〕，不與時爭是非，不與俗辯曲直，不矜名，不辭謗，不求譽，其味至淡，其觀至拙。夫如是，則何以異乎人哉〔二〕？其異乎人者，謂心統乎羣理而不繆，智周乎萬物而不過，變故暴至而不惑，真僞叢萃而不迷〔三〕。故其得志，則邦家治以和，社稷安以固，兆民受其慶，羣生賴其澤，八極之内同爲一，斯誠非流俗之所豫知也〔四〕。不然，安得赫赫之譽哉？其赫赫之譽者，皆形乎流俗之觀，而曲同乎流俗之聽也？君子固不然矣〔五〕。昔管夷吾嘗三戰而皆北，人皆謂之無勇；與之分財取多，人皆謂之不廉；不死子糾之難，人皆謂之背義〔六〕。若時無鮑叔之舉，霸君之聽，休功不立於世，盛名不垂於後，則長爲賤丈夫矣〔七〕。魯人見仲尼之好讓而不争也，亦謂之無能〔八〕，爲之謡曰：「素鞞羔裘，求之無尤。黑裘素鞞，求之無戾〔九〕。」夫以聖人之德，昭明顯融，高宏博厚，宜其易知也，且猶若此，而況賢者乎〔一〇〕？以斯論之，則時俗之所不譽者未必爲非也，其所譽者未必爲是也。故詩曰：「山有扶蘇，隰有荷華，不見子都，乃見狂且。」言所謂好者非好，醜者非醜，亦由亂之所致也〔一一〕。治世則不然矣。叔世之君生乎亂，求大臣、置宰相而信流俗之説，故不免乎國風之譏也〔一二〕。

而欲與之興天和，致時雍，遏禍亂，弭妖灾，無異策穿蹄之乘而登太行之險，亦必顛躓矣〔一三〕。故書曰：「股肱惰哉，萬事墮哉。」此之謂也〔一四〕。

〔一〕「何則」猶何耶，設問之詞，見助字辨略。「爲行」，猶行爲，行事。「不自滿」，「滿」字原作墨丁，龍谿精舍本及池田校兩京遺編本作「滿」，漢魏叢書本、四庫本等均作「見」。池田校引梁茂榮云：「衰，減也。則補『滿』字近是。」今按梁説是也，今補「滿」字。衰音薄侯切。玉篇：「衰，減也。」易謙象辭「君子以衰多益寡」，王弼注：「多者用謙以爲衰，少者用謙以爲益。」按「衰多」與「益寡」對，衰謂減損。「衰然」乃狀「不自滿」，謙抑貌也。「傴然」，頽喪貌，狀「若無能」。白虎通壽命「傴傴然如喪家之狗」，孔子家語困誓作「纍然如喪家之狗」，王肅注：「纍然，是不得意之貌也。」纍同傴，音魯回切。

〔二〕漢書賈誼傳「故人矜節行」，顔師古注：「矜，尚也。」矜謂崇尚。味，趣味也。漢書揚雄傳上「摧崔而成觀」，顔師古注：「觀，謂形也。」按觀謂外觀、形貌。以上十五句，謂大賢居窮巷之中，固非庸人之所識别。何耶？蓋大賢之所爲，謙退而不自滿，沮喪若己無能，不與世争是非，不與俗辯曲直，不尚名，不拒謗，不求譽，其趣味至爲淡泊，容貌至爲樸拙，如此，則何以異於人哉？

〔三〕漢書叙傳下「統陰陽」，顔師古注：「統，合也。」文選笙賦六臣注引李周翰云：「統，都合也。」都合，猶言總合、聚合。廣雅釋詁：「周，徧也。」按周引申爲遍知。鬼谷子符言「人主不可不周」，陶弘景注：「周，謂徧知物理。」繆、過互文，繆同謬。廣雅釋詁：「暴，猝也。」「暴至」，猶突然其來。「叢萃」複語，集聚也。廣雅釋詁：「叢，聚也。」方言：「萃，集也。」文謂大賢之異於人者，謂其心總括羣理而無謬誤，其智遍知萬物而無過失，事故突至而不惑，真僞參雜而不迷。

〔四〕「治以和」、「安以固」，二「以」字用同「而」，例見經傳釋詞。「兆民」，天子之民。禮記月令鄭玄注：「天子曰『兆民』。」「兆民」與下句「羣生」互文，均指百姓。國語周語下韋昭注：「慶，福也。」慧琳一切經音義十引蒼頡篇云：「澤，恩也。」「八極之内」，八極，八方之遠地，猶言四海。廣雅釋詁：「極，遠也。」文選聖主得賢臣頌「周流八極」，六臣注引呂向云：「八極，八方也。」「豫知」，廣雅釋言：「豫，早也。」字亦作「預」。以上七句，謂故大賢如能行其志，則國家治理而和睦，社稷安定而鞏固，民承受其福，百姓依賴其恩，天下爲一體，此誠非庸常之人所能預知也。

〔五〕「不然」，承上大賢得志能治國安民言，謂大賢若非如此。「其赫赫之譽者」，其猶豈也，例見助字辨略。「皆形乎流俗之觀」，廣雅釋詁：「形，見也。」見、現古今字。「而曲同乎流俗之聽也」，荀子王制「則其雖曲當，猶將無益也」，楊倞注：「曲當，謂委曲皆當。」禮記曲禮上釋文解題：「曲禮者，委曲説禮之事。」按曲謂委曲，猶言周遍，故曲有遍、盡之義。易繫辭上「曲成萬物而不遺」，謂遍成萬物而無遺也。荀子臣道「曲得所謂焉」，「曲得」猶盡得也。此「曲同」猶言盡合也。句末「也」字用同「耶」，例見經傳釋詞。以上六句，大意謂若非如此，大賢安能有顯赫之聲譽哉？豈其得志則有顯赫之聲譽者，皆顯露之而爲庸常之人所能觀，而盡合於庸常之人所能聞知者耶？賢能之君子固非如此也。下文舉管子、孔子不爲世俗所知，即申「君子固不然」之意。

〔六〕管夷吾即管仲，少時與鮑叔交友。齊襄公十二年，無知弑襄公自立。齊人殺無知，議立君，先召襄公次弟小白於莒。時召忽與管仲共輔小白庶兄公子糾於魯，魯亦發兵送公子糾於齊，使管仲道遮小白，射小白中腰帶之鉤。小白佯死，先入齊，遂立爲桓公。齊逼魯殺公子糾，令魯縛召忽、管仲交付齊，召忽自刎而死，管仲受囚入齊。鮑叔舉薦管仲，桓公遂用管仲任齊政，而成霸業。事見管子大匡、小匡及史記齊太公世家。「三戰而皆北」，玉篇北部：「軍敗走曰『北』。」按史記管晏列傳，管仲自云「吾始困時，嘗與鮑叔賈（按賈，行商），分財利多自與，鮑叔不以我爲貪，知我貧也」，又云「吾嘗三戰三走，鮑叔不以我爲怯，知我有老母也。公子糾敗，召忽死之（按死之，以死從公子糾），吾幽囚受辱，鮑叔不以我爲無恥，知我不羞小節而恥功名不顯於天下也」。

〔七〕「霸君之聽」，霸君，齊桓公，參上文「非惟聖然也，霸者亦有之」注。廣雅釋詁：「聽，從也。」「休功」，爾雅釋詁：「休，美也。」「長爲賤丈夫」，長讀平聲，爾雅釋親：「男子謂之丈夫。」謂若管仲被囚時無鮑叔之舉薦，無桓公之聽從，管仲盛美之功不能立於世，其盛名不能傳於後，則長年爲卑賤男子矣。

〔八〕論語學而：「子貢曰：夫子温良恭儉讓以得之。」又八佾：「子曰：君子無所争。」又鄉黨：「孔子於鄉黨（按鄉黨，故鄉），恂恂如也，似不能言者。」集解引王肅云：「恂恂，温恭之貌也。」是孔子好謙讓。

〔九〕「素鞸」，白蔽膝也。「鞸」同「韠」，本作「韠」。釋名釋衣服：「韠，蔽膝也，所以蔽膝前也。」按詩小雅瞻彼洛矣孔穎達疏：「士朝服謂之韠。」是韠爲朝服所用。「羔裘」，羔羊皮之毛裘。詩鄭風羔裘「羔裘如濡」，毛傳：「如濡，潤澤也。」孔穎達疏：「古之君子在朝廷之上，服羔皮爲裘。」是羔裘亦爲朝服所用也。又周禮天官司裘「司裘掌爲大裘」，鄭玄注：「鄭司農云：大裘，黑羔裘。」「黑裘」即羔裘，以黑羔羊皮爲之。二「求之」之「求」謂詢問。呂氏春秋貴公「上志而下求」，高誘注：「求，問也。」「無尤」，池田引多田氏訓尤爲尤異，是。説文乙部：「尤，異也。」尤謂特異，異於常人。「無戾」，戾謂背理。荀子榮辱楊倞注：「戾，乖背也。」以上七句，謂魯國人見孔子好謙讓不争，亦謂孔子無能，作歌謡曰：「彼白蔽膝、羔羊裘而朝服者，問之無甚特異；彼黑羔裘、白蔽膝而朝服者，問之亦無甚背理。」蓋謂孔子無長處亦無過，平庸不足道也。按魯人譏孔子衣朝服，蓋孔子嘗爲魯司寇之時。孔子爲魯司寇見荀子宥坐、史記孔子世家。呂氏春秋樂成：「孔子始用於魯，魯人鷖誦之曰（按鷖同緊，語助）：麛裘而鞸（按麛裘，鹿皮裘），投之無戾（按戾，罪也）；鞸而麛裘，投之無郵。」高誘注：「孔子衣麛裘。投，棄也。郵字與尤同。投棄孔子無罪尤也。」彼文亦謂孔子用事於魯，魯民誦謡譏之，唯文與此不同也。

〔一〇〕左傳昭公五年「明而未融」，杜預注：「融，朗也。」孔穎達疏：「明而未融，則融是大明，故爲朗也。」「昭明顯融」與「高宏博厚」，皆以四字義相類而並用。「宜其易知也」，「其」指孔子。文謂以孔子聖人之德，如此昭顯、博大，應爲人所易知，而人尚且未知，況不及聖人之賢者乎。

〔一一〕引詩見鄭風山有扶蘇。「山有扶蘇，隰有荷華」，毛傳：「扶蘇，扶胥，小木也。言高下大小，各得其宜也。」按邶風簡兮毛傳：「下濕曰隰。」隰者，低窪濕地。華、花古今字。「不見子都，乃見狂且」，毛傳：「子都，世之美好者也。狂，狂人也。且，辭也（按謂語助）。」鄭玄箋：「人之好美色，不往覩子都（按覩同睹），乃反往覩狂醜之人，以興忽好善不任用賢者（按興，喻。忽，鄭昭公），反任用小人。」毛序：「山有扶蘇，刺忽也。所美非美然。」鄭玄箋：「言忽所美之人實非美人。」按幹云「言所謂好者非好，醜者非醜」説與毛、鄭義同。「亦由亂之所致也」，亂謂世亂，故下句云「治世則不然矣」。

〔一二〕左傳昭公六年孔穎達疏引服虔云：「政衰爲叔世。」池田校：「（生乎亂）『亂』下疑脱一字，意『世』字乎？」按「亂」即謂世亂，上文云「亦由亂之所致也」，亦用一「亂」字。詩題「毛詩國風」，孔穎達疏：「言國風者，國是風化之界，詩以當國爲别，故謂之國風。」按自詩周南、召南、邶風至豳風，凡十五風詩，稱國風。「故不免乎國風之譏也」，指上文鄭風山有扶蘇。

〔一三〕淮南子俶真「交被天和，食于地德」，高誘注：「（和）和氣也。」又天文「以司天和，以長百穀禽鳥草木」，又主術「則百姓無以被天和而履地德矣」，高誘注：「地德，所生殖也。」「天和」即天時之和順，如「風調雨順」是。書堯典「黎民於變時雍」，僞孔傳：「天下萬民皆變化從上，是以風俗大和。」按漢書成帝紀引此，顔師古注引應劭曰：「黎，衆也。時，是也。雍，和也。言衆民於是變化，用是大和也。」「時雍」即「黎民於變時雍」之省，謂民俗和睦。爾雅釋詁：「遏，止也。」玉篇弓部：「弭，息也。」遏、弭義同。左傳宣公十五年「天反時爲災，地反物爲妖」，「妖灾」謂天地反常之灾異。「之乘」，乘音實證切。儀禮聘禮鄭玄注：「乘，四馬也。」按古四馬共牽一乘車，故四馬亦曰「乘」，參本書務本篇「走追駟馬」云云注。文選長笛賦李善注：「躓，顛仆也。」以上九句，謂衰世之君生於世亂，求用大臣、置立宰相乃信從世俗之説，故不免爲國風民謡所譏，而欲與此衰世之君興旺天時之和順，達至民風之和睦，止禍亂，息灾異，此無異於鞭策蹄掌磨穿之四馬而登太行山之險要，車亦必傾覆矣。

〔四〕引書見益稷（漢時益稷在皋陶謨中未分出）。「股肱惰哉」，原作「肱股墮哉」；「萬事墮哉」，原作「萬事隳哉」，並據四庫本改，與益稷合。釋文：「墮，許規反。」按音許規反之「墮」，即説文「隓」之或體，俗作「隳」。玉篇𨸏部：「隓，廢也。」僞孔傳：「臣懈惰，萬事墮廢。」

然則君子不爲時俗之所稱〔一〕？曰：孝悌忠信之稱也，則有之矣；治國致平之稱，則未之有也。其稱也，無以加乎習訓詁之儒也〔二〕。夫治國致平之術，不兩得其人，則不能相通也。其人又寡矣，寡不稱衆，將誰使辨之〔三〕？故君子不遇其時，則不如流俗之士聲名章徹也。非徒如此，又爲流俗之士所裁制焉。高下之分，貴賤之賈，一由彼口，是以没齒窮年不免於匹夫〔四〕。昔荀卿生乎戰國之際，而有叡哲之才，祖述堯舜，憲章文武，宗師仲尼，明撥亂之道。然而列國之君以爲迂濶不達時變，終莫之肯用也〔五〕。至於遊説之士，講其邪僻〔六〕，率其徒黨，而名震乎諸侯，所如之國靡不盡禮郊迎，擁篲先驅，受賞爵爲上客者，不可勝數也〔七〕。故名實之不相當也，其所從來尚矣，何世無之〔八〕？天下有道，然後斯物廢矣〔九〕。

〔一〕錢校：「句末似有脱字。」按此問句，句末當有「耶」、「歟」或「乎」等字。上文謂賢能君子不爲世俗所知，故此問然則君子不爲世俗所稱譽耶。

〔二〕「孝悌」，孝順父母、敬愛兄長也。新書道術：「弟敬愛兄，謂之悌。」「致平」，致國於太平也，見前「其術誠合乎致平之道」注。禮記檀弓上「獻子加人一等矣」，鄭玄注：「加，猶踰也。」爾雅釋訓釋文解題：「訓者，謂字有意義也。」訓謂説解字之意義。又釋詁邢昺疏解題：「詁者，古也。古今異言，解之使人知也。」詁謂以今語釋古言。「訓詁」連文，泛指解釋古書字句之意義。「習訓詁之儒」，指但研習經書字句之義而不通經書大旨之俗儒。本書考僞篇「多識流俗之故（故同詁），麤誦詩書之文，託之乎博文」，即指淺陋之儒讀經書，但習訓詁，粗略誦讀，而不通大義要旨者。文謂世俗於賢能之君子，稱其人孝悌忠信之行則有之；稱其人能致國於太平則未之有。且世俗之稱譽也，亦無以超逾其稱譽習訓詁之俗儒。謂世俗即稱譽之，亦無足道。

〔三〕「不兩得其人」，謂不得賢能之人與識賢之明主。上文謂文王、齊桓公識姜太公、甯戚之賢，舉而用之，是賢能須遇明主。「其人又寡」，「其人」承上「兩得其人」言，指賢能與明主。「寡不稱衆」，稱讀昌孕切，文選典論論文六臣注引吕延濟云：「稱，勝也。」「將誰使辨之」，「將」爲語助，見助字辨略，猶云使誰辨之；「辨之」，「之」指賢能。文謂治國致於太平之術，不得賢能與明主，則不能相通究其術也。賢能與明主又寡矣，寡不勝世俗之衆，則使誰辨賢能乎？

〔四〕「章徹」複語，顯著也。章、彰古今字。玉篇攴部：「徹，明也。」「裁制」亦複語，抑制也。楚辭昔誓「爲螻蟻之所裁」，王逸注：「裁，制也。」「貴賤之賈」，賈、價古今字。論語憲問「没齒無怨言」，皇侃疏：「没，終；齒，年也。」没音莫勃切。荀子解蔽楊倞注：「窮年，盡其年壽。」「没齒」與「窮年」互文，猶言終生。「匹夫」，平民也，見本書法象篇「以匹夫之居猶然」云云注。文謂君子不逢其時，則不如世俗之士聲名顯著。非但如此，君子又爲世俗之士所抑制，才智之高下，身價之貴賤，皆由彼俗士之口而定，故君子終生不能免平民之身。

〔五〕荀卿，名況，史記有傳。「叡哲」，智慧也，見上「故博求聰明睿哲君子」云云注。祖述，遵奉、效法也，見本書考僞篇「咸相與祖述其業而寵狎之」注。「祖述」與下「憲章」、「宗師」義相類。憲章亦效法也。後漢書班固傳李賢注：「憲章，法則也。」按史記周本紀「民皆法則之」，法則謂效法。「宗師」，尊崇師法也。漢書藝文志「宗師仲尼」，顔師古注：「宗，尊也。」「撥亂」，治理亂世也。説文手部：「撥，治也。」「迂濶」，謂疏遠實事也，故與「不達時變」連文。「濶」爲「闊」之俗字。廣雅釋詁：「迂，遠也。」爾雅釋詁：「闊，遠也。」文謂荀卿生於戰國之時，而有聰慧之才，遵奉堯舜二帝，效法文武二王，尊孔子爲師，通曉理亂之道，然而各國之君以爲彼疏遠實事，不明時世之變，終不肯用之。按荀卿年五十來齊，爲大夫，遭齊人讒，去齊往楚，楚相春申君用爲蘭陵令，春申君死而荀卿又被棄，遂居蘭陵，著書而終。見史記孟子荀卿列傳。

〔六〕「講其邪僻」，原作「謂其邪術」，錢校：「『謂』字當誤。原注：一作『講其邪僻』。」池田校引梁茂榮云：「作『講』是也。『僻』，疑爲『術』之誤。」池田據梁説改爲「講其邪術」。今按「邪僻」即指邪術，今從一本作「講其邪僻」。國語周語上韋昭注：「講，習也。」「遊説之士」，指戰國時奔走列國之間，以言辭鼓動人君之説客。

〔七〕爾雅釋詁：「如，往也。」靡讀上聲，文彼切。詩邶風泉水「靡日不思」，鄭玄箋：「靡，無也。」漢書陸賈傳「君王宜郊迎」，顔師古注：「郊迎，謂出郊而迎。」按郊迎即郊勞，出迎賓於郊，以慰勞之，參本書務本篇「自郊勞至於贈賄」云云注。郭璞爾雅序「輒復擁篲清道」，邢昺疏：「擁，手持也。篲，帚也。」漢書司馬相如傳下「縣令負弩矢先驅」，顔師古注：「（先驅）導路也。」按「擁篲先驅」謂持帚清道以引路，唯此不過爲禮節之儀式。史記孟子荀卿列傳稱騶衍至燕，「昭王擁篲先驅」，索隱：「以衣袂擁帚而卻行（按謂以袖掩帚以蔽塵，旋掃旋倒行），恐塵埃之及長者，所以爲敬也。」是「擁篲先驅」爲敬客之儀式。戰國策秦策五「上客從趙來」，高誘注：「上客，尊客。」

〔八〕「名實之不相當」，指君子不爲人主所用，而説客反受崇重，或有實無其名，或有名無其實。「其所從來尚矣」，原注：「（尚）一作『久』。」按尚通上，上亦久也。漢書百官公卿表上「然已上矣」，顔師古注：「上，謂其事久遠也。」以上十一句，謂彼輩説客，行其邪術，率導其門人黨徒，而名聲震動諸侯，所往之國，無不爲之盡禮儀出迎於郊，持帚清道爲之導路，受賞爵禄而爲尊客，此輩不可勝數也。故名實之不相稱，其所由來久矣，何世無之耶？

〔九〕「斯物」，此物，猶此事也，承上指名實不相稱之事。謂如天下爲政有道，此等事則廢止不行矣。

慎所從第十七

夫人之所常稱曰：「明君舍己而從人，故其國治以安；闇君違人而專己，故其國亂以危。」乃一隅之偏說也，非大道之至論也〔一〕。凡安危之勢，治亂之分，在乎知所從，不在乎必從人也。人君莫不有從人，然或危而不安者，失所從也；莫不有違人，然或治而不亂者，得所違也〔二〕。若夫明君之所親任也皆貞良聰智，其言也皆德義忠信，故從之則安，不從則危。闇君之所親任也皆佞邪愚惑，其言也皆姦回諂諛，從之安得治？不從之安得亂乎〔三〕？昔齊桓公從管仲而安，二世從趙高而危；帝舜違四凶而治，殷紂違三仁而亂〔四〕。故不知所從而好從人，不知所違而好違人，其敗一也。孔子曰：「知不可由，斯知所由矣〔五〕。」

〔一〕舍、捨古今字。闇、暗通用。「治以安」、「亂以危」，二「以」字用同「而」，例見經傳釋詞。「專己」，專主於己見，即自以爲是。左傳襄公二十九年「子容專」，杜預注：「專，自是也。」後漢書王充王符仲長統列傳論「好申一隅之説」，李賢注：「一隅，謂一方偏見也。」「至論」，精深盡善之論也，見本書貴言篇「或有周乎上哲之至論」云云注。文謂人所常言曰：「明君捨己見而聽從人言，故其國治而安；暗君不從人言而專主己見，故其國亂而危。」此乃偏頗之説，非合乎大道之深論也。

〔二〕「治亂之分」，分讀平聲。「在乎」、「不在乎」，二「乎」字並同「於」，例見經傳釋詞。「失所從」、「得所違」，猶言失於所從、得於所違，失、得謂失宜、得宜。文謂大凡安危之形勢，治亂之分别，在於人君知所宜從，而不在於必從人也。人君無不有從人之時，然而從之或國危而不安者，所從失當也；無不有不從人之時，然而不從或國治而不亂者，其不從得當也。

〔三〕「若夫」，猶言至於，見本書法象篇「若夫墮其威儀」云云注。「親任」，猶親信。戰國策魏策二「王聞之而弗任也」，鮑彪注：「任，猶信也。」「貞良」，正直良善也。廣雅釋詁：「貞，正也。」「姦回」，姦邪也。僞古文書泰誓下「崇信姦回」，僞孔傳：「回，邪也。」「安得治」、「安得亂」，安猶何也，例見經傳釋詞，按此反詰語，「安得」即豈得。

〔四〕管仲拘囚入齊，鮑叔舉薦之，齊桓公從之而用管仲任齊政，遂成霸業，見本書審大臣篇「昔管夷吾嘗三戰而皆北」云云注。秦二世胡亥聽信内官趙高，嚴刑峻法，誅殺大臣，賦斂繁重，後楚漢兵起，關東皆叛秦，高懼，遂使閻樂殺二世，見史記秦始皇本紀、李斯列傳。舜時，流放共工、驩兜、鯀及三苗之族，是爲「四凶」，見書舜典。又左傳文公十八年謂舜流放四凶族爲渾敦、窮奇、檮杌、饕餮，與舜典説異。殷之三仁人，微子、箕子、比干也，見論語微子。紂王淫亂無道，不聽諫言，殺比干，微子遂去殷，箕子佯爲狂，殷商遂爲周所滅，見史記殷本紀。

〔五〕「好從人」、「好違人」，好讀去聲。不知所宜從而專好從人，不知所當違而專好違人，其敗壞事皆同也。引孔子語未詳所據。經傳釋詞：「斯，猶則也。」謂能知不可由者，則知所宜由矣。

夫言或似是而非實，或似美而敗事，或似順而違道，此三者非至明之君不能察也。燕昭王使樂毅伐齊，取七十餘城，莒與即墨未拔。昭王卒，惠王爲太子時，與毅不平〔一〕，即墨守者田單縱反間於燕，使宣言曰〔二〕：「王已死，城之不拔者二耳〔三〕。樂毅與新王有隙，懼誅而不敢歸，外以伐齊爲名，實欲因齊人未附，故且緩即墨，以待其事。齊人所懼，惟恐他將之來，即墨殘矣〔四〕。」惠王以爲然，使騎劫代之，大爲田單所破。此則似是而非實者也〔五〕。燕相子之有寵於王，欲專國政，人爲之言於燕王噲曰：「人謂堯賢者，以其讓天下於許由也。許由不受，有讓天下之名，而實不失天下。今王以國讓於相子之，子之必不敢受，是堯與王同行也〔六〕。」燕噲從之，其國大亂。此則似美而敗事者也〔七〕。齊景公欲廢太子陽生而立庶子荼，謂大夫陳乞曰：「吾欲立荼，如何？」乞曰：「所樂乎爲君者，欲立則立之，不欲立則不立。君欲立之，則臣請立之。」於是立荼。此則似順而違道者也〔八〕。

〔一〕「不平」，不和也。玉篇亏部：「平，和也。」後漢書龐參傳「參素與洛陽令祝良不平」，謂二人不睦。

〔二〕「縱反間於燕」，謂發放間諜至燕。玉篇糸部：「縱，放也。」左傳成公十六年孔穎達疏：「兵書有反間之法，謂詐爲敵國之人，入其軍中，伺候間隙以反告己，軍令謂之細作人也。」是「反間」亦即細作、間諜，此與誘敵之間諜反爲我用之意不同。「宣言」猶揚言，左傳昭公十二年杜預注：「宣，揚也。」

〔三〕「二」，原作「三」，據四庫本改。按上文云「取七十餘城，莒與即墨未拔」，是齊城未被燕攻陷者唯莒與即墨二城。「王已死」，王指昭王，故下文稱惠王爲「新王」。

〔四〕資治通鑑一百三「故緩其事」，胡三省注：「有心爲之謂之故。」經傳釋詞：「且，姑且也。」按猶言暫且。文謂齊遣燕之諜揚言，謂燕昭王已死，齊城之不被燕破者唯二城耳。樂毅與惠王有嫌隙，毅懼惠王殺己而不敢歸師，於是外表以伐齊爲名而不歸，其實乃欲憑借齊人未歸附，故意暫緩攻即墨，以待其後事。齊人所懼者，唯恐燕派别將來，來則即墨城破矣。

〔五〕「代之」，謂使騎劫代樂毅爲將。以上舉惠王之事，見史記樂毅列傳。「似是而非實」，謂其言聽之似是，而不符實情。

〔六〕「燕相子之」，吕氏春秋舉難：「相也者，百官之長也。」按相即後世之宰相。文選西都賦李善注：「相，丞相也。」「人爲之言於燕王噲」，「之」指子之，謂有人爲子之進言於燕王噲。堯讓天下於隱士許由，許由不受，見莊子逍遥遊、讓王。「是堯與王同行」，「同行」謂所爲相同，承上堯「有讓天下之名，而實不失天下」言。

〔七〕以上舉燕王噲之事，見史記燕召公世家。世家謂燕王噲讓政於子之，三年，國大亂。「似美而敗事」，謂其言聽之似美，從之則壞事也。

〔八〕以上舉齊景公事，見公羊傳哀公六年，「荼」作「舍」，左傳、穀梁傳則作「荼」。按據公羊傳，陳乞實不以景公廢太子陽生立庶子荼爲然，欲拒之，則恐景公殺太子，故對曰「所樂乎爲君者」云云，謂君貴自專也。「似順而違道」，謂其言聽之似順於己，而實則有背道義也。

且夫言畫施於當時，事效在於後日。後日遲至，而當時速決也。故今巧者常勝，拙者常負，其勢然也。此謂中主之聽也〔一〕。至於闇君，則不察辭之巧拙也，二策並陳，而從其順己之欲者。明君不察辭之巧拙也，二策並陳，而從其致己之福者〔二〕。故高祖、光武能收羣策之所長，棄羣策之所短，以得四海之内，而立皇帝之號也〔三〕。吴王夫差、楚懷王、頃襄王棄伍員、屈平之良謀，收宰嚭、上官之諛言，以失江漢之地，而喪宗廟之主〔四〕。此二帝三王者，亦有從人，亦有違人，然而成敗殊馳，興廢異門者，見策與不見策耳。不知從人甚易，而見策甚難。夷考其驗，斯爲甚矣〔五〕。

〔一〕「言畫施於當時」，「言畫」謂言議、策畫也。玉篇書部：「畫，計也，策也。」字亦作「劃」。國語晉語八韋昭注：「施，陳也。」「當時速決」，言當其時須速決議，不及見實效。「巧者」、「拙者」，指言辭之巧拙，下文兩言「不察辭之巧拙」是。文謂況且諸言議策畫皆陳布於當時，而事之實效則見於來日。來日晚至，而當其時須速決。故今之巧於言辭者能常勝，而拙於言辭者常負，乃勢所必然也。「此謂中主之聽也」，言中才之人主聽言決議如此，謂其但以言辭之巧拙決斷。下文舉闇君、明君，則皆不察辭之巧拙者。呂氏春秋應同：「中主猶且爲之，況於賢主乎？」中主在明君之下、闇君之上。又按「故今巧者常勝」，「今」疑當作「令」。「故令」，故使也。蓋以言辭之巧拙決斷，泛指中主而言，不分古今。下文舉闇君、明君，亦未分古今。若謂今之辭巧者常勝，則古之辭巧者於中主不然乎？唯各本均作「今」，姑仍舊文。

〔二〕「而從其順己之欲者」，「順」字原作墨丁，漢魏叢書本作空格，四庫本作「順」，龍谿精舍本及池田校兩京遺編本等此句作「而從致己之欲者」，今從四庫本補「順」字。「不察」，察謂察辨，不察辨猶言不論，不計。「二策」，相異之二計謀也。禮記孔子燕居鄭玄注：「策，謀也。」「致己之福」，使己得福也。莊子逍遥遊「彼於致福者」，成玄英疏：「致，得也。」按漢書公孫弘傳顏師古注：「致，謂引而至也。」致謂招至，故引申之訓得。文謂至於闇君，則不論辭之巧拙，二計並陳於前，而唯從能順己之意欲者。明君亦不論辭之巧拙，二計並陳於前，而唯從能使己得福者。

〔三〕秦始皇兼并諸侯，一統天下，自稱「皇帝」，以爲兼三皇、五帝之德，見史記秦始皇本紀。漢高祖、光武帝爲兩漢開國之君，故亦相沿立「皇帝」之號。史記高祖本紀：「（漢五年二月）甲午，乃即皇帝位氾水之陽。」集解引蔡邕云：「上古天子稱皇，其次稱帝，其次稱王。秦承三王之末，爲漢驅除（按秦滅六國，實爲漢之立業驅除羣雄，故謂秦爲漢驅除），自以德兼三皇、五帝，故并以爲號（按謂并合皇、帝二字爲號）。漢高祖受命，功德宜之，因而不改。」後漢書光武帝紀上：「（建武元年）六月己未，即皇帝位。」所謂「立皇帝之號者」，即「得四海之内」以建國也。此與繼位之君主泛稱「皇帝」者不同。

〔四〕「頃襄王」原作一「襄」字，據四庫本補。「收宰嚭、上官之諛言」，收猶言納。伍員力諫吴王夫差拒越請和而伐之，吴王不聽。吴太宰伯嚭讒員於吴王，吴王遂賜員劍以自刎。其後越滅吴。見本書夭壽篇「而比干、子胥身陷大禍」注。屈平即屈原，仕楚懷王。懷王使平制法令，大夫上官靳尚讒平於懷王，謂平自誇其功，王怒而疏遠平。秦欲與楚婚，平諫懷王，以爲秦無信，不可赴秦，王不聽，遂爲秦兵劫於武關，後死於秦。懷王子頃襄王立，令尹子蘭使上官靳尚讒平於頃襄王，王遂流放平，見史記屈原賈生列傳。云「失江漢之地」者，吴國處於江水之域，而滅於越；楚懷王時，楚屢敗於秦，失漢中諸郡，至楚王負芻，終爲秦所滅，見史記楚世家。云「喪宗廟之主」者，文選東京賦「咸紀宗存主（按紀宗，記載宗統）」，薛綜注：「主，木主，言刻木爲人神主，置於廟中而祭之。」主爲祭祖之牌位，「喪宗廟之主」，謂國亡而宗廟廢也。

〔五〕「見策」、「不見策」，見謂知也。淮南子脩務「而明弗能見者何」，高誘注：「見，猶知也。」「夷考其驗」，察其證驗也。孟子盡心下「夷考其行」，趙岐注：「考察其行。」按經傳釋詞：「夷，語助也。」「斯爲甚矣」，承上「夷考其驗」言，謂證驗爲多矣。爾雅釋詁：「斯，此也。」「此」指「驗」。左傳昭公十八年「風甚」孔穎達疏：「甚者，益盛之言也。」甚訓盛，引申有多義。漢書王莽傳上「而上書者愈甚」，愈甚猶愈多。文謂此二帝、三王者，亦有從人言、拒人言之時，然而其成敗背道而馳、興亡異其門徑者，乃知策謀與不知策謀之故耳。殊不知但從人言甚易也，知策謀之是非甚難也，察其事之證驗，則證驗多矣。

問曰：夫人莫不好生而惡死，好樂而惡憂，然觀其舉措也，或去生而就死，或去樂而就憂，將好惡與人異乎〔一〕？

曰：非好惡與人異也，乃所以求生與求樂者失其道也，譬如迷者欲南而反北也。今略舉一驗以言之〔二〕。昔項羽既敗，爲漢兵所追，乃謂其餘騎曰：「吾起兵至今八年，身經七十餘戰，所擊者服，遂霸天下。今而困於此，此天亡我，非戰之罪也。」斯皆存亡所由，欲南反北者也〔三〕。夫攻戰，王者之末事也，非所以取天下也。王者之取天下也有大本，有仁智之謂也。仁則萬國懷之，智則英雄歸之，御萬國、總英雄以臨四海，其誰與爭？若夫攻城必拔，野戰必克，將帥之事也〔四〕。羽以小人之器，闇於帝王之教，謂取天下一由攻戰，矜勇有力，詐虐無親，貪嗇專利，功勤不賞〔五〕。有一范增，既不能用，又從而疑之，至令憤氣傷心，疽發而死〔六〕。豪傑背叛，謀士違離，以至困窮，身爲之虜。然猶不知所以失之，反嗔目潰圍，斬將取旗，以明非戰之罪，何其謬之甚歟〔七〕！高祖數其十罪，蓋其大略耳。若夫纖介之失，世所不聞，其可數哉〔八〕。且亂君之未亡也，人不敢諫；及其亡也，人莫能窮，是以至死而不寤，亦何足怪哉〔九〕。

〔一〕「或去生而就死」，玉篇京部：「就，從也。」下「就憂」解同。「將好惡與人異乎」，將猶豈也，例見助字辨略、經詞衍釋。

〔二〕此答問者，意謂其人之去離生路而往就死地、不求安樂而自尋憂患者，非好惡與人異也，乃其所以求生與樂者不得其道也，譬如迷途之人本欲向南而反往北矣。「今略舉一驗以言之」，「驗」同上文「夷考其驗」之「驗」，事之證驗也，即下舉項羽事。

〔三〕敘項羽事，見史記項羽本紀、漢書項籍傳。據本紀，漢王劉邦會兵困羽軍於垓下，羽突圍至東城，僅餘二十八騎，漢軍數千騎追至，羽自知不能逃脱，乃語其餘騎曰：「吾起兵至今八歲矣，身七十餘戰（按身，身歷），所當者破，所擊者服，未嘗敗北，遂霸有天下（按謂與漢分天下，號西楚霸王），然今卒困於此（按卒，終），此天之亡我，非戰之罪也。今日固決死（按謂必死），願爲諸君快戰（按謂盡興而戰後乃死），必三勝之，爲諸君潰圍（按潰圍，破漢兵之圍），斬將，刈旗（按謂砍取漢兵旗），令諸君知天亡我，非戰之罪也。」遂率其從者數番突圍斬將，從者皆以羽言不虛，羽遂自刎烏江。按羽云「非戰之罪」，謂非己不能用兵作戰也。本紀太史公（司馬遷）論羽云：「及羽背關懷楚（按背，離也。謂羽不都關中，思楚而離關中，東歸都彭城），放逐義帝而自立，怨王侯叛己，難矣（按羽初奉楚王孫心爲義帝，後遷徙義帝，諸伐秦王侯漸叛羽，羽遂殺義帝。「難矣」，謂羽不自責，難怨諸王侯叛己也）。自矜功伐，奮其私智而不師古（按謂自誇其功，逞一己之智而不效法古人行德），謂霸王之業，欲以力征經營天下，五年卒亡其國，身死東城，尚不覺寤（按寤同悟），而不自責，過矣。乃引『天亡我，非用兵之罪也』（按引，申言），豈不謬哉。」幹意與史遷同，故曰「斯皆存亡所由，欲南反北者也」，謂此皆存亡之所因，欲向南而反往北也。

〔四〕「末事」，「末」對「本」言，即非關根本之小事，指「非所以取天下」言。「大本」猶言根本，見本書貴言篇「是以君子將與人語大本之源」云云注。「仁則萬國懷之」，「懷」與下句「歸」互文，懷亦歸也。書皋陶謨「黎民懷之」，僞孔傳：「懷，歸也。」「御萬國」，御謂駕御，引申爲管治。玉篇彳部：「御，治也。」「總英雄以臨四海」，總謂總聚，引申爲統領。文選東京賦「總八方以爲極」，六臣注引呂向云：「總，統也。」說文臥部：「臨，監臨也。」「其誰與争」即誰與之争，「其」爲語助，見經傳釋詞。「若夫」，猶言至於，見前注。文謂攻戰乃王者之小事，非用以取天下也。王者取天下有根本，即有仁與智之謂也。施仁則萬國來至，用智則英雄歸附，治萬國、統英雄以監臨天下，誰能與之争乎？至於攻城而必取之，戰於曠野而必克敵，乃將帥之事耳。

〔五〕書無逸孔穎達疏：「小人，無知之人。」器，才識也，參本書貴言篇「本其器量」注。「小人之器」，謂見識鄙俗。「矜勇」，强勇也。詩小雅無羊「矜矜兢兢」，毛傳：「矜矜兢兢，以言堅彊也。」彊、强古今字。是矜矜、兢兢皆强貌。陳奐詩毛氏傳疏謂「矜矜」與「兢兢」同，引説文兄部「兢，讀若矜」爲證。按矜、兢同聲，於韻侵、蒸通轉，故二字相通。説文兢訓競，爾雅釋言：「競，强也。」故毛傳並訓「矜矜兢兢」爲堅强。或訓「矜」爲自恃、自誇，則以一「矜」字貫「勇有力」三字爲文，今不從。「詐虐」，邪虐也。「無親」，無猶不也，謂己不親睦人。文選東京賦薛綜注：「無，不也。」按無訓不，例詳經傳釋詞。「貪嗇」複語，方言：「嗇，貪也。」「專利」，獨佔利也，猶言擅利。大戴禮記子張問入官「有善勿專」，盧辯注：「專，謂自納於己。」「功勤」，猶功勞，勤亦勞也。文謂項羽以小人之淺識，不明帝王之政教，自謂取天下皆由攻戰，强勇有力，邪虐不親人，貪婪而擅利，不賞有功。按史記高祖本紀：「（高起、王陵對高祖曰）項羽妬賢嫉能，有功者害之（按害，妒也），賢者疑之，戰勝而不予人功，得地而不予人利，此所以失天下也。」又漢書酈食其傳：「（食其謂羽）爲人刻印，玩而不能授。」顔師古引臣瓚曰：「項羽吝於爵賞，玩惜侯印，不能以封人。」此所謂「貪嗇專利，功勤不賞」也。

〔六〕漢書陳平傳顔師古注：「疽，癰瘡也。」謂羽僅有一范增爲謀，既不能用之，隨後又疑之，終至令彼氣憤傷心，癰瘡發作而死。按范增，項羽謀士。漢王劉邦先破秦都咸陽，羽之楚軍後至，破函谷關，駐新豐鴻門，劉邦親至鴻門會羽。范增欲於宴飲時殺劉邦，示意羽，羽默然不應，劉邦乘隙脱逃，增恨羽不足與謀。後楚軍迫劉邦至滎陽，諸侯皆叛漢，劉邦恐羽，願割地請和。范增勸羽不受請和而伐之，楚軍遂圍滎陽。劉邦用陳平反間計，羽乃疑范增與漢有私，漸奪其權，增大怒，辭歸，於道中背發疽瘡而死。事見史記項羽本紀。

〔七〕「身爲之虜」，按項羽自刎，漢兵獲其首級，故曰「爲之虜」，非謂漢兵生獲羽爲之虜也。「嗔目」，嗔、瞋同聲相通，説文目部：「瞋，張目也。」餘詳上文「昔項羽既敗」云云注。

〔八〕「數其十罪」，數讀上聲，所矩切，歷數而責之也。廣雅釋詁：「數，責也。」「十罪」，謂背約不以劉邦爲關中王，暗使人殺義帝，燒焚掠奪秦宫室等，見史記高祖本紀。後漢書馬皇后紀李賢注：「纖介，猶微細也。」「其可數哉」，其猶豈也，見助字辨略。數，計也。謂漢高祖責項羽十罪，蓋其罪之大略耳。至於細微之過失，世人所不聞者，豈可勝計哉。

〔九〕二「亡也」之「亡」指亡國言。荀子王霸：「天下去之之謂亡。」僞古文書仲虺之誥孔穎達疏：「國滅爲亡。」「人莫能窮」，窮謂窮究、推究。寤、悟古通用。文謂亂君未亡國時，人皆不敢進諫；及其亡國，人又無能推究其因，是故亂君至死而不醒悟者，又何足怪哉。

亡國第十八

凡亡國之君，其朝未嘗無致治之臣也，其府未嘗無先王之書也，然而不免乎亡者，何也？其賢不用，其法不行也〔一〕。苟書法而不行其事，爵賢而不用其道，則法無異乎路說，而賢無異乎木主也〔二〕。昔桀奔南巢，紂踣於京，厲流於彘，幽滅於戲，當是時也，三后之典尚在，良謀之臣猶存也〔三〕。下及春秋之世〔四〕，楚有伍舉、左史倚相、右尹子革、白公子張，而靈王喪師〔五〕；衛有太叔儀、公子鱄、蘧伯玉、史鰌，而獻公出奔〔六〕；晉有趙宣子、范武子、太史董狐，而靈公被殺〔七〕；魯有子家羈、叔孫婼，而昭公野死〔八〕；齊有晏平仲、南史氏，而莊公不免〔九〕；虞、虢有宫之奇、舟之僑，而二公絶祀〔一〇〕。由是觀之，苟不用賢，雖有無益也〔一一〕。

〔一〕「致治之臣」，致國於治世之臣，即致國於太平之臣也。「致治」亦曰「致平」，參本書審大臣篇「其術誠合乎致平之道」注。「其府」，府謂藏書之府庫。漢書郊祀志上「史書而藏之府」，顔師古注：「府，藏書之處。」「先王之書」，書指治國之法典。下文曰「其賢不用，其法不行也」，「賢不用」承「致治之臣」言，「法不行」即承「先王之書」言。

〔二〕「書法」，記載法也。廣雅釋言：「書，記也。」「書法而不行其事」指不遵行先王之書所載之法，上文所謂「其法不行」是。「爵賢」，爵爲動字，謂授賢能以爵禄也。「爵賢而不用其道」，謂授賢能以爵禄而不用其治國之道。「路説」，猶言街談巷説，謂無稽之閑談也。「木主」，祭祀之牌位也，見本書慎所從篇「而喪宗廟之主」注。「無異乎木主」，謂如同虛設。

〔三〕「桀奔南巢」云云四句，見國語魯語上載魯太史里革語。夏桀、商紂及周厲王、幽王皆無道之君，見史記夏本紀、殷本紀、周本紀。夏本紀稱商湯伐桀，桀敗奔鳴條，遂流放而死。殷本紀亦稱桀奔於鳴條。此云「奔南巢」者，與御覽八十二引竹書紀年同。按荀子議兵稱放逐桀於鳴條，書湯誓序則稱湯與桀戰於鳴條，吕氏春秋論威又稱桀死於南巢，淮南子本經則稱伐桀於南巢而放之夏臺，其説不同如此，蓋傳聞之異。殷本紀稱周武王伐紂，戰於京郊牧野，紂敗，返京城，登鹿臺，投火而死。此云「紂踣於京」者，韋昭注：「踣，斃也（按斃，仆倒也，猶言死）。京，殷京師也（按謂商之京城）。」與殷本紀所述無異。周本紀稱周厲王暴虐，察民有非議者皆殺之，國人遂叛，襲擊厲王，厲王流亡於晉地彘。此云「厲流於彘」，與周本紀合。周本紀稱周幽王寵褒姒，用佞臣虢石父，廢申后及太子，國人皆怨，申后父申侯遂與西夷犬戎攻幽王，殺於驪山下。此云「幽滅於戲」者，鄭玄詩譜云：「申侯與犬戎攻宗周（按周封諸侯，爲宗主，故稱宗周），殺幽王於戲。」孔穎達疏云：「史記云『驪山』，國語言『於戲』，則是驪山之下有地名戲。」説詳董增齡國語正義。云「三后之典尚在」者，楚辭離騷「昔三后之純粹兮」，王逸注：「后，君也，謂禹、湯、文王也。」「三后之典」，謂夏禹、商湯、周文王三代之典籍，上文所謂「先王之書」是。「良謀之臣猶存」，「良謀之臣」即上文所謂「致治之臣」。按此謂桀、紂、厲、幽之時猶有賢臣在，所以敗亡者，以不用賢、不尊先王之法也。下文又舉春秋時各國非無賢良，其君之敗亡亦以不用賢故。

〔四〕傳孔子因魯史修春秋經（見孟子離婁下、史記孔子世家），起魯隱公元年，訖哀公十四年（左傳之經至哀公十六年，較公羊、穀梁所傳之經多二年），即周平王四十九年至敬王三十九年，故史稱此二百四十二年爲春秋，亦泛指東周，下接戰國也。

〔五〕伍舉，伍子胥之祖，以直諫稱，見史記伍子胥列傳，左傳昭公四年稱椒舉，椒，舉之封邑。左史，記事之史官。禮記玉藻：「動則左史書之，言則右史書之。」右尹，蓋楚獨設之官也。左傳成公十六年「右尹子辛將右（按謂率右軍）」，又襄公十五年「公子罷戎爲右尹」，又十九年「（鄭）子良、子革奔楚，子革爲右尹」，顧棟高春秋大事表十列國官制表引程啓生説，謂右尹蓋楚之尊官。今按昭公十三年「（叔向曰）子干之官（按子干，楚靈王弟），則右尹也」，此右尹爲楚官之明證。或釋右尹爲複姓，蓋本通志氏族略。按古以官爲氏者誠多，唯此子革稱右尹當爲官職，與姓氏無涉。治要引無「白公子張」四字，按白公子張見國語楚語上，韋昭注：「子張，楚大夫白公也。」楚靈王三年，會合諸侯於申，有驕矜之色，伍舉諫王，誡以桀、紂、幽王以無禮爲諸侯所棄。楚率諸侯伐吳，滅賴。七年，靈王爲章華之臺，以爲美，伍舉諫王，以爲君以彰賢爲美，安民爲樂，未知以疲民盡財爲美。後楚復滅陳、蔡。靈王暴虐，白公子張諫王，不聽，子張遂退而杜門不出。十一年，靈王使人於周求鼎，欲分周室寶器，右尹子革佯應王，而賦祈招之詩，欲止靈王恣肆之心。十二年，楚公子比自晉歸，殺太子自立爲王。時靈王在乾谿，楚軍皆潰散而去，靈王自縊而死。所謂「靈王喪師」者，指乾谿之敗也。以上事散見左傳昭公四年、十二年、十三年、國語楚語上，參史記楚世家。左史倚相，靈王稱爲楚之良史官，見昭公十二年，唯不聞有諫王事。

〔六〕太叔儀，左傳襄公十四年作大叔儀，杜預注：「大叔儀，衛大夫。」釋文：「大，音泰。」按大、太古通用。公子鱄，衛獻公同母弟，見成公七年，杜預注：「鱄，衎之母弟（按衎，衛獻公名）。」蘧伯玉，名瑗，見襄公十四年。禮記禮器「蘧伯玉曰」云云，鄭玄注：「蘧伯玉，衛大夫也，名瑗。」（按衛靈公因史鰌死後以屍諫而用蘧伯玉，見大戴禮記保傅、韓詩外傳七，若然，則獻公時蓋尚未舉用）史鰌，名魚，見襄公十四年。論語憲問「史魚」集解引孔安國云：「衛大夫史鰌。」衛獻公十八年，獻公約孫文子、甯惠子二卿共食而失信，且待以無禮，孫、甯二子怒，攻獻公，公與弟鱄奔齊。獻公庶出，嫡母定姜數獻公之罪三，捨大臣而與小臣謀，一也；蔑視先王之舊臣（指孫、甯），二也；暴待嫡母如妾，三也。事見襄公十四年，參史記衛康叔世家。又獻公出奔十二年後，入衛復位，見襄公二十六年、衛康叔世家（傳與世家記復位事有異）。按獻公出奔，魯使厚成叔來衛慰問，厚成叔返魯，曰：「衛君其必歸乎！有大叔儀以守，有母弟鱄以出。」見襄公十四年。厚成叔謂有大叔儀、公子鱄二人一守國一伴君，獻公必能歸國，以二人賢也。又吴公子札至衛，見蘧伯玉、史鰌諸人而悦之，曰：「衛多君子，未有患也。」見左傳襄公二十九年。幹舉四人者，乃泛指衛多賢良而獻公不能用，乃有出奔事。

〔七〕趙宣子即趙盾，宣，謚也。晉襄公以盾爲中軍帥，執國政，襄公卒，靈公幼，盾佐之，見左傳文公六年，參史記晉世家。范武子即晉卿范會，又稱隨會，范、隨皆會封邑，見國語周語中及韋昭注。武子善治家，於國無隱情，敬神無愧，先後輔佐晉文、襄、靈、成、景五君，見襄公二十七年。太史即大史，史官之長，見周禮春官大史。大、太古通用。董狐，晉史官，以記事不諱稱，見宣公二年。晉靈公長而無君道，重賦斂，從臺上彈人，以亨熊掌不熟而殺廚人。隨會、趙盾數諫，靈公不聽，欲殺盾，盾逃亡，未出境，而靈公爲盾弟穿所殺，盾復歸。太史董狐乃書其事曰「趙盾弑其君」，盾謂不然，董狐曰：「子爲正卿，亡不出境，反不討賊，非子而誰？」見宣公二年，參晉世家。董狐之意，以爲事由盾起，盾爲上卿，逃亡既未出境，仍爲晉臣也，而返又不懲罰賊害君之人，則於記史之書法當書盾弑君。宣公二年又引孔子曰：「董狐，古之良史也，書法不隱；趙宣子，古之良大夫也，爲法受惡（按謂因記史之書法而受弑君之惡名）。」「被殺」，龍谿精舍本、治要「殺」作「弑」。

〔八〕子家羈，魯莊公玄孫懿伯，賢而昭公不能用，見左傳昭公五年，本書務本篇亦云「子家羈賢，而不能用也」。叔孫婼即叔孫昭子，名婼，孔子引周任言，稱其「不賞私勞，不罰私怨（按謂賞罰不偏私）」，亦見昭公五年。魯昭公時，魯國政令出仲孫、叔孫、季孫三家，二十五年，昭公伐季孫氏，爲叔孫氏之司馬鬷戾等所敗，公出奔齊，二十八年又至晉之乾侯，三十二年客死於乾侯，見昭公二十五年、二十八年、三十二年及史記魯周公世家，參見本書務本篇「公室四分」云云注。云「野死」者，國語魯語上「舜勤民事而野死」，韋昭注：「野死，謂征有苗死於蒼梧之野。」按「野死」本謂死於野外，此謂昭公流亡，客死他國。

〔九〕論語公冶長「子曰：晏平仲善與人交」，集解引周生烈云：「齊大夫。晏，姓也。平，謚也。名嬰也。」按晏嬰爲齊相，事靈公、莊公、景公三世，以節儉務實稱，見史記管晏列傳。南史氏，齊莊公時史官，直筆記事，不懼死，見左傳襄公二十五年。齊莊公與大夫崔杼之妻私通，遂爲杼所殺，見襄公二十五年。「不免」，治要作「不免弑」，錢校據補。按云「不免」者，即謂不免於禍。上文「喪師」、「出奔」云云，下文「絶祀」，皆二字爲文，此不必補「弑」字。

〔一〇〕宫之奇，虞國之臣，見左傳僖公二年。舟之僑，虢國大夫。虢君敗犬戎於渭水，舟之僑曰：「無德而禄，殃也，殃將至矣。」遂奔晉。見左傳閔公二年。按所謂「無德而禄」，未詳所指，國語晉語二、戰國策秦策一亦載舟之僑出奔事，與傳説互不同。晉獻公二十二年，晉欲借道於虞以伐虢，宫之奇諫虞君不可借晉道，以爲虞之與虢，猶脣之與齒，脣亡則齒寒。虞君不聽，宫之奇遂率其族去。晉滅虢，還師襲虞，亦滅之。見左傳僖公五年、史記晉世家。云「絶祀」者，絶宗廟之祭祀也，謂亡其國。

〔一二〕助字辨略：「苟，猶如也，若也。」

然此數國者，皆先君舊臣，世禄之士，非遠求也。乃有遠求而不用之者〔一〕。昔齊宣王立稷下之官，設大夫之號，招致賢人而尊寵之，自孟軻之徒皆遊於齊〔二〕；楚春申君亦好賓客，敬待豪傑，四方並集，食客盈館，且聘荀卿，置諸蘭陵〔三〕。然齊不益强，黄歇遇難，不用故也〔四〕。夫遠求賢而不用之，何哉？賢者之爲物也，非若美嬪麗妾之可觀於目也，非若端冕帶裳之可加於身也，非若嘉肴庶羞之可實於口也，將以言策，策不用，雖多，亦奚以爲〔五〕？若欲備百僚之名，而不問道德之實，則莫若鑄金爲人而列於朝也，且無食禄之費矣〔六〕。然彼亦知有馬必待乘之而後致遠，有醫必待使之而後愈疾。至於有賢，則不知必待用之而後興治者，何哉〔七〕？賢者難知歟？何以遠求之？易知歟？何以不能用也？豈爲寡不足用，欲先益之歟？此又惑之甚也。賢者稱於人也，非以力也。力者必須多，而知者不待衆也〔八〕。故王卒七萬，而輔佐六卿也。故舜有臣五人，而天下治；周有亂臣十人，而四海服。此非用寡之驗歟〔九〕？

〔一〕僞古文書畢命「世禄之家」僞孔傳：「（世禄）世有禄位。」文謂以上所舉諸國之臣，皆先王所用之舊臣，乃世代享受王室禄位之士，非遠求招徠之人也。乃有遠求招徠而亦不用之者。下文舉齊宣王、楚春申君招賢，就此申説。

〔二〕「昔齊宣王立稷下之官」，「宣王」原作「桓公」，據四庫本改，與史記田敬仲完世家合，且下文云「自孟軻之徒皆遊於齊」，孟子正當宣王時也。四庫本「官」作「宫」。按官、館同聲相通，古「館舍」之「館」字或作「官」，謂宣王於稷門之下立館舍也。史記田敬仲完世家：「（齊）宣王喜文學遊説之士，自如騶衍、淳于髡、田駢、接子、慎到、環淵之徒七十六人，皆賜列第（按列第，宅第也），爲上大夫，不治而議論（按不治，不任職事）。是以齊稷下學士復盛，且數百千人。」集解：「劉向别録曰：齊有稷門，齊城門也。談説之士期會於其下。」按此云「立稷下之官，設大夫之號」，即世家所謂「皆賜列第，爲上大夫」。世家不稱孟軻來稷下。孟子荀卿列傳云「（孟子）遊事齊宣王，宣王不能用」，今孟子梁惠王、離婁諸篇亦載宣王與孟子語，是孟子嘗遊齊見宣王，唯不知爲稷下之士否。鹽鐵論論儒云：「齊宣王褒儒尊學，孟軻、淳于髡之徒受上大夫之禄，不任職而論國事，蓋齊稷下先生千有餘人。」則以孟子爲稷下之士，與世家異。

〔三〕春申君即下文稱黄歇者。楚考烈王元年，歇爲楚相，與齊孟嘗君、趙平原君、魏信陵君争相禮待士人，招致賓客，見史記春申君列傳。云「敬待豪傑」者，豪傑謂才智過人之士。吕氏春秋功名高誘注：「才過百人曰豪。」云「四方並集，食客盈館」者，謂四方賓客並聚，寄食於春申君，館舍食客人滿也。云「且聘荀卿，置諸蘭陵」者，荀子年五十至齊，遭讒言去齊往楚，春中君用爲蘭陵縣令，春中君死而荀子又被棄，遂居蘭陵，著書以終，見孟子荀卿列傳。按但用爲蘭陵邊地一縣令，是春中君亦未重荀子也。

〔四〕謂齊國不能益加强盛，而楚春申君亦遇難，皆以不用孟軻、荀卿諸人故也。云「黄歇遇難」者，楚考烈王無子，趙人李園先進其妹於春申君，其妹遂有身孕，園與其妹議，又勸春申君進其妹於王，若生子，是己之子將爲王也。春申君從之，考烈王得子，果立爲太子，而李園得寵。考烈王卒，園恐事泄，遂伏殺春申君。事見戰國策楚策四、史記春申君列傳。

〔五〕國語楚語下韋昭注：「物，名也。」「賢者之爲物」即賢者之爲名，猶言賢者之所以謂賢。禮記樂記「吾端冕而聽古樂」，鄭玄注：「端，玄衣也。」孔穎達疏：「云『端，玄衣也』者，謂玄冕也。」按玄冕爲禮服之一，詳本書法象篇「爲冕服采章以旌之」注。嘉肴，同佳肴。爾雅釋詁：「庶，衆也。」周禮天官膳夫鄭玄注：「羞，有滋味者。」按「庶羞」謂諸多美味，文選箜篌引六臣注引李周翰云：「庶羞，衆味也。」「實於口」，充塞於口也。廣雅釋詁：「實，塞也。」「將以言策」，玉篇人部：「以，用也。」「奚以爲」，奚猶何也，猶言何用也。論語子路「（誦詩）雖多，亦奚以爲」，經傳釋詞：「以，用也。爲，語助。言誦詩雖多，亦何用也。」文謂遠求賢者而不用，何故哉？賢者之所以謂賢，非如姬妾之美麗可觀於目也，非如禮服之錦帶繡裳可加於身也，非如佳肴之味美可充於口也，賢者將用之言謀策，不用其謀策，賢者雖多，亦何用哉？

〔六〕詩大雅板「及爾同僚」，毛傳：「僚，官也。」文選長笛賦「或鑠金礱石」，六臣注引張銑云：「金，謂銅鐵之類。」按言此乃譏刺招賢而不用，謂如招賢乃欲徒備百官之名，而不論道德之實，則不如鑄銅鐵爲人而列於朝廷，且可省享食俸禄之費也。

〔七〕「有醫必待使之」，「使」原作「行」，錢校據治要及意林五引改，今從之。「致遠」，達於遠方，致、至通。「愈疾」，使病痊愈也。按病愈曰愈，治病使痊愈亦曰愈。有賢則必待用之而後振興國治，亦如有馬必待乘之而後達至遠方，有醫必待使之而後治病痊愈，今彼亦知馬之必待乘，醫之必待使，至於有賢則不知必待用之，何故哉？下文「賢者難知歟」云云，即承此「何哉」而設問。

〔八〕「稱於人」，謂爲人所稱譽。廣雅釋詁：「偁，譽也。」稱、偁同。「力者」，謂勞力者。「知者」，知、智古今字，謂用智者。須、待、多、衆，並互文。此文承上何故不用賢而言，謂賢者難知乎？則何故遠求之？賢者易知乎？則何故不能用耶？豈爲賢者寡而不足用，故欲先行增益賢者乎？如此則又甚愚惑也。蓋賢者之爲人所稱譽者，非因其有力也。勞力者必待人多，而用智者不待人多也。按下文「王卒七萬」云云，即申智者不待多之意。

〔九〕「故王卒七萬」，底本「卒」作墨丁，漢魏叢書本、四庫本空格，池田校兩京遺編本作「王七萬」三字，今據龍谿精舍本補「卒」字。增訂漢魏叢書本等「卒」作「臣」，誤。池田引周禮夏官司馬序官「凡制軍，萬有二千五百人爲軍，王六軍」，謂王六軍則士卒七萬五千人，而云「七萬」者，舉其大概之數。按池田說是。書甘誓「大戰于甘，乃召六卿」，僞孔傳：「天子六軍，其將皆命卿。」是王六軍之將以六卿當之。論語泰伯：「舜有臣五人，而天下治。武王曰：予有亂臣十人。」集解引孔安國云：「（五人）禹、稷、契、臯陶、伯益也。」又引馬融云：「亂，治也。治官者十人，謂周公旦、召公奭、大公望、畢公、榮公、大顛、閎夭、散宜生、南宫适，其一人謂文母。」孔穎達疏：「文母，文王之后太姒也，從夫之謚。武王之母謂之文母。」王之兵卒七萬，而率軍者不過卿六人。舜有臣五人，而天下皆治。周有治理者十人，而四海順服。此非用賢不待多之驗證乎？

且六國之君雖不用賢，及其致人也，猶脩禮盡意，不敢侮慢也〔一〕。至於王莽，既不能用，及其致之也，尚不能言〔二〕。莽之爲人也，内實姦邪，外慕古義，亦聘求名儒，徵命術士。政煩教虐，無以致之，於是脅之以峻刑，威之以重戮，賢者恐懼，莫敢不至，徒張設虚名以誇海内，莽亦卒以滅亡〔三〕。且莽之爵人，其實囚之也。囚人者，非必著之桎梏而置之囹圄之謂也，拘係之、愁憂之之謂也。使在朝之人，欲進則不得陳其謀，欲退則不得安其身，是則以綸組爲繩索，以印佩爲鉗鐵也，小人雖樂之，君子則以爲辱〔四〕。故明王之得賢也，得其心也，非謂得其軀也。苟得其軀而不論其心也，斯與籠鳥檻獸無以異也，則賢者之於我也亦猶怨讎也，豈爲我用哉？日雖班萬鍾之禄，將何益歟〔五〕？故苟得其心，萬里猶近；苟失其心，同衾爲遠。今不修所以得賢者之心，而務循所以執賢者之身，至於社稷顛覆，宗廟廢絶，豈不哀哉〔六〕。

〔一〕六國，指戰國時楚、齊、燕、趙、魏、韓。戰國策趙策二：「（蘇秦語趙王）故竊爲大王計，莫如一韓、魏、齊、楚、燕、趙六國（按一，聯合爲一），從親以儐畔秦（按從、縱古今字，從親，指六國南北合縱相親。儐畔即擯叛，擯棄叛離西方之秦也）。」「致人」謂使人至也。「脩禮」，施禮也。脩同修，四庫本、治要作「修」。國語晉語五韋昭注：「修，行也。」云「脩禮盡意，不敢侮慢」者，本書審大臣篇云「（遊説之士）名震乎諸侯，所如之國靡不盡禮郊迎，擁篲先驅」是也。

〔二〕「及其致之也」，「之」字原無，據治要補。按「既不能用」承上文「雖不用賢」言，此省「賢」字。「及其致之也」與上文「及其致人也」意同。「尚不能言」，謂賢者尚不能進言，下文云「使在朝之人，欲進則不得陳其謀」是也。前漢末，王莽篡位，改國號曰新，爲政專獨，託古改制，庶事紛更，幣制屢變，法令嚴苛，天下亂起，後滅於更始軍，見漢書王莽傳。以上八句，謂六國之君雖不用賢，及其召人至也，猶尚施禮盡意，不敢輕辱怠慢也。至於王莽，則既不能用賢，及其召人至也，人尚不能進言。

〔三〕「古義」，古人之理也。新書道德説：「義者，理也。」「徵命」複語，徵召也。莊子徐無鬼成玄英疏、廣韻去聲四十三映並云：「命，召也。」文謂莽之爲人，心實姦邪，外則示人以仰慕古人行事之理，故亦聘求成名之儒、徵召術謀之士。然其政事煩苛而教令刻虐，無可召之使至也，於是以嚴峻之刑脅迫之，以重罪殺戮威逼之，賢者恐懼，無敢不來，此則徒張虚名以誇示天下，而莽亦終以此滅亡。按上文云「至於王莽，既不能用，及其致之也，尚不能言」，是其召賢人徒爲虚設，不過欲以納賢之名炫耀於天下而已。又按池田謂後漢書載清廉之士避王莽而隱居不仕者多，此言「莫敢不至」，非史實，蓋誇張之言。按池田説是。王莽在位時，士多有辭官或隱居者，參後漢書儒林列傳上、獨行列傳、逸民列傳。逸民列傳序云：「漢室中微（按指前漢末之衰世），王莽篡位，士之藴藉義憤甚矣（按藴藉，藴藏也。言士甚含義憤）。是時裂冠毁冕（按謂棄官不作莽臣）、相攜持而去之者（按謂相與共去離莽朝），蓋不可勝數。」

〔四〕「以印佩爲鉗鐵也」，底本原注「一作『以印綬爲鉗鐵也』」。按一本非是，「印佩」與上句「綸組」對。「囚人者，非必著之桎梏而置之囹圄之謂也」，「著之」、「置之」，二「之」字並承上指人言。下「拘係之、愁憂之」解同。廣韻入聲十八藥：「著，服衣於身。」按慧琳一切經音義五十一引考聲云：「著，附也。」衣附於身謂之著，桎梏加於身亦謂之著。「桎梏」，制人手足之刑具。呂氏春秋士容高誘注：「著足曰桎，著手曰梏。」梏音古沃切。古以木，曰桎梏；後以鐵，即鐐銬也。釋名釋宫室：「獄，又謂之囹圄。」「綸組」，繫印之絲帶也，即印綬。説文糸部：「綸，青絲綬也。」漢書酷吏傳「（楊僕）垂三組」，顔師古注：「組，印綬也。」「鉗鐵」，亦束縛人之刑具，以鐵爲之。説文金部：「鉗，以鐵有所劫束也。」漢書高帝紀下顔師古注：「鉗，以鐵束頸也。」「是則以綸組爲繩索，以印佩爲鉗鐵也」二句，意謂以禄位束縛人。「不得安其身」謂心身不能安寧，承上「不得陳其謀」而言。以上之文，謂且王莽之予人爵禄，其實乃囚禁人也。囚禁人者，非必桎梏加於身而置於牢獄之謂也，乃拘束其人而使之憂愁之謂也。使在朝之人欲進言則不能陳述其謀，欲退避則不能安其心身，是則以印綬爲束身之繩索，以佩印爲鍼口之鉗鐵也，小人雖樂此，而君子則以爲羞辱。

〔五〕「日雖」，原作「雖曰」，據治要改。玉篇木部：「檻，闌也。」慧琳一切經音義三十一引慧苑音義云：「檻，闌也。謂穿地爲坈（按坈同坑），上安櫺子（按櫺子，欄杆），以閉禽獸也。」是檻爲圈獸之欄圈也。「則賢者之於我也，亦猶怨讎也」，「之於」用於對比，如今言「對於」，參楊伯峻古漢語虚詞。讎同仇。「班萬鍾之禄」，班、頒古通用。左傳襄公二十九年「户一鍾」，杜預注：「六斛四斗曰鍾（按十斗爲斛）。」戰國策秦策二高誘注：「益，助也。」文謂明主之得賢，乃獲其心，非謂得其身軀也。苟若得其身軀而不論其心思，此與籠中鳥、圈中獸無以異也，則於我言之，賢者猶如仇者也，彼豈爲我所用哉？我日日雖頒賜萬鍾之俸禄，將何助於事乎？

〔六〕説文衣部：「衾，大被也。」廣雅釋詁：「修，治也。」「修所以得賢者之心」，即下文所謂「人主有能明其德者，則天下其歸之若蟬之歸火也」，指彰明其德以獲人心。助字辨略：「務者，專力而必爲之。」文謂若得賢者之心，雖隔萬而猶相親近；若失賢者之心，雖大被同眠而亦相疏遠。

今人主不修所以得賢者心之道，而專循所以執賢者身之行爲，乃至於國家墜亡，宗廟絶祀，豈不哀痛哉。

荀子曰：「人主之患，不在乎不言用賢，而在乎誠不用賢。言用賢者口也，卻賢者行也，口行相反，而欲賢者進，不肖者退，不亦難乎？夫照蟬者，務明其火、振其樹而已，火不明，雖振其樹，無益也。人主有能明其德者，則天下其歸之若蟬之歸火也。」善哉，言乎〔一〕。昔伊尹在田畝之中，以樂堯舜之道，聞成湯作興，而自夏如商〔二〕；太公避紂之惡，居於東海之濱，聞文王作興，亦自商如周；其次則甯戚如齊，百里奚入秦，范蠡如越，樂毅遊燕〔三〕。故人君苟修其道義，昭其德音，慎其威儀，審其教令，刑無頗僻，獄無放殘，仁愛普殷，惠澤流播，百官樂職，萬民得所〔四〕，則賢者仰之如天地，愛之如親戚，樂之如塤篪，歆之如蘭芳，故其歸我也，猶決壅導滯，注之大壑，何不至之有〔五〕？苟麤穢暴虐，馨香不登，讒邪在側，佞媚充朝，殺戮不辜，刑罰濫害，宫室崇侈，妻妾無度，撞鐘舞女，淫樂日縱，賦税繁多，財力匱竭，百姓凍餓，死莩盈野，矜己自得，諫者被誅，内外震駭，遠近怨悲〔六〕，則賢者之視我容貌也如魍魎，臺殿也如狴犴，采服也如衰絰，絃歌也如號哭，酒醴也如滫滌，肴饌也如糞土，從事舉錯，每無一善，彼之惡我也如是，其肯至哉〔七〕？今不務明其義，而徒設其禄，可以獲小人，難以得君子〔八〕。君子者，行不媮合，立不易方，不以天下枉道，不以樂生害仁，安可以禄誘哉？雖强搏執之而不獲已，亦杜口佯愚，苟免不暇，國之安危將何賴焉〔九〕？故詩曰：「威儀卒迷，善人載尸。」此之謂也〔一〇〕。

〔一〕引荀子見致仕。「不在乎不言用賢」，「不言」原作「言不」，據荀子改。今按「不言用賢」，不對人言用賢也；「言不用賢」，對人言不用賢也。二者語意自有别，荀子本文爲順。「言用賢者口也」，「言」字原脱，錢校據治要補，與荀子合，今從改。「卻賢者行也」，「卻」原作「知」，據荀子改。吕氏春秋知接「固卻其忠言」，高誘注：「卻，不用。」「夫照蟬者，務明其火」云云，王先謙荀子集解引郝懿行云：「火必明而蟬投焉。」資治通鑑四「若振槁然」，胡三省注：「振，摇也。」「則天下其歸之」云云，經傳釋詞：「其，猶將也。」文謂荀子曰：「人主之患害，不在於不言用賢，而在於實不用賢。言用賢者但口説，不用賢者乃行事也，口行相反，而欲賢者進，不肖者退，不亦難乎？夫照蟬者，務使明其火而摇其樹而已，火不明，雖摇其樹，於事無益也。故人主有能自明其德者，天下將歸附之如蟬之歸火也。」云「善哉，言乎」者，讚嘆荀子之言也。下文即舉伊尹諸人，以爲荀説之驗。

〔二〕「以樂堯舜之道」，經傳釋詞：「以，猶而也。」孟子萬章上作「伊尹耕於有莘之野，而樂堯舜之道焉」。「作興」，興起也。説文人部：「作，起也。」爾雅釋詁：「如，往也。」史記殷本紀稱伊尹無由謁見湯，乃爲有莘氏女陪嫁之僕役，身負鼎俎爲庖宰，以滋味説湯。本紀又引或説，謂伊尹本隱士，湯使人聘之，五往返而後肯從湯。此云「伊尹在田畝之中」，與孟子説合。又云「聞成湯作興，而自夏如商」，是伊尹自行歸附於湯也，則與本紀前説合。伊尹諸人事跡，載記互有異同，幹略述其事，以明王者修德則能聚賢耳。

〔三〕太公即姜太公，見本書審大臣篇「道遇姜太公」云云注。按史記齊世家謂文王獵於渭水邊，遇姜太公，載而與之歸。世家又引或説，謂太公隱士，聞文王賢，又善養老，往歸焉，則與孟子離婁上説合。此云太公「聞文王作興，亦自商如周」，乃用孟子及世家所引或説；而審大臣篇稱文王獵於渭水而遇太公者，則用世家本説也。幹兩引太公事，而説不同，蓋一以證文王之能識賢，一以證賢者自歸文王，隨文而説耳。甯戚事，見本書審大臣篇「甯戚方爲旅人」云云注。百里奚，史記秦本紀「奚」作「傒」，稱其本爲虞國大夫，晉滅虞，以傒爲秦繆公夫人陪嫁之僕役，傒逃亡，爲楚人所執，繆公知傒賢，以五羖羊皮贖取，入秦，授之國政。又商君列傳稱傒爲楚郊野之人，聞繆公賢而欲往見，無行資，遂賣身於秦客，至秦飼牛，爲繆公所知，遂舉用之。二説不同。孟子萬章上與後説略同，亦謂傒自入秦歸於繆公。范蠡，即佐越王勾踐卧薪嘗膽以滅吴者，見史記越王勾踐世家。范蠡本楚人，被髮佯狂，不問世事，與大夫種論王霸之消長，以爲吴越必有一霸，邀大夫種入吴，以伍子胥在吴，恐不得見王，遂入越，見越絶書外傳記范伯。樂毅在魏，聞燕昭王禮賢下士，至燕，昭王舉用之，其後毅攻齊七十餘城，盡屬燕，見史記樂毅列傳。

云「樂毅遊燕」者，「遊」與上文「如」、「入」義相類，變文耳。

〔四〕「苟脩其道義」，經傳釋詞：「苟，誠也。」脩同修，四庫本作「修」。「道義」，道德義理也。「昭其德音」，國語楚語上「而爲之昭明德」，韋昭注：「昭，顯也。」「德音」，美譽也，見本書治學篇「而德音相繼也」注。「審其教令」，「審」與上句「慎」互文，審亦慎也。呂氏春秋慎小「此小物不審也」，高誘注：「審。慎也。」「教令」，教化政令也。「刑無頗僻」，「頗僻」複語，謂不正。玉篇頁部：「頗，偏也。」慧琳一切經音義三十三引考聲云：「僻，偏也。」治要「頗僻」作「頗類」。按類讀爲老子四十一章「夷道若纇」之纇，左傳昭公十六年「刑之頗類」，孔穎達疏：「服虔讀類爲纇，解云：頗，偏也；纇，不平也。」「頗類」與「頗僻」文異而義同。「獄無放殘」，治要無此句。按昭十六年「刑之頗類，獄之放紛」，刑謂刑罰，獄謂斷獄。杜預注：「放，縱也。紛，亂也。」是「放紛」謂斷獄恣意而淩亂也。此云「放殘」，則謂斷獄恣意狠毒。「仁愛普殷」，「普殷」猶言廣厚。文選聖主得賢臣頌「而功施普」，六臣注引張銑云：「普，廣也。」戰國策秦策一「民殷富」，鮑彪注：「殷，盛也。」「萬民得所」，玉篇斤部：「所，處所也。」按謂得其宜，得安處。

〔五〕「仰之」以下四「之」字，並承上指人君言。「愛之如親戚」，「親戚」謂父母。古或稱父母爲「親戚」，說見經義述聞十九春秋左傳下「親戚」。「樂之如塤篪」，樂音盧各切，愛好也。「塤篪」，「塤」或作「壎」，「篪」或作「箎」。文選贈士孫文始「和通箎塤」，六臣注引張銑云：「箎、塤，皆樂器吹之者。」說文欠部：「歆，神食氣也。」謂神享食祭品馨香之氣。段玉裁注謂引申爲喜悅。

按字彙欠部：「歆，好樂也。」又正字通欠部：「歆與欣通。」「決壅導滯」，「滯」下原有水字，治要及龍谿精舍本、池田校兩京遺編本並無。按云「決壅導滯」，即是以決通水爲喻，復添一「水」字則同贅疣，今據删。文選西京賦李善注：「壑，阬谷也。」自「故人君苟脩其道義」云云以下，謂故人君如修道德義理，顯揚其聲譽，慎重其儀容，審慎其教化政令，刑罰無偏私不正，斷獄無恣意狠毒，仁愛廣厚，恩澤遠播，百官樂於守職，萬民得其安生，則賢者於人主也，敬仰之如敬天地，愛之如愛父母，悦之如聽塤篪之音，喜之如聞蘭之芬芳，故賢者之歸人君也，猶如決通壅滯之水，瀉注於大谷，安有不至哉？

〔六〕「麤穢」，麤同粗，粗暴污穢也。國語周語上「爲政腥臊，馨香不登」，韋昭注：「腥臊，臭惡也。登，上也，芳馨不上聞於神，神不饗也。」按古以爲有德者，其祭祀時馨香上聞於天，神享之；無德者則祭祀時馨香不上聞，神不享。故書酒誥云「弗惟德馨香，祀登聞於天（按弗惟，不思）」，謂不思有德者之馨香，其祀神乃上聞於天也。「馨香不登」，謂爲政失德，神不享其祀。「宫室崇侈」，「崇侈」猶宏侈、豪侈。説文山部：「崇，嵬高也。」引申爲高大之稱。「妻妾無度」，謂妻妾衆多無節度，即沉迷女色也。「淫樂日縱」，「淫樂」謂嬉樂窮極無度。詩周南關雎序孔穎達疏：「淫者，過也。過其度量謂之淫。」「死莩盈野」，孟子梁惠王上趙岐注：「餓死者曰莩。」按莩同殍，音平表切。玉篇歺部：「殍，餓死也。」「矜己自得」，猶言自矜自得，謂自誇自滿也。詩秦風小戎序鄭玄箋：「矜，夸也。」夸、誇同。禮記王制鄭玄注：「得，猶足也。」史記管晏列傳：

「意氣洋洋，甚自得也。」「内外震駭」，「内外」謂朝野。「遠近怨悲」，「遠近」謂國之京畿及邊郡，猶言遍地。

〔七〕「則賢者之視我容貌也如魍魎」，「我」，人主之謂也。治要無「也」字，下五句同。按「也」爲句中語助。「魍魎」，説文作「蛧蜽」，虫部云：「蛧，蛧蜽，山川之精物也。」泛指鬼怪。「臺殿也如狴犴」，「狴犴」複語，牢獄也。孔子家語始誅王肅注：「狴，牢獄也。」荀子宥坐楊倞注：「犴亦獄也。」「采服也如衰絰」，采、彩古今字，「采服」即國語楚語下「采服之儀」之「采服」，刺繡五彩章紋之服也。書皋陶謨「五服五章哉」，僞孔傳：「五服，天子、諸侯、卿、大夫、士之服也。尊卑采章各異。」按五等之服以別尊卑，其服之色彩章文各異，曰章服，亦即采服也。此文「采服」承人主言，即人君之衮服，繡卷龍之章者，所謂「衮龍袍」也。「衰絰」，喪服也。禮記檀弓上孔穎達疏：「衰，喪服也。」玉篇糸部：「絰，麻帶也。」按服喪者以麻帶戴首纏腰，曰絰。儀禮喪服鄭玄注：「麻在首、在要皆曰絰（按要同腰）。」「絃歌」，撫絃作歌詠也。「酒醴也如滫瀡」，玉篇酉部：「醴，甜酒也。」「滫瀡」，污水也。淮南子人間高誘注：「滫，臭汁也。」瀡本謂洗滌污穢，去污則水受污，蓋引申有污義，故曰「滫瀡」。又集韻去聲四十九宥：「瀡，溲也。」溲者，溺（俗作「尿」）也。此義亦通，存參。「肴饌」，肉食也。廣雅釋器：「肴，肉也。」文選七命「耽爽口之饌」，六臣注引呂延濟注：「饌，食也。」「從事舉錯，每無一善」，「從事」即行事，「舉錯」同舉措。助字辨略：「每，猶常也。」按猶言時常、往往。自「苟麤穢暴虐」云云以下，謂人主如粗暴污穢，神不享其祀，進讒之奸邪不離左右，巧媚之諛臣充斥朝廷，殺戮無辜，刑罰濫施，宮室豪侈，妻妾成羣，擊編鐘而舞倡女，窮嬉樂而日恣縱，賦税繁多，財力匱竭，百姓凍餓，餓死者滿野，而自誇自滿，誅殺諫者，朝野驚駭，遍地悲怨，則賢者之視人主如鬼怪，樓臺宮殿如牢獄，龍袍如喪服，樂歌如哭嚎，甘酒如污水，肉食如糞土，視人主之行事舉動，往往以爲無一善可陳，賢者惡人主如此，豈肯歸至哉？

〔八〕「今不務明其義」，謂今人主不求明其理，指上文所述賢者所以歸己、棄己之由。呂氏春秋孝行「務其人也」，高誘注：「務，猶求也。」荀子大略：「義，理也。」新書道德説：「義者，理也。」或釋此「義」爲仁義，誤。徒設禄位僅可得小人，難得君子，前文所謂「是則以綸組爲繩索，以印佩爲鉗鐵也，小人雖樂之，君子則以爲辱」，謂君子之心不可以禄位得也。

〔九〕「媮合」，治要「媮」作「苟」。按「媮合」，苟且迎合。漢書食貨志下「民媮甘食好衣」，顔師古注：「媮，苟且也。」字亦作「偷」，國語周語上「固守不偷」，韋昭注：「偷，苟且也。」易恒象辭「君子以立不易方」，孔穎達疏：「君子立身得其恒久之道，故不改易其方。方猶道也。」「不以天下枉道」，「不以」猶不爲、不因，下句「不以」同。經詞衍釋：「以，猶爲（原注：去聲）也。」「枉道」，曲道，謂違道。「雖强搏執之而不獲已」，雖，猶云即使也，見助字辨略。治要「搏執」作「縛執」，錢校云：「（治要）義較優。」池田校云：「錢説非是。禮記月令『（孟秋）務搏執』，又孟子離婁下云『有故而去，則君搏執之』，此徐氏所本也。」按池田説是也。説文手部：「搏，索持也。」謂索得而持之，即捕拿也。慧琳一切經音義二十八引考聲云：「搏，捕也。」「搏執」，謂捕拿而拘執之。「不獲已」，即不得已。「亦杜口佯愚」，杜口猶閉口。漢書諸葛豐傳「智士杜口」，顔師古注：「杜，塞也。」「苟免不暇」，「不暇」謂忙於此而不及爲他，參本書貴驗篇「然則扶人不暇」云云注。「國之安危將何賴焉」，「何賴」猶賴何，倒言之。文謂君子者，行事不苟且迎合，立身不改易其道，不爲得天下而違道，不因以生爲樂而傷仁，豈可以禄位誘惑哉？即使强爲拘拿而不得已，亦閉口佯爲痴愚，苟且免禍尚猶不及，則國之安危將依賴何人乎？

〔一〇〕引詩見大雅板。鄭玄箋：「君臣之威儀盡迷亂，賢人君子則如尸矣，不復言語。」按豳風七月鄭玄箋：「載之言則也。」故鄭箋釋「載尸」爲「則如尸」。禮記祭統鄭玄注：「尸，神象也。」尸本義爲以人當祭祀之神像，凡尸皆默坐不言，故箋云「不復言語」。上文云「雖强搏執之而不獲已，亦杜口佯愚，苟免不暇」，蓋人主不修德，人臣佯愚不諫，上下異心，君臣間之禮儀盡亂，故幹引板詩爲説。

賞罰第十九

政之大綱有二，二者何也？賞罰之謂也。人君明乎賞罰之道，則治不難矣。夫賞罰者不在乎必重，而在於必行。必行則雖不重而民肅〔一〕，不行則雖重而民怠，故先王務賞罰之必行〔二〕。書曰：「爾無不信，朕不食言。爾不從誓言，予則孥戮汝，罔有攸赦〔三〕。」天生烝民，其性一也〔四〕。刻肌虧體，所同惡也〔五〕；被文垂藻，所同好也〔六〕。此二者常存，而民不治其身，有由然也〔七〕。當賞者不賞，當罰者不罰。夫當賞者不賞，則爲善者失其本望，而疑其所行〔八〕。當罰者不罰，則爲惡者輕其國法，而怙其所守〔九〕。苟如是也，雖日用斧鉞於市，而民不去惡矣〔一〇〕；日錫爵禄於朝，而民不興善矣〔一一〕。是以聖人不敢以親戚之恩而廢刑罰，不敢以怨讐之忿而廢慶賞〔一二〕。夫何故哉？將以有救也〔一三〕。故司馬法曰：「賞罰不踰時，欲使民速見善惡之報也〔一四〕。」踰時且猶不可，而況廢之者乎？賞罰不可以疎，亦不可以數〔一五〕。數則所及者多，疏則所漏者多。賞罰不可以重，亦不可以輕。賞輕則民不勸，罰輕則民亡懼；賞重則民徼倖，罰重則民無聊〔一六〕。故先王明恕以聽之，思中以平之，而不失其節〔一七〕。故書曰：「罔非在中，察辭於差〔一八〕。」夫賞罰之於萬民，猶轡策之於駟馬也。轡策不調，非徒遲速之分也，至於覆車而摧轅〔一九〕；賞罰之不明也，則非徒治亂之分也，至於滅國而喪身，可不慎乎！可不慎乎〔二〇〕！故詩云：「執轡如組，兩驂如舞。」言善御之可以爲國也〔二一〕。

〔一〕「肅」，原作墨丁，漢魏叢書本空格，四庫本作「懼」，增訂漢魏叢書本作「戒」，龍谿精舍本及池田校兩京遺編本作「勤」，治要及御覽六百三十六引並作「肅」。按此兼賞罰言，罰必行可言「民懼」、「民戒」，賞必行則不可言「民懼」、「民戒」。作「勤」、作「肅」則可兼賞罰必行言之。錢校據治要補「肅」。池田校從龍谿精舍本作「勤」，云「作『勤』亦與下文『怠』對」。今按慧琳一切經音義四引説文云：「肅，持事謹敬也（今本説文「謹」作「振」，振通祇，敬也）。」肅謂敬事不苟，與下句怠慢之「怠」字義亦相對，且唐、宋所見之本如此，故據治要補爲「肅」。

〔二〕「務賞罰之必行」，吕氏春秋士節高誘注：「務，勉也。」務謂勉力。凡當賞當罰者，必賞必罰，是賞罰有信，有信則令行禁止；凡當賞當罰者，未必賞未必罰，是賞罰無信。及至無信，則雖云重賞而勸誰乎？以其未能必賞也；雖云重罰又誰懼乎？以其未能必罰也。故能士之怠於作爲及民衆之不聽上召者，以上之口惠於先，而實不至於後也，上應諾美事於前，事後則適得其反，而賞亦不至也；污吏之貪墨無忌及民衆之不避上禁者，以上之色厲於先，而内荏於後也，上信誓旦旦於前，事發則遲疑顧盼，而罰終不至也。故曰「夫賞罰者不在乎必重，而在於必行」，曰「不行則雖重而民怠，故先王務賞罰之必行」。

〔三〕書湯誓文。小爾雅廣詁：「爾，汝也。」湯誓孔穎達疏：「汝無得不信我語，我終不食盡其言，爲虚僞不實。汝若不從我之誓言，我則並殺汝子以戮汝身（按以猶而也），必無有所赦。」「食言」，僞孔傳：「食盡其言，僞不實。」按左傳哀公二十五年「是食言多矣，能無肥乎」，邢昺疏爾雅釋詁引之，云：「然則言而不行，如食之消盡，後終不行，前言爲僞，故通謂僞言爲食言。」書甘誓「予則孥戮汝」，僞孔傳：「孥，子也。非但止汝身，辱及汝子。」按罪及妻、子曰孥，見孟子梁惠王下趙岐注。「孥戮汝」，謂殺汝身並及汝妻、子。說文戈部：「戮，殺也。」「罔有攸赦」，詩大雅抑鄭玄箋：「罔，無也。」爾雅釋言：「攸，所也。」

〔四〕詩大雅烝民「天生烝民」，毛傳：「烝，衆也。」玉篇一部：「一，同也。」謂天生衆民，其本性皆同。

〔五〕謂傷害肌膚，毀損肢體，此爲民之本性所同厭惡。書微子孔穎達疏：「刻者，傷害之義。」爾雅釋詁：「虧，毀也。」按「刻肌虧體」指墨（刺面）、劓（割鼻）、臏（去臏骨）、刖（斬足）諸肉刑。後漢書梁統傳李賢注：「刻肌，謂墨、劓、臏、刖。」

〔六〕謂服錦衣，佩文飾，此爲民之本性所同愛好。文選遊天台山賦六臣注引呂向云：「被，服也。」按被音攀糜切，字亦作「披」。希麟續一切經音義三「披緇」注云：「披，又作被，服也，加也，衣也。」楚辭招魂「被文服纖」，王逸注：「文，綺繡也。」漢書司馬相如傳顏師古注引張揖云：「垂，縣也（按縣、懸古今字）。」後漢書郭符許傳李賢注：「藻，飾也。」

〔七〕謂民樂賞畏罰，二者出於本性，常存不變，然而民不修身自好者，有其因由而然也。集韻平聲十八尤：「由，因也。」下文「當賞者不賞，當罰者不罰」云云，即説其因由。

〔八〕玉篇子部：「疑，不定也。」按疑謂遲疑不決。彼應賞者不賞，則爲善者失其原本所望，而猶豫己之善行矣。

〔九〕彼應罰者不罰，則爲惡者輕忽國法，而依恃己所固守之惡行矣。説文心部：「怙，恃也。」謂依恃。「怙」字治要同。唐趙蕤長短經政體引此文「怙」作「恬」。説文心部：「恬，安也。」則謂心安於己所固守之惡行，義亦通。

〔一〇〕應罰者不罰，則所罰不及有罪，苟如此，雖日日刑殺於市，而民不棄惡行矣。莊子胠篋成玄英疏：「小曰斧，大曰鉞。」按此「斧鉞」指刑殺。古者刑殺施之於市肆，以示衆，禮記王制所謂「刑人於市，與衆棄之」是也，故曰「斧鉞於市」。漢書匈奴傳上顏師古注：「去，棄也。」

〔一一〕當賞者不賞，則賞不及有功，苟如此，雖日日賜爵禄於朝廷，而民不起而爲善矣。爾雅釋詁：「錫，賜也。」按錫、賜同從「易」得聲，古字相通。云「錫爵禄於朝」者，禮記王制云「爵人於朝，與士共之」是也。司馬法天子之義亦云：「周賞於朝，戮於市，勸君子，懼小人也。」

〔一二〕此「聖人」指有德之君。禮記大傳「聖人南面而治天下」，聖人即謂君王。讐同仇。玉篇心部：

「忿，恨也。」「慶賞」複語，孟子告子下「慶以地」，趙岐注：「慶，賞也。」「而廢慶賞」，治要「廢」作「留」。按玉篇田部：「留，止也。」留、廢義相類。

〔一三〕説文攴部：「救，止也。」按此「救」承上「民不去惡」、「民不興善」言，即阻止、糾正之義。謂君王不敢因親屬之恩好而廢刑罰，不敢因怨仇之忿恨而廢賞賜，此何故哉？乃將以有止民之不去惡、不興善也。

〔一四〕此約司馬法天子之義篇文。今本原文云：「賞不踰時，欲民速得爲善之利也；罰不遷列，欲民速覩爲不善之害也（按覩，古文睹）。」治要三十三引司馬法同，並引舊注：「賞功不移時，罰惡不轉列，所以勸善懲惡，欲速疾也。」按「遷列」未詳其義，治要引舊注云「轉列」，釋猶未釋。明刻御覽二百七十、宋曾慥類説三十九引司馬法並作「罰不遷刻」。按「刻」即漏刻，謂時刻也。「不遷刻」亦即「不踰時」，於義順。「刻」、「列」形略似，字當作「刻」爲是。

〔一五〕「數」與「疎」對文，音所角切。孟子梁惠王上「數罟不入洿池」，趙岐注：「數罟，密網也。」數謂繁密。

〔一六〕「不勸」，不勉力也。説文力部：「勸，勉也。」「亡懼」，治要作「不懼」，按亡同無。「徼倖」，同僥倖。莊子在宥釋文：「僥倖，求利不止之貌。」「無聊」，原本注：「一作『不聊生』。」按戰國策秦策一「百姓不足，上下相愁，民無所聊」，高誘注：「聊，賴也。」「賞重」、「罰重」二句，「重」皆謂重而過當。謂賞重過當則民貪而有僥倖之心，罰重過當則民無可倚賴之餘地也。

〔一七〕「明恕以聽之」，原作「明庶以德之」，錢校據治要改。今從之。聽之、平之，「之」並承上指賞、罰二事言。書洪範「四曰聽」，僞孔傳：「聽，察是非。」戰國策秦策一高誘注：「聽，察也。」玉篇亏部：「平，均也。」文選琴賦六臣注引吕向云：「平，謂調中也。」吕氏春秋情欲「情有節」，高誘注：「節，適也。」節謂適宜、適當。文謂故先王明達寬恕以察斷賞罰，思慮中正以調平賞罰，而不失其當也。按此即承上文「賞罰不可以疎，亦不可以數」云云而言。

〔一八〕書吕刑文。謂斷獄無非在公平中正，察辨囚犯供辭之差錯，參僞孔傳。按幹引吕刑此二句，意在君王當公正據實。

〔一九〕禮記曲禮上孔穎達疏：「轡，御馬索也。」即馬繮。文選舞賦六臣注引張銑注：「策，鞭也。」詩鄭風清人鄭玄注：「駟，四馬也。」按説文馬部：「駟，四馬一乘也。」古者一車駕四馬，駟馬即車一乘。説文手部：「摧，一曰折也。」

〔二〇〕以上十二句，意謂賞罰之於萬民，比之猶如繮索、鞭捶之於車乘之四馬也。操繮執鞭不協調於馬，非徒車行有遲速之分而已，乃至於覆車而折轅；賞罰之不明，非徒國有治亂之分而已，乃至於滅國而人主亡身也，可不慎乎！

〔二一〕引詩見鄭風大叔于田。「如組」，鄭玄箋：「如織組之爲也。」按吕氏春秋先己「詩曰：『執轡如組』」，高誘注：「組，讀組織之組。夫組織之匠，成文於手，猶良御執轡於手而調馬口，以致萬里也。」組織，編織也。謂駕御者執轡操控，調馬得法，如編織之經緯交錯，有序不紊，言其善駕御。「兩驂如舞」，毛傳：「驂之與服和諧中節。」按荀子哀公「兩驂列，兩服入廐」，楊倞注：「兩服，馬在中；兩驂，兩服之外馬。」一乘駕四馬，兩馬居中駕轅，曰服；服外左右兩馬曰驂。詩曰「兩驂」，實並驂、服言之，故毛傳云「驂之與服和諧中節」，謂馬步之協調，如舞者步中節奏。「爲國」，言治國，謂知善御之法則可以治國。韓詩外傳二：「故御馬有法矣，御民有道矣。法得則馬和而歡，道得則民安而集。詩曰：『執轡如組，兩驂如舞。』此之謂也。」亦引此詩推衍爲御民治國，與幹意同。

民數第二十

治平在庶功興〔一〕，庶功興在事役均〔二〕，事役均在民數周。民數周，爲國之本也〔三〕。故先王周知其萬民衆寡之數，乃分九職焉〔四〕。九職既分，則劬勞者可見，怠惰者可聞也，然而事役不均者未之有也〔五〕。事役既均，故民盡其心而人竭其力，然而庶功不興者未之有也〔六〕。庶功既興，故國家殷富，大小不匱，百姓休和，下無怨疚焉，然而治不平者未之有也〔七〕。故曰：「水有源，治有本〔八〕。」道者，審乎本而已矣〔九〕。

〔一〕下文云：「然而治不平者未之有也。」「治平」，謂政事治理平和。漢書賈誼傳顔師古注：「治平，言其政治和平也。」爾雅釋詁：「庶，衆也。」小爾雅廣詁：「功，事也。」

〔二〕「事役均」，四庫本、漢魏叢書本、增訂漢魏叢書本及通典三、文獻通考十二、明章潢圖書編九十、明王志長周禮注疏删翼十引同（下凡並舉通典以下四書稱「通典等」），龍谿精舍本作「均事役」，池田校兩京遺編本同。按「事役」即使役。國語魯語下「備承事也」，韋昭注：「事，使也。」

漢書溝洫志「亦可以事浮食無産業民」，顔師古注：「事，使役也。」墨子尚賢中「不能尚賢事能爲政也」，孫詒讓閒詁：「事、使同義。」按古文事、吏、使本爲一字。

〔三〕「民數」，即下文「萬民衆寡之數」，謂人口之數。「周」，謂完備。左傳文公三年「舉人之周也」，杜預注：「周，備也。」以上五句，謂國之治理平和在於衆事皆興盛，衆事皆興盛在於民之使役均平，民之使役均平在於人口之數周備。人口之數周備，乃治國之本也。按盡知國家人口之多寡，則民不得避役，可以均民力、制賦税，而得以據實定國用，故謂人口之數詳備乃治國之本。詳本篇後文。

〔四〕「周知」，猶言備知、盡知，參上注。「九職」，謂農工商諸職。一曰「三農」，耕作於平原及高、低地以殖穀者；二曰「園圃」，種植果木菜蔬者；三曰「虞衡」，於山林、川澤伐木及取珠玉金革諸材者；四曰「藪牧」，畜牧者；五曰「百工」，諸工匠作器物者；六曰「商賈」，經商者；七曰「嬪婦」，婦人事女工者；八曰「臣妾」，男女爲僕役者；九曰「閒民」，無業而受雇於人者。見周禮天官大宰，參鄭玄注引鄭司農説及賈公彦疏。

〔五〕「劬勞」爲複語，猶勤勞、勞苦。禮記内則鄭玄注：「劬，勞也。」慧琳一切經音義六「劬勞」注引考聲云：「劬，勤也。」「劬勞」與下「怠惰」對文。通典等引「怠惰」並作「勤惰」，非是。「見」、「聞」互文足義。此文之意，謂九職既分，是民有定業，有定業則勤勞、怠惰者可得聞見，勤惰得以聞見，則督責之使各盡其事，然則使役之勞逸未有不均平者。「然而事役不均者未之有也」、

「然而」猶然則也，例見經傳釋詞。下文「然而庶功不興者未之有也」、「然而治不平者未之有也」，「然而」並同然則。

〔六〕「故民盡其心而人竭其力」，民、人義同，猶言民盡心竭力耳。通典等引「民」並作「上」，「上」與「人」對，猶言上盡其心而下竭其力。按今本作「民」是，此句承「事役既均」而言也。

〔七〕「殷富」爲複語，法言孝至「務在殷民阜財」，李軌注：「殷，富。」「大小」，猶言上下。匱，匱乏也。漢書郊祀志上「所求不匱」，顏師古注：「匱，乏也。」「休和」，安和也。文選三月三日曲水詩序「納百姓於休和」，六臣注引張銑云：「致之使休息和平也。」爾雅釋詁：「疚，病也。」引申爲憂傷、哀怨。詩小雅大東「使我心疚」，鄭玄箋：「使我心傷病也。」正字通疒部：「疚，哀也。」文謂衆事興盛，故國家富裕，上下不匱乏，百姓安和，民無哀怨，然則未有治理不得平和者。

〔八〕原本注：「(水)一作泉。」按通典等引並作「泉」，又引「故」下並無「曰」字。

〔九〕道，指治道。謂治國之道，察於本而已。「本」，指人口之數詳備。上文云：「民數周，爲國之本也。」

周禮，孟冬，司寇獻民數於王，王拜而受之，登於天府〔一〕，内史、司會、冢宰貳之〔二〕。其重之如是也〔三〕。今之爲政者，未知恤已矣〔四〕。譬由無田而欲樹藝也，雖有良農，安所措其彊力乎〔五〕？是以先王制六鄉、六遂之法，所以維持其民而爲之綱目也〔六〕。使其鄰比相保相愛，刑罰慶賞相延相及〔七〕。故出入存亡、臧否順逆可得而知矣。如是，姦無所竄，罪人斯得〔八〕。迨及亂君之爲政也，户口漏於國版〔九〕，夫家脱於聯伍，避役者有之，棄捐者有之，浮食者有之〔一〇〕，於是姦心競生，僞端並作矣。小則盜竊，大則攻劫，嚴刑峻法不能救也〔一一〕。

〔一〕此約周禮秋官小司寇文。淮南子繆稱高誘注：「登，入也。」「天府」，掌天子祖廟收藏之官，見周禮春官天府。「登於天府」即入藏朝廷府庫也。司寇獻民數於王，藏入天府，文亦見天府。

〔二〕亦小司寇文。内史，掌王之策命爵禄與廢置諸事者，見周禮春官内史。司會，掌官屬之考核、財用之會計者，見天官司會。冢宰，即太宰，統百官輔佐王治國者，見天官序官。「貳之」，玉篇貝部：「貳，副也。」謂寫副本。

〔三〕王拜受司寇所獻民數，入藏天府，而内史、司會、冢宰又以副本藏之，可見慎重其事如此，故曰「其重之如是」。蓋知民口之數，賦税、使役可定，然後能制國用也。

〔四〕「已矣」，並語終之詞，見經傳釋詞。説文心部：「恤，憂也。」憂有顧念之義，戰國策秦策五「不恤楚交」，高誘注：「恤，顧。」鮑彪注：「言不以交楚爲意。」「未知恤」，承上文古者重民數言之，謂今之爲政者，未知顧念民數。文獻通考十二引「未知恤已矣」作「未知恤民矣」。按「恤民」亦謂顧念民數也。唐避「民」字諱，缺其末筆，與「已」形似，故「民」字或訛作「已」。然此作「已」自可通，且各本及通典三引並作「已」，今仍其舊。

〔五〕「譬由」，由通猶，通典三、文獻通考十二、明章潢圖書編九十引並作「譬猶」，明王志長周禮注疏刪翼十引作一「譬」字。「疆」，漢魏叢書本、池田校兩京遺編本及引梁茂榮校弘治十五年黄紋刻本同；四庫本、增訂漢魏叢書本、龍谿精舍本作「彊」；通典等引並作「强」。按彊、强古今字，於文當作「彊」。唯疆、彊古書通用，不必改字。吕氏春秋季夏「可以美土疆」，禮記月令「疆」作「彊」。吕氏春秋長攻「安危疆弱」，疆弱即彊弱。漢書司馬相如傳「封疆畫界者」，顔師古注：「疆讀曰彊。」並其相通之例。「措其疆力」，禮記中庸孔穎達疏：「措，猶用也。」「樹藝」爲複語，種植也。爾雅釋地：「樹，種也。」孟子滕文公上「樹藝五穀」，趙岐注：「藝，殖也。」按殖讀如書吕刑「農殖嘉穀」之「殖」，種也。藝，説文作「埶」，云：「種也。」今之爲政者不知以民數爲念，夫不知民口之數，賦税、使役皆不能定，制國用無所據，故謂譬如無田而欲種植，雖有良農，何所用其强力乎？言失其所據。

〔六〕「六鄉」，原作「六卿」，漢魏叢書本、增訂漢魏叢書本同；四庫本、龍谿精舍本及池田校兩京遺編本「卿」作「鄉」。池田校云：「梁（茂榮）云：『兩京本作「卿」作「鄉」，誤。六卿即周禮之冢宰等六官。』按梁説非也。先王重民數，故制六鄉、六遂之法，各置七萬五千家也。此專論所以周知民數之法，而不與六官關。下云『鄰比相保相受』，正其證也。」今按池田説是，通典等引亦並作「鄉」，今據通典、兩京遺編本等改。周制，鄉、遂皆行政區域之稱。王城百里内劃爲六鄉，百里外劃爲六遂。周禮地官序官「鄉老」鄭玄注引鄭司農云：「百里内爲六鄉，外爲六遂。」百里內，五家爲比，五比爲閭，四閭爲族，五族爲黨，五黨爲州，五州爲鄉，見地官大司徒。百里外，五家爲鄰，五鄰爲里，四里爲酇，五酇爲鄙，五鄙爲縣，五縣爲遂，見地官遂人。計一鄉、一遂皆萬二千五百家，六鄉、六遂則各七萬五千家也。「維持」，維繫而不使渙散也。「爲之綱目」，爲讀平聲；「之」指民；「綱目」本謂總綱與細目，事之大要與細節亦曰綱目，此「綱目」蓋指法度與條規，下文所謂「使其鄰比相保相愛（當作「受」），刑罰慶賞相延相及」之類是也。二句謂是以先王制定六鄉、六遂之法，所以維繫其民而立民法規也。

〔七〕玉篇比部：「比，近也。」「鄰比」，謂鄉民同處者。「相保相愛」，孫詒讓云：「此用周禮大司徒及族師之文，『愛』當作『受』。」按孫說是。周禮地官大司徒「令五家爲比，使之相保；五比爲閭，使之相受」，鄭玄注：「保，猶任也（按任，任保，擔保）。受者，宅舍有故，相受寄託也（按受，猶言接納。同處一地，居宅有事故，則相爲託付容納）。」「刑罰慶賞相延相及」，地官族師作「刑罰慶賞相及相共」，義同。延，謂延及也。「慶賞」爲複語，孟子告子下趙岐注：「慶，賞也。」二句謂使同處之民相互擔保、容納，有罰則相及，有賞則相共。

〔八〕謂民之出離遷入、生死存亡，以及善惡、順逆皆可得而知。如此則姦邪之人無所逃匿，而罪人乃獲。穀梁傳序釋文：「臧否，猶善惡也。」玉篇穴部：「竄，逃也。」經傳釋詞：「斯，猶乃也。」蓋制鄉、遂之法，使民相任保，則備知民數與民情。

〔九〕爾雅釋言：「迨，及也。」「國版」，國之户籍。周禮天官小宰「聽閭里以版圖」，鄭玄注引鄭司農云："版，户籍。"宋佚名羣書會元截江網二十六、宋章如愚羣書考索六十三引通典載此文並作"户口漏於圖版"(今本通典三引仍作"國版")。"圖版"即小宰之"版圖"，鄭司農注："圖，地圖也。"圖版即土地之圖與户籍册。作"圖版"亦通。

〔一〇〕周禮天官遂人"以歲時登其夫家之衆寡"，鄭玄注："夫家，猶言男女也。""聯伍"，謂編户。周禮地官族師"五人爲伍，十人爲聯"，聯、伍皆户籍之編制。"避役者有之"，原注："一作『逋逃者有之』。"按通典等引並作"避役逋逃者有之"。然"避役"與"逋逃"義相因，作"避役"義已足，且與下"棄捐"、"浮食"皆兩字成文。説文手部："捐，棄也。""棄捐"爲複語，此指棄農不務本。漢書地理志下"浮食者多，民去本就末"，後漢書王符傳"務本者少，浮食者衆"，"浮食"皆謂不務耕作等正業而謀食者。浮謂離本也。

〔一一〕"僞端"，詐僞之事端也，參考僞篇"生邪端"注。説文人部："作，起也。"又攴部："救，止也。"以上十一句，謂及至亂君之爲政，民口漏載於國之户籍，男女脱於編户，有逃避勞役者，有棄農不務者，有謀食不務正業者，於是姦邪之心競相生，詐僞之事並興起矣。小則盜竊，大則强奪，雖有嚴刑峻法，不能止也。

故民數者，庶事之所自出也，莫不取正焉〔一〕。以分田里，以令貢賦，以造器用，以制禄食，以起田役，以作軍旅〔二〕。國以之建典，家以之立度〔三〕，五禮用脩〔四〕，九刑用措者〔五〕，其惟審民數乎〔六〕！

〔一〕「庶事」，即下文「分田里」、「令貢賦」、「造器用」、「制禄食」、「起田役」、「作軍旅」衆事。「取正」，謂取以爲準則。文選東京賦薛綜注：「正，中也。」禮記玉藻孔穎達疏：「正，謂不邪也（按邪同斜）。」正中不偏謂之正，引申爲準則、規範。經傳釋詞：「焉，猶於是也。」按此「於是」即於此，「是」承上指民數。謂民數者，衆事之所由生，事無不取則於民數。

〔二〕「以造器用」，「器」原誤作「罷」，諸本及通典等引並作「器」，今據改。「以分田里」云云六句之「以」，皆謂以民數，言以民數之衆寡分給田里云云也。周禮地官遂人「以田里安甿（按甿同民）」，賈公彦疏：「田則爲百畮之田，里則五畮之宅。」田里謂田畝與宅舍。地官小司徒「以令貢賦」，令者，令民使上納。鄭玄注：「貢，嬪婦、百工之物。賦，九賦也。」按鄭注「嬪婦、百工」均「九職」之一，見前「乃分九職焉」注。貢，謂婦人、工匠獻所造之布帛、器物。「九賦」，謂按地遠近所定之田賦及商賈、山林川澤等所收之賦税，見天官大宰。「以制禄食」，以民數之衆寡制定俸禄廩食也。小司徒又云「以起軍旅，以作田役」，與本文「以起田役，以作軍旅」起、作互易。按起、作義同，皆謂興作、興起。大宰「八曰田役」，賈公彦疏：「謂采地之中（按采地，諸侯卿大夫之封地），得田獵使役於民。」孫詒讓正義：「謂起徒役以田獵也。」按吕氏春秋音初「夏后氏孔甲田于東陽萯山」，高誘注：「田，獵也。」田亦作「畋」。

〔三〕二「以之」，「之」並貫下指「審民數」言。周禮天官大宰「掌建邦之六典」，鄭玄注：「典，常也，經也，法也。」典謂常法。大宰云「六典」者，一曰「治典」，治國之法也；二曰「教典」，教育之法也；三曰「禮典」，禮儀之法也；四曰「政典」，鄭玄注引鄭司農云「政典，司馬之職」，是軍政之法也；五曰「刑典」，刑法也；六曰「事典」，役民作事之法也。「家」與「國」對文，家謂大夫之封邑。春官序官鄭玄注：「家，謂大夫所食采邑。」「度」與「典」並舉，度亦法制也。説文又部：「度，法制也。」

〔四〕經傳釋詞：「用，詞之以也。」「用」字與上「以之」同義。下「九刑用措者」，「用」字解同。「五禮」，吉、凶、賓、軍、嘉五禮也，見藝紀篇「一曰五禮」注。脩同修，廣雅釋詁：「修，治也。」謂整治。

〔五〕書舜典（按今舜典漢時在堯典中未分出）「五刑有服」，僞孔傳：「五刑，墨（按刺面）、劓（按割鼻）、剕（按斷足）、宮（按宮刑）、大辟（按死刑）。」又云：「流宥五刑，鞭作官刑，扑作教刑，金作贖刑。」僞孔傳：「宥，寬也，以流放之法寬五刑。以鞭爲治官事之刑。扑，榎楚也（按榎楚，刑杖），不勤道業則撻之。金，黄金，誤而入刑（按誤，謂誤犯），出金以贖罪。」是正刑有五，正刑外又有流放、鞭笞、杖擊、贖金四刑，凡九刑。漢書刑法志「周有亂政而作九刑」，顔師古注引韋昭曰：「謂正刑五，及流、贖、鞭、扑也。」即本舜典。「九刑用措」，措，用也，見前「安所措其彊力乎」注。或釋「措」爲「刑措」之「措」。荀子宥坐「刑錯而不用」，楊倞注：「錯，置也，如置物於地不動也。」史記周本紀：「故成康之際，天下安寧，刑錯四十餘年不用。」錯並通措，謂棄置刑罰不用。按「九刑用措」與上「五禮用脩」並舉,「五禮」指教化,「九刑」指法制,謂刑德並行也。若解爲廢刑不用,則非此文之義。

〔六〕審,説文釆部作「宷」,云:「悉也。」謂詳悉。「審民數」,猶上文云「周知其萬民衆寡之數」。以上五句,謂君主得以建國法,大夫得以立家法,五禮得以整治,九刑得以施行,其惟在詳悉民口衆寡之數乎!按漢魏之際,戰亂頻仍,丁口凋零,百姓流離渙散,失地之農賣身爲奴,加之州牧勢同割據,故朝廷不掌民口之實數已久,而賦役之重不符民數之實,則下不堪,起而爲亂矣。幹作此篇,蓋有感於此也。

佚篇一

此篇爲今本所無，見治要卷四十六。貞觀政要卷六載貞觀十七年唐太宗謂侍臣曰「朕昨見徐幹中論復三年喪篇，義理甚深，恨不早見此書」云云，錢校謂即此篇也。唯治要採書皆節録，當非此篇全文。

天地之間含氣而生者，莫知乎人。人情之至痛，莫過乎喪親〔一〕。夫創巨者其日久，痛甚者其愈遲。故聖王制三年之服，所以稱情而立文，爲至痛極也〔二〕。自天子至于庶人，莫不由之，帝王相傳，未有知其所從來者〔三〕。

〔一〕「天地之間含氣而生者」，謂天地間稟受陰陽二氣而生者，即萬物也。易繫辭上「精氣爲物」，韓康伯注：「精氣烟熅（按烟熅即氤氳，氣交融狀），聚而成物。」孔穎達疏：「謂陰陽精靈之氣，氤氳積聚而爲萬物也。」或説「含氣」謂含懷氣息，即有生之物。後漢書趙咨傳：「含氣之倫（按倫，類），有生必終。」「莫知乎人」，知、智古今字。「莫過乎喪親」，親謂父母。孟子盡心上「孩提之童，無不知愛其親者」，孙奭疏：「繈褓之童子，無有不知愛其父母。」文謂天地間萬物，無有智勝於人者。人情之最哀痛者，無過於喪父母也。

〔二〕以上文並見荀子禮論及禮記三年問。「巨」，三年問作「鉅」，通假字。「愈」，禮論作「瘉」，字通用，病痊也。禮論楊倞注：「創，傷也。日久、瘉遲，互言之也，皆言久乃能平，故重喪必待三年乃除，亦爲至痛之極，不可朞月而已（按朞同期。期月，滿月）。」漢書灌夫傳「觀嘗有服」，顏師古注：「服，喪服也。」按喪服謂之服，守喪亦謂之服。「三年之服」，守喪三年，父母之重喪也。「稱情而立文」，三年問鄭玄注：「稱人之情輕重，而制其禮也。」按稱讀去聲，使之相稱也。漢書高帝紀下「稱吾意」，顏師古注：「稱，副也。」即符合。「稱情」，猶言符合哀痛之情。「立文」，文謂禮文，禮法制度也。荀子非相「文久而息」，楊倞注：「文，禮文。」國語周語上「以文修之」，韋昭注：「文，禮法也。」「爲至痛極也」，爲讀去聲。文謂創巨者痊之日久，痛深者愈之時遲。故聖人制立三年守喪者，所以稱副人情而立定禮法，爲哀痛至極故也。

〔三〕「由之」，「之」承上指「三年之服」。謂自天子至庶民，無不遵從爲父母守喪三年之禮，世代帝王因襲相傳，而未知此禮法所由來也。

及孝文皇帝，天姿謙讓，務崇簡易，其將棄萬國，乃顧臣子，令勿行久喪，已葬則除之，將以省煩勞而寬羣下也〔一〕。觀其詔文，唯欲施乎己而已，非爲漢室創制喪禮而傳之於來世也。後人遂奉而行焉，莫之分理〔二〕。至乎顯宗，聖德欽明，深照孝文一時之制，又惟先王之禮不可以久違，是以世祖徂崩，則斬衰三年〔三〕。孝明既没，朝之大臣徒以己之私意忖度嗣君之必貪速除也，檢之以大宗遺詔，不惟孝子之心哀慕未歇，故令聖王之跡陵遲而莫遵，短喪之制遂行而不除，斯誠可悼之甚者也〔四〕。

〔一〕孝文，漢文帝之謚，見漢書文帝紀。「天姿謙讓」，此「姿」字不作姿容解，當讀爲資，同聲相通。天資，天賦之資質。史記商君列傳「其天資刻薄人也」，三國志吴書吴主傳「天資忠亮」，「天資」即天性也。三國志蜀書譙周傳「陛下天姿至孝」，天姿亦同天資。「棄萬國」，放棄天下，天子去世之婉言。「乃顧臣子」，「顧」爲「顧命」之省言。書顧命序「作顧命」，僞孔傳：「臨終之命曰顧命。」禮記緇衣「葉公之顧命」，鄭玄注：「臨死遺書曰顧命。」下文云「觀其詔文」云云，是「顧臣子」謂遺詔羣臣也。按文帝紀載後元七年遺詔云：「其令天下吏民，令到出臨三日（按出臨，哭奠），皆釋服（按謂除喪服）。無禁取婦嫁女、祠祀飲酒食肉（按取同娶）。」又云：「以下（按以同已，謂已下棺埋葬），服大紅十五日，小紅十四日，纖七日，釋服（按顏師古注：「紅與功同。」又引服虔云：「纖，細麻也」）。」按古之喪服，爲斬衰、齊衰、大功、小功、緦麻五等，以斬衰爲最重之喪服。纖即緦麻，最輕者也。五服皆熟麻所制，唯質有粗細，依親疏之别而定，大抵親者服粗麻，疏者服細麻，參禮記學記、儀禮喪服。古者天子、皇后崩，如喪父母，故天下臣民皆服喪。文帝遺詔令臣民哭臨三日即除喪服，且不禁婚嫁、祭祀飲酒。又令服大紅十五日云云者，不過謂葬後殿中當臨祭者隨親疏而服之如此，然多則十五日，少則七日，皆除服矣。是文帝減服喪三年之期，行短喪，與古制異也。

〔二〕「唯欲施乎己而已」，淮南子原道「施之無窮」，高誘注：「施，用也。」「莫之分理」，分讀平聲，分、理皆謂區分、分別。詩小雅信南山「我疆我理」，毛傳：「理，分地理也。」謂區分地勢脈絡，是理亦分別之謂。朱熹集注：「理，謂條理分別之。」文謂觀文帝詔書之文，其意唯欲以此短喪之法用於己之喪葬而已，非爲漢王室制定喪事之禮儀而傳之於後世也。後人遂奉行之，不區分臨時之制與常制矣。

〔三〕顯宗，後漢明帝廟號，見後漢書肅宗孝章帝紀，光武帝子也。世祖，後漢光武帝廟號，見後漢書光武帝紀上。「聖德欽明」，謂明帝明察也。書堯典稱堯之四德，云「欽、明、文、思」，僞孔傳：「欽，敬也。」後遂以「欽明」稱人君之德性敬慎明察。「深照」，淮南子繆稱「照惑者以東爲西」，高誘注：「照，曉。」楚辭九歌離世王逸注：「照，知也。」「又惟」云云，爾雅釋詁：「惟，思也。」「徂崩」，史記伯夷列傳索隱：「徂，死也。」徂通殂。爾雅釋詁：「崩，死也。」禮記曲禮下：「天子死曰崩。」「斬衰三年」，謂爲父守喪三年。禮記聘義「故爲父斬衰三年」，鄭玄注：「服莫重斬衰也。」按斬衰爲喪服之「五服」中最重者，參上文「及孝文皇帝天姿謙讓」云云注。文謂及至明帝，聖德明察，深知文帝短喪爲臨時之制，又思先王守喪三年之禮不可長久違背，是故光武帝殁，明帝服父喪三年。按後漢書顯宗孝明帝紀載，光武帝中元二年二月崩，明帝即位，明年改元永平，至永平二年正月，明帝及公卿列侯祀光武帝，始服冠冕衣裳云云，是此前未除喪也，故幹云「斬衰三年」。云「三年」者，自中元二年二月至永平二年正月，經年凡三，按月實不足三年。禮記三年問「三年之喪，二十五月而畢（按一說二十七月）」，是名雖三年，實不滿三年。蓋二十四月周年二，至二十五月則爲第三年，故曰「三年」耳。

〔四〕没同殁。「忖度」爲複語，揣測也。慧琳一切經音義二十二引慧苑音義：「忖，測度也。」又七十二引玄應音義：「度，亦測也。」「嗣君」，繼位之君。爾雅釋詁：「嗣，繼也。」「檢之以大宗遺詔」，「之」承上文所述指守喪言，謂以文帝遺詔限定守喪之期。廣雅釋言：「檢，括也。」王念孫疏證：「文選辨亡論注引薛君韓詩章句云：括，約束也。」荀子儒效楊倞注：「檢，束也。」檢訓約束、限止。大宗即太宗，文帝廟號，見漢書景帝紀。「不惟孝子之心哀慕未歇」，不惟，不思也，見上注。左傳宣公十二年「憂未歇也」，杜預注：「歇，盡也。」「故令聖王之跡陵遲而莫遵」，「聖王之跡」承上文「故聖王制三年之服」言，謂聖王三年守喪之禮法遺跡。「陵遲」，衰落也。荀子宥坐：「百仞之山，任負車登焉（按任負謂載重）。何則？陵遲故也。」楊倞注：「陵遲，言丘陵之勢漸慢也（按慢謂緩）。」山勢由高漸傾側而下，謂之「陵遲」，引申爲衰落。文謂明帝既殁，朝廷大臣但用己之私意，揣測繼位之君必貪求從速除喪也，遂以文帝短喪之遺詔限定守喪之期，而不思孝子之心哀痛思慕猶未盡，故使聖王禮法之遺跡不能遵行，短喪之制度遂推行而不廢，此誠深可悲悼者也。

滕文公小國之君耳，加之生周之末世，禮教不行，猶能改前之失，咨問於孟軻，而服喪三年。豈況大漢配天之主，而廢三年之喪，豈不惜哉〔一〕？且作法於仁，其弊猶薄；道隆於己，歷世則廢。況以不仁之作宣之於海内，而望家有慈孝，民德歸厚，不亦難乎〔二〕？詩曰：「爾之教矣，民胥放矣〔三〕。」聖主若以遊宴之間，超然遠思，覽周公之舊章，咨顯宗之故事〔四〕，感蓼莪之篤行，惡素冠之所刺〔五〕，發復古之德音，改大宗之權令。事行之後，永爲典式，傳示萬代不刊之道也〔六〕。

〔一〕孟子滕文公上趙岐題下注：「滕文公者，滕，國名；文，謚也；公者，國人尊君之稱也。」「咨問」，詢問也。文選楊荆州誄「廳事不咨」，六臣注引張銑云：「咨，問也。」「豈況大漢配天之主」，助字辨略：「豈況，何況也。」本書佚篇二亦云「豈況布衣之士」。莊子天地「齧缺可以配天乎」，郭象注：「謂爲天子。」成玄英疏：「配，合也。」按「配天」謂應天命。文謂滕文公乃小國之君，且生於周之末世，禮儀教化不得施行，猶能改前人過失，詢問於孟子，而守喪三年。何況大漢應天命之主，而廢三年之喪，豈不痛惜哉。按滕文公父定公歿，文公使然友問於孟子，孟子謂三年之喪爲三代共行者。文公欲行之，其父兄及百官不欲行，以爲魯國及本國先君皆不行三年之喪。文公不聽，遂行三年之喪。見孟子滕文公上。

〔二〕「作法於仁」，經詞衍釋：「於，猶以也。」「其弊猶薄」，「弊」，亦作「敝」、「蔽」。左傳昭公四年「君子作法於涼，其敝猶貪；作法於貪，敝將若之何」，楊樹達據經義述聞十八王引之説，訓敝爲終

（見積微居讀書記讀左傳）。按法言五百「蔽天地而不恥」，司馬光注：「蔽當作弊，終也。」敝、蔽、弊同聲相通。周禮夏官大司馬「火弊」、「車弊」、「羅弊」，鄭玄注並訓弊爲止，止亦終也。「弊」猶今言「結果」。朱駿聲説文通訓定聲謂弊借爲「斁」（今通作「畢」）。二句謂以仁厚立法，其終猶流於刻薄。意謂如立法不仁，則其終將何如耶。「道隆於己」，禮記樂記「是故樂之隆」，鄭玄注：「隆，猶盛也。」「不仁之作」，不仁之創制也。作，讀如論語述而「述而不作」之作，即創制。詩周頌天作孔穎達疏：「作者，造立之言。」廢古制而改行短喪制，未能盡孝子哀痛之心，故曰「不仁之作」。「而望家有慈孝」，「慈孝」爲複語，孝也。按上愛下謂之慈，下愛上亦可謂之慈。國語齊語「慈孝於父母」，莊子漁父「事親則慈孝」，慈亦孝也。「不亦難乎」，猶云不難乎。經傳釋詞：「凡言『不亦』者，皆以『亦』爲語助。」文謂以仁厚立法，其終猶流於刻薄；道興盛於己之世，經數世則衰廢。何況立不仁之法而宣揚於海内，乃望家有孝子，民德歸於樸厚，不難乎？

〔三〕引詩見小雅角弓。「放」，詩作「傚」。按放同仿，傚同效，文異而義同。鄭玄箋：「爾，女（按同汝）。胥，皆也。」言汝之所教，民皆仿效之。謂上之施教當慎也。此承上文「況以不仁之作宣之於海内」云云言。

〔四〕「聖主若以遊宴之間」，「聖主」，特指當世之主。文選籍田賦「今聖上昧旦丕顯」，聖主猶聖上。廣雅「間謂間隙、空閑。「超然遠思」，猶言邈然思古，貫下「覽周公之舊章，咨顯宗之故事」言。

釋詁：「超，遠也。」「超然」即邈然。「舊章」，章謂典章制度。「顯宗之故事」，指明帝爲光武帝守喪三年之往事。孟子梁惠王下「所謂故國者」，趙岐注：「故者，舊也。」

〔五〕蓼莪，見詩小雅。毛序：「刺幽王也。民人勞苦，孝子不得終養爾（按終養，謂奉養父母以終其天年。爾，句末語助）。」鄭玄箋：「不得終養者，二親病亡之時，時在役所，不得見也。」按蓼莪述子在外服役，追念雙親。「篤行」，謂孝子敦厚之德也。爾雅釋詁：「篤，厚也。」行，舊讀去聲，德行也。素冠，見詩檜風。毛序：「刺不能三年也。」鄭玄箋：「喪禮，子爲父，父卒爲母，皆三年。時人恩薄，禮廢不能行也。」素冠譏刺當時人不行三年之喪。

〔六〕「復古」，指恢復三年之喪。「德音」，此指王之教令。詩小雅隰桑「德音孔膠（按孔，甚）」，毛傳：「膠，固也。」鄭玄箋：「其教令之行甚堅固也。」是德音謂教令。「大宗之權令」，指文帝權時之遺命。「永爲典式」，典式，常規通法也。爾雅釋詁：「典，常也。」説文工部：「式，法也。」「不刊之道」，「不刊」謂不廢。廣雅釋詁：「刊，削也。」玉篇刀部：「刊，除也。」以上十一句，謂當世之主如以遊樂宴飲之間隙，邈然思古，覽周公之舊典章，詢明帝之往事，歎蓼莪至孝之厚德，憎素冠薄情之譏刺，則頒服喪三年之王令，改文帝權宜之遺命。事行之後，永奉爲常法，以傳告萬世不廢之道也。按孟子謂三年喪夏、商、周共行之，其實自東周以降已不能行。素冠刺當時人不能守三年喪，此爲檜風，檜國當周平王時，東周之初也。滕文公欲行三年喪，羣臣不肯，以爲本國及魯國先君皆不行。公羊傳閔公二年稱魯閔公始不行三年喪，是魯亦不行也。

餘例參論語陽貨「宰我問三年之喪」節程樹德集釋引。至後漢，三年喪不行已久。續漢書禮儀志下載大喪舊例，「以葬，大紅十五日，小紅十四日，纖七日，釋服」，乃遵文帝詔，即幹所謂「後人遂奉而行焉」者也。故荀爽、幹等議復三年喪之古制（爽議見後漢書本傳），亦迂矣。蓋俗移世變，三年喪終不能成通例。

佚篇二

此篇爲今本所無，見治要卷四十六。文獻通考卷二百九引晁公武郡齋讀書志，稱「李獻民（淑）云別本有復三年（喪）、制役二篇」，錢校謂制役即此篇也。按治要節録，當非全文。又晉書李重傳「時太中大夫恬和表陳便宜，稱漢孔光、魏徐幹等議，使王公已下制奴婢限數及禁百姓賣田宅」云云，則此制役篇蓋即幹當時奏議之節文歟？然篇中有「豈況布衣之士，而欲唱議立制，不亦遠乎」之語，不類奏議之體。或幹别有奏議論之，非即此篇也。識以備考。

昔之聖王制爲禮法，貴有常尊，賤有等差，君子小人各司分職，故下無潛上之愆，而人役財力能相供足也〔一〕。往昔海内富民及工商之家，資財巨萬，役使奴婢多者以百數，少者以十數，斯豈先王制禮之意哉〔二〕。夫國有四民，不相干黷。士者勞心，工農商者勞力；勞心之謂君子，勞力之謂小人；君子者治人，小人者治於人；治於人者食人，治人者食於人，百王之達義也〔三〕。今夫無德而居富之民，宜治於人，且食人者也。役使奴婢，不勞筋力，目喻頤指，從容垂拱〔四〕，雖懷忠信之士，讀聖哲之書，端委、執笏列在朝位者，何以加之〔五〕？且今之君子尚多貧匱，家無奴婢，既其有者不足供事，妻子勤勞，躬自爨烹，其故何也〔六〕？皆由罔利之人與之競逐，又有紆青拖紫并兼之門，使之然也〔七〕。夫物有所盈則有所縮，聖人知其如此，故裒多益寡，稱物平施，動爲之防，不使過度，是以治可致也〔八〕。爲國而令廉讓君子不足如此，而使貪人有餘如彼，非所以辨尊卑、等貴賤、賤財利、尚道德也〔九〕。

〔一〕「禮法」，謂禮之法制也，猶云禮制。或以「禮法」爲禮與法二事，未是。此下所云皆别尊卑之事，乃禮之制也。左傳宣公十二年：「君子小人，物有服章，貴有常尊，賤有等威，禮不逆矣。」此幹語所本，是言禮也。「等差」爲複語，差音楚宜切，亦等次也。廣雅釋詁：「差，次也。」荀子榮辱「使有貴賤之等，長幼之差」，等、差互文，差亦等也。「君子小人」，君子指讀書爲仕之人，勞心者也；小人指耕作力役之人，勞力者也。下文云「勞心之謂君子，勞力之謂小人」，是其義。「分職」，本分之職事，分讀去聲。「下無潛上之愆」，「潛」當爲「僭」，錢校改「僭」。公羊傳隱公五年何休注：「僭，下儗上之辭。」下儗上，言在下而比擬於上，謂越分也。凡在下而越分行上之事，謂之僭。玉篇心部：「愆，過也，失也。」「人役」，人之服役者，即下文所云奴婢僕役之屬。文謂在昔聖王制爲禮法，貴者有常尊之位，賤者有等次之别，君子與小人各治本分之職事，故在下者無僭越上位之過，而奴僕、財力能相供給足備也。

〔二〕「往昔」指秦也。秦孝公用商鞅，廢井田之制，獎勵農戰，由是肇啓兼并，有力者佔地聚財，漢書食貨志上所謂秦「僭差亡度（按謂僭越失度），庶人之富者累鉅萬，而貧者食糟糠」是也。「富民及工商之家」，此「富民」與工商並提，謂下民之暴富者，下文所謂「無德而居富之民」是也。「資財巨萬」，漢書貨殖傳「富家累鉅萬」，顔師古注：「鉅，大也。鉅萬，萬萬也。」鉅同巨。史記平準書「京師之錢累巨萬」，集解引韋昭云：「巨萬，今萬萬。」按巨萬，極言數巨，非指實數。云「斯豈先王制禮之意哉」者，下文謂工農商之小民皆勞其力，乃受人所治者也，今皆役使奴婢，是與治人者同，故曰此豈先王制定禮法之本意哉。

〔三〕漢書食貨志上：「士農工商，四民有業。學以居位曰士（按居位謂居官），闢土殖穀曰農，作巧成器曰工，通財鬻貨曰商（按鬻，賣也）。」國語齊語韋昭注：「士，講學道藝者也。」士爲「四民」之首，庶民之讀書以入仕者，下文所謂「勞心之謂君子」是也。「不相干黷」，互不干犯輕慢也。説文干部：「干，犯也。」慧琳一切經音義八十八引顧野王云：「黷，慢也。」廣雅釋言：「黷，狎也。」狎亦謂輕忽、輕慢。孟子滕文公上：「故曰或勞心，或勞力，勞心者治人，勞力者治於人。治於人者食人，治人者食於人，天下之通義也。」幹語本此。「治於人者食人」、「治人者食於人」，食並讀去聲，祥吏切，後起字作「飼」，亦作「飤」，謂予人食也，養也。淮南子説山「此母老矣，幸善食之而勿苦」，高誘注：「食，養也。」左傳文公十八年杜預注：「食，養也。」漢書李廣利傳「而多出食食漢軍」，上「食」如字，下「食」同「飼」。「食於人」，謂爲人所養也，猶上文「治於人」謂爲人所治也。「百王之達義也」，「百王」猶言歷代，言「百」者虚數，謂歷時久也。「達義」

同孟子云「通義」，謂通理也。文謂國有四等民，互不干犯輕慢。爲士者勞其心，爲工農商者勞其力；勞心者謂之君子，勞力者謂之小人；君子者治人，小人者爲人所治；爲人所治者奉養人，治人者爲人所奉養，此歷代共同之理也。

〔四〕「目喻頤指」，「目喻」，目示以告曉人也。喻同諭，說文言部：「諭，告也。」慧琳一切經音義三引鄭玄注周禮云：「喻，告曉也。」按今周禮秋官掌交「喻」作「諭」，字同。「頤指」，動頤以指令人也。方言：「頤，頷也。」按頷即今言「下巴」。莊子秋水成玄英疏：「頤，口下也。」是也。「目喻頤指」，猶今常言「頤指氣使」（氣謂臉色，「氣使」與此「目喻」文異而意相類），謂其勢盛淩人。「從容垂拱」，後漢書清河孝王慶傳李賢注：「垂拱，言無爲也。」按僞古文書武成「垂拱而天下治」，孔穎達疏：「（垂拱）手無所營（按謂無所經營於事），下垂其拱。」下垂其拱，謂斂手下垂，即不動手也，故與「從容」連文，言其悠閑無所爲。

〔五〕「雖懷忠信之士」，雖猶縱使也。禮記少儀「雖請退可也」，孔穎達疏：「雖，假令也。」按雖爲假設之詞，猶言即使、縱然。「端委執笏」，左傳昭公十年「晏平仲端委立於虎門之外」，杜預注：「端委，朝服也。」慧琳一切經音義九十一：「笏，朝賢所秉手簡也（按朝賢，朝中賢者，謂朝臣），或牙或木（按牙，象牙），古者以記事，恐有遺忘也。」笏爲朝臣所執手板，以象牙或木爲之，可記事，以備奏事時遺忘。「何以加之」，加謂超踰。禮記檀弓上「獻子加於人一等矣」，鄭玄注：「加，猶踰也。」以上十一句，謂令彼無功德而處於富足之民，本宜受治於人，且供養人者也。彼役使奴婢，不勞筋骨，頤指氣使，悠閑無事，縱使心懷忠信之士，讀聖賢之書，着朝服、執笏板列於朝官之位者，又何以超越彼輩哉？

〔六〕「既其有者不足供事」，錢校改「既」爲「即」。按於義當作「即」，猶言即使。助字辨略：「即，又假設之辭，猶云縱令也。」此句承上「家無奴婢」言之，言即使有之亦少而不足服事。「妻子勤勞」，「妻子」或謂妻室，詩小雅常棣「妻子好合」是也；或謂妻與子，後漢書吴祐傳：「祐問長：『有妻子乎？』對曰：『有妻未有子也。』」此貫下「躬自爨烹」言之，則單指妻室。「躬自爨烹」，謂家無廚人，親自烹飪也。爾雅釋詁：「躬，身也。」漢書公孫弘傳「躬率以正」，顔師古注：「躬，謂身親行之。」廣雅釋言：「爨，炊也。」「其故何也」，也同耶。

〔七〕「罔利」，網羅利益，猶言漁利。按説文「網」字本作「网」，「網」、「罔」皆「网」之或體。「紆青拖紫」，謂佩公卿之印，猶言權貴。文選東京賦薛綜注：「紆，垂也。」紆、拖互文，皆拖帶之意。文選解嘲「紆青拖紫」，李善注引東觀漢記云：「印綬（按綬，繫印之絲帶）。漢制：公侯紫綬，九卿青綬。」「并兼」，亦作「兼并」，兼吞并聚，特指并吞田土。「又有紆青拖紫并兼之門」，意謂又有權貴兼并奪利者。以上九句，謂今之君子尚多貧乏，家無奴婢，即使有之亦不足服事，故妻室辛勞，身親炊火烹煮，其故何耶？皆由漁利之人與之競爭，加之復有權貴奪利之家，遂使彼至於此境也。

〔八〕易謙象辭：「君子以裒多益寡，稱物平施。」按裒謂減損，見本書審大臣篇「裒然不自滿」注。孔穎達疏：「稱物平施者，稱此物之多少，均平而施。」按稱讀去聲，使相稱副也。稱物，謂與物之多少相稱。「動爲之防」，動猶言動輒，往往也，每常也。助字辨略：「凡言動者，即兼動輒之義，乃省文也。」「是以治可致也」，資治通鑑三胡三省注：「致者，使之至也。」夫物之多少有常數，此有所盈滿則彼有所縮減。聖人知此理，故取其多者以增益寡者，隨物之多少而均平施予，每每謹防之，不使過度，是以治世可使來至也。

〔九〕「辨尊卑、等貴賤」，辨與等，尊卑與貴賤，並互文。等者，等次，此作動字，謂分別等次也。尊即貴，卑即賤也。文謂治國而使清廉謙讓之君子貧乏至如此之不足，而使貪婪之人富裕至如彼之有餘，則非所以分辨尊卑之次序、區分貴賤之等級、輕賤財利、崇尚道德者也。

今太守、令長得稱「君」者，以慶賞刑威咸自己出也。民畜奴婢或至數百，慶賞刑威亦自己出，則與郡縣長史又何以異〔一〕？夫奴婢雖賤，俱含五常，本帝王良民，而使編戶小人爲己役，哀窮失所，猶無告訴，豈不枉哉〔二〕？今自斗食、佐吏以上，至諸侯王，皆治民人者也，宜畜奴婢。農工商及給趍走使令者，皆勞力躬作，治於人者也，宜不得畜〔三〕。昔孝哀皇帝即位，師丹輔政，建議令畜田宅奴婢者有限，時丁、傅用事，董賢貴寵，皆不樂之，事遂廢覆〔四〕。夫師丹之徒皆前朝知名大臣，患疾并兼之家，建納忠信，爲國設禁，然爲邪臣所抑，卒不施行。豈況布衣之士，而欲唱議立制，不亦遠乎〔五〕？

〔一〕太守、令長，郡、縣之長。漢制，掌治郡者爲郡守，漢景帝時更名太守，後漢沿之。掌治縣者爲令、爲長，大縣稱令，小縣稱長。見漢書百官公卿表上、續漢書百官志五。云「稱『君』者」，後漢書寇恂傳，恂稱太守耿況爲耿府君；朱暉傳，暉稱太守阮況爲阮府君；高獲傳，獲稱太守鮑昱爲府君，皆其例也。至縣令、長稱爲君則未詳。漢書西南夷兩粵朝鮮傳「（夜郎王）興將數千人往至（且同）亭，從邑君數十人入見（牂柯太守陳）立，立數責，因斷頭。邑君曰：『將軍誅亡狀（亡狀謂無法紀者，指興），爲民除害』」云云，「邑君」者，所屬縣邑等地方官長也，則令、長亦得稱君歟？「慶賞」，慶亦賞也。孟子告子下「慶以地」，趙岐注：「慶，賞也。」「刑威」，威亦謂刑罰也。書洪範「惟辟作威（按辟，君也）」，史記宋微子世家集解引鄭玄注：「作威，專刑罰也。」僞古文書湯誥「夏王滅德作威」，僞孔傳：「夏桀滅道德，作威刑。」「慶賞刑威咸自己出」，言賞罰皆由己。詩小雅正月「好言自口」，鄭玄箋：「自，從也。」「民畜奴婢」，易畜釋文：「畜，積也，聚也。」按畜音許竹切，同蓄。「郡縣長史」，「長史」當作「長吏」，長讀上聲。漢書景帝紀：「吏六百石以上，皆長吏也。」按漢制，太守俸祿比二千石，縣令六百至千石，見漢書百官公卿表上，故太守、縣令皆得稱長吏。

〔二〕「俱含五常」，淮南子原道「含德之所致」，高誘注：「含，懷也。」「五常」，人倫之常理。僞古文書泰誓下「狎侮五常（按狎侮猶輕辱）」，孔穎達疏：「五常即五典，謂父義、母慈、兄友（按友謂親於弟）、弟恭、子孝，五者人之常行。」「編户小人」，編入户籍之小民，即平民也。漢書高帝紀下「諸將故與帝爲編户民（按故，往昔）」，顏師古注：「編户者，言列次名籍也（按名籍，户口册）。」「小人」對「君子」言，即上文所謂「勞力之謂小人」、「無德而居富之民」者。文謂彼奴婢雖卑賤，俱心懷人倫之情理，本爲帝王之良民，乃使小民用爲己之奴役，彼哀苦窮困而無以存身，猶尚訴説無門，豈不冤屈哉。

〔三〕「斗食、佐吏」，「佐吏」，當作「佐史」。漢書百官公卿表上，縣令、長之屬官「皆有丞、尉，秩四百石至二百石，是爲長吏（按此長吏爲縣署佐吏，與上文俸禄六百石以上之吏泛稱長吏者非一事）。百石以下有斗食、佐史之秩（按秩，俸禄），是爲少吏」，是斗食、佐史即少吏，縣之下級小吏也。顏師古注：「漢官名秩簿云：斗食，月奉十一斛（按奉同俸，十斗爲斛）；佐史，月奉八斛也。一説，斗食者，歲奉不滿百石，計日而食一斗二升，故云斗食也。」按斗食説不同，大抵小吏之歲俸僅百石左右或不足，故月俸以斗斛計，乃俸禄之微薄者。「及給趍走使令者」，給音居立切，玉篇糸部：「給，供也。」「趍走」，趨、趍正俗字，即趨走。趨走乃複語，疾行也。説文走部：「走，趨也。」「使令」，令舊讀平聲，吕貞切。漢書鄒陽傳「臣非爲長君無使令於前」，顏師古注：「使令，謂役使之人也。」按使换之人謂之「使令」，使换亦謂之「使令」。供趨奔使换者，謂僕役也。「勞力躬作」，謂勞力而身自做事。

〔四〕孝哀皇帝，漢哀帝也。成帝綏和二年三月崩，四月哀帝即位。師丹，哀帝時由左將軍累官至大司空。丁、傅，哀帝舅丁平、皇后父傅晏也。哀帝即位，封平爲陽安侯，晏爲孔鄉侯。「用事」云者，謂當權也。董賢，哀帝寵臣，封高安侯，爲大司馬，貴寵在丁、傅之上。以上見漢書哀帝紀、師丹傳、佞幸傳。「事遂廢覆」，錢校改「覆」爲「罷」。覆，傾覆也，傾敗也。覆與廢義相因，故以「廢覆」連文，謂事廢敗不行也。原文自可通。師丹於哀帝即位初建言限田宅奴婢，哀帝詔令羣臣議，丞相孔光、大司空何武皆奏請限田宅奴婢數，時丁平、傅晏及董賢專貴主事，以爲不便行，事遂廢止，見漢書食貨志上。又哀帝詔及有司奏議亦見哀帝紀。

〔五〕「患疾并兼之家」，「患疾」，憂恨也。説文心部：「患，憂也。」禮記少儀孔穎達疏：「疾，猶憎惡也。」「建納忠信」，立議獻納忠信之言也。漢書鄒陽傳「爰盎等皆建，以爲不可」，顔師古注：「建，謂立議。」「忠信」指言，謂有益於國事之忠言也。或指忠信之士，未是。此句承上師丹建議及孔光、何武之奏請而言，當指忠信之言。「卒不施行」，爾雅釋詁：「卒，終也。」「布衣之士」，平民也。文選出師表「臣本布衣」，六臣注引吕向云：「布衣，庶人服也。」「唱議」，唱、倡古今字。「倡導」字本作「唱」，「娼妓」字本作「倡」，後以「倡」爲「唱」，復造「娼」代「倡」也。文謂師丹之輩皆前漢聞名之大臣，憂恨并兼之家，立議獻納忠信之言，爲國設土田奴婢之禁限，然爲邪臣所抑制，終不能施行。何況以匹夫平民，而欲倡議建立制度，其事豈不攸遠無期乎？

附録一　序跋

杜思　刻徐幹中論序

宋南豐曾氏起于五代純學之後，程學未顯之前，文章本原六經，世稱江漢星斗矣。編校館閣羣書，取中論二十篇，序而傳之，何哉？漢自桓、靈以後，姦雄濁亂海內，俗儒騖於曲説，黨權營利，求其究觀道妙而不汙于世者，蓋寡矣。偉長獨能恬淡體道，不耽榮禄，逡巡濁世，而去就顯晦之節皭然不汙。曾氏讀其書而論其世，彼有取爾也。余删訂青志，繡梓竣事，兵憲懷庭秦公謂曰：「青郡文獻名天下，藝文不下百數十種，未能盡傳，若管子書、晏子春秋，仲尼之徒羞稱焉。文心雕龍，葩藻勝矣。徐幹中論，辭義典雅，足傳于後，曾子固所取也，盍壽諸梓，以廣其傳？」余曰唯唯，謹識之而刻于郡之資深堂。嘉靖乙丑冬，青州府知府四明杜思書。

無名氏　徐幹中論序

予以荀卿子、孟軻懷亞聖之才，著一家之法，繼明聖人之業，皆以姓名自書，猶至於今厥字不傳。原思其故，皆由戰國之世樂賢者寡，同時之人不早記録，豈況徐子中論之書不以姓名爲目乎？恐歷久遠，名或不傳，故不量其才，喟然感嘆，先目其德，以發其姓名，述其雅好不刊之行，屬之篇首，以爲之序。其辭曰：

世有雅達君子者，姓徐名幹，字偉長，北海劇人也。其先業以清亮臧否爲家，世濟其美，不隕其德，至君之身十世矣。君含元休清明之氣（治按元，疑作天），持造化英哲之性，放口而言，則樂誦九德之文；通耳而識，則教不再告。未志乎學，蓋已誦文數十萬言矣。年十四，始讀五經，發憤忘食，下帷專思，以夜繼日。父恐其得疾，常禁止之。故能未至弱冠，學五經悉載於口，博覽傳記，言則成章，操翰成文矣。此時靈帝之末年也，國典隳廢，冠族子弟結黨權門，交援求名（治按名，龍谿精舍本、池田校兩京遺編本作售），競相尚爵號。君病（原注：一作疾）俗迷昏，遂閉户自守，不與之羣，以六籍娱心而已。君子之達也，學無常師，有一業勝己者，便從學焉，必盡其所知而後釋之；有一言之美，不令過耳，必心識之。志在總衆言之長，統道德之微，恥一物之不知，愧一藝之不克。故日夜亹亹，昃不暇食，夕不解衣，晝則研精經緯，夜則歷觀列宿，考混元於未形，補聖德之空缺，誕長慮於無窮，旌微言之將墜，何暇讙小學、治浮名、與俗士相彌縫哉？故浮淺寡識之人，適解驅使榮利，豈知大道之根？然其餘以疏略爲太簡，曾無憂樂，徒以爲習書之儒不足爲上，欣之者衆，辯之者寡，故令君州閭之稱不早彰徹。然秉正獨立，志有所存，俗之毁譽，有如浮雲。若有覺而還反者，則以道進之，忘其前之謗己也。其犯而不校，下學而上達，皆此之類也。於時董卓作亂，幼主西遷，奸雄滿野，天下無主，聖人之道息，邪僞之事興，營利之士得譽，守貞之賢不彰，故令君譽聞不振於華夏，玉帛安車不至於門。考其德行文藝，實帝王之佐也，道之不行，豈不惜哉。君避地海表，自歸舊都，州郡牧守禮命，踧踖連武欲致之。君以爲縱横之世，乃先聖之所厄困也，豈況吾徒哉？有譏孟軻不度其量，擬聖行道，傳食諸侯，深美顔淵、荀卿之行。故絶迹山谷，幽居研幾，用思深妙，以發疾疢，潛伏延年。會上公撥亂，王路始闢，遂力疾應命，從戍征行。歷載五六，疾稍沉篤，不堪王事，潛身窮巷，頤志保真，淡泊無爲，惟存正道，環堵之牆以庇妻子，并日而食不以爲戚，養浩然之氣，習羨門之術。時人或有聞其如此，而往觀之，或有頗識其真而從之者，君無不容而見之，厲以聲色，度其情志，倡其言論，知可以道長者，則微而誘之，令益者不自覺，而大化陰行，其所匡濟亦已多矣。君之交也，則不以其短，各取其長，而善之取。故少顯盡己之交，亦無孜孜和愛之好。統聖人中和之業，蹈賢哲守度之行，淵默難測，誠寶偉之器也。君之性，常欲損世之有餘，益俗之不足。見辭人美麗之文並時而作，曾無闡弘大義、敷散道教，上求聖人之中、下救流俗之昏者，故廢詩賦頌銘贊之文，著中論之書二十篇。其所甄紀，邁君昔志蓋■百之一也（治按漢魏叢書本、四庫本無墨丁，龍谿精舍本、池田校兩京遺編本墨丁作千）。文義未究，年四十八，建安二十三年春二月遭厲疾，大命殞頹，豈不痛哉！余數侍坐，觀君之言，常怖篤意自勉，而心自薄也。何則？自顧才志不如之遠矣耳。然宗之仰之，以爲師表。自君之亡，有子貢山梁之行，故追述其事，麤舉其顯露易知之數，沈冥幽微、深奥廣遠者遺之精通君子，將自贊明之也（治按此爲中論舊本原序，其述幹行狀詳悉，唯不具姓氏，啓後人猜忖。陳振孫直齋書録解題謂序爲幹同時人所作，四庫總目提要以爲所言爲不誣。唐馬總意林載中論六卷，稱任氏注。嚴可均謂任嘏與幹同時，疑注與序皆任嘏所作，説見全三國文卷五十五。今按果若嚴氏所言，則幹、嘏既同時，豈有著書而爲同時人所注者？此蓋非常理所當有。嚴氏亦臆測耳，不能定也）。

曾鞏　徐幹中論目録序（治按原無題，據南豐類稿卷十一補）

臣始見館閣及世所有徐幹中論二十篇，以謂盡於此。及觀貞觀政要，怪太宗稱嘗見幹中論復三年喪篇，而今書此篇闕。因考之魏志，見文帝稱幹著中論二十餘篇，於是知館閣及世所有幹中論二十篇者非全書也。幹字偉長，北海人，生於漢魏之間。魏文帝稱幹「懷文抱質，恬澹寡慾，有箕山之志」，而先賢行狀亦稱「幹篤行體道，不耽世榮。魏太祖特旌命之，辭疾不就，後以爲上艾長，又以疾不行」。蓋漢承周衰及秦滅學之餘，百氏雜家與聖人之道並傳，學者罕能獨觀於道德之要而不牽於俗儒之說，至於治心養性、去就語默之際，能不悖於理者固希矣，況至於魏之濁世哉。幹獨能考六藝，推仲尼、孟軻之旨，述而論之。求其辭，時若有小失者，要其歸不合於道者少矣。其所得於内者，又能信而充之，逡巡濁世，有去就顯晦之大節。臣始讀其書，察其意而賢之，因其書以求其爲人，又知其行之可賢也。惜其有補於世而識之者少，蓋迹其言行之所至，而以世俗之好惡觀之，彼惡足以知其意哉。顧臣之力豈足以重其書，使學者尊而信之？因校其脱繆，而序其大略，蓋所以致臣之意云。編校書籍臣曾鞏上。

石邦哲　識

紹興二十八年戊寅清明日，假朱丞本校于博古堂。石邦哲識。

陸友　記

中論二卷，漢司空軍謀祭酒掾屬、五官將文學北海徐幹偉長譔，有序而無名氏。幹，鄴下七子之一人也。建安之間，疾辭人美麗之文不能敷散道教，故著中論，辭義典雅，當世嘉之。按唐志六卷，今本二卷二十篇。宋大理正山陰石邦哲手校題識。邦哲字熙明，再世藏書。至治二年得之錢塘仇遠氏，明年夏五月己酉，平原陸友友仁父記。

都穆　書新刻中論後

文章自六經而下，惟先秦、西漢爲近古，其次則及於東漢。余鄉得桓氏鹽鐵論讀之，未嘗不歎其辭氣之古、論議之妙，至不忍去手。繼讀徐氏中論，於其辭氣論議，視桓氏無大相遠，而余之愛之與鹽鐵同。蓋鹽鐵西漢之文，中論東漢之文也，二書雖幸存於世，然傳録之艱，人不易見。往歲同年涂君刻鹽鐵論於江陰，俾余識之。近黄華卿氏刻中論畢工，亦俾一言。余謂好古之士，世未嘗無，第所恨者，不得悉窺古人之製作而效法之。而坊肆所市，率多射利之時文，求如二書，蓋不可得，而今乃有之，豈非學者之幸乎！余也舊學荒落，獲見古書之行，爲之欣躍，而且得綴名其末，其爲幸又何如也。華卿名紋，今爲吴縣學生，觀是舉，可以知其爲人矣。弘治壬戌六月之望，前進士姑蘇都穆書。

錢培名　識（治按録自小萬卷樓叢書本中論）

案徐幹中論，隋唐二志及崇文總目皆稱六卷，今本二卷，凡二十篇，與郡齋讀書志、直齋書録解題著録本合，則自宋以來相傳本也。曾子固序據貞觀政要太宗嘗見幹中論復三年喪篇，今書獨闕，又魏志文帝稱幹著中論二十餘篇，乃知館閣本非全書。晁公武亦云此本無復三年、制役二篇，而又云李獻民所見别本實有二篇。然則中論在北宋時雖已殘闕，而尚有全書，今則不可考矣。今通行明程榮漢魏叢書本脱誤幾不可讀，嘗以羣書治要、馬總意林及唐宋人類書所引校之，頗得裨益。治要所録中論十二篇，其末二篇則今本所闕宛在，雖不無删節，而首尾完具。治要故不著篇名，然文義顯然，知其論復三年、制役也。幹書無名氏原序稱二十篇，蓋舉其盈數。魏文帝稱二十餘篇，其辭又略據李獻民所見别本，則實二十二篇。今以治要合之今本，文雖或闕，篇則已全，校以授梓，用質同好。幹事跡附見魏志王粲傳，傳稱幹卒於建安二十二年，而無名氏原序則云二十三年，年四十八，與史互異。案原序前言「未至弱冠，言則成章，操翰成文，此靈帝末年也」，據此，漢靈帝末年爲中平六年，幹年蓋十九，是幹生於靈帝建寧四年，至獻帝建安二十三年，年四十八，前後適符。陳振孫謂原序爲同時人作，蓋得其真，可訂陳壽之誤，故附論於此。咸豐二年八月幾望，錢培名識。

附録一　目録提要

隋書經籍志　子部　儒

徐氏中論六卷，魏太子文學徐幹撰。梁目一卷。

意林

中論六卷，徐偉長作，任氏注。

舊唐書經籍志　丙部子録　儒家類

徐氏中論六卷，徐幹撰。

新唐書藝文志　丙部子録　儒家類

徐氏中論六卷，徐幹。

崇文總目　儒家類

中論六卷。

宋史藝文志　子類　雜家類

徐幹中論十卷。

通志藝文略　諸子類　儒術

中論六卷，魏徐幹撰。徐氏中論六卷，魏太子文學徐幹撰。

遂初堂書目 儒家類

魏徐幹中論。

郡齋讀書志 子部 儒家類

中論二卷。右後漢徐幹所撰。幹，鄴下七子之一人也，仕魏王國文學。建安之間，嫉詞人美麗之文不能敷散道教，故著中論二十餘篇。辭義典雅，當世嘉之。此本無復三年、制役二篇。

直齋書録解題 儒家類

中論二卷，漢五官將文學北海徐幹偉長撰。唐志六卷，今本二十篇。有序而無名氏，蓋同時人所作。案貞觀政要，太宗嘗稱見幹中論復三年喪篇，宋時館閣本已闕。又魏志，文帝稱幹著中論二十餘篇，則知二十篇非全書也。

文獻通考經籍考 子 儒家

中論二篇（治按篇，疑作卷）。鼂氏曰：後漢徐幹偉長撰。幹，鄴下七子之一也。曾子固嘗序其書，略曰「始見館閣中論二十篇，以爲盡於此。及觀貞觀政要，太宗稱嘗見幹中論復三年喪篇，而今書闕此篇。因考之魏志，見文帝稱幹著中論二十餘篇，於是知館閣本非全書也。幹篤行體道，不躭世榮。魏太祖特旌命之，辭疾不就。後以爲上艾長，又以疾不行。蓋漢承秦滅學之後，百氏雜家與聖人之道並傳，學者罕能自得於治心養性之方、去就語默之際，況於魏之濁世哉。幹獨能考論六藝，其所得於內，又能信而充之，逡巡濁世，有去就顯晦之大節，可不謂賢乎？今此本亦止二十篇，中分爲上下兩卷。按崇文總目七卷（治按七，疑作六），不知何人合之。李獻民云別本有復三年、制役二篇，乃知子固時尚未亡，特不見之爾（治按此全引晁氏説，文較四庫本郡齋讀書志所載爲詳，故並録之）。

四庫全書總目提要

臣等謹案中論二卷，漢徐幹撰。幹字偉長，北海劇人。建安中爲司空軍謀祭酒掾屬、五官將文學，事蹟附見魏志王粲傳，故相沿稱爲魏人。然幹歿後三四年魏乃受禪，不得遽以帝統予魏。陳壽作史，託始曹操稱爲太祖，遂併其僚屬均入魏志，非其實也。是書隋唐志皆作六卷。隋志又注云梁目一卷。崇文總目亦作六卷，而晁公武讀書志、陳振孫書録解題並作二卷，與今本合，則宋人所併矣。書凡二十篇，大都闡發義理，原本經訓，而歸之於聖賢之道，故前史皆列之儒家。曾鞏校書序云：「始見館閣中論二十篇，及觀貞觀政要，太宗稱嘗見幹中論復三年喪篇，今書獨闕。又臣考之魏志，文帝稱幹著中論二十餘篇，乃知館閣本非全書。」而晁公武又稱李獻民所見別本實有復三年、制役二篇。李獻民者，李淑之字，嘗撰邯鄲書目者也（治按指邯鄲圖書志），是其書在宋仁宗時尚未盡殘闕。鞏特據館閣不全本著之於録，相沿既久，所謂別本者不可復見，於是二篇遂佚不存。又書前有原序一篇，不題名字，陳振孫以爲幹同時人所作。今驗其文，頗類漢人體格，似振孫所言爲不誣。惟魏志稱幹卒於建安二十二年，而序乃作於二十三年二月，與史頗異，傳寫必有一訛，今亦莫考其孰是矣。乾隆四十六年九月恭校上。

附録二 雜録

始文帝爲五官將，及平原侯植皆好文學。粲與北海徐幹字偉長、廣陵陳琳字孔璋、陳留阮瑀字元瑜、汝南應瑒字德璉、東平劉楨字公幹並見友善。幹爲司空軍謀祭酒掾屬、五官將文學。

幹、琳、瑒、楨二十二年卒。（以上並見三國志魏書王粲傳）

昔年疾疫，親故多離其災（治按離同罹），徐、陳、應、劉一時俱逝，痛何可言邪！

偉長獨懷文抱質，恬淡寡欲，有箕山之志，可謂彬彬君子矣。著中論二十餘篇，辭義典雅，足傳于後，此子爲不朽矣。（以上並見王粲傳裴松之注引魏略載建安二十三年曹丕與元城令

吴質書）

唯幹著論，成一家言。（文選魏文帝典論論文）

初，徐幹、劉楨、應瑒、阮瑀、陳琳、王粲等與質並見友於太子，二十二年魏大疫，諸人多死。（文選與吴質書李善注引典略）

徐幹字偉長，北海人。太祖召以爲軍謀祭酒，轉太子文學。以道德見稱，著書二十篇，號曰中論。（同上李善注引文章志）

幹清玄體道，六行脩備，聰識洽聞，操翰成章，輕官忽禄，不耽世榮。建安中，太祖特加旌命，以疾休息。後除上艾長，又以疾不行。（三國志魏書王粲傳裴松之注引先賢行狀）

北海徐偉長，不治名高，不求苟得，澹然自守，惟道是務。其有所是非，則託古人以見其意，當時無所褒貶，吾敬之重之，願兒子師之。（三國志魏書王昶傳載昶戒子弟書）

貞觀十七年，太宗謂侍臣曰：「人情之至痛者，莫過乎喪親也。故孔子云：『三年之喪，天下之通喪，自天子達於庶人也。』又曰：『何必高宗，古之人皆然。』近代帝王遂行不逮，漢文以日易月之制，甚乖於禮典。朕昨見徐幹中論復三年喪篇，義理甚深，恨不早見此書。（貞觀政要卷六）

予讀徐幹中論，至考僞、遣交二篇，釋然而笑曰：前篇蓋詆郭林宗之徒周行郡國，訓掖後學；後篇蓋詆徐孺子之徒遊學四方，千里會葬者也。然以諸賢皆前世所重，故但歷述其行，而不敢正出其名。且言是人之生也，人抃手而贊之，揚聲而和之；及其死也，又論其遺烈，而恨己不逮，則其爲林宗諸人明矣。其終篇以爲此皆聖人之所禁，春秋之所誅，奸亂盜賊之人也。嗟夫！士生末世，爲富貴所誘，禍難所迫，雖博聞自好之士，其所議論悖謬至此，況餘人乎？幹雅爲魏氏父子兄弟所敬，想見當時人士講說大率類此。故魏氏之興，卒變節義而爲通人，則幹之所願亦已行矣。予于是知東都黨錮之後，漢祚未亡之時，學者又有此一等訛名毁學、虧節壞教之議論也。其後何晏、夏侯玄、嵇康、吕安之徒相繼誅死，雖才識器度優劣不同，然大要皆建立名行，表覈清濁，正幹等議論之所不赦也。略而言之，互有長短，諸人所爲誠新國之所不便，如幹等所言，亦豈舊君之所便也哉。（宋項安世項氏家説卷下讀徐幹中論）

應劭風俗通義，劭之辨訛正俗，據經守理，賢于徐幹遠矣。至論漢之人物，則意與幹同，以韓稜陰助太守爲當禁錮終身，以皇甫規上書入黨爲當伏大辟，至謂范滂、杜密、徐穉、郅惲皆爲罪人。大抵文士争名，自古而然。辯博文雅之人，自以爲當世師表，而海内之士乃皆尊名節如水赴壑，心所不平，固應出此。曾不思使已得志，盡逮名士，論以大辟，則曹節、王甫何其幸哉。誅名士以助宦官，爲後世之龜鑑則有之矣，未見其可爲當世之師表也。士君子之用心，可不謹哉。（同上應劭）

南豐曾氏序曰（治按序文見前，此略）。西山真氏曰：「幹中論二十篇，文選以其澹泊無華，皆不之取，故世不復知有此書。」今取而讀之，信乎如曾氏之評也。（宋陳仁子文選補遺卷二十二）

韓退之原道有曰「道與德爲虛位」，或者往往病之，謂退之此語似入於佛老。僕謂不然。退之之意，蓋有所自，其殆祖後漢徐幹中論乎？幹有虛道一篇，亦曰「人之爲德，其猶虛器與？器虛則物注，滿則止焉，故君子常虛其心而受之」。退之所謂虛位，即幹所謂虛器也。言雖異，而意則一。（宋王楙野客叢書卷十七原道中語）

四科者，夫子言陳、蔡一時所從之徒，非謂七十二弟子之中止有此十人而已。後人錯認夫子之意，遂以四科之人目爲十哲，而學宮之中塐坐於夫子殿上，其餘弟子則繪立於兩廡之下，雖曾參之賢亦不預殿上之列，謂參非十哲之數也。至於州縣，每歲春秋釋奠，亦以此爲升降之等，失夫子之意甚矣。考其制，自唐已然，承襲至今，而莫之革也。僕又推而上之，觀東漢末徐幹中論有曰「人之行莫大於孝，莫顯於清，曾參之孝、原憲之清不得與遊、夏列四行之科者，以其才不如也」，則知此說自漢已然，不止於唐也。（同上卷十八孔門十哲）

徐幹字偉長，北海人也。聰識洽聞，操翰成章，篤行體道，委謝榮寵。曹操特加旌命，辟爲司空軍謀祭酒掾屬，轉五官將丕文學，輒告休假，除上艾長，復稱疾不行，以著述自娛。（元郝經續後漢書高士列傳）

徐偉長於七子中不甚錚錚，其所著玄猿、漏巵、扇、橘諸賦，見推於曹子桓者，今多不之見，而獨中論十一篇（治按十一篇，疑誤），即子桓所稱成一家言者。東漢之季，其文氣最爲緩弱不流暢，然頗樸而近於理，如幹中論是也。視學已自近裏（治按視，疑治。此指治學篇），法象猶足禔身。然此二者非孟德之所急。考僞一章所條爲名之弊凡數，總而斥之曰盜。夫斥之曰盜，誠惡之也，然而孟德倡之也。孟德倡之而偉長斥之，子桓以爲稱而不之覺。嗚呼，其真不之覺邪？將不滿於孟德邪？（明王世貞讀書後卷二讀徐幹中論）

徐偉長曰：「鄙儒之博學也，務於名物，詳於器械，矜於古訓，摘其章句，而不能統其大義，以獲先王之心，此何異女史誦詩、内豎傳令？」今之學史、漢者大都然哉。（明馮時可雨航雜録上）

幹之中論可稱論篤，當繁響嘈雜之際，而獨朱絃疏越也，寧諧衆耳哉？然其志則顯矣。陳思王稱其「懷文抱質，恬澹寡欲」（治按「懷文抱質」二句，乃曹丕語，馮氏蓋誤記爲曹植語），亦可驗於斯。（同上）

李善文選注引文章志云「太祖召幹以爲軍謀祭酒，轉太子文學，以道德見稱」，則與文帝「箕山」之云不合，當以先賢行狀爲正。（清何焯義門讀書記卷四十一）

魏文帝與吴質書「而偉長獨懷文抱質」至「此子爲不朽矣」，先賢行狀稱「幹篤行體道，不耽世榮，魏太祖特旌命之，辭疾不就，後以爲上艾長，又以疾不行」，與「箕山」之云爲合。若文章志之云，則幹嘗出而仕矣。且文帝言其著中論二十餘篇，而文章志止言二十篇，皆不足據。七子之文，獨推中論，可謂知輕重。（同上卷四十九）

洪範「五福」首壽，偉長中論中有説，一係得之于天者，一係得之于王澤者。得

之王澤，是帝王養育出來的。此段議論極好。子書自法言、中説之外，如中論、申鑒盡有好語。（清李光地榕村語録卷二十）

徐偉長中論有一段論行不及知處（治按見本書智行篇），不爲無理。若看得透，便大概不錯。明代士大夫如黄石齋輩，煉出一股不怕死風氣，名節果厲。第其批鱗捋鬚、九死不迴者，都不能將所争之事于君國果否有益盤算箇明白，大概都是意見意氣上相競耳。行有餘而知不足，其病卻大。（同上卷二十二）

曾子固中論目録序謂「幹能考六藝，推仲尼、孟軻之旨」，予謂幹之文非但其理不駁，其氣亦雍容静穆，非有養不能至者。（清劉熙載藝概文概）

徐幹中論説道理俱正而實。審大臣篇極推荀卿而不取遊説之士，考僞篇以求名爲聖人之至禁，其指概可見矣。魏文稱其「含文抱質，恬淡寡欲，有箕山之志」，蓋爲得之。然偉長豈以是言增重哉？（同上）

附録四　中論各篇内容提要

中論各篇，内容可粗略劃分爲兩大類，治學、法象、修本、虚道、貴驗、貴言、藝紀、覈辯、智行、爵禄、考僞、譴交、夭壽都是直接或間接與修身處世有關；務本、審大臣、慎所從、亡國、賞罰、民數、曆數及佚篇一（制役）、佚篇二（復三年喪）都是直接或間接與治國爲政有關。現將各篇的内容分别作提要，供讀者參考。至於對徐幹思想的深入分析與評判，以及這種思想的産生與他身世和所處歷史背景的關聯，則有待讀者閲讀原書後進一步研究。

關於修身處世之道，自然以學爲始，所以中論第一篇即爲治學。徐幹開篇就説：「昔之君子成德立行，身没而名不朽，其故何哉？學也。」又説：「學猶飾也，器不飾則無以爲美觀，人不學則無以有懿德。」認爲君子道德品行有所成就，身死名不朽，就靠學習。人學習了才有美德，就像器物裝飾了才美觀。他打了個比方：「譬如實在於玄室，有所求而不見。白日照焉，則羣物斯辯矣（按辯通辨）。學者，心之白日也。」是説寶物在暗室中，人找不到，太陽一照，各種東西都看清了。學習對於人，就像心中的太陽。這是比喻人不學習則心不開竅，學習了才心明事理，所以他把學習比作「心之白日」。他説：「故學者，求習道也。」學的目的是研習道。這個「道」，指儒家的一整套思想体系及行爲規範。所以他説：「故六籍者，羣聖相因之書也。其人雖亡，其道猶存。今之學者勤心以取之，亦足以到昭明而成博達矣。」所謂「六籍」，就是儒家易、詩、書、春秋、禮、樂六部經典（後人考證：禮經指儀禮；樂經已佚，但詩入樂，是可配樂唱的，故樂經即在其中）。他認爲這是歷代聖人前後相承的經典，人雖亡而道仍存，學者用心從中領會其道，足以造就美德，成爲博學通達之人。但學習首先要立志，他説：「學者不患才之不贍（按不贍，不足），而患志之不立。是以爲之者億兆，而成之者無幾。故君子必立其志。」不計其數的人在學習，而學有所成的没有幾個，關鍵不在學習的才能不足，就怕没有志向。他是很看重立志的，説：「志者，學之師也；才者，學之徒也。」這裏，「師」與「徒」比喻引導與相隨的主從關係，有了志向，才能引導才能用在學習上。有志，就意味着勤學，所以説：

「故君子之於學也，其不懈猶上天之動，猶日月之行，終身亹亹，没而後已。」君子學習，就像天體、日月運轉不息，終身勤勉，死而後已。但儘管如此，這裏有個大講究，就是他上面説的「故學者，求習道也」。讀書所學的是「道」，而不是一頭埋進文字典故的鑽研中，忘了真正該領會的道理。他説：「凡學者，大義爲先，物名爲後，大義舉而物名從之。然鄙儒之博學也，務於物名，詳於器械，矜於詁訓，摘其章句，而不能統其大義之所極，以獲先王之心。此無異乎女史誦詩、内豎傳令也。」意思是，凡讀書學習，以明白大義要旨爲先，考辨各種事物爲後，能稱説大義要旨了，再去考辨事物。然而鄙陋的儒者之所謂博學，乃務求考辨各種事物，詳究器械形制，講究推討字義，摘取利用文句，而不能總結大義要旨所在，以獲得先王聖賢的思想。這無異於陪伴王后的女官背詩、宫裏的小臣傳令（即但知背誦學舌而已）。學習必須擇良師而從，不能以那些「鄙儒」爲師，因爲那些人「使學者勞思慮而不知道，費日月而無成功」。所以徐幹最後説：「故君子必擇師焉。」

上面説的「鄙儒」，徐幹對其深感痛恨，爲此專門寫了考僞篇，把他們斥之爲「惑世盗名之徒」，説他們「假先王之遺訓以緣飾之，文同而實違，貌合而情遠，自謂得聖人之真也。各兼説特論，誣謡一世之人，誘以僞成之名，懼以虚至之謗，使人憧憧乎得亡（按得亡即得失），惙惙而不定，喪其故性而不自知其迷也，咸相與祖述其業而寵狎之」。意思是，這些「鄙儒」們依託先王的遺教裝飾自己，言辭相同而實際與之相背，貌似相合而心思與之相違，卻自稱是聖人的嫡傳。他們或異口同聲，或獨自倡議，欺騙舉世之人，以虚假的名譽誘惑那些跟隨他們的人，用不實之誹謗恐嚇那些不從他們的人，弄得人們徘徊於是非利弊之間，心思不定，喪失了本性而不知自己已迷惑，共相效法「鄙儒」之作爲，並愛好熟悉這種行爲。他分析這些「鄙儒」的作爲，説他們「勤遠以自旌，託之乎疾固；廣求以合衆，託之乎仁愛；枉直以取舉（按舉，通譽），託之乎隨時；屈道以弭謗，託之乎畏愛；多識流俗之故（按故同詁），麤誦詩書之文，託之乎博文；飾非而言好，無倫而辭察，託之乎通理；居必人才，遊必帝都，託之乎觀風，然而好變易姓名，求之難獲，託之乎能静；卑屈其體，輯柔其顔（按輯柔，承順），託之乎熅恭（按熅同温），然而時有距絶，擊斷嚴厲，託之乎獨立；獎育童蒙（按童蒙，此處指愚昧），訓之以己術，託之乎勤誨；金玉自待，以神其言，託之乎説道，其大抵也」。意思是，好高騖遠以自我炫耀，而借口説是嫌惡淺陋；廣爲求友以結交大衆，而借口説是要仁慈愛人；違背正道以沽名釣譽，而借口説是順應時俗；歪曲道理以制止非議，而借口説是要敬愛賢長；多知世俗之淺陋經解，粗略誦讀詩書經典，而借口説是博學於文；巧言以粉飾錯誤，善辯而不順道理，而借口説是要明達曉事；以觀察民俗爲借口，居地必求人才羣集，遊覽必往京城大邑，然而又以清静避世爲託詞，故意改名易姓，假裝讓人找不到自己；以待人恭遜温和爲借口，卑躬屈膝，柔顔媚色，然而又以獨立不同俗爲託詞，時時拒人於外，專斷不容情；以勤於教誨爲借口，扶植愚昧無知的人，用自己那套訓導他們；以傳道説教爲借口，自視身份尊貴，使人珍重己言，其人行爲大致如此。在徐幹眼裏，這些「鄙儒」就是披着先王遺教的外衣，打着聖人嫡傳的幌子，卻口是心非、詐騙謀私的「惑世盗名之徒」。上面的描述，可謂刻畫其人無餘。徐幹認爲，這些「鄙儒」的作爲，對於社會是一種「内關之疾」，即人體内要害處的疾病。他説：「非有痛癢煩苛於身，情志慧然（按慧然，爽朗），不覺疾之已深也，然而期日既至，則血氣暴竭。」意思是，患了這種病，平時身體没有痛癢不適來干擾，情緒、精神清醒爽朗，不覺得病已深重，時候一到，血氣突然枯竭而亡。比喻人們没有察覺這些騙人之術，沉迷其中，時間久了則深受其害而不能自拔。

針對那些「鄙儒」的「廣求以合衆」、「居必人才，遊必帝都」之交遊風氣，徐幹寫了譴交篇，可與考僞篇互相補充。實際説來，後漢後期尤其桓帝、靈帝之世，國政衰敗，權操宦官之手，士大夫們羞與政權爲伍，出於激憤而共起抨擊時政與當權，即所謂「清議」，由此興起交遊結黨之風氣，可參看後漢書黨錮列傳。清議與交遊結黨本非不良風氣，它是没落社會的産物，因爲政治的腐敗，必然造成人們懷疑政權以及維護此政權之思想體系，甚至産生叛逆思想。但是隨着風氣的蔓延，越來越多的人懷着各種目的捲入其中，弊端由之而生。曹操爲了專權施政和征伐各方割據勢力，需要謀略之士，下令廣爲招攬人才，包括那些不守規矩而品行有缺陷的人，甚至「負汙辱之名（按負，背負），見笑之行（按見笑，被人恥笑），或不仁不孝，而有治國用兵之術」的人也在舉用之列（見三國志魏書武帝紀裴松之注引王沈魏書載曹操令）。這使得許多謀私的人，包括官府官員，都乘着這股交遊風氣上下交接，拉幫結派，以釣弋名利，冀幸被拔用。後來魏明帝太和四年，司徒董昭上疏陳述清議末流之弊，說：「竊見當今年少不復以學問爲本專，更以交遊爲業（按更，改變）；國士不以孝悌清修爲首，乃以趨勢遊利爲先（按遊利，趨利）。合黨連羣，互相褒歎（按褒歎，褒美），以毀訾爲罰戮（按謂以誹謗攻擊異己者），用黨譽爲爵賞（按謂同黨稱譽以獎許同己者），附己者則歎之盈言（按歎之盈言，謂滿口讚美之辭），不附者則爲作瑕釁（按爲作瑕釁，謂挑剔毛病以攻訐之）。」（見三國志魏志董昭傳）這和徐幹所説的何其相似！魏初的這種風氣正是沿由後漢而來的。譴交篇批評的也是針對交遊結黨風氣所滋生的這些弊端。徐幹在譴交篇中説：衰世「取士不由於鄉黨，考行不本於閥閲，多助者爲賢才，寡助者爲不肖，序爵聽無證之論，班禄采方國之謡。民見其如此者，知富貴可以從衆爲也，知名譽可以虚譁獲也。乃離其父兄，去其邑里，不脩道藝，不治德行，講偶時之説，結比周之黨，汲汲皇皇，無日以處，更相歎揚，迭爲表裏，檮杌生華（按檮杌，指無德小人），憔悴布衣，以欺人主惑宰相、竊選舉盗榮寵者，不可勝數也」。意思是，衰亂之世，取士不經由鄉里推薦，考察行爲不根據本人業績，結交廣而得助的就是賢才，少結交而寡助的便是不肖，授予官爵聽從無證據的議論，制定俸禄採納四方之謡傳。百姓看到如此，知道富貴可通過上面的人順從衆意來謀取，名譽可通過上面的人聽取虚誇之言來獲得。於是别父兄，離鄉里，不研習學問六藝，不修治道德品行，專學迎合時俗之説，結交黨伍，急急忙忙，無一天安寧，彼此讚揚，互相依仗，致使無德小人光顯，平民君子憂抑，以此欺騙人主、宰相來竊取選拔、恩寵，這類人不可勝計。　非但如此，官場的大小官員也一樣，徐幹説：「自公卿大夫、州牧郡守，王事不恤，賓客爲務，冠蓋填門，儒服塞道，飢不暇餐，倦不獲已，殷殷沄沄，俾夜作晝；　下及小司、列城墨綬（按墨綬，指縣令），莫不相商以得人（按商通章，表彰），自矜以下士；　星言夙駕，送往迎來，亭傳常滿，吏卒傳問，炬火夜行，閽寺不閉；　把臂捩腕，扣天矢誓，推託恩好；　不較輕重，文書委於官曹，繫囚積於囹圄，而不遑省也。　詳察其爲也，非欲憂國恤民、謀道講德也，徒營己治私，求勢逐利而已。」意思是，自朝廷公卿大夫、地方州郡長官起，不憂慮國事，唯以款待賓客爲務，官員堵塞了大門，儒士擠滿了道路，忙得飢不暇食，倦不得息，人來人往，夜以繼日；　下至朝中辦事小官、地方各地縣令，無不相互吹捧以獲人心，皆以自己能禮賢下士而炫耀；　雨止即星夜駕車出訪，迎賓送客絡繹不絶，旅社住滿訪客，門房傳告賓來，打着火把趕夜路，大門不關而迎客；　相見則把臂握手以示親近，指天發誓以拉攏感情；　不區别公務與私交之輕重，文案堆積在官署，囚犯關滿於監獄，都無暇省理。細察這些大小官員的交遊作爲，非爲憂國憂民、問道論德，不過是經營一己之私、追逐勢利而已。徐幹説，這些人的作爲，乃至「懷丈夫之容，而襲婢妾之態，或奉貨而行賂以自固結，求志屬託，規圖仕進，然擲目指掌，高談大語。若此之類，言之猶可羞，而行之者不知耻」，意即徒有大丈夫之外表，卻仿效女婢之媚態，有的送錢財而行賂，以固結與權勢之交往，乞求得遂其願而通關節，圖謀仕途上的進取，然而又目動手揮，高談大論。如此之類，他人説起來也覺羞耻，而本人做起來卻不知耻。他感嘆道：「嗟乎！王教之敗（按王教，先王的教化），乃至於斯乎！」無名氏中論序説徐幹「未至弱冠（按弱冠，年二十），學五經悉載於口（按謂口能誦五經），博覽傳記，言則成章，操翰成文矣。此時靈帝之末年也。國典隳廢，冠族子弟結黨權門，交援求名（按交援，結交互援），競相尚爵號（按爵號，此處當指稱譽者所予封號）。君病俗迷昏（按謂疾惡時俗迷亂），遂閉户自守，不與之羣，以六籍娛心而已。」觀此，可知徐幹作考僞、譴交二篇的用意。

此外對於考僞篇中説的那些「飾非而言好，無倫而辭察」的「鄙儒」，徐幹還寫了覈辯篇，指出甚麽是辯論，以及辯論的目的何在。他説：「俗之所謂辯者，利口者也。彼利口者，苟美其聲氣，繁其辭令，如激風之至，如暴雨之集（按集，指降落），不論是非之性（按性，實質），不識曲直之理，期於不窮，務於必勝，以故淺識而好奇者見其如此也，固以爲辯。不知木訥而達道者，雖口屈而心不服也。」意思是，世俗所謂能辯論的人，是指那些巧言善説的人。那些巧言善説者，衹圖語調抑揚好聽，盛言侈談，勢如急風之至、暴雨之降，不論是非之實，不明曲直之理，必求説得滔滔不絶，務使争辯能勝人，那些見識短淺而好新奇的人見他如此，當然以爲善辯。不知那些不善説話而明白道理的人，口雖辭窮而心裏不服。爲甚麼不服？因爲辯論的目的是弄清道理，而不是花言巧語，玩弄詞藻，偷换概念，不顧事實地去蒙蔽人。他説：「夫辯者，求服人心也，非屈人口也。故辯之爲言別也，爲其善分別事類而明處之也（按爲通謂），非謂言辭切給而以陵蓋人也（按切給，犀利敏捷。陵蓋，壓制）。」辯論，是讓人心服，不是堵人嘴。所以「辯論」就是「分別」，是説善於分清事情的類別而明確處置，不是以犀利敏捷的言辭壓制人。所謂「分別事類而明處之」，就是不要把不同的事情混爲一談，是甚麼事就按甚麼事處置，丁是丁，卯是卯，不能指鹿爲馬，混淆是非。辯論既然要分清是非，就要讓別人講話。所以他説：辯論要「樂盡人之辭，善致人之志，使論者各盡得其願，而與之得解」。意思是，辯論要樂意讓人把話説完，要善於讓人把想法表達出來，使參與辯論者都能滿意，從而達成一致理解。他認爲：「君子之辯也，欲以明大道之中也（按中，中正不偏），是豈取一坐之勝哉？」君子的辯論，是要表明大道的中正之理，豈是逞口舌以取勝在座參與辯論之人呢？所謂「大道之正」，就是指天道公理。辯論的目的是要明理，以理服人，不是自己一個人説了算，所以讓人人盡言達意，是非曲直分明，才能理解一致。故徐幹認爲，君子對於辯論，是誰在理就聽誰的，不要區分理在自己或別人。他説：「人心之於是非也，如口於味也。口者，非以己之調膳則獨美，而與人調之則不美也。故君子之於道也，在彼猶在己也。苟得其中，則我心悦焉，何擇於彼（按擇，區別）？苟失其中，則我心不悦焉，何取於此？故其論也，遇人之是則止矣。遇人之是而猶不止，苟言苟辯，則小人也。雖美説，何異乎鵙之好鳴、鐸之喧譁哉？」意思是，人心對於是非，就像口對於味道。口不因爲是自己烹調食物就覺得味美，讓人烹調就不覺味美。所以君子對於道，理在別人就如同在自己一樣。如果別人的話在理，我心裏就喜悦，何必區分是別人説的？如果我不在理，自己心裏就不喜悦，何必要取自己的説法？所以辯論中，遇到别人有理就不再説下去，遇到别人有理還説個不停，苟且言説辯解，那就是小人了。就是説得再好聽，同白勞鳥叫個不停、大鈴鐺喧噪不止有甚麽區别呢？徐幹是説，君子唯道理是從，不管理是在人還是在我。

徐幹認爲，君子修身當注重儀表舉止，而儀表舉止正是内心涵養的體現。他在法象篇開頭就説：「夫法象立，所以爲君子。法象者，莫先乎正容貌，慎威儀。」所謂「法象」，是指合乎禮法的儀表。「法象」之首務，就是要端正容貌，注重儀表莊重。但這儀表舉止，不是在人前故作正經地假裝出來的，它是個人涵養的體現。所以他説：「夫容貌者，人之符表也。符表正故情性治（按故，這裏用同「固」，即本來就是、必定。下面幾個「故」義同），情性治故仁義存，仁義存故盛德著，盛德著故可以爲法象，斯謂之君子矣。」所謂「符表」，指能驗證人品的外表。「符表」端正，必然是品性和情感有修養；品性和情感有修養，必然是内心懷仁義；内心懷仁義，必然是品德高尚；品德高尚，必然是舉止合乎禮法而有「法象」，這樣的人就是君子。這話説的，也就是有其内必有其外的意思。他又説：「君子者，無尺土之封而萬民尊之，無刑罰之威而萬民畏之，無羽籥之樂而萬民樂之，無爵禄之賞而萬民懷之。其所以致之者，一也。」君子没有一尺土之封地而萬民尊敬他，没有刑罰之威勢而萬民敬畏他，没有奏樂舞蹈之張設而萬民喜歡他，没有爵禄之賞賜而萬民眷念他，能如此，皆因君子的儀表舉止合乎禮法。徐幹强調的是，發自内心涵養體現出來的外表，能令人起敬。他接着説：「若夫墮其威儀（按墮，通惰），怳其瞻視，忽其辭令，而望民之則我者，未之有也。莫之則者，則慢之者至矣。小人見慢而致怨乎人，患己之卑而不知其所以然，哀哉。」意思是，至於放鬆了儀表莊重，忽視了容貌言語，而希望民衆效法我，那是没有的事。民衆不效法我，那麽就有輕視我的人。見識短淺的小人被人看輕而埋怨别人，擔心自己低賤而不知所以如此之故，可悲啊。但既然「法象」源自修身養性，那麽君子就要重視獨處時的表現。他説：「人性之所簡也，存乎幽微；人情之所忽也，存乎孤獨。夫幽微者，顯之原也；孤獨者，見之端也（按見，同現），胡可簡也？胡可忽也？是故君子敬孤獨而慎幽微，雖在隱蔽，鬼神不得見其隙也。」大意是，人容易怠慢疏忽性情的地方，就在獨處隱匿時。須知那獨處無人見時，正是顯露自己的開端，怎麽能怠慢疏忽呢？所以君子在獨處隱蔽時要敬慎，雖在無人見的地方，鬼神也挑不出他的毛病。禮記中庸有這麽一段話：「莫見乎隱，莫顯乎微，故君子慎其獨也。」鄭玄注：「慎獨者，慎其閒居之所爲（按閒居，謂獨處不見人時）。小人於隱者，動作言語自以爲不見睹、不見聞（按謂小人在隱蔽處，自以爲舉止言行不被人看到聽到），則必肆盡其情也（按謂必然放縱性情）。若有佔聽之者（按佔聽，偷看偷听），是爲顯見甚於衆人之中爲之（按謂他於無人處所顯露的性情，比顯露於大庭廣衆之中更爲明顯）。」徐幹這裏講的，就是儒家修身養性之「慎獨」説。他還認爲，人注意不注意儀表舉止，不僅關係到別人對他是否敬重，甚至也關係到自己的禍福。徐幹在本篇中以古人往事爲例，説明「禍敗之由也，則有媟慢以爲階」，即禍敗的來由，就是因舉止輕率不莊重引起的。

在修本篇，徐幹認爲君子做人先要務本。所謂務本就是修身，自身先要遵從道理，從端正自己做起，積小致大，才能端正別人。正己是主要的本務，正人是次要的末務。他説：「人心莫不有理道（按理道即道理），至乎用之則異矣。或用乎己，或用乎人。用乎己者謂之務本，用乎人者謂之近末（按近，趨就）。君子之理也（按之，此處作「於」解，下「之」字同），先務其本，故德建而怨寡；小人之理也，先近其末，故理，有的自身按道理做就是趨就功廢而讐多。」意思是説，人心中都有道理，但做起來就不同了。有的自身按道理做，有的讓别人按道理做。自身按道理做就是先爲本務，讓别人按道理做就是末務。君子於道理，先用以務本正己，所以成就德行而少招怨；小人於道理，先用以趨末正人，所以事情不成而樹敵多。他説：「夫見人而不自見者謂之矇（按矇，失明），聞人而不自聞者謂之聵（按聵，耳聾），慮人而不自慮者謂之瞀（按瞀，昏昧）。」祇看到别人而看不到自己，祇聽别人如何而不聽别人説自己，祇思慮别人而不反省自己，這樣的人便是瞎子、聾子、愚心之人。所謂矇、聵、瞀，是説無自知之明，自己不修德，祇顧管别人。他説：「故君子修德，始乎笄丱（按笄丱，童子），終乎鮐背（按鮐背，老年），創乎夷原，成乎喬嶽。」君子修養德行，始自童幼，直至暮年，德行之建立，初如平地，終成山丘，是個不斷累積的過程。不過這並不是説君子祇須自我完善，别人如何於己不相干。但自己行爲端正才能端正别人，事情總有主次、遠近之分。他説：「身之與家，我之有也，治之誠易，而不肯爲也；人之與國，我所無也，治之誠難，而願之也。雖曰『吾有術，吾有術』，誰信之歟？」屬於自己的自身與家庭容易治理，尚不肯去做；不屬於自己的他人與國家難以治理，反願意去做，儘管説「我有辦法」，誰能相信？這種人就是捨本趨末，無自知之明。禮記大學說：「古之欲明明德於天下者（按明明德，彰明美德），先治其國；欲治其國者，先齊其家（按齊，整治）；欲齊其家者，先脩其身（按脩通修）。」是說由修身做起，而後治家、治國，由己而及人，由近而及遠，由輕而及重。徐幹的話也是這個意思。所以他説：「故知者舉甚輕之事以任天下之重，行甚邇之路以窮天下之遠（按邇，近）。故德彌高而基彌固（按彌，愈），勝彌衆而愛彌廣（按勝，擔負）。」明智的人從身邊輕易的事做起，直至能承擔天下之重任；通過走眼前近便的路，直至能達到天下之遠方。因此他的道德愈高尚而根基愈牢固，擔負的愈多而所施仁愛愈廣。所謂「甚輕之事」、「甚邇之路」，就是上面説的「身之與家，我之有也，治之誠易」，指修身正己，從身邊做起。但道理雖説如此，實際問題是，在後漢末期那個亂世，修身爲善的果然有好報，不修身爲惡的果然得惡報嗎？這個，怕是徐幹自己也以爲未必然。他在本篇中假設有人對此提問來回答，説：「世之治也，行善者獲福，爲惡者得禍。及其亂也，行善者不獲福，爲惡者不得禍，變數也。知者不以變數疑常道，故循福之所自來，防禍之所由至也。遇不遇，非我也，其時也。夫施吉報凶謂之命，施凶報吉謂之幸，守其所志而已矣。」所謂「變數」，即世道不合常理。生當亂世，也祇能面對行善不獲福、爲惡不得禍的「變數」。所以，行善遇不遇福，不由自己，乃在所處之時世。徐幹的回答，不過是説，不論時世如何，明智的人不會因「變數」而懷疑常道，自己遵循獲福的正理，禁防啓禍之端，堅持修身爲善的志向而已。至於結果「施吉報凶」，那也祇能認亂世之「命」，總之不求「施凶報吉」之僥幸。當然，這話説在後漢末期，祇有但求自己無過的「君子」們首肯，而對「小人」們是没有説服力的。

在虛道篇中，徐幹以爲君子修身不僅是增進德行，更要改正錯誤、去掉惡習。興善與除惡相輔相成，缺一不可。他説：「故君子之相求也（按相求，互相要求），非特興善也，將以攻惡也（按攻，除掉）。惡不廢則善不興，自然之道也。」又説：「故夫才敏過人，未足貴也；博辯過人，未足貴也；勇決過人，未足貴也。君子之所貴者，遷善懼其不及，改惡恐其有餘。」世上無完人，没人十全十美，你的才智、機辯、勇氣過人，並不值得可貴。君子看重的，是學習他人之長唯恐不及，改正自己的錯唯恐不徹底，以此來不斷完善自己。要「遷善」和「改惡」，祇有謙虛才能做到。所以説：「故君子常虛其心志，恭其容貌，不以逸羣之才加乎衆人之上，視彼猶賢，自視猶不足也，故人願告之而不厭，誨之而不倦。」心懷謙虛，對人恭敬，不以自己出衆的才能淩駕衆人之上，看别人猶如勝過自己，看自己猶如不及别人，那麽别人才會不厭其煩地樂意告知、教導自己。所謂「視彼猶賢，自視猶不足也」，就是能看到别人的長處和自己的短處。這還是指有「逸羣之才」的人説的，那麽對没有出衆才能的人就不用説了，自然更要做到「謙」和「恭」才能受益於人。話是這麽説，做起來不容易。他説：「先民有言（按先民，前人），人之所難者二，樂攻其惡者難，以惡告人者難。」意謂古人説，人難做到的事有二，自己能樂意改正過錯很難，能忠告别人有過錯要改也很難。總之不論自己還是别人，樂意認錯改正都難。因爲這不僅看自己有無立志向善的决心，能否做到謙虛而有自知之明，而且還牽涉到自己與周邊關係的利益問題，尤其對地位高的人來説，更是如此。徐幹以西周時衛國國君衛武公爲例，説他年至九十五歲，還想着能聽到别人教誨開導自己，讓朝中大小羣臣不要因自己年邁而放棄告誡自己。然而那些愚昧的君主則相反，「以爲己既仁矣，智矣，神矣，明矣，兼此四者，何求乎衆人？是以辜罪昭著，腥德發聞，百姓傷心，鬼神怨痛。曾不自聞，愈休如也（按休，愉悦）。若有告之者，則曰：『斯事也，徒生乎子心，出乎子口！』於是刑焉，戮焉，辱焉，禍焉。不能免，則曰：『與我異德故也，未達我道故也，又安足責』」？即他們自以爲已經仁智神明了，無求於人，所以即便罪惡昭著，劣跡彰聞，百姓傷心，鬼神怨恨，自己也不聞不問，得意洋洋。如果有人忠告他們，則説：「這種事是你心裏無中生有，不過是由你嘴巴説説而已！」於是對忠告者施加刑殺，禍害其人。結果自己不能免責，便道：「是他不能與我同心同德，不明白我的道理，又怎麼能怪我？」這樣的人，徐幹説就是「是已之非，遂初之繆（按繆同謬）」，即以自己的錯爲對，順着原先的錯道走下去。其實，對此徐幹除了説他們最終「至於身危國亡，可痛矣夫」之外，也拿不出辦法來。

徐幹在貴驗篇談到事情重在有驗證，不計較虚言，以及怎麼對待人們批評議論自己。他開篇就説：「事莫貴乎有驗，言莫棄乎無徵。言之未有益也，不言未有損也。」事情沒有比可以驗證的更重要，言論沒有比無證據的更可廢棄。説了無益處的話，不説也沒有損失。他以水冷、火熱、金石堅硬爲例，説它們都不説話，但沒有人不知道它們的冷、熱、堅硬，因爲它們自身就是憑信。他説：「使吾所行之信若彼數物，而誰其疑我哉。今不信吾所行，而怨人之不信己，猶教人執鬼縛魅，而怨人之不得也，惑亦甚矣。」即如果自己的行爲有信，就像水、火、金石一樣，還有誰會懷疑我。如今不使自己行爲取信於人，卻埋怨别人不信自己，好比讓人捉鬼擒怪，而怨人捉不到鬼怪，也太過糊塗。自己言行不一而無信，硬要讓人相信自己，就等於要人相信不存在的事，這豈非同讓人捉拿虚無的鬼怪一樣嗎？徐幹這個比喻，説得很形象。他接着引孔子的話説：「孔子曰：『欲人之信己也，則微言而篤行之。』篤行之則用日久，用日久則事著明，事著明則有目者莫不見也，有耳者莫不聞也，其可誣哉（按其，猶「豈」）！故根深而枝葉茂，行久而名譽遠。」意思是，孔子説：「要人信自己，就少説話專心做事。」專心做事就能歷時持久，歷時持久事就明顯，事明顯則有耳目的没有看不到、聽不見的，怎麽會被誣衊呢！所以，做得持久名聲才能遠揚，好比根深自然枝葉茂盛。他還引子思（孔子孫）的話：「同言而信，信在言前也；同令而化（按化，跟隨），化在令外也。」意思是，彼此説同樣的話，人們信那人而不信這人，因爲説話之前人們已信任那人；彼此下同樣的命令，人們跟從那人而不跟從這人，因爲所以跟從的原因不在命令本身。也就是説，即使同樣的話和命令，人們也相信和跟從他們平時所信任的人。那麽人們信任的，是你平素的作爲，而不在於你怎麽説。徐幹在虚道篇説過：「人無賢愚，見善則譽之，見惡則謗之。此人情也，未必有私愛也，未必有私憎也。」所謂「謗」，指非議、指責，不是誣衊的意思。看到好的就讚揚，看到壞的就指責，人之常情就是這樣，不是私下有所偏愛偏憎。在本篇中他進一步説：「謗言也，皆緣類而作，倚事而興，加其似者也。」意思是，非議都是隨着類似情況而起，依據事情而發生，加於與之相似的實情上的。這也就是説，之所以有非議，都是由於事情本身有可指責的地方。他舉華山、泰山與長江、漢水爲例，説誰會説華山、泰山不高，長江、漢水不長呢？君子修德，進步不止，就如山之高、水之長，何必怕非議加到自己身上呢。所以對於非議，「怨人之謂壅，怨己之謂通。通也知所悔，壅也遂所誤（按遂，順）」。怨人就是自我蒙蔽，怨己就是自己想通了。能想通才知悔過，自我蒙蔽就順着錯路走到底。他分析道：「人情也，莫不惡謗，而卒不免乎謗，其故何也？非愛智力而不已之也，已之之術反也。謗之爲名也，逃之而愈至，距之而愈來，訟之而愈多。明乎此，則君子不足爲也；闇乎此，則小人不足得也。」意思是，就人的感情説，没有人不厭惡非議，而最終不能逃脱非議，是甚麽緣故？這並非自己捨不得費心智力氣去止息非議，而是止息的辦法適得其反。非議這東西，就是你越想逃避而它越跟着你，越要抵制而它越隨着你，越是争辯而它越多。明白这个道理，君子對非議就不值得去逃避、抵制、争辯；小人愚昧不明此理，就不能止息非議。如徐幹上面所説，非議「皆緣類而作，倚事而興」，既然事情本身有可指責的地方，怎能阻止別人議論你？止息非議的辦法就是自己悔過改正，即徐幹所謂「怨己之謂通。通也知所悔」。否則，越是想法子抵制、掩飾、争辯、反駁，就越難免如俗話所説的「越描越黑」，結果適得其反，自欺欺人而已。徐幹舉例説，古代賢明帝王舜和禹每每反省過錯，聽到忠告就拜謝；而周厲王和魯國大將吴起卻把非議自己的人都殺了，終遭反報。似乎對於地位高的人，徐幹尤其提醒他們怎麽對待非議。

前漢時，揚雄的法言説：「故言，心聲也。」人説話本來就是發自内心的聲音、出乎自然的。但人畢竟生存於社會，處境不同，經歷不同，想法不同，感受和認識自然有差異，不是每個人的「心聲」都會被別人理解，在某种情況下，甚至「言出禍從」。所以徐幹在貴言篇中認爲，君子要重視自己的言論，説話慎重，有針對性。有些道理對人説了也不被理解，反遭誤會，以至被人看輕自己，則不如不説的好。他説：

「故君子非其人則弗與之言，若與之言，必以其方。」君子對於不該和他說的人就不說，如果和人說，必須根據類别。他舉例説：「農夫則以稼穡，百工則以技巧，商賈則以貴賤，府、史則以官守（按謂與衙門當差的則談公務職守），大夫及士則以法制（按謂與朝廷命官則談國家法度），儒生則以學業。」但這不意味着無原則地看人説話，他説：「若夫父慈子孝，姑愛婦順（按姑、婦，婆、媳），兄友弟恭（按友，愛），夫敬妻聽，朋友必信，師長必教，有司日月慮知乎州閭矣（按慮，謀慮。知，告知。州閭，這裏泛指地方的百姓），雖庸人，則亦循循然與之言此可也，過此而往則不可也。」有關父子、婆媳、兄弟、夫妻、朋友、師長等人倫常理，地方官日日月月都想着告知老百姓，所以即便是平常的人也可以循循有序地同他們談這些道理，超過這些的更深道理就不可説了。爲甚麽不可説呢？因爲關係到理解能力和接受程度。所以他説：「故君子之與人言也，使辭足以達其知慮之所至，事足以合其性情之所安，弗過其任而强牽制也。苟過其任而强牽制，則將昏瞀委滯（按昏瞀委滯，迷惑不解），而遂疑君子欺我也，不則曰：『無聞知矣。』非故也，明偏而示之以幽，弗能照也；聽寡而告之以微，弗能察也。斯所資於造化者也，雖曰無訟，其如之何？」大意是，君子和人談論，説話要讓人家有能力聽得懂，論事要符合人家性情樂意聽，不要超過別人能聽懂的而强迫他聽。如果超過別人能聽懂的而强迫他聽，則會迷惑不解，而懷疑君子在騙自己，要不就回答：「我没聽過有這麽説的。」别人也不是故意如此，他明白有限而曉示他深奥的東西，自然就不明白；他見聞寡少而告訴他精微的道理，自然就不能懂。這是天資禀性如此，他就是不和君子争，君子也奈何不了他。生於後漢末世的徐幹，説這樣的話不是小覷别人、自視高明，而是作爲一個亂世中的「理論家」，一個道德敗壞、信仰空虚之社會中的「理想主義者」，感受到了屈原説的「舉世皆濁我獨清，衆人皆醉我獨醒」（楚辭漁父）那種孤獨感。他引孔子的話：「可與言而不與之言，失人；不可與言而與之言，失言。知者不失人，亦不失言。」所以他認爲君子當珍重言論，就是有「夏后之璜，商湯之駟（按指夏禹王之寶玉，商湯王之駟馬寶車）」，也不交换。「今以施諸俗士，以爲志誣而弗貴聽也，不亦辱己而傷道乎？」把言論耗費在那些「俗士」身上，他們就以爲你在誣衊而不會認真聽，這豈不使自己受辱而傷害道義麽？那是自己「失言」了。但同時，他還希望「不失人」，就是不放過可以與之談論的人。他説：「是以君子將與人語大本之源而談性義之極者(按大本之源、性義之極，指爲人處世的根本道理)，必先度其心志，本其器量，視其鋭氣，察其墮衰(按墮通惰)，然後唱焉以觀其和，導焉以觀其隨。隨和之徵發乎音聲，形乎視聽，著乎顔色，動乎身體，然後可以發邇而步遠，功察而治微。於是乎闓張以致之(按闓，開)，因來以進之，審諭以明之，雜稱以廣之，立準以正之，疏煩以理之；疾而勿迫，徐而勿失，雜而勿結(按結，拘泥)，放而勿逸，欲其自得之也。」這段話説得很抽象，大意是是君子要和人談論根本的爲人處世之道，必須先衡量他的志向和才識，看他的上進心和是否懶散，然後自己開個頭而看他的反應。如果從他説話語氣、耳目專注、面容表情、舉止動作上都顯露出順應的跡象，那麽就可以由淺入深地開導，取得事半功倍的效果。於是引他進入話題，細加解釋使其明白，稱述各説以廣其見聞，建立準則以端正其觀念，疏通紛雜的問題以理順其思路；説話激切時不要逼迫人，説話徐緩時不要有所疏忽，多方綜述而不拘泥一端，暢談時不要放縱不羈，總之，要他自己體會而明白道理。這樣就「不失人」。反過來，如果不該同他談論的硬要談，就是無知人之明。他談到與「俗士」議論的情形，説：「俗士之與達人言也，受之雖不肎(按肎同肯)，拒之則無説，然而有贊焉，有和焉(按和，應和），若將可寤（按寤同悟），卒至乎不可寤，是達人之所以乾脣竭聲而不舍也。」見識短淺的人和明理的人談話，雖不肯聽進去，要反對又説不出個道理來，然而有時忽又贊許幾句，應和幾聲，看上去似乎要明白了，最終還是不明白，所以弄得明理的人説得口乾舌燥、力竭聲嘶而不放棄。徐幹以爲這些「達人」就是昧於知人之明。他打比方説：「鶉鳥之性善近人，飛不峻也，不速也，蹲蹲然似若將可獲也（按蹲蹲然，飛舞貌），卒至乎不可獲，是孺子之所以蹶膝踠足而不以爲弊也（按蹶，破裂。踠，扭傷）。」是説鵪鶉性喜近人，飛得不高不快，輕飛翩翩，看似可捉，終於捉不到手，所以招惹童子弄得破膝扭足而不覺疲倦。無名氏中論序説徐幹疾惡時俗昏亂，閉門讀書，不同俗人交往，對「俗之毀譽有如浮雲」。若有覺而還反者（按反同返），則以道進之，忘其前之謗己也」。又説「或有頗識其真而從之者，君無不容而見之，厲以聲色（按厲通勵），度其情志，倡其言論，知可以道長者，則微而誘之，令益者不自」，是説他不在乎世俗對自己的非議，如果有非議者覺悟而回頭，就對他説道理，不計較前嫌。或有人知道他有真才而跟從他，則無不接納，以言語表情鼓勵他，度測他的意趣志向，啓發他議論，如知道他能接受道理而進步，就從細小處逐步誘導，使他受益於不知不覺中。觀此，可知貴言篇是徐幹説自己的切身體會。

後漢荀悦申鑒雜言下有一段問答：「或問：『聖人所以爲貴者，才乎？』曰：『合而用之，以才爲貴。分而行之，以行爲貴（按「以行」之「行」，謂德行）。舜禹之才而不爲邪，甚於亡矣（按甚，勝過。甚於亡，謂勝於無才。「亡」字原脱，今據文意補）；舜禹之仁，雖亡其才，不失爲良人哉。』」荀悦的意思是，才智之所以可貴，是因爲兼有德行，所以説「合而用之，以才爲貴」。才智與德行分開，那麽以德行爲貴，所以説「分而行之，以行爲貴」。荀悦舉例説，如有舜禹的才智而不幹壞事，那麽有才智就勝過無才智；如有舜禹的仁德，雖然没有他們的才智，也不失爲好人。這是標準的儒家理念，即德才兼備自然最好，否則寧取德不取才。孔子、孟子都以仁義爲重，仁義屬於德行範疇。徐幹的智行篇開頭也有一段問答：「或問曰：『士或明哲窮理，或志行純篤，二者不可兼，聖人將何取？』對曰：『其明哲乎。夫明哲之爲用也，乃能殷民阜利（按殷，富。阜，盛），使萬物無不盡其極者也（按盡其極，保全至終）。聖人之可及，非徒空行也，智也。』」有人問如果士人有明智而深通事理的，有志向德行純樸敦厚的，二者不可兼得，聖人取哪一個？徐幹的回答是：「應當取明智的吧。明智的作用，能讓百姓富裕多利，使萬物無不安然保全至終。能够達到聖人境界的，非但空有德行而已，而且具有才智。」他以上古伏羲、周文王創造和增廣八卦爲例，説他們「斯皆窮神知化，豈徒特行善而已乎」！即二人都能精研事物之奥妙，知曉其變化，豈是徒有美善的德行而已。就是説，聖人也要具備才智，不是僅僅有德行。對比來看，徐幹是視才智重於德行，和荀悦的儒家觀念正相反。但問題是，徐幹所看重的才智是指甚麽呢？在智行篇結尾，他説了一段話：「夫明哲之士者，威而不懾，困而能通，決嫌定疑，辨物居方（按居方，謂使各得其所宜），禳禍於忽杪，求福於未萌，見變事則達其機（按機，關鍵），得經事則循其常（按經，通常），巧言不能推（按推，變易），令色不能移，動作可觀則，出辭爲師表，比諸志行之士，不亦謬乎！」意思是，所謂明智之士，他們面臨威逼而不懼怕，處於困境而能顯達，能決斷嫌疑，分析事物使各得其宜，止禍於未顯現之時，求福於未萌生之際，見意外變故則明白關鍵所在而能處理，遇通常之事則能遵循常法而去施行，巧言不能變其心，媚態不能改其意，行爲可以被觀摩效法，言論可以作爲典範，拿這種明智之士與那些持守操行的人相比，豈不荒誕！徐幹認爲，明智有才之士，無論是平日還是處於非常之時，都善於處理事務，解決疑難，因時制宜，避禍求福，且其意志不爲花言巧語所動揺。他以爲這種人就能做到興利富民、安邦定國，所以他上面説「夫明哲之爲用也，乃能殷民阜利，使萬物無不盡其極者也」。這也正是他看重才智的原因。那麽，他是否也像曹操那樣，因爲看重才智而可不計較德行？對這個要有分析。徐幹生當後漢末季，朝政衰朽，官場腐敗，地方割據，社會動亂，風氣敗壞，生民塗炭，各種有關國計民生的問題都等待有人來解決，用徐幹的話説，就是做到「殷民阜利，使萬物無不盡其極」。曹操急於求才，甚至對德行有虧缺、「不仁不孝」者也不計較，就是爲此。徐幹同樣看到擺在眼前的這個實際問題，所以他也看重有才智的人。他寫智行篇，以才智居於德行之前，一反儒家常理（儘管他在篇中引經據典爲自己辯解，畢竟改變不了儒家之常理），思想上確與曹操有共同之處。但是，他與曹操有所不同，並不因爲看重才智而不計較德行。他自設問答：「或曰：『苟有才智，而行不善，則可取乎？』對曰：『何子之難喻也？水能勝火，豈一升之水灌一林之火哉。柴也愚（按柴，孔子弟子高柴），何嘗自投於井？夫君子仁以博愛，義以除惡，信以立情（按情，誠），禮以自節，聰以自察，明以觀色（按觀色，觀察別人心思），謀以行權，智以辨物，豈可無一哉，謂夫多少之間耳。』」對於或問是否可取有才智而無德行的人，徐幹答復的大意是，君子以「仁」博愛，以「義」除惡，以「信」致誠，以「禮」自約，以「聰」自察，以「明」觀人，以「謀」行權宜，以「智」分辨事物，這些品性對君子不可缺一，衹不過不同的人所具備的各有多少而已。取人以才智爲重，不等於專顧才智而不顧德行，如果僅有才智而無其他品行，那就好比水雖勝火，但一升水怎能澆灌一樹林之火呢？他舉例説，孔子説弟子高柴愚戇，那衹是説他在智力上不及别人，高柴何嘗没有一點智力，笨得會自己跳井？由此可見，徐幹取人以才智，衹是看重人在才智方面突出，不意味着其人没有其他品行也可取。春秋時，齊國的公子糾與公子小白争國君之位，公子糾失敗被殺，輔助他的有召忽和管仲，召忽守節而死，而管仲卻轉投小白即齊桓公，被立爲齊國之相。但背離舊主、轉事仇人的他，卻輔佐桓公成爲諸侯霸主，使桓公能制止戰争、安定天下。徐幹以管仲爲例，説「是故聖人貴才智之特能立功立事（按特，獨），益於世矣」。召忽雖堅持爲節操而死，守人臣之義，卻無益於天下。漢高祖屢屢依靠張良的謀劃，建立了帝王之業，而以清高著稱的「四皓」（商山四老），因爲高祖輕辱儒士而不願受聘。徐幹以爲「四皓雖美行，而何益夫倒懸(按倒懸,比喻民處苦痛中)」,意即四皓雖德行美善,何益於救民水火之中?可見,徐幹重才智,正是爲利國利民着想,所以他説才智「乃能殷民阜利,使萬物無不盡其極者」,再説才智「特能立功立事,益於世矣」,三説「雖美行,而何益夫倒懸」。

漢書食貨志上説「士農工商,四民有業。學以居位曰士(按居位,做官)」,「士」爲「四民」之首,就是説庶民中以讀書爲業的人,如書讀得好就做官。所以儒家從來不輕視爵禄富貴,因爲讀書做官原是「士」的本務。但有一個前提,就是爵禄富貴要符合道義,否則便如孔子所説「不義而富且貴,於我如浮雲」(論語述而)。徐幹在爵禄篇談了君子對爵禄的看法,以及爲甚麽古人重視爵禄,而後世卻輕視爵禄。他引用易繫辭下「聖人之大寶曰位」那句話,説:「何以爲聖人之大寶曰位(按爲通謂)?位也者,立德之機也(按機,織機);勢也者,行義之杼也(按杼,梭子)。聖人蹈機握杼,織成天地之化(按天地,這裏指天下。化,教化),使萬物順焉,人倫正焉,六合之内各竟其願,其爲大寶不亦宜乎?故聖人以無勢位爲窮,百工以無器用爲困(按器用,工具)。困則其資亡(按資通餈,糧食),窮則其道廢。」他把地位比作織機,把權勢比作梭子，説聖人脚踏地位這部織機，手握權勢這個梭子，就能織出天下的教化，萬物得以安順，人倫得以端正，上下四方無不得其所願，那麽説勢位是大寶不是很恰當嗎？他説如同工匠的困窘在於没有工具，聖人的爲難就在於没有勢位；工匠困窘就乏食，聖人爲難就無法行道。徐幹這段比喻意思明確，即所以看重爵禄，是因爲有了地位和權勢才能建立功德，推行教化。但反過來也得看朝廷的爵禄是爲甚麽人設置的，是不是值得君子看重。他説：「古之制爵禄也，爵以居有德，禄以養有功。功大者禄厚，德遠者爵尊；功小者其禄薄，德近者其爵卑。是故觀其爵則别其人之德也，見其禄則知其人之功也，不待問之。古之君子貴爵禄者，蓋以此也。」意思是，古代朝廷制定爵禄，官爵是用來安置有德的人，俸禄是用來奉養有功的人。功勞大的人俸禄就厚，仁德廣遠的人官爵就高；功勞小的人俸禄就薄，仁德不廣的人官爵就低，所以看他的官爵就知仁德之大小，看他的俸禄就知功勞之多少，不問而明。古時候君子看重爵禄，原因在此。他又説後世看輕爵禄，是因爲「爵人不以德，禄人不以功，竊國而貴者有之，竊地而富者有之，姦邪得願，仁賢失志，於是則以富貴相詬病矣」。是説朝廷授人官爵不根據是否有德，給人俸禄不根據是否有功，有的人盜用國家權力而尊顯，有的人竊取他人土地而富有，奸邪之輩稱心，仁賢之人失意，於是人們就以富貴爲恥而互相以富貴辱罵了。所以，重視還是鄙視爵禄，要看爵禄的授予是否合理，看那些居官位而享俸禄的人是否合適。用徐幹的話説，就是：「爵禄之賤也，由處之者不宜也，賤其人，斯賤其位矣。其貴也，由處之者宜也（按「宜」下原有「之」字，今删），貴其人，斯貴其位矣。」佔據官爵禄位者不相宜，人們因卑賤其人，就卑賤其位，所以爵禄被輕視；佔據官爵禄位者相宜，人們因看重其人，就看重其位，所以爵禄被重視。

孔子説：「吾不試，故藝。」（論語子罕）是説自己不被人主所用，所以多技藝。言外之意是説，如果被人主所用，理政治民，那就不會多學技藝了。這裏所謂「藝」，主要指儒家的禮、樂、射、御、書、數（禮儀、音樂、射術、駕御、文字、算術）六個教育科目。孔子並不是輕視這些藝能的教育，所以他説「志於道，據於德，依於仁，游於藝（按游，涉獵）」（論語述而），可見道德仁義和技藝都是君子應該修習的，不過有個本末輕重之分，德是主要的，藝是次要的。徐幹寫的藝紀篇，就是專談藝的問題。他開篇就説：「藝之興也，其由民心之有智乎？造藝者，將以有理乎民。生而心知物，知物而欲作，欲作而事繁，事繁而莫之能理也。故聖人因智以造藝，因藝以立事（按立通莅，臨視、治理）。」意思是，藝的興起是由於民心有了智慧吧？創制藝將用來治民。人生來而心知事物，知事物就有欲望，有欲望就事情繁多，事情繁多就無法管理。所以聖人因民有智慧而創制藝，因藝來理事。從這段話可以看出，所謂「藝」，就是儒家提倡的一套以禮樂爲主的文化教育。因爲民心生智而有欲望，不加以引導則無法控制，所以「聖人」因此而「造藝」，通過禮樂文化教育來治理。這就是儒家所謂「藝」的實質，也是君子要學藝的原因。孔子説：「禮云禮云，玉帛云乎哉？樂云樂云，鐘鼓云乎哉？」（論語陽貨）集解：「鄭玄云：『玉，圭璋之屬（按圭璋，玉制禮器）。帛，束帛之屬（按絲帛五匹爲一束，饋贈所用）。言禮非但崇此玉帛而已，所貴者乃貴其安上治民也。』馬融云：『樂之所貴者移風易俗，非謂鐘鼓而已。』」皇侃疏：「此章辨禮樂之本也。」玉帛祇是行禮的器物，鐘鼓祇是樂器，禮樂的根本不在那些儀式和用具，而是通過這種文化教育達到「安上治民」、「移風易俗」的目的（按：儒家的禮，目的是由敬而形成尊卑次序，上下各安其位則社會安定。樂，目的是由欣悦而產生友愛和睦的心情，形成良好風俗）。徐幹看法相同，説：「孔子稱安上治民莫善於禮，移風易俗莫善於樂（按見孝經廣要道）。存乎六藝者，著其末節也，謂夫陳籩豆、置尊俎（按籩豆，尊俎，均禮器）、執羽籥、擊鐘磬（按羽籥、鐘磬，音樂舞蹈的用具）、升降趨翔、屈伸俯仰之數也（按升降趨翔，指禮節儀式；屈伸俯仰，指舞蹈動作。數，技術），非禮樂之本也。禮樂之本也者，其德音乎（按德音，這裏指道德教化）？」是説六藝的内容講的是具體的細節，指那些禮器擺設、音樂演奏和禮賓儀式、舞蹈動作，非關禮樂之根本。禮樂之根本，不就在道德教化麽？但徐幹還認爲，君子習藝，本身就是一種自我修養，藝是品德的外在表現。他説：「藝者，以事成德者也（按「以」上原衍「所」字，今删）；德者，以道率身者也。藝者，德之枝葉也；德者，人之根榦也。斯二物者，不偏行，不獨立。木無枝葉則不能豐其根榦，故謂之瘣；人無藝則不能成其德，故謂之野。若欲爲夫君子，必兼之乎。」意思是，藝以其事成就人的品德，品德以道引導人的操行。藝是德的枝葉，德是藝的根榦。藝與德不能分開單行，不能僅靠其一成立。好比樹木没了枝葉則根榦不能豐壯，就是病樹；人没有藝則不能成就品德，就是粗鄙。要成爲君子，必須兼有德藝。由上可見，徐幹不僅僅把藝看成禮儀、音樂、射術、駕御等具體的儀式或技術，更看成是修德、爲政的手段。他説：「故禮以考敬（按考，造就），樂以敦愛（按敦，勉勵），射以平志，御以和心，書以綴事，數以理煩。敬考則民不慢，愛敦則羣生悦，志平則怨尤亡，心和則離德睦（按離德，不同心），事綴則法戒明，煩理則物不悖。六者雖殊，其致一也。」大意是説，禮儀是用來培育恭敬的，音樂是用來勸勉友愛的，射術和駕御是用來調和性情的（按射箭和騎馬駕車都要意念專一、心平氣和才能掌握好，所以才這麽説），文字是用來記事的，算數是用來解決繁難的。培育了恭敬民衆就不怠慢，勸勉了友愛百姓就歡悦，心平氣和了人們就少怨恨而和睦相處，記載了事情就有鏡戒，梳理了繁難事情就順利。藝的這六個方面雖各自不同，目的卻是一致的。這裏，所謂「其致一也」，不僅指達到個人修養，也指達到爲政的要求。

好人，人們都希望他活得長而有福氣；壞人，人們都希望他活不長而没福。但世間事情往往與人們願望相反，好人活不長，而有人越是壞，越是作孽，就越富貴、越活得久。這個矛盾，古來就有人提出疑問。司馬遷在史記伯夷列傳中就説「近世操行不軌，專犯忌諱，而終身逸樂，富厚累世不絶」，「余甚惑焉，儻所謂天道，是邪非邪」？他看到那時候行爲不軌、專幹犯法事的人一生安樂，世代富貴，便大惑不解，懷疑有没有天道。其實，這個問題可以反過來問：世間長壽的人不少，是否都非好人？答案自然是否定的。假如不是把好人僅僅限於做過大好事的人，也包括没幹過壞事的人，那麽這世上好人終究比壞人多得多。大多數長壽的人都没有幹過壞事，但也没做過甚麽值得記住的大好事，所以人們並不注意。一旦幹了缺德的大壞事而長壽，就會引人注意，就會如司馬遷那樣，問有没有天道了。長壽與否，與其説是道德問題，不如説是養生和個人體質問題。如果站在道德角度去看，那就會陷入矛盾。至少自漢代以來，對這個問題的討論就多陷入此矛盾中，這從徐幹寫的夭壽篇也可看到。孔子説：「仁者壽。」（論語雍也）邢昺疏：「仁者少思寡欲，性常安静，故多壽也。」孔子説仁者多壽，不是指因爲有仁德，老天才保佑他長命，他不過是説，「仁者愛人」（論語顔淵），而有仁愛心的人不會算計别人，不做損人利己的事，自然也就不會因防着别人而憂心忡忡，所以「仁者無憂」（論語子罕），既不因傷害别人而内疚，也不因憂懼别人而傷神。這樣的人少憂慮，身心舒泰，利於養生，所以得以盡其天年，多有因此而長壽的。董仲舒説：「故仁人之所以多壽者，外無貪而内清浄，心和平而不失中正，取天地之美以養其身。」（春秋繁露循天之道）荀悦説：「仁者内不傷性，外不傷物，上不違天，下不違人，處正居中，形神以和。」（申鑒俗嫌）二説與邢昺疏大意同，都是指這個意思。漢代以來，就有人對孔子這話生疑，例如法言、申鑒和本書夭壽篇都有人提出質疑。本篇引或問説「孔子稱『仁者壽』，而顔淵早夭（按顔淵，孔子弟子顔回，以仁德著稱，早死）」，「豈聖人之言不信，而欺後人耶」？其實回答這個問題本來很簡單，顔淵早死是他的體質決定的，不是有仁德而老天不保佑他。但如果站在道德角度去看，就陷入矛盾，往往會「别開蹊徑」地去解釋。徐幹在本篇中引荀爽的解釋説，「古人有言，『死而不朽』，謂太上有立德，其次有立功，其次有立言，其身殁矣，其道猶存，故謂之不朽」；「夫形體，固自朽弊消亡之物，壽與不壽，不過數十歲；德義立與不立，差數千歲，豈可同日言也哉。顔淵時有百年之人，今寧復知其姓名耶？詩云『萬有千歲，眉壽無有害』，人豈有萬壽千歲者？皆令德之謂也。由此觀之，『仁者壽』豈不信哉」？意思是，人如果有德業、功勞、言論而能傳之後世不絶，那就是古人説的「死而不朽」。形體本來就是要腐朽敗壞的。長壽與否，不過數十年的差别，立不立道德仁義，那就相差數千年了，豈可相提並論呢。顏淵時有活到百歲的人，現在哪能知道他的姓名？詩經上説「千年萬年，長壽無災」，人豈有活萬千歲的？那都是指美譽傳世。照此看，説「仁者壽」不是實話麽？荀爽的解釋，是把孔子所説的「壽」，從實際指形體的長壽轉换爲指精神的不朽。按邏輯學説法，就是偷换概念。所以徐幹引孟子的話説：「所惡於知者（按知同智），爲鑿也。」（孟子離婁下）即機智有可厭惡之處，就在利用來穿鑿附會。他説：「是以君子之爲論也，必原事類之宜而循理焉（按原，推究）。」意思是君子議論，必須弄清所談的事情是否對題，再按理議論。這是批評荀爽把兩類不同的事混爲一談了。徐幹又引孫翺的解釋，説他「以爲死生有命，非他人之所致也。若積善有慶（按慶，福氣），行仁得壽，乃教化之義，誘人而納於善之理也。若曰『積善不得報，行仁者凶』，則愚惑之民將走于惡，以反天常」。照孫翺的解釋，死生有命，不是他人所使的。説積善有福，爲仁得壽，那是聖人教育百姓應該做的，爲誘導百姓走正道。假使説「積善不得好報，爲仁反得禍殃」，那麽愚昧的百姓都將争相爲惡，從而違背天理了。對此，徐幹反駁説：「孫氏專以王教之義也，惡愚惑之民將反天常。孔子何故曰『有殺身以成仁，無求生以害仁』？又曰『自古皆有死，民無信不立』，欲使知去食而必死也。昔者仲尼乃欲民不仁不信乎？夫聖人之教，乃爲明允君子（按明允，明理誠信），豈徒爲愚惑之民哉。」他這段話的意思是，如果説孔子以得福、得壽誘民行善，那孔子爲甚麽又主張寧死不違背仁道，説「有殺身以成仁，無求生以害仁」？又説「自古皆有死，民無信不立」，讓人知道雖缺食必死，但要把信用看得比死重。果真如孫翺説，孔子是以行善可以得福壽來誘民，那麽爲得福壽，孔子是想讓民不捨身以求仁，不寧死而取信麽？聖人的教訓，是説給君子的，不是對愚民説的。他説：「孔子曰『仁者壽』，此行仁之壽也。孔子云爾者，以仁者利養萬物（按利養，養育。「仁者」下原有「壽」字，據文意删），萬物亦受利矣，故必壽也。」他舉例説，從堯到周武王，這些仁君以及他們的賢臣們年壽都不短，豈不是仁者長壽之證麽？又説孔子弟子七十人難道都是殘忍之輩？他們也是仁者，祇是仁德有高下而已，早死的僅顔淵一個，不能單憑一個顔淵懷疑其餘的人。他總結説：「天道迂闊，闇昧難明，聖人取大略以爲成法，亦安能委曲不失（按委曲，周全）、毫芒無差跌乎（按差跌，差誤）？且夫信無過於四時，而春或不華（按華同花），夏或隕霜，秋或雨雪，冬或無氷，豈復以爲難哉？」意思是，天道深廣，隱秘難知，聖人祇是取其大概作爲定法，怎能周全無失、絲毫没差誤？況且没有比四時更守信的，然而春或不開花，夏或降霜，秋或下雪，冬或無冰，難道要以此詰難四時麽？從徐幹説「以仁者利養萬物，萬物亦受利矣，故必壽也」這話看，他還是站在道德角度去看仁者長壽的。但他不同於荀、孫二人的曲辯，而是認爲規律都是對客觀的概括，不能没有例外，不能根據偶然去否定必然。在這一點上，他比荀、孫二人明白。

徐幹所寫治國爲政之方的文章，多數是「務虚」的東西，少談實際問題，但也有例外，其中曆數、民數及佚篇二（制役）就是。徐幹在曆數篇中，把上古至後漢歷朝所用的各種曆法説了一遍，好似寫了一篇史書特有的「曆法志」。這種寫法在子書中不多見，子書中談治國安民之道而專門論曆法的也不多見。這樣做，徐幹自有其道理。中國在歷史上一直是農業國，以農興國養民。農業國對天時的依賴比工業國大得多，而對天時的利用缺不了曆法，所以治國必重農，重農必重曆法。徐幹談治國而論曆法，用意即在此。這裏不需談曆數篇所説的各種曆法，且看徐幹針對曆法説的話：「夫曆數者（按曆數，曆法），先王以憲殺生之期（按憲，公布。殺生，殺戮和養育）而詔作事之節也（按詔，告知。作事，指農事。節，時節），使萬國之民不失其業者（按萬國之民，指天下百姓。失，耽誤）。」耕種要依天時運作，那不用說。林業、漁業等山澤之利，砍伐和捕取也都有一定季節性，不能砍盡捕絶而不留餘地，不能斷絶了動植物的繁殖生長、破壞自然環境。就是朝廷興徭役，正常情況下也有一定時間，不能耽誤農時；處決罪犯也要順應季節，比如淮南子時則説，季秋之月「乃趨獄刑，毋留有罪」；至於各種祭祀，那也是要按季節時令的。所有這些，在古代都要根據朝廷公布的曆法順應季節來操作。徐幹説：「上觀前化（按「化」當作「治」，此唐人避諱所改），下迄於今，帝王興作，未有不奉贊天時以經人事者也（按「不」字原脱，據文意補。奉贊，遵從）。」是説從古至今，帝王的興起没有不遵從天時來經理人事的。遵從天時就要重視曆法的準確，與天時符合，比如每月的晦朔之期、節氣與月份之相應、設置閏月之適時，這些都要算得準，以便按時令安排農事、行政等各項措施。徐幹在該篇末説：「今麤論數家舊法綴之於篇，庶爲後之達者存損益之數云耳。」即略論各家舊曆法附於此篇，希望爲後來通曉曆算的人保存一些修正曆法的技巧。

民數篇是徐幹論治國的重要文章，通典、文獻通考以及明章潢圖書編等政書、類書都全文載入該篇。所謂「民數」，就是國家人口數。據説漢高祖劉邦當初攻入秦都咸陽，部將都争着去搶金銀財寶，唯獨蕭何先把秦丞相、副丞相府收藏的法令和户籍圖書弄到手，劉邦才具體了解到天下利弊所在和人口之數（事見漢書蕭何傳）。作爲漢代開國的宰相，蕭何自然知道掌握人口對治國的重要。徐幹開篇説：「治平在庶功興，庶功興在事役均，事役均在民數周（按周，詳備）。民數周，爲國之本也。」即政局安定在於各種事業興旺，各種事業興旺在於使用民力均匀，使用民力均匀在於人口數詳備。人口數詳備，是國家根本所在。説這話是因爲只有掌握了人口數，調查生産和勞動力、徵收賦税、規定徭役等才有實際根據而不出偏差，此爲有關國計民生之大事，也是施政的重要依據。所以在篇末他又説：「故民數者，庶事之所自出也，莫不取正焉。以分田里，以令貢賦，以造器用，以制禄食，以起田役（按田役，徵用民力打獵），以作軍旅。國以之建典，家以之立度（家，指大夫封地），五禮用脩，九刑用措者，其惟審民數乎！」大意是，人口數是許多事情的出發點，事情没有不是以人口數爲依據的，根據人口數分給百姓土地居宅、下令徵收賦税、製造器具、制定官員俸禄、徵用民力以助畋獵、徵兵打仗。君主之國得以建立法典，大夫之封地得以制定法度，禮教得以整治，刑法得以施行，這些不是唯有靠詳悉人口數才能施行麽？徐幹舉周禮秋官小司寇的規定，每年孟冬（農曆十月），司寇（管理治安的官員）把人口户籍進獻給王，王拜而受之，收藏於天府（朝廷府庫），而冢宰（百官之長）等官員還保存副本，先王對人口數「其重之如是也」。他説：「今之爲政者，未知恤已矣（按恤，顧念）。譬由無田而欲樹藝也（按由同猶。樹藝，種植），雖有良農，安所措其疆力乎（按疆通彊，古强字）？」即現在爲政的人不顧及户口數，這好比没有田而要耕種，縱然有好農夫又怎麽出力？又説亂君爲政「户口漏於國版（按版，户籍），夫家脱於聯伍（按夫家，男女。聯伍，指編入户口簿），避役者有之，棄捐者有之（按棄捐，指放棄務農），浮食者有之，於是姦心競生，僞端並作矣。小則盜竊，大則攻劫，嚴刑峻法不能救也（按救，制止）。」意思是，國家户籍漏載户口，户口簿上失脱男女人數，有逃避傜役的，有放棄務農的，有不務正業的，於是争着起奸邪的念頭，詐騙奸僞的事都出來了。這些人小則偷盜，大則搶劫，嚴刑峻法也制止不了。按漢魏之際，戰亂不斷，人口凋零，百姓流離涣散，失去土地的農民不得不賣身爲奴，加上地方勢力形同割據，故朝廷早就不能掌握人口實數，而賦税之重與民數不相符，百姓忍無可忍，才起而作亂。徐幹作此篇，大概有感於此。他在篇中還提出一些加强地方編制、嚴行户口制度這套「先王」管理百姓的辦法。不過，當時的朝廷還有能力這麼做嗎？ 怕是他自己也明白做不到。

羣書治要節録的佚篇二，據考即今本所佚失的制役篇。徐幹寫此篇，是針對當時富豪掠奪兼并土地，役使大量奴婢，而普通官員和「士」階層卻生活貧困的情況。後漢後期，土地兼并現象嚴重，大量失去土地的農民流離失所，謀生無計，或爲逃避不堪負任的徭役，祇得投靠富豪，賣身成了奴婢。面對這個社會貧富極度分化的嚴重問題，後漢後期的崔寔政論、仲長統昌言等都切指其弊。幸賴羣書治要的節録，現在還能看到徐幹針對這一問題主張限制使用奴婢。徐幹看問題的基本出發點是，屬於「小人」階層的富豪役使奴婢，破壞了社會秩序。他説：「昔之聖王制爲禮法（按禮法即禮制，指儒家對禮的規定），貴有常尊，賤有等差，君子小人各司分職（按分職，本分職事），故下無潛上之愆（按潛當作僭。愆，過失），而人役財力能相供足也。」是説貴者有固定的尊貴地位，賤者地位也有等級之分，君子小人各自管好自己的分内事，所以處下位者没有僭越上位者之過失，勞力和財物能互爲供給充足，這就是「聖王」定的禮制。所謂地位的貴賤，就是勞心力的君子和勞體力的小人之分，也就是官員、讀書人與從事農工商者之區别。他説：「夫國有四民，不相干黷（按干黷，干犯輕慢）。士者勞心（按士即讀書做官者），工農商者勞力；勞心之謂君子，勞力之謂小人；君子者治人，小人者治於人；治於人者食人（按食音飼，奉養，下同），治人者食於人，百王之達義也。」即國民有四類，互不冒犯，士勞心力，工農商勞體力；勞心的稱君子，勞力的稱小人；君子是治理者，小人是被治理者；被治理者奉養人，治理者被人奉養，這是歷代帝王共同的道理。徐幹的話本是孟子説過的（見孟子滕文公上），説白了，就是社會秩序的安定在於治理者與被治理者各安其分，奉養者與被奉養者各就其職，這個禮制就是儒家禮治的依據，一旦打亂，社會就没有秩序可言了。所以他説：「今夫無德而居富之民（按無德而居富之民，指田主、工商業者等不屬於「士」階層的富民），宜治於人，且食人者也。役使奴婢，不勞筋力，目喻頤指（按等於説頤指氣使），從容垂拱（按垂拱，斂手閑着），雖懷忠信之士，讀聖哲之書，端委執笏列在朝位者（按端委，指朝官禮服。笏，奏事用的手板），何以加之？且今之君子尚多貧匱（按君子即上面説的「士」、「治人者」），家無奴婢，既其有者不足供事(按既當作即),妻子勤勞,躬自爨烹,其故何也?皆由罔利之人與之競逐(按罔利,漁利。罔同網),又有紆青拖紫并兼之門(按紆青拖紫,指公卿權貴。并兼,指兼并田地奪利),使之然也。」意思是,現在那些没有功德的富民,應該是被治理者,而且是奉養人的人。他們驅使奴婢,身不勞動,頤指氣使,悠閑無事,即便那些心懷忠信的士人,讀聖賢之書,穿禮服、執手板居朝位當官,又怎麽比得上他們?況且現在的士人尚多貧困,家中没有奴婢,就是有也不够服事,妻子辛勞,親自燒火做飯,這是甚麽緣故呢?就因爲那些漁利的人與之競争,加之又有權貴奪利之家,才使得君子處境如此。一個按等級制度維持秩序的專制社會,説穿了就是按等級來分配有限的社會財富。這種制度在理論上説,管理者和生産者之間,以及二者各自之間,雖然收入隨等級高下有多少之不同,但多拿少拿都有一定限度,從而使財富分配達到某种平衡,能够維持社會的安定與生産的持續。一旦這個等級制度被打破,財富分配失去平衡點,使貧富分化不斷擴大而不受限制,社會的秩序與生産就亂了。這個道理,用徐幹的話説就是:「夫物有所盈則有所縮,聖人知其如此,故裒多益寡(按裒,減損),稱物平施(按稱物,與財物多少相稱),動爲之防(按動，動輒，屢屢），不使過度，是以治可致也。爲國而令廉讓君子不足如此，而使貪人有餘如彼，非所以辨尊卑、等貴賤（按等，分等級）、賤財利、尚道德也。」大意是，社會之財富，有多佔的就必有不足的，聖人知道此理，所以減損多佔的以彌補短缺的，隨財富之多少而均匀施與，屢屢防範，不使人佔財過度，所以能達到國家的治理。治國而使廉潔謙讓的君子如此貧乏，使貪婪之輩那樣富裕有餘，就不是區分地位尊卑、劃分貴賤等級、看輕財富、崇尚道德的做法。所以徐幹提出限制使用奴婢，他說：「夫奴婢雖賤，俱含五常（按五常，指人倫之常理），本帝王良民，而使編户小人爲己役（按編户小人，編入户籍之小民，即平常百姓），哀窮失所（按失所，無處存身），猶無告訴，豈不枉哉？今自斗食、佐吏以上（按斗食、佐吏，指地方小官員），至諸侯王，皆治民人者也，宜畜奴婢（按畜同蓄，豢養）。農工商及給趍走使令者（按給，供。趍走使令，指當僕人使喚），皆勞力躬作，治於人者也，宜不得畜。」意思是，奴婢雖卑賤，也都具有人倫之常情，本是帝王的良民，而被平民百姓役使，他們哀苦窮困無以存身，還沒有申訴的地方，豈不冤枉嗎？如今自地方小吏直至各侯王，都是治理百姓的，可以豢養奴婢。農工商以及供使喚的僕人，都要身自勞力做事，是被治理者，不可豢養奴婢。徐幹認爲，非「士」階層的農工商，靠兼并聚財而成爲富豪，但仍是被治理者的「小人」身份，不可豢養奴婢，做越分的事；「士」及大小官員是治理者的身份，可以豢養奴婢。他仍然(也不可能不)根據儒家理想的禮治社會原則去看待限制使用奴婢問題，爲貧困的士人説話。但同時，也對「哀窮失所，猶無告訴」的奴婢表示同情，對「紆青拖紫」的權貴兼并奪利表示不滿。

徐幹談治國的其餘諸篇，大抵泛論爲君之道。在務本篇，他説：「人君之大患也，莫大於詳於小事而略於大道，察於近物而闇於遠數(按遠數，遠謀之道)。」人君的大患，就在於詳究那些小事而忽略了大道，明察眼前的東西而不通遠謀深計。他以爲國家「自古及今，未有如此而不亂也，未有如此而不亡也」。他説：「今使人君視如離婁，聽如師曠，御如王良，射如夷羿，書如史籀，計如隸首，走追駟馬，力折門鍵，有此六者(按「六」當作「八」，下同)，可謂善於有司之職矣，何益於治乎？無此六者，可謂乏於有司之職矣，何增於亂乎？」意思是，假定使人君的視力像離婁那樣清晰，聽覺像師曠那樣靈敏，駕御像王良那樣熟練，射箭像夷羿那樣精準，像史籀那樣通文字，像隸首那樣精算數，善跑能追四馬拉車，力大能斷城門門閂，人君有此八種能力，可謂能勝任專職人員的職務，但對治國有甚麽幫助呢？人君無此八種能力，可謂缺乏勝任專職人員的能力，但對治國會添甚麽亂子呢？人的才能分兩种，一種是專業才能，一種是組織才能。作爲人君，不需要精通某种專業才能，但必須有組織才能。好比一個樂隊的指揮，不需要他精通演奏各种樂器，但他必須能指揮，把樂隊的演奏組織起來。所以徐幹認爲，人君如果僅僅能勝任手下那些專職人員的工作，對治國毫無幫助，他必須有運籌帷幄、成竹在胸的那種大局觀。用他自己的話説，就是：「故人君之所務者，其在大道遠數乎？」徐幹説的「大道遠數」，就是「爲仁足以覆幬羣生（按爲通謂。覆幬，覆被），惠足以撫養百姓，明足以照見四方，智足以統理萬物，權足以變應無端（按權，權變。無端，意外），義足以阜生財用（按阜生，生息），威足以禁遏姦非，武足以平定禍亂，詳於聽受，而審於官人，達於興廢之原（按原同源），通於安危之分。」意即仁德足以庇護萬民，恩惠足以撫養百姓，明察足以知悉四方，智慧足以總理萬事，權變足以應對意外，道義足以生長財富，威令足以禁姦止非，英武足以平定禍亂，細心聽取良言，而謹慎授人官職，明白興廢的根源，通曉治亂的區别。也就是説，人君要關心那些有關全局的大事，這纔是人君的本務，而不是把眼光局限於身邊小事上。所以，徐幹說：「夫人君非無治爲也，失所先後故也。道有本末，事有輕重，聖人之異乎人者無他焉，蓋如此而已矣。」凡道理、事情都有本末輕重之分，「聖人」之所以與人不同，就在於能抓住根本的關鍵性東西。而那些平庸的人主們雖並非不治理國家，但不明本末輕重，衹抓小事而忘了（或許不願意）抓解決根本問題的大事。

審大臣和慎所從內容相關，都是談人主治國不可不重視選用大臣，要謹慎考慮該不該聽從別人。在審大臣篇，徐幹認爲大臣是輔助人主治國聽政的，如同自己的「股肱耳目」一樣，乃治國之「重器（國寶）」，所以「不可以衆譽著也（按著，立），人主所宜親察也」，即人主置立大臣不可以依據衆人的稱譽，要親自審察。他舉例說周文王在渭水邊打獵，遇到白髮姜太公持竿釣魚，與他交談，知他能輔佐帝王，於是立爲國之太師；齊桓公外出，遇到商販甯戚在牛車下休息，敲牛角而唱歌，與他交談，知他能立功，於是舉用其治國。接着說：「凡明君之用人也，未有不悟乎己心而徒因衆譽也。用人而因衆譽焉，斯不欲爲治也，將以爲名也。然則見之不自知，而以衆譽爲驗也。此所謂效衆譽也，非所謂效得賢能也。」意思是，明君用人沒有自己心裏不明白而僅靠衆人稱譽的。靠衆人稱譽用人，不是爲治國，而是爲自己有順從衆議之名。這樣即便見到人自己也不瞭解，而僅靠衆人的稱譽作驗證。這是效法衆人稱譽，而不是效法明君得賢能。他感嘆道：「夫治國致平之術，不兩得其人，則不能相通也。其人又寡矣，寡不稱衆，將誰使辨之？故君子不遇其時，則不如流俗之士聲名章徹也（按章同彰。章徹，顯赫）。非徒如此，又爲流俗之士所裁制焉。高下之分，貴賤之賈（按賈，古價字），一由彼口，是以没齒窮年不免於匹夫。」是説治國太平的辦法，不得到賢能與明主就没法相互交流。賢能與明主又少，少就勝不過世俗衆人，那麼讓誰來辨别賢能呢？所以君子無機遇，還不如世俗之士名聲顯著。不僅如此，又受到俗士抑制，才智的高下，身價的貴賤，全憑俗士的口來定，故君子不免終身爲庶民百姓。在慎所從篇中，徐幹認爲，人們常説明君放棄自己的見解而聽從别人的意見，所以國家安治；暗君不聽從别人的意見而堅持一己之見，所以國家動亂。他説這是片面的説法，認爲「凡安危之勢，治亂之分，在乎知所從，不在乎必從人也。人君莫不有從人，然或危而不安者，失所從也；莫不有違人，然或治而不亂者，得所違也」。意思是，國家安危的形勢、治亂的區别，在於人君知道該聽從甚麼，而不在於一定聽從别人。他舉例説，齊桓公聽從管仲而國安，秦二世聽從趙高而國危；舜不聽共工等「四凶」而國治，商紂王不聽比干等「三仁」而國亂。所以「不知所從而好從人，不知所違而好違人，其敗一也」。不知甚麼該聽從而專愛聽從别人，不知甚麼該拒絶而專愛拒絶别人，結果都一樣要壞事。他説：「夫言或似是而非實，或似美而敗事，或似順而違道，此三者非至明之君不能察也。」言論或似乎有理而非實情，或聽着很好而卻會壞事，或看似順從自己而實有違道義，不是極明理的人主不能察辨此三者。他區别明主、暗主和才德中等的人主，説：「言畫施於當時，事效在於後日（按後日，即日後、將來）。後日遲至，而當時速決也。故今巧者常勝（按今，當作令），拙者常負，其勢然也。此謂中主之聽也。至於闇君，則不察辭之巧拙也，二策並陳，而從其順己之欲者。明君不察辭之巧拙也，二策並陳，而從其致己之福者。」意思是，議論、謀劃陳獻於當時，而其效果日後纔知道。日後來得晚，而當時要很快決定。所以使得巧於言説的人常獲勝，而言辭笨拙的人常失敗，此爲勢所必然之事。這是指才德中等的人主聽取意見。至於暗君，則不論言辭巧或拙，兩種策略並陳，而聽從順着自己意思的。明君也不論言辭巧或拙，兩種策略並陳，而聽從能爲自己帶來福氣的。

徐幹認爲治理國家不可不用賢，在亡國篇中他説國家所以滅亡就因不用賢。他以夏桀、商紂、周厲王、幽王這些亡國之君爲例，那時夏、商、周三代的法典和賢臣都還在，衹是有法不施行，有賢臣不用。他説：「凡亡國之君，其朝未嘗無致治之臣也，其府未嘗無先王之書也，然而不免乎亡者，何也？其賢不用，其法不行也。苟書法而不行其事，爵賢而不用其道，則法無異乎路説，而賢無異乎木主也（按木主，牌位）。」如果寫下法度而不施行，授予賢臣爵禄而不用其治國之道，那麽法度便成了廢話，而賢臣也成了擺設。不僅如此，他還舉齊宣王和楚國的春申君爲例。二人都喜歡招徠賢士，待之如賓，但齊國没有因此强盛，而春申君也遇難，同樣是不用賢的緣故。他説賢者「將以言策，策不用，雖多，亦奚以爲？若欲備百僚之名，而不問道德之實，則莫若鑄金爲人而列於朝也，且無食禄之費矣」。意思是，賢者是用來出謀劃策的，不用他的策謀，賢者雖多，又有何用處？如果招徠賢者衹是爲了使百官之名位完備，而不論其道德實才，那不如多鑄造幾個銅人擺列在朝廷，還能省下俸禄的花費。這話和他説的「而賢無異乎木主也」一樣，都是譏刺不用賢的人主，把賢者當成擺設。徐幹所謂「其賢不用」，其實除了「不用」，還有個「用不了」的問題，就是賢者是否甘心爲人主所用。他説西漢末王莽授人爵禄，實際如同把人囚禁起來，使在朝的人進不能言，退又不得安，「是則以綸組爲繩索（按綸組，繫印的絲帶），以印佩爲鉗鐵也」，即用繫印的絲帶當繩子捆人，用官印當刑具束身，就是説用官職來約束人。如此情況，賢者還會與人主同心，甘爲所用嗎？所以他説：「故明王之得賢也，得其心也，非謂得其軀也。苟得其軀而不論其心也，斯與籠鳥檻獸無以異也，則賢者之於我也亦猶怨讎也，豈爲我用哉？日雖班萬鍾之禄（按班同頒，賞賜。鍾，量詞，六十四斗爲一鍾），將何益歟？故苟得其心，萬里猶近；苟失其心，同衾爲遠（按衾，被子）。」意思是，明主得賢，是得其心，不是得其身。如果得賢者之身而不問他的心思，這和籠中鳥、圈中獸没有不同，那麽賢者對我就像仇人，他豈肯爲我所用？就算每天賞賜萬鍾之俸禄，又有何用？所以能得賢者心，雖遠隔萬里也相親近；失去賢者心，即同牀而眠也相疏遠。所謂得賢者心，徐幹是指人主修行道義，名聲遠揚，仁愛廣施，那麽賢者敬仰他如天地父母，都來歸附。但人主如果行爲暴虐，身邊盡是奸邪小人，濫殺濫刑，奢侈淫樂，賦税繁重，百姓凍餓，「則賢者之視我容貌也如魍魎（按我，指人主），臺殿也如狴犴（按狴犴，牢獄），采服也如衰絰，絃歌也如號哭，酒醴也如滫滌（按滫滌，污水），肴饌也如糞土，從事舉錯，每無一善，彼之惡我也如是，其肯至哉」？ 賢者視人主之面貌如鬼怪，樓臺宮殿如牢獄，龍袍如喪服，歌樂如嚎哭，美酒如污水，佳肴如糞土，看人主的舉動往往無一是處，他們如此厭惡人主，豈肯歸附？ 徐幹的結論是：「今不務明其義（按謂人主不求弄清楚得失人心的道理），而徒設其祿，可以獲小人，難以得君子。」

徐幹在賞罰篇中談人君治國必須明白怎麼行賞致罰，達到使百姓興善去惡的目的。他說：「人君明乎賞罰之道，則治不難矣。夫賞罰者不在乎必重，而在於必行。必行則雖不重而民肅（按肅，謹慎），不行則雖重而民怠，故先王務賞罰之必行（按務，致力）。」所謂賞罰「必行」，就是該賞必賞，該罰必罰。這樣，賞罰就有了信用，才能達到興善去惡的目的。如果賞罰不「必行」，則該賞不賞，該罰不罰，就失去信用。等到賞罰失去信用，則賞再重也不能勸善，罰再重也不能止惡。所以說「夫賞罰者不在乎必重，而在於必行」。他分析道：「天生烝民（按烝民，百姓），其性一也。刻肌虧體（按指刺面、斷足等毀傷肌膚的肉刑），所同惡也；被文垂藻（按文，錦繡。藻，裝飾），所同好也。此二者常存，而民不治其身，有由然也。當賞者不賞，當罰者不罰。夫當賞者不賞，則爲善者失其本望，而疑其所行（按疑，猶豫）。當罰者不罰，則爲惡者輕其國法，而怙其所守。苟如是也，雖日用斧鉞於市，而民不去惡矣；日錫爵祿於朝（按錫通賜），而民不興善矣。」誰都喜歡受賞而穿錦衣帶佩飾，都厭惡受罰而遭肉刑毁傷肌體。百姓樂賞畏罰的本性常存不變，然而不修身自重自有緣故，就是該賞不賞，該罰不罰。該賞不賞，則做好事的人失其所望，而做好事就猶豫不決；該罰不罰，則做壞事的人輕視國法，而依仗自己的惡行不變。如果這樣，就是天天在街市上斬首示衆，百姓也不會起來做好事；天天在朝廷上賞賜爵祿，百姓也不會改變惡行。也就是説，衹有賞罰制度建立了信用，才能起到興善去惡的作用。除了應有信用，徐幹認爲賞罰還要注意兩點，即：「賞罰不可以疎，亦不可以數（按數，繁密）。數則所及者多，疎則所漏者多。賞罰不可以重，亦不可以輕。賞輕則民不勸（按勸，勉力），罰輕則民亡懼（按亡同無）；賞重則民徼倖（按徼倖即僥倖），罰重則民無聊（按聊，倚賴）。」是説賞罰不可稀疏或繁密，繁密則濫及者多，稀疏則遺漏者多。賞罰也不可過輕過重，賞過輕則民不勉力，過重則民生貪求之僥倖心理；罰過輕則民不怕罰，過重則民無可倚賴之餘地。這裏，徐幹是指賞罰的施行要適度，不可無節制。徐幹很重視賞罰的作用，認爲賞罰做得好壞，甚至關係到國家的存亡，他在篇末説：「夫賞罰之於萬民，猶轡策之於駟馬也（按轡策，馬繮和鞭子）。轡策不調，非徒遲速之分也，至於覆車而摧轅；賞罰之不明也，則非徒治亂之分也，至於滅國而喪身，可不慎乎！可不慎乎！」意思是，賞罰對於萬民來説，如同繮繩、鞭子對於拉車的四匹馬。繮繩、鞭子不調控好馬，不僅車行快慢有區別，甚至造成翻車和折斷車轅；賞罰混亂不明，不僅國家的治理和動亂有區別，甚至造成滅國和人主身亡，能不謹慎對待麼！

在佚篇一（復三年喪）中，徐幹提出人主應該以孝道治國，恢復爲父母守喪三年的古制。他是針對漢文帝遺詔行短喪之制説的。自文帝詔以後，漢代除明帝等個別情況，基本不實行三年守喪制，徐幹以爲這不符合以孝道治國的道理，説：「以不仁之作宣之於海内，而望家有慈孝，民德歸厚，不亦難乎？」所謂「不仁之作」，指不從古制守孝三年是不仁的創制。他認爲這樣的話，還能指望老百姓孝順父母，使人民道德樸厚嗎？三年之喪這個古制起於何時，春秋、戰國時代的人已經説不清了，孟子說三年之喪是夏、商、周三代通行的，見孟子滕文公上，但至少東周以後就已經不能通行，比如檜國、魯國等就不通行，到了後漢則不行已久。徐幹在漢末亂世提出恢復三年喪制，顯然「不合時宜」。俗移世變，三年喪終究不能成爲後代通例。